Dieses Buch wurde gefördert mit Mitteln
der Stiftung der Sparkassen im Landkreis Osnabrück.

HEIMATJAHRBUCH
OSNABRÜCKER LAND
2023

HERAUSGEBER:

Heimatbund Osnabrücker Land e. V., Georgsmarienhütte
Kreisheimatbund Bersenbrück e. V., Bersenbrück

REDAKTION:

Johannes Brand
Antonius-Tappehorn-Straße 15, 49170 Hagen a. T. W.
E-Mail: juc.brand@osnanet.de

Uwe Plaß
Helgolandstraße14, 49324 Melle
E-Mail: uwe.plass@gmx.de

Tim Wagemester
Schorfteichstraße 31, 49584 Fürstenau
E-Mail: wagemester.tim@gmail.com

VERSANDSTELLE:

Geschäftsstelle des HBOL e. V.
Klosterpforte
Königstraße 1, 49124 Georgsmarienhütte
www.hbol.de

KHBB e. V.
„Altes Rathaus" – Bücherstube
Hasestraße 5, 49593 Bersenbrück
www.khb-bsb.de

GESAMTHERSTELLUNG:

Medienpark Werbeagentur GmbH
Im Walsumer Esch 2 - 4
49577 Ankum

ISBN:

978-3-941611-23-8

UMSCHLAGBILDER:

Stift Börstel. Foto: Ute Müller. Vgl. S. 199 ff.

Bierdeckel der Brauerei Höpker und Co. Melle. Quelle Heimatverein Melle. Vgl. S. 34.

Heuerhaus von Schwalenberg, ursprünglich „snetlagen hus". (Aquarell von Gerhard Hawighorst.) Vgl. S. 91.

Liebe Leserinnen, liebe Leser!

Das Heimatjahrbuch Osnabrücker Land feiert Jubiläum: Vor Ihnen liegt das 50. Exemplar. Und wieder ist es prall gefüllt mit Forschungsergebnissen und Geschichten aus dem Osnabrücker Land. Im Vorwort des ersten Bandes unter dem Titel „Osnabrücker Land 1974 Heimat-Jahrbuch" schrieb der hochverdiente und lange Jahre alleinige Redakteur Heinrich Böning, dass es Aufgabe des neuen Heimatjahrbuches sei, nach Bildung des Großkreises Osnabrück im Jahr 1972 mit dazu beizutragen, „ein gewisses Zusammengehörigkeitsgefühl unter den Bewohnern der Altkreise herzustellen". Dass wir diesem Ziel nähergekommen sind, dazu hat das Heimatjahrbuch dank seiner unermüdlich forschenden und schreibenden Autorinnen und Autoren seinen ganz besonderen Anteil.

Mit „Gastronomie" als diesjährigem Schwerpunktthema bietet das Heimatjahrbuch 2023 ein buntes und vielfältiges Themenspektrum an. Es beginnt mit einem „Schnack" auf Plattdeutsch zwischen Heinrich Riepe und Heinrich Hardinghaus von 1951 über die Gründung des ersten Wirtshauses in Wallenhorst. Um Scheinbares geht es ebenfalls dann bei Rainer Rottmann, wenn er sich dem „Fruchtmännchen" am Posthorn in Hagen a.T.W. auseinandersetzt. Uwe Plaß schaut sich genauer den Werdegang einer Brauerei in Melle an, während Simon Haupt Bierflaschen als archäologische Zufallsfunde analysiert. Aber auch die Familien ehemaliger Gaststättenbetriebe kommen zu Wort. Hubert Kolkhorst berichtet von dem Familienbetrieb der Stiftsschenke Börstel als Dreh- und Angelpunkt vieler Festivitäten, Jürgen Schwietert hat mit Heinrich Brante über die Geschichte seiner „guten Stube" in Settrup bei Fürstenau gesprochen. Horst Grebing nimmt das Kurhaus Bad Iburg genauer unter die Lupe und Georg Geers berichtet unter anderem von der Gaststätte Böhmann in Eggermühlen und der bis heute noch dort stattfinden berühmten „Mondnacht auf Hawaii".

Viele Rückmeldungen zum neuen Layout haben uns erreicht, überwiegend positive. Auch Kritikpunkte haben wir aufgegriffen, haben sie in die Gestaltung des Buches einfließen lassen und werden das auch in Zukunft tun.

Mit der Fertigstellung des letztjährigen Heimatjahrbuches ist nach zehn Jahren intensiver, konstruktiver und vertrauensvoller Zusammenarbeit Dr. Rainer Drewes aus der Redaktion ausgeschieden. Dafür danken wir ihm von Herzen und auch dafür, dass er weiterhin das Heimatjahrbuch mit eigenen Beiträgen bereichern und uns bei der Durchsicht der plattdeutschen Beiträge unterstützen wird.

Wir wünschen Dr. Rainer Drewes alles Gute für seine weitere Zukunft und Ihnen, liebe Leserinnen und Leser, viel Spaß beim Lesen und Stöbern im neuen Heimatjahrbuch.

Das Redaktionsteam des Heimatjahrbuches

Tim Wagemester · Johannes Brand · Uwe Plaß

INHALTSVERZEICHNIS

INHALTSVERZEICHNIS

Eine Sage vom Entstehen des ersten Wirtshauses im Kirchdorf Wallenhorst

Heinrich Riepe

1951 anlässlich der Wallenhorster 1100-Jahr-Feiern führten der Osnabrücker Heimatdichter Heinrich Riepe und der langjährige Wallenhorster Vorsteher Heinrich Hardinghaus einige Gespräche auf Plattdeutsch. In einem Gespräch erzählte Heinrich Hardinghaus seine Version der Geschichte vom Entstehen der Markkötterei Kirchhof. Die letzten Kirchhofs, die an der alten Alexanderkirche lebten und dort auch den Ausschank in ihrem Gasthof betrieben, waren seine Schwiegereltern Johann Heinrich Kirchhof und Elise Clausing.

(Franz-Joseph Hawighorst)

„Süh, un doa weet ick nau so'n Stücksken", sagte Hardinghaus, als wir von dem Namen sprachen…

„In de Tiet van de Giergenreformation keimp de Probst van Ossenbrügge nau Wallenhorst hen. De Bischup ha ne hierhen beoddert, un he soll dat Kiärkenkraums revvendeerden, wiert se woll, weil denn Bischup dütt un dat van siene Christen to Oahrden kuomen was … Man se woll'n hier van denn Mann nicks nich wierten! Auck de P'stor keik em nich nütte fründlick inne Mööte, un he krieg nicks nich to iärten un to drinken, un man geiw em nigges'n Platz, woa dat he sien Piärd unnerstellen konn …

Dat was denn Bischup apatte do butt, un de Gemeende kreig Oddr, dat me fuorts un fo olltied bi de Kiärken een Wärtshus upsetten möss. Un ümme dat de Minske, de Wärt, auk liärben konn, soll'n se'n Handwerksmann niehrmen; denn sauvierle, duchte denn Bischup, wöerd doa amende woll doch nich suorpen innen Duorpe orre ansüss votährt, dat de Minske doaran satt hadde. Süh, un doa häbbt se denn so'n Smeed anhaulen, de van annerwechend hier langes keimp, un de häff sick dat Wiärks annouhmen un inne Folge goot vowahrd. De Gemeende mössem'n Hüüsken bowwen un auk'n Stücke ut de Mark aftriärn, un sau konn he't antleßte best maken, dat konn he … Un de Kerkhoffsken hadden met de Tiet 'n önnlicket Stücke in't Möösken to krüermeln os me woll so segg…! Kick, un doa häbbe ick mi denn infrigget, vo vievenfättig Joahr … Doamoals wuohnden se oll hier in'n Duorpe un ha'n dat annere upgierwen. Man dat Hus bi de Kiärken steht vandage no, un de Smedd hedde Johan Hinrich am Kerkhofe, un dat is hüte no in denn aulen Balken an Oart un Stie to liärsen, dat isset …"

„Un woavan wiehrt se dat, Hardinghus?" – „Och, dat häff mi de aule Hinnerk Gers-Barlag ut Hollage votellt! Hä gi denn nich kennt …?"[1]

Abb. 1: 1901 war die alte Alexanderkirche nicht mehr die Wallenhorster Pfarrkirche, die Kirchhofs „wuohnden oll in'n Duorpe un ha'n dat annere upgierwen". (Foto: A. Wurm.)

1   Neue Tagespost, Ausgabe vom 8. September 1951.

Gastwirtschaft Kniepmeyer/Beckmann
500 Jahre Gastronomiegeschichte

Rainer Rottmann

Die heute in Hagen a. T. W. unter dem Namen „Beck-manns" (Dorfstraße 11) bekannte Gastwirtschaft ist nunmehr seit 180 Jahren in durchgängigem Besitz der Familie Beckmann, kann aber darüber hinaus auch auf eine wohl 500-jährige Tradition als Wirtshaus zurück-blicken. Dies gibt Anlass, die Geschichte dieser Haus-stätte und ihrer Bewohner näher darzustellen.

Abb. 1: Die Gastwirtschaft Beckmanns im Jahr 2022. (Foto: R. Rottmann.)

Gastwirtschaften in Hagen a. T. W.

Die ersten Gastwirtschaften in Hagen entstanden im Mittelalter. Ihre Geschichte ist – so unglaublich das zunächst klingen mag – auf das Engste mit dem Bau der Kirche verbunden. Sonntags strömten nämlich die Menschen aus der weitläufigen Pfarrei zur St.-Martinus-Kirche, um die Messe zu feiern. Für die Bewohner der abgelegeneren Höfe bedeutete dies zum Teil bis zu zweistündige Fußmärsche, oft durch Wind und Wetter, Schnee und Regen. Nach der Messe bevölker-ten die Kirchgänger dann das kleine Dorf mit dem Bedürfnis, ihre Sachen zu trocknen, sich vor dem Rückweg zu stärken und Einkäufe zu tätigen. Die nahe der Kirche gelegenen Höfe Püning, Gibbenhof und Grotthus konnten der Nachfrage auf Dauer nicht genügen und so entstanden südlich und östlich der St.-Martinus-Kirche kleinere Speicher und Häu-ser, bei denen während der Messe die Pferdegespanne abgestellt werden konnten und nach der Messe gegessen und ausgiebig getrunken werden konnte – die Geburtsstunde der Hagener Gastronomie.

Kniepmeyer

Schon im 16. Jahrhundert lassen sich in Hagen zwei Häuser nachweisen, deren Namen eindeutig auf die Funktion als Gastwirtschaft hinweisen, nämlich „Herman Kroger" (Mar-tinistraße 7)[1] und „de Knepmeyer" (von Kneipe; Dorfstraße 11)[2]. Bei der letztgenannten handelt sich um die älteste der heute noch bestehenden Hagener Gastwirtschaften.

Die erste schriftliche Erwähnung des Markkottens Kniepmeyer datiert aus dem Jahr 1550 („de Knepmeyer"). Die Hausstätte nebst Garten lag auf ehemaligem Grund des Hagener Pastors und gehörte damit zu den „Pastoraths freye Kotten". Seine Bewohner waren „Fürstlich Gnaden Freie" und zahlten jährlich an den Pastor sieben Schilling Landpacht für die „Wohnstede" und den Garten.[3]

Schon im Jahr 1555 besaß „de Knipemeiger" laut einem Viehsteuerregister vier Pferde, zwei Fohlen, vier Kühe, zwei Rinder und sechs Schweine.[4] Der relativ hohe Viehbestand beweist zum einen, dass die Hausstätte schon geraume Zeit vor 1550 existiert hat. Zum anderen wird Kniepmeyer keine vier Pferde zum Pflügen seines „Gartens" benötigt haben. Die Zahl der Pferde lässt daher vermuten, dass Kniepmeyer neben seiner Profession als Gastwirt auch als Fuhrunternehmer, Lohnpflüger und/oder Händler tätig war. Kurz danach muss ein Unglück die Familie getroffen haben, denn 1557 und 1561 wird „de Knepmeyer" in den Steuerregistern als „pauper" (verarmt) bezeichnet.[5]

1562 verstarb dann auch noch die Kniepmeyersche; ihre Tochter „Catharina thor Kniepen" zahlte sechs Taler an die Iburger Amtsverwaltung „van Versterve der Knipeschen", also als eine Art Erbschaftssteuer für die Übernahme des Hauses.[6]

Nur langsam besserten sich die wirtschaftlichen Verhältnisse. 1566 hatte Kniepmeyer wieder drei Kühe, fünf Schweine und beschäftigte eine Magd.[7] 1580 stand neben dem Haupthaus auch ein Backhaus, in dem „Evert der Topfträger" zur Miete wohnte.[8] Er ging mit einer Tragekiepe über Land und verkaufte die Erzeugnisse der Hagener Töpfer.

1593 heiratete Hermann Koster die Haustochter Engel/Angela Kniepmeyer und nannte sich fortan Kniepmeyer.[9] Noch im selben Jahr, nämlich am 7. Mai, lieh sich Hermann Koster alias Kniepmeyer „in diesen Kotten" 20 Taler Kapital und am 28. Februar 1597 nochmals eine Summe von 100 Talern, für die sich der Beckeroder Bauer Johan Schulte to Brinke verbürgte.[10] Wofür diese für damalige Zeit enormen Summen benötigt wurden, ist nicht bekannt; vielleicht für einen Hausbau. Im Jahr 1600 fiel die Hausstätte einem Brand zum Opfer, wurde jedoch sofort wieder neu errichtet;[11] 1601 wohnte Hermann Kniepmeyer mit seiner Ehefrau Engel und der Magd („Derne") Agathe im Haus, der Spieker war unbewohnt („vacat").[12] An eine Rückzahlung der Hypotheken nebst aufgelaufener Zinsen war in dieser Situation nicht zu denken. Dann kam die harte Zeit des Dreißigjährigen Krieges (1618-1648). 1626 war Kniepmeyer arm.[13] 1631 zahlte Hermann Kniepmeyer immerhin die für einen Markkötter beachtliche Steuer von 1 RT 1 Sch.[14] Kurz nach dem Ende des Krieges, nämlich 1649 und 1651 wohnten auf der Hausstätte Heinrich Kniepmeyer (+ 03.05.1656) mit seiner Ehefrau Grete und seiner Tochter Anna Kniepmeyer (+ 21.08.1694); im Spieker wohnte eine alte Frau mit Tochter.[15] 1658 bewohnte Hermann Kniepmeyer (+ vor 1662) mit Ehefrau Elsche nebst zwei Kindern den Markkotten; im Backhaus wohnte die Mutter Trine.[16]

Doch die noch immer auf dem Kotten ruhenden Belastungen aus den 1593 und 1597 aufgenommenen und noch nicht zurückgezahlten Hypotheken wurden zu viel. Die Gläubiger ließen daher am 7. Oktober 1662 das gesamte Anwesen („Kniepmeyers freien Kotten zu Hagen") durch das Obergogericht Osnabrück beschlagnahmen, um es alsdann in einer Zwangsversteigerung zu veräußern.[17] Alle Gläubiger wurden aufgefordert, ihre Ansprüche im Konkursverfahren anzumelden. Außerdem wurden die Hagener Zimmermeister Johan Dillmann und Hermann Reuwer beauftragt, ein Wertgutachten zu erstellen. Sie schätzten den Wert „von diesem Kotten nebst beiliegendem Garten, die alte ledige [verlassene/leer stehende] Hausstätte und ¾ Scheffelsaat Landes, ein beschlagener Schapp und eine alte Kiste" auf 175 Taler. Bei der Wertermittlung wurde ein Anbau an das Haus von 3,50 x 8,40 Metern nicht berücksichtigt, den die „Witwe Kniepmeyers" aus eigenen Mitteln bezahlt hatte.[18]

Als bei den ersten Versteigerungsterminen kein ausreichendes Gebot erzielt wurde, erklärte sich der Sohn der Witwe Kniepmeyer, nämlich Rolf Kniepmeyer, bereit, die Hausstätte nebst Garten zu dem von den Gutachtern ermittelten Schätzwert zu kaufen, wenn damit alle Schulden abgegolten seien. Hiermit erklärten sich auch die Gläubiger einverstanden, sodass das Anwesen am 6. März 1664 vom Gericht dem Rolf Kniepmeyer „gerichtlich adjudiciret ist, um damit hinfüro freyen Beliebens, ohne jemandes Einrede und Behinderung zu schalten, zu walten, zu besitzen und erblich zu behalten."[19]

Im Jahre 1667 heißt es dann, Kniepmeyer sei ein „Bierbrauer" – er war damit einer von sechs Hagener Brauern jener Zeit.[20] Die Brautradition im Hause Kniepmeyer (später Beckmann) endete erst 1866.

Am 12. April 1723 kam es zum ersten großen Brand im Dorf Hagen. Insgesamt verbrannten 24 Gebäude, darunter mindestens drei Brauhäuser. In der Schadensauflistung heißt es dazu u. a.: „Kniepmeyer, Markkötter, hat dabey verloren sein Wohnhaus, zwey [vermietete] Nebenhäuser, einen großen Stall und das Brauwhaus […], taxiert seinen Schaden auf 3000 RT"; das war der höchste Brandschadensbetrag bei Gebäudeschäden![21] Schon nach zwei Jahren, also nach verhältnismäßig kurzer Zeit waren die Brandschäden im Dorf beseitigt und neue Häuser errichtet.

Auch auf den Fundamenten der 1723 abgebrannten Hausstelle des Markkötters Kniepmeyer wurde um 1725 ein neues Wohn- und Geschäftshaus nebst Stallung und Brauhaus errichtet. Beim Bau des Wohn- und Geschäftshauses wurden die trotz der Feuersbrunst noch stehenden Mauerreste eines alten Steinwerkes mit einbezogen. Bei einem Steinwerk handelt es sich im Osnabrücker Land typischerweise um einen auf rechteckigem Grundriss massiv errichteten Steinbau, der über einem Keller zumeist zwei beheizbare Geschosse hatte.[22] Dem Steinwerk wurde ein aus Fachwerk gebautes Vorder- oder Nebenhaus angegliedert, ähnlich wie dies auch beim ehemaligen Pfarrhof in Hagen a. T. W. der Fall ist.[23] Von wann das Steinwerk bei Kniepmeyer ursprünglich datiert, lässt sich heute nicht mehr ermitteln – vielleicht wurde es schon im Hochmittelalter erbaut.

Der Keller des Steinwerks diente dem Gastwirt Kniepmeyer wohl schon immer als Kühlkeller zur Aufbewahrung der gefüllten Bierfässer. Solange es noch keine elektrisch betriebenen Kühlaggregate gab, wurden im Winter bei starkem Frost in den nahe gelegenen Eisteichen („Isdieke") des Maschbrookes Eisblöcke geschnitten, die innen an den Wänden des Kühlkellers aufgestapelt wurden, sodass selbst noch im Sommer kühles Bier angeboten werden konnte. Das wohl mit einem offenen Kamin oder einem gusseisernen Kastenofen beheizbare Erdgeschoss des Steinwerks nutzte Kniepmeyer als Gastwirtschaft und das Obergeschoss zu repräsentativen Wohnzwecken. So wurde zum Beispiel am 30. April 1800 „in des H. Gastwirth Dankbar oder Kniepmeyers Hause im Dorfe Hagen […] auf dem Steinwerk" von dem Hagener Lehrer und Notar F. J. Schirmeyer ein Grundstückskaufvertrag beurkundet.[24] Der Fachwerkteil des Anwesens diente dagegen der Viehhaltung, der Brauerei (bis 1866) und anderen gewerblichen Zwecken.

Abb. 2: Alte gusseiserne Ofenplatte aus der Gastwirtschaft „Beckmanns" mit einem Bild der Hochzeit zu Kana (Johannesevangelium 2, 1-12). Sie entstand vermutliche Ende 17./Anfang 18. Jahrhundert. (Foto: privat)

1772 wird Gerd Kniepmeyer als „Brauer" bezeichnet.[25] 1786 war Kniepmeyer einer der vier Schlag-„Baumschließer" des Dorfes; er war für den Schlagbaum an der Nordwestecke des Kirchhofes (heute Rathaus) zuständig.[26]

70 Jahre nach dem großen Brand begann für das Anwesen eine tragische Zeit. Der Wirt und Brauer Gerhard Heinrich Kniepmeyer heiratete 1790 Anna Maria Elisabeth Meyer zu Gellenbeck. Die Ehe blieb kinderlos. Kniepmeyer starb schon am 17. Februar 1792. Damit war der jahrhundertealte Familienname Kniepmeyer ausgestorben.[27]

Seine Witwe heiratete am 29. Oktober 1793 Franz Joseph Dankbar aus Iburg, der am 10. Januar 1794 „die Rekognition oder den Hauptwinn von dem Kniepmeyers in dem Dorfe Hagen belegenen Pastoraths Kotten" in Höhe von 2 RT an Pastor Kruse zahlte. Aus der Ehe ging 1795 zwar ein Kind hervor, welches aber schon nach neun Monaten verstarb. Schon am 31. Dezember 1796 starb auch A. M. E. Meyer zu Gellenbeck im Alter von nur 32 Jahren.

Der Witwer Fr. J. Dankbar heiratete daraufhin am 24. Oktober 1797 Anna Sophia Theresia Schwengel (* 1779) aus Wellingholzhausen. Das Paar war im 3. und 4. Grade blutsverwandt, erhielt jedoch kirchlichen Dispens. Aus der Ehe gingen keine Kinder hervor. Fr. J. Dankbar starb am 4. April 1804.

Seine Witwe heiratete daraufhin am 2. Juli 1805 Anton Friedrich Bitter aus Wellingholzhausen. Auch dieses Paar war im 4. Grade blutsverwandt und heiratete mit Dispens. Zur Auffahrt auf den Markkotten hatte Bitter schon am 1. Juli 1805 „den Hauptwinn [eine Art Pachtzins] für den an der hiesigen Pastorat gehörigen Kniepmeyer jetzo Dankbar Kotten in Hagen" an den Hagener Pastor gezahlt.[28] Innerhalb von nur 13 Jahren (1792-1805) waren wildfremde Leute von auswärts Eigentümer der Kniepmeyerschen Stätte geworden. Bitter war nun „Schenkwirt und Brauer" im Kniepmeyerschen Hause, wo er auch einen Kramladen und eine Bäckerei betrieb.[29]

Aus der Ehe gingen vier Kinder hervor. Als die Eheleute Bitter/Schwengel beide Anfang des Jahres 1835 im Alter von jeweils 56 Jahren plötzlich verstarben, erbte die jüngste Tochter Margaretha Elisabeth Agnes Bitter (* 1812) das Anwesen. Am 24. November 1836 heiratete sie Eberhard Heinrich Anton Gretzmann von dem in der Hagener Bauerschaft Sudenfeld gelegenen Vollerbenhof Gretzmann. M. E. A. Bitter starb jedoch schon am 7. November 1838 im Alter von nur 26 Jahren bei der Geburt des ersten Kindes „an den Folgen des Kindbettes". Erbe der Gastwirtschaft (nebst Brauerei, Kramladen und

Bäckerei) war nun der Bauernsohn Anton Gretzmann, der als Hoferbe in Sudenfeld aber kein Interesse am Betrieb seiner verstorbenen Ehefrau im Dorf Hagen hatte. Er verkaufte daher das gesamte Anwesen im Jahr 1842 an den Müller und Hagener Gastwirtssohn Gerhard Wilhelm Beckmann. Damit beginnt die mittlerweile 180-jährige Geschichte der Familie Beckmann auf der ehemals „Kniepmeyer" genannten Hausstätte.

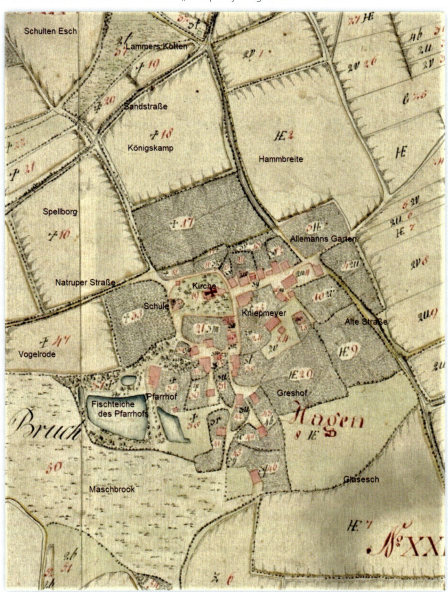

Abb. 3: Bearbeiteter Ausschnitt aus der Landesvermessung des Fürstbistums Osnabrück 1784 - 1790 durch J. W. Du Plat, Altenhagen Beckerode 1787, NLA OS K 100 Nr 01 H V 02a. Deutlich sichtbar ist die zentrale Lage des Anwesens Kniepmeyer direkt südöstlich der Kirche.

SCHWERPUNKTTHEMA

Beckmann

Der Familienname Beckmann stammt von einem in der Hagener Bauerschaft Mentrup gelegenen Markkotten, der um 1500 gegründet wurde. Er lag unweit des Goldbaches „up der Becke", also am Bach (heute: Hausgrundstück Bergstraße 1). Die ersten urkundlich erwähnten Beckmanns waren 1511/1539 „Grete Bekemans" und „Mette Bekemans", die beide als arm bezeichnet werden.[30]

1555 hatte „Herman Beckman" immerhin zwei Kühe und vier Schweine.[31] Wegen der Nähe zu der 1341 erstmals erwähnten Niemanns Mühle (später Dallmöller, Bergstraße 3) betrieb der Markkötter Beckmann schon bald eine Gastwirtschaft, in der die Bauern, die auf den Mahlvorgang in der nahen Mühle warten mussten, sich die Zeit vertrieben.

Der letzte ursprüngliche Namensträger war Johan Rudolph Beckmann (* 1690, + 1768). Er geriet in finanzielle Schwierigkeiten und verkaufte den Markkotten an Franz Balthasar Dreismeyer, einen Nachfahren von „Dres" (= Andreas) Lücking, alias Gresbeck, Markkötter und Wirt im Dorf Hagen, Martinistraße 7.

Franz Balthasar Dreismeyer zog auf die Beckmannsche Hausstätte und betrieb die dortige Gastwirtschaft. Er war verheiratet mit Maria Elisabeth Meyer to Bergte. Als er 1799 starb, heiratete seine Witwe am 15. Juli 1800 in zweiter Ehe Johan Gerhard Wörmeyer aus Mentrup, der den Hausnamen Beckmann annahm.

Aus dieser Ehe ging 1802 der Sohn Gerhard Wilhelm Beckmann (* 15.07.1802, +18.10.1872) hervor. Dieser heiratete am 6. September 1825 in Hagen Anna Maria Möller, geborene Diekmann, die Witwe des kurz zuvor verstorbenen Mühlenpächters Johann Friedrich Wilhelm Möller auf der Natruper Mühle. G. W. Beckmann war nun Müller in Natrup. 1826 wurde der Sohn Gerhard Wilhelm Beckmann junior (* 06.07.1826 in Natrup, + 07.11.1902 in Altenhagen) geboren. 1829 verstarb Anna Maria Diekmann. G. W. Beckmann senior heiratete daraufhin am 9. Februar 1831 die 18-jährige Catharina Maria Elisabeth Plantholt (* 15.02.1813, + 01.06.1869). Diese war unehelich geboren, dann jedoch durch nachträgliche Heirat der Eltern „legitimiert". Im Alter von nur 15 Jahren hatte sie selbst eine uneheliche Tochter mit Namen Catharina Maria Elisabeth Plantholt (* 17.03.1828, + 13.02.1905) geboren; der Vater des Kindes blieb unbekannt.

Trotz dieses für damalige Verhältnisse skandalösen und anrüchigen Umstandes nahm G. W. Beckmann senior sie zur Frau und hatte mit ihr in der Zeit von 1831 bis 1855 insgesamt 12 Kinder, darunter auch den 1837 geborenen Sohn Johann Friederich Heinrich Beckmann (* 14.05.1837, +14.01.1912). Bei den ersten sieben Geburten bis 1841 heißt es jeweils, Beckmann senior sei „Müller bei Meyer zu Natrup". Erst bei der Geburt des achten Kindes, nämlich des Sohns Johann Rudolph Christopher Beckmann am 20. April 1843 heißt es im Geburtseintrag, der Vater (also Beckmann senior) sei „ehemals bei Meyer zu Natrup Müller, jetzt im Dorfe Wirth". Er, der gebürtige Gastwirtssohn, betrieb nun seine eigene Gastwirtschaft, die er 1842 vom Voreigentümer käuflich erworben hatte. Seit dieser Zeit ist sie also im Familienbesitz der Beckmanns.

In der Nacht vom 20. Mai (Pfingstsonntag) auf den 21. Mai des Jahres 1866 kam es erneut zu einer Brandkatastrophe. Aus dem Brauhaus unter der Stallung der Gastwirtschaft Beckmann loderte Feuer. Nur unter großem Einsatz gelang es dem „Schönfärber Clausing" (Dorfstraße 4) und anderen freiwilligen Helfern ein Überspringen des Feuers auf Nachbarhäuser zu verhindern. Das Wirtshaus nebst altem Steinwerk sowie die Stallung nebst Brauhaus wurden aber ein Raub der Flammen. Die Feuerversicherung zahlte an Beckmann eine Entschädigung in Höhe von 950 Talern, die es Beckmann ermöglichte, noch im selben Jahr ein neues, komplett aus Bruchstein gemauertes Haus zu errichten.[32] Dieses noch heute stehende Gebäude hat einen Inschriftenstein über der Eingangstür, welcher die Namen der Erbauer trägt:

Abb. 4: Inschriftenstein über der Tür der Gastwirtschaft Beckmanns von 1866. [33]

> Gastwirtschaft =
> bei G. W. Beckmann
> W. G. Beckmann, geb: Plantholt. 1866

Als Gerhard Wilhelm Beckmann senior 1872 verstarb, übernahm sein Sohn aus zweiter Ehe, nämlich Johann Friedrich Heinrich Beckmann die Gastwirtschaft. Er heiratete am 20. Juni 1870 Elisabeth („Lisette") Meyer zu Natrup (* 1846 in Natrup, +19.02.1912 im Dorf). Mit ihr bekam er von 1871 bis 1880 fünf Töchter.

Als die Eheleute Johann Heinrich Beckmann und Lisette Meyer zu Natrup 1911 und 1912 kurz nacheinander verstarben, wurde deren älteste Tochter Catharina Elisabeth Beckmann (* 26.05.1871, +26.01.1958) Erbin des elterlichen Anwesens und der Gastwirtschaft im Hause „Beckerode Nr. 31". Sie blieb ledig und kinderlos.

Die jüngere Schwester Anna Josephine Beckmann (* 17.03.1876, + 26.10.1952) heiratete dagegen am 16. Juni 1904 den Hüttenarbeiter Mathias Friedrich Boberg (* 24.06.1873, + 26.10.1945 am Schlaganfall). Aus der Ehe gingen fünf Kinder hervor, darunter als jüngstes Kind auch der Sohn Alfred Wilhelm Boberg (* 01.12.1913, + 20.01.1967). Im Alter fiel es der alleinstehenden Wirtin Elisabeth Beckmann zusehends schwerer, die Gastwirtschaft nebst Bäckerei allein zu betreiben. Sie nahm daher ihre Schwester Anna Josephine sowie deren Ehemann Mathias Friedrich Boberg und deren Kinder zu sich in das Haus „Beckerode Nr. 31", die nun die Gastwirtschaft und die Bäckerei mitbetrieben. Als Mathias Boberg am 26. Oktober 1945 im Alter von 72 Jahren starb, heißt es im Sterbebuch, er sei „Gastwirt in Hagen" gewesen. Seine Ehefrau Anna Josephine Boberg, geb. Beckmann verstarb 1952. Die Eigentümerin der Gastwirtschaft und der Bäckerei, nämlich Elisabeth Beckmann, verstarb dagegen erst 1958 im Alter von 87 Jahren. Sie vererbte Haus und Betrieb an ihren Neffen, den bereits oben erwähnten Alfred Wilhelm Boberg, allerdings unter der Bedingung, dass er den Familiennamen fortführe und auf seine Kinder übertrage. Alfred Wilhelm war gelernter Bäcker und hatte schon vor dem Tod seiner Tante deren Gastwirtschaft und Bäckerei betrieben.[34]

Kurz nach dem Tod der Erblasserin stellte Alfred Beckmann-Boberg, wie er sich nun nannte, den Bäckereibetrieb ein, riss noch 1958 den alten Backofen (heute „Raucherraum") ab und errichtete südlich der Gastwirtschaft eine Kegelbahn, die 2013 wieder abgerissen wurde. Ferner errichtete Alfred Beckmann-Boberg auf seinem Grundstück an der Dorfstraße östlich des alten Bruchsteinhauses die Häuser Dorfstraße Nr. 7 und 9 anstelle der dort zuvor stehenden Fachwerkbauten.[35]

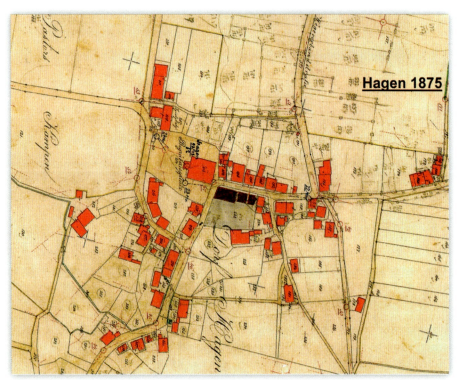

Abb. 5: Das Dorf Hagen 1875 (Gemeindearchiv Hagen a. T. W.). Die Karte zeigt, welche baulichen Erweiterungen das Dorf Hagen im Vergleich zur Du Plat'schen Karte von 1787 erfahren hat. Schwarz/grau das Anwesen Beckmann. Die im Original geostete Karte wurde hier um 90 Grad gedreht, um sie leichter mit der Karte von du Plat vergleichen zu können.

In einem dieser Fachwerkhäuser (heute Dorfstraße 7) hatte kurz nach dem Zweiten Weltkrieg der Bürgermeister von Hagen-Beckerode, Hermann Raufhake (SPD), in Ermangelung eines Rathauses sein Gemeindebüro. „Im Gasthause Beckmann-Boberg" fanden in den Nachkriegsjahren (August 1945 bis 1948) auch regelmäßig die öffentlichen und nicht öffentlichen Sitzungen des Gemeinderates von Hagen-Beckerode statt.[36] Dies entsprach wohl einer alten Tradition, denn schon im Jahre 1875 tagte die „Vorsteherausschußversammlung [der Samtgemeinde Hagen] im Hause des Wirths Heinrich Beckmann"[37].

Alfred Wilhelm Beckmann-Boberg heiratete am 25. Januar 1960 im Alter von 47 Jahren die 22 Jahre jüngere Paula Maria Kasselmann (* 07.07.1935), eine Tochter des Fischmeisters Kasselmann (Forellental Nr. 12). Aus der Ehe sind drei Kinder hervorgegangen, nämlich Alfred Wilhelm Beckmann junior (Dezember 1960), Karl Georg Beckmann (1962) und Frank Beckmann (1964).

Als Alfred Wilhelm Beckmann senior am 20. Januar 1967 im Alter von nur 53 Jahren plötzlich verstarb, führte zunächst seine Witwe die Gastwirtschaft weiter. 1989 wurde ihr Sohn Frank Beckmann neuer Eigentümer. In der Zeit 1995 bis 2011 war die Gaststätte an den Betreiber eines Asia-Restaurants verpachtet. Nach Beendigung des Pachtverhältnisses wurde die Gastwirtschaft 2012/13 grundlegend saniert, die Kegelbahn abgerissen, neue Sanitäranlagen installiert und ein Biergarten südlich des Gasthauses angelegt. Seit dieser Zeit betreibt nunmehr Frank Beckmann den Gasthaus- und Restaurantbetrieb „Beckmanns", ein Wirtshaus mit 500-jähriger Tradition.

Das Bombenattentat von 1898

Im Jahr 1898 wurde auch die Gastwirtschaft Beckmann in die zum Teil gewaltsamen Auseinandersetzungen anlässlich eines großen Streiks auf der Georgs-Marien-Hütte hineingezogen.[38]

Am Abend des 12. April 1898 legten die katholischen Arbeiter der Georgs-Marien-Hütte, etwa 800 Mann, die Arbeit nieder, um sich mit den Bergleuten der Piesberger Steinkohlenzeche solidarisch zu zeigen. Die Piesberger Bergleute kämpften um den Erhalt der sieben arbeitsfreien Marienfesttage im Jahr. Durch den Streik der katholischen Hüttenarbeiter, die überwiegend aus Hagen, Oesede und Osnabrück kamen, ruhte seit dem 13. April 1898 die Arbeit auf der Georgs-Marien-Hütte fast gänzlich. Erst nach ca. acht Tagen gelang es der nicht kompromissbereiten Werksleitung, durch Anwerbung auswärtiger evangelischer Streikbrecher aus Hasbergen, Iburg und Osnabrück die Produktion langsam wieder anzufahren, während der Streik weiter

Abb. 6: Die Dorfstraße von Westen nach Osten 1935. Vorne rechts die Gastwirtschaft Beckmann, auch die folgenden Gebäude, einschließlich des Fachwerkhauses (an der Einmündung der heutigen Jahnstraße) gehörten zum Anwesen Beckmann. (Foto aus: Osnabrücker Tageblatt, Mittwoch, den 11.09.1935.)

andauerte. In den Hauptstreikorten Hagen, Oesede und Osnabrück fanden alle acht Tage Versammlungen der streikenden Arbeiter statt, die vom Gewerbeverein christlicher Bergarbeiter und der Landtagsfraktion der katholischen Zentrumspartei unterstützt wurden, allerdings ohne Erfolg. Mit zunehmender Streikdauer wurde der Umgangston rauer. Bei einigen der streikenden Arbeiter wurden nachts die Fensterscheiben eingeschlagen. Die staatliche Obrigkeit sah sich dadurch veranlasst, zur Aufrechterhaltung der „Ordnung" und zur Überwachung der Streikenden die Gendarmerie im Streikgebiet auf 40 Mann zu erhöhen. Acht Gendarmen wurden zwangsweise bei dem Wirt Beckmann und zwei bei dem Wirt Joseph Herkenhoff einquartiert.

Am späten Abend des 4. Juni 1898 explodierte gegen 23.30 Uhr am Westgiebel der Beckmannschen Gastwirtschaft, dem Quartier der Gendarmerie, eine Dynamitbombe, die nicht nur die Bruchsteinfassade beschädigte, sondern auch sämtliche Fenster zum Bersten brachte. Selbst einige Fenster des südlichen Seitenflügels der gegenüberliegenden Kirche gingen zu Bruch. Der Hagener Kaufmann Anton Kreimer notierte am 5. Juni 1898 in sein Tagebuch: „Gestern Nacht um 11 ½ Uhr Dynamitattentat bei Beckmann."

Am 6. Juni 1898 wurden daraufhin die Vertrauensleute der Streikenden, nämlich Heinrich Dörenkämper und Georg Rethmann verhaftet und nach Iburg ins Gefängnis gebracht. Erst nach vier Wochen und somit nach Ende des Streiks wurden sie wegen erwiesener Unschuld aus der Untersuchungshaft entlassen.

1   NLA OS Rep 100/89/Nr. 1 (1511/1539).

2   NLA OS Rep 100/88/Nr. 4 (1550).

3   Hagener Pfarrarchiv (im Folgenden HPfA), Einkünfteregister der Hagener Pfarrer sowie HPfA Lagerbuch Pfarreinkommen.

4   NLA OS Rep 355 E1 (Iburg Nr. 19) (1555).

5   NLA OS Rep 100/88/Nr. 7 (1557) und NLA OS, Rep. 355 E1 (Iburg) Nr. 26 (1561).

6   NLA OS Rep 355 E1 (Iburg) Nr. 29 (1562).

7   NLA OS Rep 100/88/Nr. 11 (1566).

8   NLA OS Rep 350 Iburg I, Nr. 20 (1580).

9   HPfA, Register über Pastoratseinkünfte (1593 ff.).

10 HPfA, Registrum redditum 1664, darin Hinweis auf 1593/1597.

11 NLA OS Rep 100/88/Nr. 17 (1600).

12 NLA OS Rep 100/89/Nr. 2 (Kopfschatzregister 1601).

13 NLA OS Rep 100/188/Nr. 4 (1626).

14 NLA OS Rep 100/89/Nr. 16 (1631).

15 NLA OS Rep 100/89/Nr. 18 (1651) und NLA OS Rep 100/188/Nr. 7I (Zählung der Volksmenge 1651).

16 NLA OS Rep 100/367/Nr. 31I (Einwohner der Pfarrei Hagen, 1658).

17 HPfA Registrum redditum, hier: 1662/1664.

18 Ebd.

19 Ebd.

20 NLA OS Rep 100/88/Nr. 67I (Amt Iburg 1667).

21 NLA OS Rep 100/203/Nr. 17, Blätter 132 ff. (1723).

22 Landschaftsverband Osnabrücker Land e.V. (Hrsg.): Steinwerke – ein Bautyp des Mittelalters, Bramsche 2008.

23 Rottmann, Rainer: Der alte Pfarrhof in Hagen, Schriftenreihe des Heimatvereins Hagen a. T. W., Hagen a. T. W. 2019.

24 NLA OS Rep 958, Nr.1, Notariat Schirmeyer; hier: Urkunde vom 30.04.1800.

25 NLA OS Rep 100/188/Nr. 42 (1772).

26 NLA OS Rep 100/88/Nr. 231 (Verwaltungszustände in Hagen (1786).

27 Die vorstehenden und nachfolgenden Personenstandsangaben (Geburts-, Heirats- und Sterbedaten stammen aus den Personenstandsregistern des katholischen Pfarrarchivs Hagen a. T. W. (HPfA).

28 HPfA, Pfarrintraden, hier: 01.07.1805.

29 NLA OS Rep 350 Amt Iburg I, Nr. 2335, Gewerberegister Gemeinde Hagen, hier: 1833.

30 NLA OS Rep 100/89/Nr. 1 (1511/1539).

31 NLA OS Rep 355 E1 (Iburg) Nr. 19.

32 Rottmann, Rainer: Wie das Dorf Hagen im Jahre 1866 nur knapp einer Katastrophe entging, in: Hagener Geschichten, hrsg. v. Heimatverein Hagen a. T. W., Hagen a. T. W. 2011, S. 100 f.

33 Die abweichenden Initialen der Vornamen „W." oder „M." und „G." der Ehefrau Catharina Maria Elisabeth Beckmann geb. Plantholt konnten bisher nicht erklärt werden.

34 Informationen von Paula Beckmann, geborene Kasselmann, 2018.

35 Informationen von Paula Beckmann und deren Sohn Frank Beckmann, 2018.

36 Archiv der Gemeinde Hagen a. T. W., Protokollbuch des Gemeinderates von Hagen-Beckerode.

37 Archiv der Gemeinde Hagen a. T. W., Samtgemeindeunterlagen, hier: 1875.

38 Die Informationen zum Streik von 1898 und dessen Auswirkungen in der Gemeinde Hagen stammen aus: Wagner, Gisela: Der Streik in den Piesberg-Betrieben im Jahre 1898, in: Osnabrücker Mitteilungen, Band 83 (1977), S. 117 ff.; Kuhnert, Hermann (ehemaliger Bürgermeister von Hagen-Beckerode): Kurze Rückblicke auf das Jahr 1898, Manuskript im Privatbesitz von Rainer Rottmann.

Kreimer, Anton: Tagebuchaufzeichnungen, hier: vom 13.04, 05.06 und 07.06.1898, Privatarchiv von Rainer Rottmann; Schrödter, E/Beumer, W.: Der Ausgang der Arbeiterbewegung auf den Werken des Georgs-Marien-Bergwerks- und Hüttenvereins. - Z. Stahl u. Eisen, 18, H. 12, S. 664 ff.; Düsseldorf (1898); Sperling, Erich: Alles um Stahl, Bremen 1956, Seiten 143-150.

Die Hagener Brauerfigur von 1725

Rainer Rottmann

Abb. 1: Ein markantes Gebäude an der Dorfstraße in Hagen a.T.W.
Die als „Posthorn" bekannte ehemalige Gasstätte.
(Foto: R. Rottmann.)

In einem Gewerberegister des Jahres 1911 werden in der Samtgemeinde Hagen bei 5300 Einwohnern insgesamt 55 Schankwirtschaften erwähnt.[1] Eine der ältesten dieser Gastwirtschaften befand sich bis Mitte der 1980er-Jahre auf der Nordseite der Dorfstraße im Hause „Dorfstraße 8". Das Anwesen wird 1511 erstmals urkundlich erwähnt;[2] indirekte Hinweise auf den Betrieb einer Gastwirtschaft datieren aus dem Jahr 1615.[3] 1667 heißt es in einem Steuerregister, Johann von Dortmund, der Eigentümer der Hausstätte, sei „ein Kauf- und Handelsmann, zugleich ein Möltzer", also einer der seinerzeit sechs Hagener Malzbrenner und Brauer. Er handelte ferner „mit Korn, Pferden und Leinenstoffen".[4]

Seine Tochter heiratete 1672 den aus Natrup-Hagen gebürtigen Gert Nollmann (* 1634, + 1720); aus der Ehe gingen drei Kinder hervor, darunter der Sohn und spätere Erbe Johannes Christopher Nollmann (* 1680 im Dorf Hagen, + 1747 daselbst). Dieser besuchte als Schüler das Gymnasium Carolinum in Osnabrück und heiratete am 7. Januar 1710 Ottilia Margaretha Cruse, die Tochter des Hagener Vogts Johann Cruse.[5]

Am 12. April 1723 kam es dann zum ersten großen Brand im Dorf Hagen, bei dem insgesamt elf Wohn- und Geschäftshäuser, zwei Backhäuser, zwei Ställe sowie das Pfarrhaus, die Schule und die Kirchturmspitze „in die Asche gelegt" wurden.[6] Den größten Schaden erlitt der „Kaufhändler Johann Christopher Nollmann". Es heißt, er habe bei dem Brand zwei Häuser und einen Stall verloren, die mit 2000 Talern anzusetzen seien. Seine Verluste für verbrannte Waren schätzte man auf 3000 Taler, da auch „ein Linnenhändler" etliche Ballen bester Leinenstoffe durch das Feuer verloren habe. Offensichtlich handelte Nollmann also auch mit Stoffen; vielleicht fungierte er als Zwischenhändler für Hagener Leinenweber.[7]

Schon bald nach dem großen Brand begann man mit dem Wiederaufbau. Auch Johannes Christopher Nollmann gab den Bau eines neuen Hauses in Auftrag. Nach umfangreichen Vorarbeiten kam es am 24. April 1725, also fast auf den Tag genau zwei Jahre nach dem Brand zur Haushebung. Das damals errichtete Fachwerkgebäude steht noch heute. Die lateinische Inschrift am Südgiebel nimmt Bezug auf den vorangegangenen Brand:

CoMbVstIs prIorIbVs reaDIfICarI erIgIet InstaVrarI laborabant 24. Aprilis	
Joan Christoph Nollmann	Ottilia Margaretha Cruse

Die lateinische Inschrift lautet übersetzt in etwa: „Nachdem das alte [Haus] verbrannte, haben wir ein neues wieder aufgebaut. Errichtet [am] 24. April." (oben wegen besserer Anschaulichkeit rot wiedergegeben). Die Großbuchstaben der lateinischen Inschrift ergeben – wenn man sie als römische Zahlen addiert – die Zahl 1725, das Jahr der Haushebung. Eine solche verschlüsselte Zeitangabe nennt man Chronogramm. In Hagen gibt es noch mehrere solcher Chronogramme, nämlich am Giebel des ehemaligen Pfarrhauses (errichtet am 4. August 1723) und auf zwei Passionsbildern von 1717 in der ehemaligen St.-Martinus-Kirche.

Abb. 2: Portal der heutigen Parfümerie mit der Jahreszahl 1723, der Inschrift und darüber der Brauerfigur. (Foto: R. Rottmann)

Die heute im Querriegel der Eingangstür des Hauses Dorfstraße 8 sichtbare Jahreszahl „1723" ist dort erst um 1925 durch den Hagener Malermeister Greife angebracht worden, der den Sinn des oben erwähnten Chronogramms wohl nicht kannte. Die eingeschnitzte Jahreszahl „1723" hat in der Folgezeit mehrfach zu der irrigen Ansicht geführt, das heute noch stehende Fachwerkhaus sei nach dem großen Brand schon 1723 errichtet worden. Nach dem Brand vom 12. April 1723 innerhalb von nur 12 Tagen die Brandstelle zu räumen und bis zum 24. April 1723 ein neues Fachwerkgebäude an gleicher Stelle zu errichten, ist aber unmöglich. Die Haushebung war also definitiv erst 1725.

Über dem Giebelspruch von 1725 ist seinerzeit noch ein geschnitztes Holzrelief angebracht worden – ein Schmuckelement, welches in unserer Region zumindest selten, wenn nicht sogar einmalig ist. Das Relief hat eine Höhe von ca. 40 cm und eine Breite von ca. 10 cm. Es zeigt im oberen Teil Kopf und Oberkörper eines bärtigen Mannes mit verschränkten Armen sowie im unteren Bereich ein florales Motiv mit goldfarbener Umrahmung. Weil man zu Beginn der 1920er-Jahre die ursprüngliche Bedeutung nicht mehr kannte, wurde die Figur in einem Zeitungsartikel Ende der 1920er-Jahre als „sagenumwobenes ‚Glücksmännchen'" bezeichnet.[8]

Erst 1952 berichtete August Suerbaum von einer Sage, wonach einst der Teufel in die Figur gebannt worden sein soll.[9]

„Das Männchen bei Schwengel in Hagen

Vor vielen Jahren saßen mehrere Männer oft an Sonntagen während des Hochamtes in der Wirtschaft Schwengel [Dorfstraße 8] in Hagen und spielten Karten, statt ihre Sonntagspflicht zu erfüllen. Der Wirt hatte sie schon wiederholt gebeten, während der Kirchzeit das Spielen zu unterlassen. Eines Sonntags machte er ihnen wieder Vorwürfe

Abb. 3: Die mutmaßliche Brauerfigur in ihrer farblichen Fassung aus den 1920er-Jahren. Foto R. Rottmann.

und forderte sie auf, zur Kirche zu gehen. ‚Und wenn der Teufel selbst kommt, uns zu holen, wir gehen doch nicht hin!', schrie einer der Männer in aufbrausendem Zorn. Kaum hatte er aber das Wort gesprochen, so saß unter dem Tische ein großer, schwarzer Hund mit riesigen, glühenden Augen. Alles Locken und Drohen war umsonst, der Hund bewegte sich nicht. Er knurrte nur böse. In ihrer Angst und Not holten die Männer zuletzt den Pastor. Nach langen Beschwörungen gelang es dem, den Hund zu entfernen. Der sprang in der Gestalt eines kleinen Männchens fort und vor den mittleren Giebelbalken des Schwengelschen Hauses. Alle weiteren Beschwörungen und Besprechungen blieben ohne Erfolg, das Männchen rührte sich nicht von der Stelle. Vor vielen Jahren hat ein Schmied versucht, das Männchen mit Gewalt zu entfernen, aber auch das war vergeblich. So ist das Männchen dort noch jetzt zu sehen."

Die Sage stammt nicht originär aus Hagen, denn der Teufel tut hier das Gleiche wie überall: Er spielt im Wirtshaus mit beim Kartenspiel oder ist in Gestalt eines schwarzen Hundes anwesend, wenn die Leute am Sonntag im Wirtshaus sitzen, anstatt in die Kirche zum Hochamt zu gehen. Vergleichbare Sagen erzählt man sich auch in der alemannischen Schweiz und im Westfälischen.[10]

In der 1976 herausgegebenen Ortschronik erwähnte der Hagener Ehrenbürger Hermann Herkenhoff die erstmals von Suerbaum zitierte Sage. Er schrieb jedoch, die Figur sei wegen ihrer floralen Schmuckelemente, die an Früchte erinnern sollen, „allgemein unter dem Namen Fruchtmänneken bekannt."[11] Herkenhoff fügte hinzu, dass es sich bei den „Früchten" wohl um Hopfen handeln könnte, zumal sich in dem Haus eine Brauerei befunden habe. „Vermutlich", so schrieb er, „hängt die Figur mit dem Braugewerbe zusammen."

Diese Vermutung von Herkenhoff dürfte zutreffend sein, denn in dem 1725 neu erbauten Gebäude wurde, wie schon im verbrannten Vorgängerbau, erneut eine Brauerei eingerichtet, die bis 1869 in Betrieb war.

Die im unteren Teil des Reliefs dargestellten floralen Elemente erinnern in der Tat der Form nach an eine herabhängende Hopfendolde – deren heutige, eher rotbunte farbliche Fassung ist wohl erst in den 1920er-Jahren anlässlich der Renovierung des Fachwerkgiebels durch Malermeister Greife angebracht worden.

Doch was ist mit der Bedeutung der bärtigen Figur im oberen Teil des Reliefs? Sie trägt eine rote Jacke mit goldfarbener Borte und braunem Innenfutter. Als Kopfschmuck hat die Figur einen roten zylinderförmigen Hut, an dessen oberem Rand zwei rot übermalte Troddeln/Quasten angebracht sind. Ob die heutige farbliche Fassung des Kopfschmuckes dem Original entspricht, ist zweifelhaft, denn Zylinderhut und Troddeln werden ursprünglich wohl nicht gleichfarbig rot gewesen sein. Vermutlich hat auch hier Malermeister Greife eine Übermalung vorgenommen.

Bei der Beantwortung der Frage, ob die Figur von ihrem Erscheinungsbild her mit dem Braugewerbe in Zusammenhang steht, ist man mangels detaillierter Information zur berufsspezifischen Kleidung der Brauer im Osnabrücker Land auf Vergleiche angewiesen. So werden gewerbliche Brauer in verschiedenen Regionen Deutschlands von der Frühen Neuzeit an oft mit roter Jacke und schwarzem Zylinder dargestellt. Besonders aussagekräftig sind Hinweise auf die bayerische Brauertracht. Im 19. Jahrhundert wird diese wie folgt beschrieben: rote Jacke mit goldfarbener Borte und silbernen Knöpfen sowie einem dunkelgrünen Hut mit goldfarbener Troddel/Quaste.[12] Hier ergeben sich gewisse Ähnlichkeiten zum Hagener Relief von 1725. Dieses stellt aller Wahrscheinlichkeit nach einen Bierbrauer dar – und wenn nicht, dann vielleicht doch den Teufel.

1   Gemeindearchiv Hagen a.T.W., Gewerbestatistik 1911.

2   NLA OS Rep 100/89/Nr. 1 (1511/1539).

3   Pfarrarchiv St. Martinus Hagen (im Folgenden HPfA).

4   NLA OS Rep 100/88/Nr. 67 (Amt Iburg 1667).

5   Personenstandsangaben aus HPfA.

6   Zum ersten großen Brand von Hagen siehe: Rottmann, Rainer: Hagen am Teutoburger Wald. Ortschronik, Hagen a.T.W. 1997, S. 464 ff. m. w. N.

7   Ebd.

8   Osnabrücker Tageblatt, um 1928/1930.

9   Suerbaum, August: Sitte und Brauch unserer Heimat, 1. Aufl. 1952.

10 Vgl. auch: Kuhn, Adalbert: Sagen, Gebräuche und Märchen aus Westfalen, Leipzig 1859, Sage Nr. 266 „Kartenspiel am Sonntag".

11 Herkenhoff, Hermann: Das Fruchtmänneken vor Schwengels Haus, in: Ders. (Bearbeiter): Hagen a.T.W. Chronik und Heimatbuch, Hagen a.T.W. 1976, S. 298.

12 Metzger, Markus (Studiendirektor, Brau- und Malzmeister): Plädoyer für eine „echte" Brauertracht, in: Bier und Brauhaus, 2010, S. 26-31 m. w. N.

Das Meller Bier und die Meller Brauerei

Uwe Plaß

> *„Ich trank mit großer Lust am Rhein,*
> *Im Ahr- und Moselthal*
> *Viel guten, auch wol besten Wein,*
> *Doch blieb ich ein Westfal!*
> *Das heißt, ich kehrte gern zurück*
> *Und trinke Bier*
> *Wie alle hier*
> *Zu Münster, Osnabrück!"[1]*
> *(Johann Mathias Seling)*

Kurze Geschichte des Meller Biers in der Frühen Neuzeit

Eines der ältesten Getränke, welches die Menschheit entwickelt hat, ist das Bier. Seit Jahrtausenden wird es gebraut. Auch in Melle hatte dies eine lange Tradition.

Dabei stand zunächst nicht unbedingt die Herstellung eines berauschenden Getränks im Vordergrund. Im Gegensatz zum Trinkwasser aus Gewässern oder Brunnen war es aufgrund seiner Herstellung erheblich keimfreier. Bier war haltbar und machte nicht krank. Es enthielt auch zahlreiche Nährstoffe. Bis ins 17. Jahrhundert gehörte es zur täglichen Ernährung – ein Grundnahrungsmittel. Selbst von Kindern wurde es getrunken. Der Alkoholgehalt war in der Regel auch geringer als heutzutage.

In Melle existierten seit dem ausgehenden Mittelalter bzw. der Frühen Neuzeit verschiedene Handwerksgilden. Weber, Schmiede, Glaser usw. – aber eben auch Brauer. Die Gilden waren eine einflussreiche Institution in der kleinen Stadt. Sie sicherten einheitliche Standards, sorgten für Unterstützung ihrer Mitglieder bzw. von deren Angehörigen und betrieben daneben eine Abschottung gegenüber auswärtiger Konkurrenz. Sozial, politisch und wirtschaftlich waren sie ein wesentlicher Machtfaktor. In Melle schlossen sich schon früh einzelne Gilden zusammen. Grund dafür war die geringe Zahl einzelner Gewerke in der kleinen Landstadt. Die Brauer taten sich mit den Bäckern zu einer gemeinsamen Gilde zusammen. Das bot sich schon thematisch an. Beide Berufe nutzen Getreide als Grundlage ihrer Arbeit. Mehrere Bäcker waren auch gleichzeitig Brauer.[2]

Abb. 1: Truhe der Bäcker- und Brauergilde im Heimatmuseum Melle (Foto Uwe Plaß).

Spätestens im 17. Jahrhundert hatte sich die Bedeutung des Bieres gewandelt. Es war nun zunehmend ein Getränk geworden, welches seiner berauschenden Wirkung wegen konsumiert wurde. Die Sicherstellung der Bierversorgung war dennoch wichtig – besonders in Krisenzeiten. Bei Problemen bestand schlimmstenfalls die Gefahr von Ausschreitungen. Als 1762 während des Siebenjährigen Krieges Soldaten in Melle einquartiert waren, warnten die Behörden dringend vor den Gefahren des Biermangels. Rentmeister Corfey berichtete, dass in ganz Melle kein Schluck Bier für Geld zu bekommen sei. Er befürchtete, dass Soldaten, die nichts zu trinken bekommen, unberechenbar sein könnten. Daher erging an Bürgermeister und Rat der Stadt bei Androhung von Strafen die Anordnung, alle Brauer sofort zum Brauen aufzufordern.[3]

Überhaupt gab es hinsichtlich des Bieres immer wieder Probleme. Das Brüchtengericht hatte sich mit zahlreichen Streitereien zu beschäftigen. Neben den auch heute noch vorkommenden „Begleiterscheinungen" von erhöhtem Alkoholkonsum – Beleidigungen, Drohungen, Einbrüchen – gaben auch die Kneipiers und Brauer Anlass zum Ärger. Mal wurde nach der Sperrstunde noch gezapft, mal war das Bier trotz guter Getreideernte teuer und mal wurde dünnes Bier als gutes Bier ausgegeben. Geschmacklich oder qualitativ bestand zuweilen Handlungsbedarf. Nach der schlimmsten Katastrophe der Meller Stadtgeschichte – dem großen Stadtbrand von 1720 – wurde das den Mellern recht beschämend vor Augen geführt. Ausgangspunkt waren die Wiederaufbaumaßnahmen nach der Feuersbrunst, die Jahre in Anspruch nahmen. Neben einheimischen waren auch viele auswärtige Handwerker auf den zahlreichen Baustellen tätig. Letztere beschwerten sich über die Meller Brauerzeugnisse. Sowohl Geschmack als auch Preis der Meller Biere entsprachen nicht dem, was sie aus ihren Heimatorten kannten. Kurzerhand führten sie daher auswärtige Biere ein. Die Bäcker- und Brauergilde sah darin eine Beeinträchtigung ihrer verbrieften Rechte. Ihre Mitglieder besaßen das Monopol. Die Gilde richtete daher eine Beschwerde an den Landesherrn. Dieser sollte in dem Streit entscheiden. Fürstbischof Ernst August II. von Osnabrück nahm das Problem sehr ernst. Er ließ sich Kostproben des Meller Bieres schicken. Sein Urteil war geradezu vernichtend für die Gilde. Der Landesherr betrachtete das Meller Bier als geradezu unzumutbar. Die auswärtigen Handwerker durften daher während der Wiederaufbauarbeiten trotz der verbrieften Rechte der Gilde ihr eigenes Bier einführen. Den Einheimischen blieb dies allerdings verwehrt.[4]

Die Meller Brauerei Japing: Gründung und Aufstieg

Die Überlieferung zur Meller Brauerei ist durchweg spärlich. Dies hat seine Ursachen darin, dass das Unternehmen bereits vor über einhundert Jahren sein Ende fand. Überdies gab es zahlreiche Wechsel in den Besitzverhältnissen. Neben einigen Akten im Niedersächsischen Landesarchiv Osnabrück, die vor allem (bau-)rechtliche Angelegenheiten behandeln, sind es vor allem Zeitungsberichte aus dem Meller Kreisblatt, an welchen sich die Unternehmensgeschichte nachvollziehen lässt.

Positive Schlagzeilen machte die 1869 vom Hotelier Japing gegründete industrielle Brauerei an der Plettenberger Straße.[5] Bis dahin brauten die Wirte fast ausschließlich für den

Abb. 2: Plettenberger Straße um 1915. Vorne rechts das Hotel Japing. Die Brauerei befand sich hinter den Häusern an der linken Straßenseite. (Quelle Uwe Plaß).

eigenen Bedarf. Japing hatte bereits zuvor eine Brauerei betrieben. Schon damals war die Kritik an deren Erzeugnissen überregional sehr vorteilhaft. Offenbar verstand er wirklich etwas von der Materie. So heißt es in einem Bericht von 1854: „Ferner soll die von dem Gastwirthe Japing zu Melle, Fürstenthums Osnabrück, vor einigen Jahren angelegte baierische Bierbrauerei ein sehr rein- und wohlschmeckendes Bier liefern und sich eines bedeutenden Absatzes selbst nach entfernten Gegenden erfreuen."[6] 1870 nahm Japing dann seine neue – „richtige" – Brauerei in Betrieb. Das örtliche Meller Kreisblatt war angesichts des damals hochmodernen Maschinenparks voll des Lobes: „ein Etablissement in einer Großartigkeit, wie Melle kein ähnliches besitzt."[7] Herzstück der Fabrik war eine Dampfmaschine – eine der ersten in Melle.[8] Es handelte sich dabei um einen mit Steinkohle betriebenen „Zylinderkessel mit zwei unterliegenden Vorwärmröhren und Zwischenfeuer". Der Heizer hatte bei der Meller Dampfmühle an der Mühlenstraße gelernt.[9]

Bereits Anfang 1870 konnten in der Brauerei zweimal täglich 33 Tonnen Bier gebraut werden. Kurz darauf bot Japing einen Teil der Ausstattung zum Verkauf an, da er seinen Betrieb vergrößern wollte.[10] Offenbar boomte der Betrieb. Dies weckte naturgemäß das Interesse von Investoren. Angenommen wird ebenfalls, dass dem Hotelier die Brauerei langsam eine Nummer zu groß geworden war.

Die Episode Schulze & Co.: Vom Traum zum Albtraum

Bereits 1872 ging die Firma für 90.000 Taler in den Besitz einer Gesellschaft unter Führung eines Herrn Schulze aus Leipzig über. Die neuen Eigentümer investierten in eine Erweiterung des Unternehmens.[11] Die „Dampf-Bier-Brauerei-Gesellschaft zu Melle, Schulze & Co." bot im Zuge der Baumaßnahmen mehrfach per Zeitungsannonce große Mengen Sand und Erde an, die Interessenten von der Baustelle abfahren konnten.[12] Das Prosperieren der Brauerei spiegelte sich auch in einem steigenden Bedarf an Arbeitern wider, die ebenfalls per Anzeige im Meller Kreisblatt gesucht wurden.[13] Wie sich später zeigen sollte, war es mit der vermeintlichen Seriosität und Wirtschaftlichkeit aber in Wahrheit nicht weit her. Ab 1874 existierte das Angebot eines Meller Gastronomen, der das Bier der Brauerei mittels eines Fuhrwerks frei Haus zu den Endkunden lieferte. Dieser bis dato unbekannte Service veranlasste den Schreiber des Meller Kreisblatts zu einer geradezu euphorischen Aussage: „Höre lieber Leser und staune: Es ist dies der Bierwagen! Melle wird Großstadt!"[14]

Abb. 3: Stellenanzeige der Brauerei (Meller Kreisblatt 30. September 1873).

Diese Meldung durfte allerdings nicht darüber hinwegtäuschen, dass die Geschäfte der Gesellschaft nicht gut liefen. Die Brauerei schlitterte in die Insolvenz. Im Juli 1874 erging ein Angebot von Schulze & Co. an alle Gläubiger. Lediglich 50 Prozent ihres Geldes sollten diese zurückerhalten. Das war natürlich auch für viele Meller Handwerker und Gewerbetreibende, bei denen die Brauerei Außenstände hatte, ein schwerer Schlag.[15] Eine Einigung konnte letztlich nicht erzielt werden. Es kam zu mehreren Zwangsvollstreckungsterminen, bei denen Bierfässer, Mobiliar und Maschinen – sogar Dampfmaschinen – meistbietend unter den Hammer kamen. Interessant ist hierbei die Nennung der Firmen und Personen, bei denen die Brauerei Verbindlichkeiten hatte: Tischler Meyer und Zimmermeister Hoberg aus Melle, die Firmen Lürmann, Meyer & Witting sowie F. Feldhoff u. Co. in Osnabrück, Kupferschmied G. Ringelmann und A. Prenzler in Osnabrück, Firma Gebrüder Türner in Osnabrück, Rendant Budde in Herford, Fabrikant Steinfurt in Hildesheim, Gutsbesitzer Höpker auf Haus Kilver und die Gebrüder Tanzer in Prag.[16] Die beiden Letztgenannten – Höpker und Tanzer – sollten für die weitere Geschichte der Brauerei noch von großer Bedeutung sein. Am 17. September 1874 ging Schulze & Co. in Konkurs.

Es stellte sich dabei heraus, dass die Inhaber in dubiose Machenschaften verstrickt waren. Heute würde man dies vermutlich Insolvenzverschleppung bzw. -betrug nennen. Der Versuch, einen mit Hopfen beladenen Wagen mitten in der Nacht der Konkursmasse zu entziehen, konnte von einigen Meller Gläubigern noch rechtzeitig verhindert werden. Insbesondere der Meller Bürgermeister Jäger erwarb sich hierbei durch sein energisches

Eingreifen die Dankbarkeit der Geschädigten. Immerhin konnte so ein Vermögen im Wert von etwa 4000 Talern gerettet werden.[17] Allerdings beliefen sich die Schulden der Gesellschaft zu diesem Zeitpunkt bereits auf über 170.000 Taler. Es war schlicht ein Wirtschaftskrimi, an dem mehrere Personen beteiligt waren. Folgerichtig wurden die Verantwortlichen angeklagt. Die örtlichen Vertreter der Dampfbierbrauerei-Gesellschaft Schulze & Co. mussten sogar in Untersuchungshaft.[18] Nach wenigen Jahren hatte sich der vielversprechende auswärtige Investor als Betrüger entpuppt.

Die strafrechtliche Untersuchung und Ahndung zogen sich anschließend hin. Erst im Juni 1875 begannen die Verhandlungen vor dem Osnabrücker Schwurgericht. Es ging um Bilanzmanipulationen, Meineid, rechtswidrige Verschaffung von Vermögensvorteilen, Vorspiegelung falscher Tatsachen usw. Alle Angeklagten wurden verurteilt. Schulze erhielt eine Freiheitsstrafe von zehn Monaten, worauf seine fünfmonatige Untersuchungshaft angerechnet wurde. Sein Kompagnon Kramer wurde zu einem Jahr Gefängnis verurteilt. Wegen Beihilfe wurde überdies der Meller Rechtsanwalt Dr. Quaet-Faslem belangt. Er erhielt vier Monate Freiheitsentzug. Damit waren die Hauptschuldigen bestraft. Die Geschädigten blieben allerdings auf einem Großteil ihrer Forderungen sitzen.[19]

Unter Leitung der Gebrüder Tanzer: Konsolidierung und Scheitern

Wie ging es mit der Brauerei weiter? Wie bei heutigen Insolvenzen auch, bemühte man sich um dessen Rettung. Gesucht wurde ein Käufer, der sich zunächst aber nicht finden ließ. Der Gläubiger-Ausschuss, der die Brauerei in der Zwischenzeit fortgeführt hatte, war der festen Überzeugung, dass bei seriöser Geschäftsführung ein profitabler Betrieb möglich wäre. Die Brauerzeugnisse hatten an sich einen guten Ruf. Auch ein neu eingeführtes Bockbier kam bei den Biertrinkern offenbar gut an. Mit dieser Werbung sollten potenzielle Investoren angelockt werden.[20]

Kurz nach dem Urteil gegen die früheren Betreiber kam dann doch Bewegung in die Sache. Die Gebrüder Tanzer aus Prag – Gläubiger der bisherigen Gesellschaft – kauften die Brauerei für 260.000 Mark. Für weitere knapp 13.000 Mark erwarben sie auch noch einige dazugehörige Grundstücke. Lediglich Details wie die Übernahme von Inventar und Biervorräten mussten noch geklärt werden. Diejenigen Dinge, an denen der neue Eigentümer kein Interesse hatte, gingen als Teil der Konkursmasse in eine weitere Auktion. Die endgültige Abwicklung des Konkurses von Schulze und Co. dauerte nach Ausschöpfung aller Rechtsmittel noch bis 1877. Das Königliche Appellationsgericht Celle musste zunächst noch die Klage eines Gläubigers aus Zwenkau abweisen.[21]

Insgesamt wurden große Hoffnungen in das Engagement der Gebrüder Tanzer gesetzt.[22] Ab dem 16. Juli 1875 stand die Brauerei unter der neuen Leitung. Das beliebte Bier wurde weiter gebraut, das Personal übernommen und auch der bisherige Geschäftsführer August Wöhrmann verblieb im Amt.[23] Diese Kontinuität schaffte Vertrauen bei den Mellern. Darüber hinaus gab es zahlreiche Reparaturmaßnahmen und Investitionen in neue Einrichtungen.[24] Auch die Meller Landwirtschaft profitierte von der Bierherstellung. Als Nebenprodukt des Brauprozesses fiel eine große Menge Treber ab, welchen die Brauerei verkaufte. Als Futtermittel war dieser Malzrückstand sehr begehrt.[25]

Hinsichtlich der Vermarktung des Meller Biers konnten wichtige Fortschritte erzielt werden. Besonders in den Nachbarstädten Osnabrück und Bünde wurden mehrere Gaststätten darauf aufmerksam. Das Meller Kreisblatt äußerte sich diesbezüglich sehr optimistisch: „Es wird die längste Zeit gedauert haben,bis auch dort die fremden Biere verdrängt und nur Meller Bier getrunken wird." Auch Ostfriesland wurde beliefert.[26] Später folgten sogar Exporte nach Südamerika und Australien. So war das Meller Bier auf der Weltausstellung 1880 in Melbourne erhältlich.[27]

Einige Jahre ging das Geschäft offenbar recht gut. Ab Mitte der 1880er-Jahre kommt es aber zu zahlreichen kurzlebigen Wechseln in den Besitzverhältnissen, was schon auf einen Niedergang des Unternehmens hinweist. Diese erfolgen teils so schnell, dass sie kaum nachvollzogen werden können. So ereignete sich Anfang 1884 ein neuerlicher Besitzerwechsel. Johann Adolf Tanzer verkaufte den Betrieb an den Berliner C. H. Schachtel, erneut ein auswärtiger Käufer.[28] Dieser verpachtete die Gebäude und verkaufte das Inventar an einen Herrn Felix Seldis. Zum 1. August 1884 wurden die Gebäude wiederum an einen neuen Investor verkauft. Die Firma Bankier Katzenstein Söhne in Bielefeld. Eine Zwangsversteigerung war dadurch zwar abgewendet worden und die Bierproduktion sollte auch weitergehen. Zweifel am Bestand der Brauerei waren aber angebracht.[29] Es verwunderte in Melle vermutlich niemanden mehr, als der Betrieb Anfang September 1884 erneut den Besitzer wechselte. Vermutlich hatte man sich inzwischen damit abgefunden, dass die Brauerei bald endgültig geschlossen würde, auch wenn der drohende Verlust der Arbeitskräfte natürlich schmerzte. Rentabel war der Betrieb schon länger nicht mehr gewesen. Auch der Firma Tanzer hatte das Meller Engagement kein Glück gebracht. 1885 meldete sie selbst Konkurs an.[30]

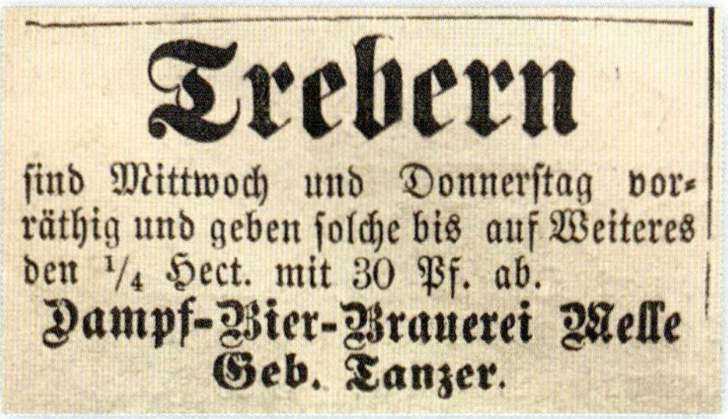
Trebern
sind Mittwoch und Donnerstag vorräthig und geben solche bis auf Weiteres den 1/4 Hect. mit 30 Pf. ab.
Dampf-Bier-Brauerei Melle
Geb. Tanzer.

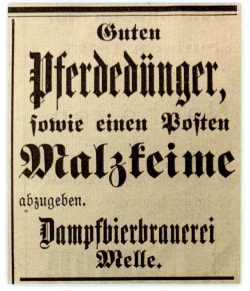

Abb. 4: Verkauf von Treber (Meller Kreisblatt 29. Oktober 1878).

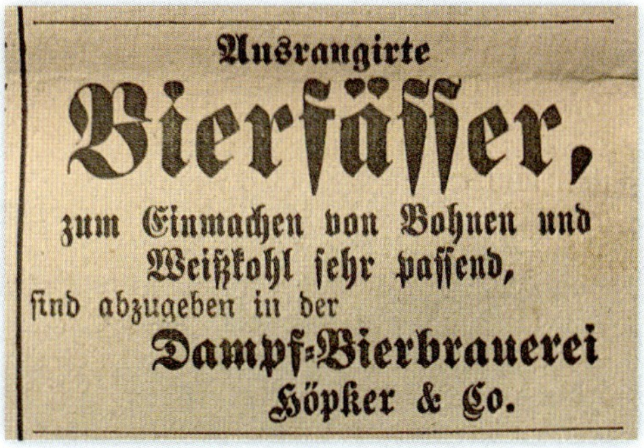
Ausrangirte
Bierfässer,
zum Einmachen von Bohnen und Weißkohl sehr passend,
sind abzugeben in der
Dampf-Bierbrauerei
Höpker & Co.

Abb. 5: Verkauf von ausrangierten Bierfässern zum Einmachen von Bohnen und Weißkohl (Meller Kreisblatt 7. September 1888).

Guten
Pferdedünger,
sowie einen Posten
Malzkeime
abzugeben.
Dampfbierbrauerei
Melle.

Abb. 6: Abgabe von Pferdedünger und Malzkeimen (Meller Kreisblatt 27. April 1895).

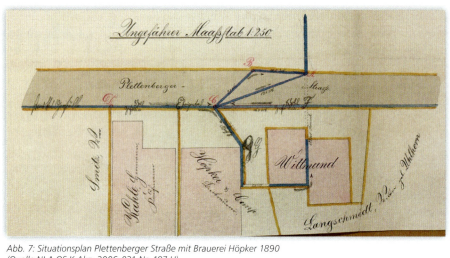

Abb. 7: Situationsplan Plettenberger Straße mit Brauerei Höpker 1890 (Quelle NLA OS K Akz. 2006-031 Nr. 197 H).

Die Ära Höpker: Blütezeit der Meller Brauerei

Der neue Besitzer war ab 1884 der Gutsbesitzer Höpker auf Haus Kilver, unweit von Melle. Sicherlich gingen die meisten Meller wieder von einem kurzzeitigen Engagement irgendeines mehr oder weniger seriösen Geschäftsmannes aus, der Hoffnungen schürte und dann doch wieder alles an den nächsten Inhaber verkaufen würde. Dass nun die größte Blütezeit der Meller Brauerei eingeleitet werden würde, ahnte sicherlich niemand. Höpker gehörte schon zu den Gläubigern von Schulze & Co. und besaß bereits Hypotheken auf dem Brauereigelände. Er gründete eine Kommanditgesellschaft mit 15 örtlichen und auswärtigen Firmen sowie einem Osnabrücker Bankhaus. Die neue Gesellschaft übernahm nun die gesamte Brauerei. Da es sich bei den Kommanditisten um angesehene Geschäftsleute handelte, waren die Grundvoraussetzungen für einen seriösen Wirtschaftsbetrieb jedenfalls gegeben.[31] Insgesamt wurden Gebäude und Maschinen in den Folgejahren modernisiert. Enge Geschäftskontakte bestanden u. a. zu dem Kesselfabrikanten Vieth in Osnabrück.[32]

Abb. 8: Briefkopf von Höpker und Co. mit Auszeichnungen von Gewerbeschauen (Quelle NLA OS Dep 89 Akz. 49-1987 Nr. 157).

In wenigen Jahren hatte das Unternehmen eine Entwicklung genommen, die auch außerhalb Melles Beachtung fand. In einer Veröffentlichung zur Industrie in der Provinz Hannover von 1891 wurde die Situation des Unternehmens sowie dessen Wirtschaftskraft ausdrücklich gelobt. Insbesondere war die Firma technisch auf dem neuesten Stand. Sudhaus, Mälzerei, unterirdische Tennen, eine Darre über zwei Stockwerke, Lüftung, Kühlung usw. machten auf den Autor Eindruck. Daneben betonte er den Sachverstand der Mitarbeiter und die Sauberkeit aller Bereiche. Gerade die Abfüllung und Flaschenreinigung sowie eine Pasteurisierungsanlage wurden hervorgehoben. Zwei Dampfmotoren mit 20 PS und ein großer Dampfkessel sorgten für die benötigte Energie. Die Produktion von hellem und dunklem Lagerbier belief sich auf jährlich 15.000 Hektoliter.[33]

Abb. 9: Fiktive Firmendarstellung wie sie um 1900 üblich waren (Quelle Heimatverein Melle).

Die Dampf-Bierbrauerei Höpker & Co. stellte schon früh die Produktion um. Eine wesentliche Säule wurde das Exportbier, welches nach der Abfüllung in Flaschen pasteurisiert wurde. Dieses Bier war neben dem Verkauf an Gaststätten auch für den Export ins Ausland gedacht. Die Abgabe in Flaschen und die Haltbarkeit machten es für Privatpersonen besonders interessant. Die Zeitung hob die beiden Vorzüge dieses Bieres hervor: „Man [kann] sich von diesem Bier stets ein Bierlager im Hause halten, ohne befürchten zu müssen, flaschenkrankes oder gar verdorbenes Bier liegen zu haben."[34] Unter Höpkers Führung etablierte sich die Meller Brauerei endlich dauerhaft. Der Vertrieb lief. Nicht nur im heimischen Umfeld, sondern sogar im Ausland konnte das Meller Bier getrunken werden. Anlässlich der früher sehr beliebten Bockbierfeste wurde überdies jährlich Bockbier gebraut.[35] Bekannte Sorten waren „Meller Goldtröpfchen" oder „Meller Bock". Technisch schwierig war im 19. Jahrhundert allerdings die Kühlung. Die Lagerkeller mussten noch mit Natureis gekühlt werden, weswegen im Winter immer wieder Kaufgesuche geschaltet wurden: „Achtung! Für Teichbesitzer. Jedes Quantum Eis kauft Bierbrauerei Höpker & Comp."[36]

Abb. 10: Kaufgesuch für Eis zur Bierkühlung (Meller Kreisblatt 26. Januar 1899).

Problematisch war indessen oftmals das Verhältnis zur Nachbarschaft, insbesondere zum Maschinenfabrikanten Temme. Dabei ging es vornehmlich um den von Höpker betriebenen Brauereiteich sowie um die Abwässer der Brauerei. Die Kritik begann schon bald nach Höpkers Übernahme des Unternehmens. Schon 1887 gingen Beschwerden bei der Obrigkeit ein, wonach der Fäulnisgeruch des offenen Abflusses zum Laerbach hin gerade im Sommer unerträglich wäre. Einige Einwohner befürchteten gesundheitliche Einschränkungen. Der Leiter der Meller Präparandenanstalt zog daher sogar in Erwägung, die Anwohner der Brauerei nicht mehr als Gasteltern für die Zöglinge seiner Schule zuzulassen. Neben dem Imageschaden für die Stadt hätte dies auch handfeste wirtschaftliche Einbußen für die bisherigen Quartiergeber bedeutet. Der Brauereibesitzer sagte Abhilfe zu, die auch offenbar für Besserung sorgte. Viel gravierender war die jahrelange Auseinandersetzung mit dem Besitzer der Maschinenfabrik Temme, die 1901 anfingen. Dabei ging es um den Brauereiteich, der zur Kühlung des Biers bzw. Eisgewinnung angelegt worden war. Dieser war auch behördlich genehmigt. Obwohl er von einem Genussmittelhersteller betrieben wurde, handelte es sich – wenigstens zu einem großen Teil – nicht um Frischwasser. Vielmehr wurde er aus den Abwässern der benachbarten Straßengräben gespeist: Oberflächen- und Schmutzwasser. Temme warf der Brauerei vor, den Teich zu stark aufgestaut oder gar die Abflüsse bewusst verstopft zu haben. Vor allem bei Starkregen würden Teile seines Grundstücks mit übel riechenden Abwässern belastet. Die gesamten Meller Obrigkeiten – Magistrat, Kreisausschuss, Landrat und Polizei – wurden involviert. Letztlich wechselten Anwaltsschreiben hin und her. Allerdings stand Temme mit seiner Kritik ziemlich alleine da. Kein anderer Nachbar fühlte sich sonst belästigt. Auch Kreisarzt Dr. Heilmann hatte an der Situation nichts auszusetzen. Er kam zwar zu der Einschätzung, es handele sich in der Tat eher um einen Klär- als um einen Brauereiteich. Für Zwecke der Kühlung sei das aber unbedenklich und für ländliche Verhältnisse alles normal. Etwaige Gesundheitsgefährdungen oder Geruchsemissionen konnte er ebenfalls nicht feststellen. Dennoch zog sich der Streit noch viele Jahre hin.[37]

Anfang des 20. Jahrhunderts wurde das Unternehmen in eine GmbH umgewandelt. Die Umstellung auf die Kriegswirtschaft während des Ersten Weltkriegs war auch für Höpker eine einschneidende Zäsur. Wie viele andere Betriebe litten auch Brauereien unter den Zwangsmaßnahmen. Am 20. Juni 1917 wurde

Abb. 11: Bierdeckel der Brauerei Höpker und Co. (Quelle Heimatverein Melle).

sämtliche Braugerste für die Nahrungsmittelproduktion beschlagnahmt.[38] Als Ersatz gab es Malz. Unter diesen Bedingungen war ein normaler Brauereibetrieb allerdings nicht mehr möglich. Wegen des Rohstoffmangels wurde die Produktion daher stillgelegt.

Das Ende

Unter diesen Umständen kam das Ende im Oktober 1917 nicht überraschend. Angesichts der düsteren Zukunftsaussichten empfahl der Aufsichtsrat, das Kaufangebot eines Münsteraner Konkurrenten anzunehmen. Die Meller Brauerei wurde von der bekannten Germania-Brauerei geschluckt. Offenbar ging es nie darum, den Betrieb weiterzuführen. Offensichtlich sollte nur ein Konkurrent vom Markt verschwinden. Jedenfalls wurde der Betrieb in der Meller Brauerei nicht wieder aufgenommen.[39]

An dieser Stelle ist eine Übersicht über sämtliche Besitzer der Meller Brauerei angebracht:

1. Japing, Melle 2. Schulze & Co., Leipzig 3. Gebrüder Tanzer, Prag 4. Johann Adolf Tanzer, Wien 5. Lehmann Hirsch Schachtel, Berlin 6. Felix Seldis, Berlin 7. S. Katzenstein, Bielefeld 8. Moritz & Alex Katzenstein, Bielefeld 9. Wilhelm Höpker, Haus Kilver 10. Höpker & Co. 11. Höpker & Co. GmbH 12. Brauerei Dieninghoff, Münster.[40]

Die Fabrikgebäude wurden an den Schlachtermeister Schmersahl verkauft und teilweise gesprengt. Verbliebene Gebäude wurden in Wohnungen umgewandelt. Etwa 20 Wohneinheiten sollen so entstanden sein. 1940 kaufte die Stadt Melle das gesamte Gelände. Der damalige Bürgermeister Dr. Helmut Lindemann informierte alle Mieter, sich doch schon einmal nach einer neuen Bleibe umzusehen. Nach dem Endsieg wolle man die Gebäude nämlich abreißen.[41] Geplant war, auf dem Areal einen zweiten Marktplatz anzulegen.[42] Auf dem ehemaligen Brauereigelände befinden sich heute im Wesentlichen die Ratsschule und ein Komplex der Kreissparkasse Melle.

1   Jostes, Franz: Joh. Mathias Seling. Sein Leben und sein Streben zur Linderung der sozialen Not seiner Zeit, Münster 1900, S. 3. Der berühmte Mäßigkeitspostel Seling (1792-1860) stammte aus dem heutigen Meller Stadtteil Gesmold.

2   Zur frühen Meller Braugeschichte und zur Geschichte der Gilde vgl.: Diekmann, Maria Theresia: Die Bäcker- und Brauer-Gilde zu Melle, (Diss., masch.) Münster 1942.

3   Bericht des Rentmeisters Corfey an den Magistrat betr. Biermangel (1762), in: Aus der Vergangenheit der Stadt Melle. Auszüge aus den Akten des Rathauses, nebst 8 Urkunden aus dem Pfarrarchiv der katholischen Kirche zu Melle als Anhang, zusammengestellt von Ernst Starcke, Melle 1910, S. 25.

4   Dazu: Plaß, Uwe: Die Geschichte vom Meller Bier. Es war nicht immer lecker, in: Der Grönegau. Meller Jahrbuch 2019 (Sonderband), S. 27-30.

5   Einen kurzen Überblick zur Geschichte der Meller Brauerei bietet: Gerdes, Rudolf: Zur Geschichte der Meller Wirtschaft, in: Archiv für Landes- und Volkskunde von Niedersachsen Bd. 1944, Heft 23, S. 367-377, hier S. 368.

.6   Mittheilungen des Gewerbe-Vereins für Hannover. Neue Folge 1854, Heft 3, S. 138.

7   Meller Kreisblatt (MK) 29. April 1870.

8   Mittheilungen. Neue Folge 1872, Heft-3-5, S. 148 u. 335-338: 1872 existierten demnach nur drei Dampf-kessel in Melle. Die beiden anderen wurden in der Meller Mühle betrieben. Allgemein zur damaligen Meller Wirtschaft: Neteler, Theo: Beginn der Industrialisierung in Melle, Melle 1855-1914, Melle 1984.

9   Mittheilungen. Neue Folge 1872, Heft 3-5, S. 335-338.

10 MK 24. Mai 1870.

11 MK 22. November 1872.

12 MK 25. und 29. Juli sowie 22. und 26. August 1873.

13 MK 30. September 1873.

14 MK 6. März 1874.

15 MK 31. Juli 1874.

16 MK 7. August und 15. September 1874.

17 MK 18. September und 2. Oktober 1874.

18 MK 16. und 17. November 1874.

19 MK 11. und 22. Juni 1875.

20 MK 11. Mai 1875.

21 MK 26. Januar 1877.

22 MK 9. und 20. Juli 1875.

23 MK 16. Juli 1875.

24 MK 10. August 1875.

25 Beispielhaft hierfür einige Anzeigen zum Treber-Verkauf: MK 17. August, 7. September, 16. November 1875 und 29. Oktober 1878.

26 MK 9. November 1875.

27 Gerdes, Geschichte, S. 368.

28 MK 29. Januar 1884.

29 MK 1. August 1884.

30 MK 6. März 1885.

31 MK 9. September 1884.

32 NLA OS Dep 89 Akz. 49/1987 Nr. 157: Höpker u. Co., Melle, 1886-1891.

33 Der ganze Absatz: Hirschfeld, Paul: Hannovers Großindustrie und Großhandel, Leipzig 1891, S. 367.

34 MK 29. Mai 1885.

35 MK 12. Februar 1910.

36 Vgl.: MK 26. Januar 1899.

37 Zum gesamten Absatz: Plaß, Uwe: Der Brauereiteich, der ein Klärteich war. Temme und Höpker lieferten sich einen erbitterten Nachbarschaftsstreit, in: Der Grönegau. Meller Jahrbuch 2021 (Sonderband), S. 91-94; Heimatverein Melle: Acta betrf. Gesuch des Brauereibesitzers Höpker in Melle um Erteilung der Genehmigung zur Anlage eines Staues in seinem Brauereiteiche, 1903-1915; NLA OS Dep 73 b Nr. 1029: Streitsache Temme gegen Höpker wegen Stauung des Brauereiteiches, 1901-1919; NLA OS Dep 73 b Nr. 1580: Acta betreffend die Abwässer der hiesigen Bierbrauerei, 1887-1909.

38 MK 20. Juni 1917.

39 MK 16. Oktober 1917; die im MK 27. Oktober 1985, Artikel „Grönegauer ,Gerstensaft' bei Kennern sehr gefragt" von Fritz H. Kruse aufgestellten Behauptungen zum Niedergang der Brauerei sowie einer gesell-schaftlichen Ächtung Höpkers sind schlicht falsch. Die Schließung war letztlich kriegsbedingt. Auch Höpker wurde nicht zur „Unperson" in Melle.

40 MK 18. April 1921.

41 Ulferts, Dieter: Plettenbergerstraße. Eine Straße verändert ihr Gesicht (Grönenberger Heimathefte 28), Melle 2012, S. 42 f.

42 Gerdes, Geschichte, S. 368.

Das neue Dorf in Wallenhorst entsteht - Eine neue Kirche am Heerweg und viele Gasthöfe als Nachbarn

Franz-Joseph Hawighorst

Das „neue Dorf" in Wallenhorst war im 19. Jahrhundert das Ergebnis einer Abstimmung des Volkes. Es waren aber nicht die Stimmberechtigten im Kirchdorf Wallenhorst, die diese Entscheidung trafen. Vielmehr war es eine Gemeindeversammlung des Kirchspiels, in der am 20. Dezember 1877 die Bewohner von Hollage, Pye, Lechtingen und Wallenhorst entschieden, auf dem Bockholt außerhalb des bisherigen Dorfes eine neue Kirche zu bauen. Wären damals nur die Hofbesitzer und die schon zahlreich vorhandenen Neubauern in der Bauerschaft Wallenhorst gefragt worden, dann wäre das Ergebnis möglicherweise anders gewesen. Die Bewohner in den einzelnen Orten des Kirchspiels hatten aber gute Gründe, den Standort für die neue Kirche auch aus Sicht ihres Ortes zu sehen. Das galt insbesondere für die Bewohner in den Bauerschaften Hollage und Pye, die sehr weite Kirchwege hatten.

Der neue Standort grenzte an den alten Heerweg, der von Osnabrück nach Bramsche führte. Er grenzte aber auch an den Pyer Kirchweg, der im letzten Abschnitt auch der Kirchweg der Hollager war, die südlich des Hollager Berges lebten. Der alte Heerweg war als Oldenburger Landstraße eine wichtige Verkehrsverbindung, hier waren viele Kutscher unterwegs. Über diesen Weg wurde auch die im Piesberg abgebaute Kohle zu den Kunden transportiert. Um 1600 war bereits das Amtshaus des Vogtes am Heerweg auf dem Bockholt gebaut worden. Die „Vogtey" war im Laufe des 17. Jahrhunderts Privatbesitz der Familie Helberg geworden, die in zwei Generationen den Vogt gestellt hatte.

Abb. 1: Patent des J. H. Bruns zum Betrieb einer Branntweinwirtschaft von 1810.
(Archiv Familie Bruning / Warning)

1649 wird in einem Kopfschatzregister erstmals ein „Herbergerer" im Amtsgebäude des Vogtes registriert. Eine Schankwirtschaft ist aus dieser Zeit nicht belegt. Es spricht aber viel dafür, dass bei Ende des Dreißigjährigen Krieges in diesem Hause nicht nur Gäste übernachten konnten, sondern auch Ausschank betrieben wurde. 1723 wird in einem Steuerregister Tönies Bruns erwähnt, dessen Eltern Everhard und Juliane um 1684 als „Neubürger" nach Wallenhorst gekommen waren. Da neue Bewohner im Kirchspieldorf nur sesshaft werden konnten, wenn sie über eine Wohnung verfügten, spricht viel dafür, dass Everhard Bruns um 1684 von der Familie Helberg den Besitz auf dem Bockkholt erwarb. 1728 ist eine Schankwirtschaft von Tönies Bruns nachgewiesen, der an den Landesherrn 2 Taler, 10 Schillinge und 6 Denare für „Bierschenken" zahlte. Der Markkötter Bruns, der sich in der dritten Generation auch „Bruning" nannte, erhielt 1810 in der Franzosenzeit vom Königreich Westphalen das „Patent", das ihm erlaubte, eine Branntweinschänke führen zu dürfen (Abb. 1).

Zu Beginn des 19. Jahrhunderts war eine Schankwirtschaft an der Chaussee höchst lukrativ. Es waren nicht nur die Fuhrleute, die die „schwarzen Diamanten" vom Piesberg zu den Kunden brachten und die bei Bruning den Kohlenstaub aus der Kehle spülen konnten. Fuhrleute hielten auch vor dem Gasthaus, um in Osnabrück bestellte Güter für das Kirchspiel abzuladen, die Pferde zu füttern, sich selbst zu stärken und evtl. auch vor einer Weiterfahrt bis ins Emsland hier zu übernachten.[1] Die Fuhrleute konnten auf dieser Strecke auch in der Markkötterei Bockholt und beim Pächter Lahrmann einkehren. Der Pächter Lahrmann war Wirt in der zweiten Wallenhorster Vogtei, die 1682 von der Gemeinde gebaut wurde und die Johann Henrich Bruning 1817 erwarb. Vom Markkötter Bockholt, aus dem später das Gasthaus und Hotel Bitter wurde, ist der Schankbetrieb seit 1750 nachgewiesen.

Abb. 2: Um 1900 entstand das Foto, dass die alte Markkötterei Bockholt zeigt, in dem auch ein Ausschank betrieben wurde. Das Gebäude stand dort, wo einige Jahre später Heinrich Bitter einen Saal baute.

In der vierten Generation der Markkötterfamilie Bruning hatte die Witwe Catharina Elisabeth in den 1820er-Jahren einen Rechtsstreit wegen einer unerlaubten Konkurrenz auszufechten. Wer damals als Kutscher von Osnabrück über die Chaussee in den Ort kam, musste in Höhe eines Heuerhauses des Hofes Schwalenberg eine Barriere passieren, an der Wegegeld erhoben wurde. Geldeinnehmer war der ausgediente hannoversche Dragoner Schrammek. Dieser wohnte im Heuerhaus neben der Barriere. Dort bewirtete er die Fuhrleute und ließ sie bei Bedarf auch übernachten. Als königlicher Wegezolleinnehmer waren ihm diese Nebentätigkeiten verboten. Für den Ausschank hatte er auch keine Konzession. Der alte Dragoner versuchte zunächst, sich damit herauszureden, dass er besonders viele alte Kriegskameraden und Freunde als Besucher kostenlos bewirtet habe und ansonsten nur seine Frau und seine Tochter Ausschank betrieben hätten. Das alles war aber nicht glaubwürdig, sodass Schrammek nur noch um eine gnädige Strafe bitten konnte. Die illegale Gastronomie in Schwalenbergs Heuerhaus war damit beendet.[2]

Wallenhorst hatte in der ersten Hälfte des 19. Jahrhunderts ungewöhnlich viele Gaststätten. 1858 wurden in dieser Bauerschaft 364 Einwohner registriert. Die Urkunde des Königreichs Westphalen für Franz Bruning weist nach, dass 1810 in der „Commune Wallenhorst" nur 266 „Seelen" lebten. Ein Vergleich mit Hollage zeigt, dass 1858 dort 669 Einwohner registriert waren, in Hollage aber keine Gaststätte vorhanden war. Das Wirtshaus für die Menschen im Kirchspiel wurde unmittelbar neben der Kirche vom Markkötter Kerckhoff betrieben. In den Wintermonaten bot dieses Wirtshaus für die Kirchgänger die Möglichkeit, sich vor dem Beginn des Gottesdienstes aufzuwärmen. Den Hollager Markgenossen war das Gasthaus so wichtig, dass sie Kerckhoff 1673 das Recht gewährten, im Moor in Hollage Torf stechen zu dürfen.[3] Das geschah in einer Zeit, in der der Torf schon knapp wurde und eine Ausfuhr aus Hollage durch die Markgenossen streng verboten war. Die Zeit ohne Wirtshaus änderte sich im einwohnerstärksten Kirchspielort Hollage erst in den 1860er-Jahren, als dem Schmied Tepe eine „Branntweinconcession" gegen den Widerstand des Bergmeisters Johann Rudolf Pagenstecher erteilt wurde.

Die Gasthäuser entlang der Chaussee auf dem Bockholt waren in dieser Zeit auf den Bedarf der Durchreisenden ausgerichtet. Ähnlich war es auch am Heerweg von Wallenhorst nach Engter, als dort 1848 am Heuerhaus des Hofes Bedenbecker eine Hebestelle für Wegegeld eingerichtet wurde und dies dort zur Einrichtung der heute noch bestehenden Gaststätte Beckmann führte. Damals betrieb dort der „Lindenwirth" den Ausschank.

Ein Wirtshaus im Norden der Bauerschaft an der Stelle, an der sich der Barlager Kirchweg, der Dörnter Kirchweg und der Fiesteler Kirchweg trafen und den Heerweg querten, vervollständigte im 19. Jahrhundert das gastronomische Angebot. Entstanden war diese Schankwirtschaft aus dem Anwesen des Markkötters Nettsträter. Zu Beginn des 20. Jahrhunderts wurde hieraus die Gaststätte Dorenkamp. Hier spannten die Barlager Bauern beim Kirchbesuch aus. Bei Dorenkamp kehrten auch die Piesbergarbeiter aus Pente und Bramsche nach Feierabend ein, bevor sie ihren Heimweg als Fußmarsch fortsetzten. Ende der 1950er-Jahre wurde die Gaststätte aufgegeben. In den 1990er-Jahren wurde das Gebäude beim Bau der Auffahrt auf die B 68 am „Porta-Kreisel" abgebrochen.

Abb. 3: Postkarte von der Gaststätte Gerhard Dorenkamp. Die Postkarte befindet sich im Archiv „Andreas Albers". Wegen einer kleinen Beschädigung ist der Verlag „Brandes & Pieper, Osnabrück" auf der Karte nicht mehr vollständig zu lesen.

Wie war es im 19. Jahrhundert, wenn bei den Gasthöfen zum Tanz aufgespielt wurde? 1883 erhielt der „Wirth Bruning zu Wallenhorst" folgende Genehmigung:

> „Es wird Ihnen hiermit gestattet, am 9. Oktober in Ihrem Hause bis 2 Uhr Nachts Tanzmusik zu halten, wenn die Gendarmerie nicht vorher das Aufhören der Musik verlangt. Bedingung ist, dass Kinder nicht zugegen sein dürfen, auch nicht auf dem Hofe am Tanzlokal und dass Betrunkenen Spirituosen nicht verabreicht werden. Wenn Sie eine dieser Vorschriften nicht befolgen, so verfallen Sie in eine Geldstrafe von 10 Mark."

Der Standort der Familie Bruning auf dem Bockholt wurde 1818 noch bedeutsamer, als die Postkutschenlinie zwischen Osnabrück und Lingen in Betrieb genommen wurde. Die erste Annahme- und Verteilerstation der Post in Wallenhorst war im Hause Bruning. Wann im Laufe des 19. Jahrhunderts der Markkötter Bruning auch Posthalter wurde, darüber gibt das Familienarchiv der Familie Bruning keine Hinweise.

1851 kam Dr. Friedrich Franksmann als neuer Pfarrer nach Wallenhorst. Die Diskussion für eine neue Kirche hatte im Kirchspiel schon begonnen. In einer Gemeindeversammlung des Kirchspiels im November 1852 waren sich die Teilnehmer aus allen Bauerschaften einig, dass die alte Pfarrkirche „zu klein und auch zu verfallen sei und mithin einer Abhülfe bedürfe".[4] Keine Bereitschaft bestand aber zunächst bei einer Mehrheit der Versammlungsteilnehmer für einen neuen Standort der Kirche und auch der Schule außerhalb des Dorfes. Ein neuer Standort in der Nähe der Annakapelle auf dem Bockholt war bereits 1850 zwischen einigen Kirchenvorstehern ohne Ergebnis besprochen worden. Im Kirchspiel wohnten in dieser Zeit 1900 Einwohner. Die einwohnerstärkste Bauerschaft war Hollage, die Orte mit der kleinsten Einwohnerzahl waren Pye und Wallenhorst. Die

Bewohner von Hollage und Pye hatten die längsten Kirchwege. Der Kirchweg für die Höfe in Pye nahe der Hase war 6 km, teilweise mehr als 7 km lang. Die Menschen auf den Hollager Höfen und in den Heuerhäusern in Brockhausen, Barlage und Dörnte hatten einen 5 km langen Fußweg. Da bestand großes Interesse, dass ein neuer Standort an der Chaussee die Zeit für den Weg zur Kirche verkürzen könne. Die Bewohner aus der Bauerschaft Wallenhorst hatten seit jeher die kurzen Wege zur Kirche, dies würde sich auch bei einem neuen Standort nicht wesentlich ändern. Mehrere Hofbesitzer in Wallenhorst erkannten aber, dass mit einem neuen Standort die räumliche Einheit vieler Höfe und der Kirche Geschichte sein würde. Der Vorsteher Christopher Heinrich Meyer, der sich 1853 in einer Denkschrift gemeinsam mit dem Barlager Colon Gers-Barlag für einen neuen Standort ausgesprochen hatte, war da wohl eine Ausnahme.

Einem neuen Standort nahe der alten Kirche auf dem Anwesen von Duling standen alternative Standorte am Heerweg gegenüber. Hier boten sich die Flachshütte und auf dem Bockholt das Grundstück zwischen Brunings Gasthof und der dort seit dem 15. Jahrhundert stehenden Annakapelle an. In allen Orten des Kirchspiels wurde viel diskutiert, 1863 wurde vom Katholischen Konsistorium Osnabrück als „Aufsichtsbehörde" für die notwendige Entscheidung auch der Gutachter Wellenkamp eingeschaltet. Der Gutachter benötigte sieben Jahre für einen Vorschlag, bei dem die Kirche auf dem Bockholt und das Pfarrhaus auf der Flachshütte gebaut werden solle. Die Schule solle am Standort neben der alten Kirche verbleiben. Dabei war der Gutachter eigentlich der Meinung, die Kirche und auch der Friedhof sollten wegen der Interessen der Bewohner aus Hollage auf der Flachshütte gebaut werden.[5] Der Kirchenvorstand schloss sich 1874 diesem Vorschlag nicht an. Er beschloss vielmehr, die Kirche samt Friedhof auf der Flachshütte zu bauen. Dieser Beschluss wurde 1877 von der Gemeindeversammlung korrigiert, die sich für den Kirchbau auf dem Bockholt aussprach. Der Grundstein für die neue Kirche wurde 1879 gelegt. 1881 wurde sie als Pfarrkirche in den gottesdienstlichen Gebrauch genommen. Der neue Standort für den Friedhof auf der Flachshütte war bereits Mitte der 1870er-Jahre endgültig entschieden worden. 1883 entstand auf dem Bockholt neben der Kirche das neue Pfarrhaus, 1884 die neue Küsterei und 1890 an der heutigen Straße „Am Bockholt" die neue Kaplanei. Auch die Schule sollte jetzt nicht mehr am alten Standort verbleiben. Bereits 1884 fasste der Wallenhorster Schulvorstand den Beschluss, eine zweiklassige Schule am Bockholt zu bauen. Dieses Schulgebäude wurde eingeschossig gebaut. Die 1887 bezogene Schule wurde 1908 um ein Obergeschoß erweitert.

Der Standort auf dem Bockholt wurde auch durch eine Entscheidung von Franz Bruning ermöglicht. Auf dem Bockholt hatte die Kirche zwar Grundbesitz, dieser war jedoch nicht ausreichend. Der wesentlichste Teil des neuen Kirchengrundstückes war ein Geschenk der Familie Bruning. Auch das Grundstück für die Kaplanei stellte Franz Bruning kostenlos zur Verfügung. Bruning war nun als Wirt der unmittelbare Nachbar der Kirche. Bei Bruning spannten die Lechtinger Landwirte vor dem Kirchbesuch aus.

Auch der Markkötter Bockholt bot sich den Besuchern der neuen Wallenhorster Kirche zum Ausspannen und auch zur Einkehr nach dem Gottesdienst in seiner Schankwirt-

Abb. 4: Gasthof von Franz Bruning mit Posthalterei.
(Aquarell: Gerhard Hawighorst.)

schaft an. Schnell reagierte der Wirt Kirchhof und nahm den Neubau der Kirche zum Anlass, bereits 1882 im Klusmoor am alten Heerweg zu bauen und dort eine neue Gaststätte einzurichten. Die neue Kirchhof'sche Stätte wurde nach der Heirat der Tochter mit Heinrich Hardinghaus 1906 als Gaststätte Hardinghaus bekannt.

In den Gasthöfen im neuen Dorf sollten zu Beginn des 20. Jahrhunderts auch größere Veranstaltungen möglich werden. Bei Brunings wurde um 1900 das Gebäude um ein Geschoss aufgestockt. Im Obergeschoss entstanden ein Saal und „Fremdenkammern". Heinrich Bitter veranlasste 1903 den Abriss des bisherigen Gebäudes der Markkötterei Bockholt und einen Neubau. Dieser wurde 1911 um einen Saal ergänzt, den die ältere Generation noch von vielen Vereins- und Familienfesten in Erinnerung hat. Auch der Neubau von Kirchhof im neuen Dorf wurde nach der Einheirat von Heinrich Hardinghaus um ein Vollgeschoss erhöht. Auch hier entstand ein Saal.

Noch vor der Jahrhundertwende folgte dem Bau der Kirche und der Schule ein Neubau des Halberben Duling. Die bisherige Hofstelle wurde verpachtet. Im neuen Dorf gründete Duling einen Lebensmitteleinzelhandel. Bei Duling wurde auch eine Verkaufsstelle der neu gegründeten landwirtschaftlichen Genossenschaft eingerichtet. 1895 wurde im Kirchspiel eine Spar- und Darlehnskasse gegründet, die ihren ersten Kassenraum bis in die 1930er-Jahre in der Kaplanei an der heutigen Straße „Am Bockholt" hatte. Ende des 19. Jahrhunderts kam mit dem Holzschuhmacher Lahrmann auch ein erster Handwerker ins neue Dorf.

Zur Jahrhundertwende waren der Schuster Wallenhorst und der Bäcker Berelsmann noch im alten Dorf. 1909 hatte die Feuerwehr zwei besondere Einsätze. Im April war ein Einsatz bei der alten Kirche erforderlich. Das Dach des Kirchturms war durch einen Blitzschlag getroffen und teilweise zerstört. Im Dezember 1909 brannte der Erbkötterhof Wallenhorst. Für Franz Wallenhorst war dies die Gelegenheit, den Standort zu wechseln und die Hofstelle im neuen Dorf dort aufzubauen, wo im Klusmoor der Hof seit Jahrhunderten bereits Grundstückseigentümer war. Die Kirchgänger konnten jetzt am Sonntag nach dem Gottesdienst ihre reparierten Schuhe von der Hofstelle gegenüber der Kirche abholen. Auf der neuen Hofstelle gab es aber noch eine weitere Besonderheit. In einem Nebengebäude wurde eine Webschule eingerichtet. In den Wintermonaten erhielten hier

Abb. 5: Gasthof Bitter Mitte des 20. Jahrhunderts, im Hintergrund die Schule. Foto: W. Vornholt.

junge Mädchen aus dem Kirchspiel Unterricht, hier konnten sie auch an ihrer eigenen Aussteuer arbeiten. Aus Erzählungen älterer Bewohnerinnen ist bekannt, dass um 1912 die Lehrerin mit dem Fahrrad kam. 1909 heiratete aus der Familie Wallenhorst die Tochter Maria den aus Hollage stammenden Bäcker Joseph Schütte. Schütte baute eine Bäckerei auf dem Grundstück am Heerweg, das seine Frau als Mitgift aus dem elterlichen Grundbesitz erhalten hatte.

Abb. 6: Anwesen Schütte 1951 anlässlich der Feiern „1100 Jahre Wallenhorst". Archiv Familie Schütte.

Zeitgleich hatte sich auch der Bäcker Berelsmann entschieden, nach über 50 Jahren der Kirche ins neue Dorf zu folgen. Berelsmann war Neubauer, der auch eine Landwirtschaft betrieb und der – wie könnte es am neuen Standort anders sein – auch Gastwirt wurde. Im Hause Berelsmann gab es auch einen kleinen Lebensmittelladen. Nebenan auf dem Schneidling entstanden drei Wohnhäuser. Hier betrieb der Buchbinder Vornholt auch das erste Fotostudio in Wallenhorst. Eine Veränderung gab es auch beim Markkötter Horstmann, der bislang am Rande das alten Dorfes neben dem Horstkamp lebte. Horstmann baute in den 1910er-Jahren in der Nachbarschaft zur Gaststätte Hardinghaus eine neue Hofstelle.

Gruß aus Wallenhorst

Abb. 7: Das neue Dorf um 1910, von links die Hofstelle Wallenhorst, die Küsterei, die Alexanderkirche und die Bäckerei Berelsmann. Foto: W. Vornholt.

Heute befindet sich hier der Mittelpunkt der 1972 entstandenen „Großgemeinde Wallenhorst". Auf der 1909/1910 entstandenen neuen Hofstelle des Erbkötters Wallenhorst steht jetzt das Rathaus. Das neue Zentrum der Gemeinde hinter dem Rathaus im ehemaligen Klusmoor ist 50 Jahre nach Entstehen der Großgemeinde noch nicht vollständig entwickelt. An der Stelle, an der ursprünglich der Markkötter Bockholt Schankwirt für Durchreisende war, befindet sich heute ein moderner Wohn- und Geschäftskomplex. Das von Kirchhof erbaute und von Heinrich Hardinghaus erweiterte Anwesen ist nach wie vor ortsbildprägend. Eine Gaststätte gibt es dort aber schon lange nicht mehr. Aus der Küsterei ist inzwischen ein Restaurant geworden, aus der alten Schule ein Wohnhaus. Im Hause des Neubauern Berelsmann gibt es keine Landwirtschaft mehr. Der kleine Lebensmittelladen und auch die Gaststätte sind nicht mehr vorhanden. Hier wird aber nach wie vor gebacken. Das Café Berelsmann ist mitten im Ort ein Treffpunkt für alle Generationen. Die Bundesstraße 68 trennt als Umgehungsstraße das „Alte Dorf" vom „Neuen Dorf". Die alte Hofstelle Duling befindet sich am Rande des „neuen Dorfes". Sie ist von der Gemeinde im vorigen Jahrhundert erworben und renoviert worden. Hier finden Kulturveranstaltungen statt.

Bei Brunings wird nach wie vor Ausschank betrieben. Der Eigentümer Georg Warning hatte Mitte des 19. Jahrhunderts als Jugendlicher noch seinen Großvater Franz Bruning beim Melken der Kühe und beim Ausmisten der Ställe geholfen. Den Großvater als Posthalter unterstützte er, indem er im Ort Telegramme verteilte. Die Landwirtschaft und auch die Poststelle in diesem Hause sind aber Geschichte. Die Gaststätte, die auch als „Gasthof zur Post" bekannt ist, wird seit Jahrzehnten durch Pächter betrieben. Georg Warning legt viel Wert auf den Erhalt dieses Traditionshauses. Den Pferdestall, in dem im 19. Jahrhundert die Gespanne der Postkutschen ausgewechselt wurden, gibt es nicht mehr. Eine alte Scheune hat der Eigentümer in einen Festsaal für Vereins- und Familienfeste umbauen lassen.

Abb. 8: Wallenhorst im Wandel – auf dem Hof bei Brunings präsentieren sich in den 1930er-Jahren Anna und Maria Bruning mit Pferden, aber auch mit einem ersten Automobil. (Archiv: Familie Bruning/ Warning.)

1 Kurt Jünemann: Aus der Geschichte der Familie Bruning.

2 Franz-Joseph Hawighorst: Gasthof „Zur Post in Wallenhorst", 2017.

3 Andreas Albers: Wallenhorst, Ortsgeschichte in Schlaglichtern, Die Hollager Mark, S. 160.

4 Andreas Albers: Katholische Kirchengemeinde St. Alexander, Wallenhorst, Chronik Wallenhorst 2001, S. 403.

5 Dr. Bernhard Hardinghaus: 100 Jahre Neue St.-Alexander-Kirche Wallenhorst, 1981.

Die „bessere Gesellschaft" war zu Gast – Vom „Hotel zum Rothen Hause" in Quakenbrück

Heiko Bockstiegel

Als Zeugnis der bürgerlichen Fest- und Feierkultur des ausgehenden 19. und beginnenden 20. Jahrhunderts wird in der Dauerausstellung des Stadtmuseums Quakenbrück eine Speisekarte des „Geburtstagsessens SM des Kaisers" vom 27. Januar 1911 im Hotel „Zum Rothen Hause" an der Langen Straße 45 präsentiert. „Kaisers Geburtstag", das war einer der alljährlich wiederkehrenden gesellschaftlichen Höhepunkte im Deutschland der „Belle Èpoque", jener nur wenige Jahrzehnte umfassenden Zeitspanne bis zum Ausbruch des Ersten Weltkrieges, als die Lust am Leben in allen gesellschaftlichen Schichten erwachte.

Dieser 27. Januar galt für die meisten seiner Untertanen ganz selbstverständlich noch vor Weihnachten als höchster Feiertag im Jahr, und er wurde von der gesamten Bevölkerung rot im Kalender markiert und mit großem patriotischen Aufwand gebührend gefeiert. Da folgten auf pathetische Festreden Hymnen und Lobpreisungen, und in Festvorträgen erreichte die Verherrlichung der Person des Kaisers ihren „geistigen" Höhepunkt. Nach einem Gebet auf dessen Wohl ging es dann ins Wirtshaus oder, wie in Quakenbrück, ins Hotel, um dort weiter zu feiern. Schließlich war im „Rothen Hause" zur „Quakenbrücker Geburtstagsfreude" ein exquisites Festessen mit Musikrahmung vorbereitet, allerdings nur für die Honoratioren der Stadt.

Und es ging kulinarisch opulent zu: Da gab es zunächst Ochsenschwanzsuppe, worauf „Kalbsrücken, umlegt nach Diplomatenart" folgte. Auf dem Menüprogramm standen dann Filet vom Steinbutt mit Krebssauce, Stangenspargel mit Schinken und Lachs sowie Damwildkeule. Als Dessert wurden Salat und Kompott, diverse Torten und eine Käseschüssel gereicht, also nur „vom Feinsten". Dazu gab es „echte Champagnerweine" direkt von der renommierten, bis heute bestehenden Kellerei Georges Geiling & Cie. in Bacharach am Rhein.

Über mehr als ein halbes Jahrhundert war das Hotel „Zum Rothen Hause" zweifellos das „erste Haus am Platze" in Quakenbrück, sozusagen ein „kleines Adlon", denn der Hotel- und Gastronomiebetrieb an dieser zentralen Stelle galt als eine der ersten Adressen der Stadt und trug durch seinen durchaus vorhandenen Luxus, seine Gäste und sein Ende kurz nach dem Ersten Weltkrieg auch ein wenig zur Mythenbildung bei.[1] Hotels sind nun einmal Orte, welche die Menschen in eine Traumwelt entführen und sie mit kostbaren Interieurs, kulinarischen Köstlichkeiten oder einfach nur Freundlichkeit verzaubern möchten. Und den Hoteliers geht es natürlich darum, ihre Gäste zufriedenzustellen und ihre Wünsche zu erfüllen. Könnten die Wände des Hotels „Zum Rothen Hause" erzählen, es würde sich Stoff für mehr als nur einen Roman ergeben. Das Hotel verströmte den gediegenen Charme der Kaiserzeit mit gehobener Gastronomie und erstklassigem Service.

Ein Blick in die Geschichte zeigt, dass an der Stelle des Hotels „Zum Rothen Hause" (heute Lange Str. 45, Kreismusikschule) bis 1859 der Burgmannshof Nr. 9 stand, der, zunächst im

Abb. 1: Einladung zur Feier von Kaisers Geburtstag im „Hotel zum roten Hause" 1910. Foto Archiv Stadtmuseum Quakenbrück.

Abb. 2: Menükarte des Festmahls zu Kaisers Geburtstag im „Hotel Zum Roten Haus" 1911. Foto Archiv Stadtmuseum Quakenbrück.

Besitz des Freiherrn Friedrich Christian von Dincklage, 1790 an den Quakenbrücker Kaufmann Hieronymus Mummy und schließlich am 19. April 1796 an Graf Georg Werner von Münster-Meinhövel zu Bruche veräußert wurde. Dieser musste jedoch nach einigen Jahren den Kauf rückgängig machen und das Gebäude ging an die Familie Mummy zurück. Dieser „Littenhof" genannte Burgmannshof lag weitab von der Straße.[2] Auf der Stadtansicht von 1703 lässt sich gut erkennen, dass sich zwischen den Burgmannshöfen und der Straßenfront zumeist ein größerer Hofraum befand, um den sich Ställe und Wirtschaftsgebäude gruppierten. Im Hof selbst war zur Zeit der Napoleonischen Kriege zu Beginn des 19. Jahrhunderts die Arrondissements-Regierung untergebracht, da Quakenbrück seinerzeit den Mittelpunkt eines Arrondissements im Oberems-Departement bildete.

Aus einer Anzeige, die am 8. Oktober 1859 im „Quakenbrücker Anzeiger" erschien, geht hervor, dass seinerzeit der Gastwirt Christian Sickermann (* 1820 als Sohn eines Kaufmanns- und Senatorengeschlechtes in Quakenbrück geboren) und die Witwe des Bäckers Schengbier das Anwesen der Familie Mummy zu kaufen gedachten, bestehend aus dem eigentlichen Wohnhaus „nebst Stall und dahinter befindlichem Garten und sonstigem Zubehör". Dieses repräsentative Wohnhaus mit Volutengiebel ist auf einem Stich von 1859 abgebildet.

Sickermann ließ im Folgejahr (1860) als neuer Besitzer die Baulichkeiten samt Burgmanns-hof abbrechen und richtete in dem wesentlich näher zu Straße gelegenen großzügigen backsteinernen zweigeschossigen Neubau eine Hotelwirtschaft ein. Bei der Fundamen-tierung fanden sich in 16 Fuß Tiefe Reste einer alten Holzbrücke, die zweifellos über einen vor Jahrzehnten verrohrten Nebenarm der Hase führte.

Als Pächter des Hotels bot sich der aus Norwegen stammende Gastwirt J. G. Rothe an, der in jenen Jahren im direkt nebenan gelegenen Gebäude Lange Straße 47 ein Ho-tel unter der passenden Bezeichnung „Rothes Haus" führte. Untergebracht war dieses gleichfalls in einem ehemaligen Burgmannshof, der einst der Familie von Frydag gehört hatte. Dieser war einstöckig und mit einem roten Anstrich versehen. Das später aufge-setzte Dachgeschoss enthielt einen großen Tanzsaal. Einen Eindruck des Hotels vermittelt besagter Stich von 1859, auf dem neben dem Hotel selbst ein großer Torbogen mit dem Eingangsschild „Gasthof Rothes Haus" gut erkennbar ist. Dieser Altbau wurde 1864 ab-gebrochen und durch den noch heute vorhandenen backsteinernen Neubau (später Dr. Flebbe/Kynast) ersetzt.

Abb. 3: Das Hotel „Zum Rothen Hause" als Farblithografie von Friedrich Gottfried Müller um 1865. Foto Archiv Stadtmuseum Quakenbrück.

Ob der kurze Zeit später verzogene Hotelier Rothe unmittelbar danach das benachbarte Sickermannsche Haus pachtete, ist leider nicht belegbar. Fest steht, dass Christian Sicker-mann um 1870 als Betreiber von Hotel und damit verbundener Gastwirtschaft („Hotel-wirtschaft") genannt wird, und zwar unter der Bezeichnung Hotel „Zum Rothen Hause". Rothe wird ihm also bei seinem Fortzug die Namensrechte übertragen haben. Den Na-men hat das Hotel also nicht, wie oft angenommen wird, von den roten Backsteinen, aus denen es errichtet worden war.

Mit der fast zeitgleichen Gründung des Kaiserreiches 1871 setzte auch für Quakenbrück eine kräftige Entwicklung ein, die sich unter anderem in den ständig steigenden Einwohnerzahlen, dem Aufleben von Wirtschaft und Bautätigkeit sowie dem langersehnten Anschluss an das Eisenbahnnetz ausdrückte.

Zum 1. Mai 1876 veräußerte der schwer erkrankte und wenige Tage später verstorbene Sickermann den Hotel- und Gaststättenbetrieb an den Kaufmann August Holzgrefe, der jedoch bereits im November 1885 mit nur 41 Jahren verstarb. Eigentümerin wurde nun dessen Witwe Emma, geb. Strauch, und zum 1. April 1897 der aus Badbergen-Langen gebürtige Heinrich König (* 1848), der bis dahin Pächter des Schützenhofes gewesen war und als Soldat am 14. August 1870 vor Metz ein Bein verloren hatte, also durchaus gehandicapt war und das Hotel bereits um 1910 an seinen Schwiegersohn Wilhelm Pauck (* 1868 in Detmold) veräußert hatte. Dieser fungierte zudem als Vorsitzender des Wirtevereins, ist jedoch nach Heinrich Königs Tod 1917 nach Osnabrück verzogen.

Abb. 4: August Holzgrefe, Gastwirt des Hotels Zum Rothen Hause. Foto Archiv Stadtmuseum Quakenbrück.

Das Hotel, ohnedies eine exquisite Unterkunft für die sogenannte „bessere Gesellschaft" und vor allem für Geschäftsreisende, hatte sich inzwischen zu einem gesellschaftlichen Magneten der Stadt entwickelt. Eine 1903 datierte kolorierte Mehrmotiv-Postkarte zeigt es mit der hauseigenen Kutsche, mittels derer der livrierte Hotelkutscher Heinrich Rohlfing die exklusiven Hotelgäste vom Bahnhof abzuholen hatte.

Als der Heimatforscher Louis Friedrich im Jahre 1897 ein Verzeichnis aufstellte, das nicht weniger als 43 Vereine in der rund 3.000 Einwohner zählenden Stadt aufwies, war auch das Hotel „Zum Rothen Hause" hier stark involviert. Ein großer Saal im ersten Stockwerk bot für verschiedene Veranstaltungen der „gehobenen Gesellschaft" Platz, sei es die Geburtstagsfeier, das „Tanzkränzchen" oder der Tanztee, die Versammlungen des Kriegervereins, des 1904 ebenfalls hier aus der Taufe gehobenen „Vereins ehemaliger Quakenbrücker Schüler" oder als närrische Hochburg der Karnevalisten. Auch tagte hier der Kegelclub „Lustige Brüder", wobei Halb-Liter-Bierkrüge mit Zinnmontierung gestemmt wurden.[3]

1906 wurde hier der „Club Quakenbrück" gegründet, der sich die Aufgabe stellte, wissenschaftliche und künstlerische Bestrebungen in Quakenbrück und Umgebung anzuregen und zu

Abb. 5: Das Hotel Zum Roten Hause im Jahre 1905. Foto Archiv Stadtmuseum Quakenbrück.

Abb. 6: Postkarte mit dem Hotel Zum Rothen Hause 1903. Foto Archiv Heiko Bockstiegel.

fördern sowie seinen Mitgliedern eine angemessene Geselligkeit zu bieten, vor allem in Form von Unterhaltungsabenden. Dazu gehörte auch eine vereinseigene Bücherei. „Ordentliche Mitglieder" konnten nur die Herren werden, denn die Damen galten als „außerordentliches Mitglied".

Doch auf den Glanz folgte rasch das Elend des Ersten Weltkrieges, der nicht nur die von Wilhelm II. versprochenen „herrlichen Zeiten" beendete, sondern auch das Ende der Ära des Hotels „Zum Rothen Hause" einläutete. Im letzten Kriegsjahr diente das nun im Besitz von Heinrich Schünemann befindliche Hotel – damals war bereits das „h" aus dem Namen gestrichen – als „Vereinslazarett" des Roten Kreuzes. Bereits Monate vor dem 1. August 1914, dem Tag der deutschen Kriegserklärung an Russland, hatte festgestanden, wie mit einer zu erwartenden großen Zahl Verwundeter zu verfahren sei. In den deutschen Städten begann die Umwandlung von Schulen, Theatern, Turnhallen und Gaststätten- bzw. Hotelsälen in Lazarette: „Mangelhafte Hygiene, Überfüllung und unmittelbare Gefahr durch die Nähe der Front machten die Versorgung an diesen Orten sehr schwierig. Daher wurden die Verwundeten, sofern sie transportfähig waren, mit Lazarettzügen ins Hinterland gefahren und im gesamten Reichsgebiet auf Krankenhäuser, Spitäler und Pflegelazarette verteilt".[4]

Millionen deutscher Soldaten kamen im Verlauf des Krieges verletzt oder krank in ein solches Heimatlazarett und verbrachten dort Wochen, ja Monate oder sogar Jahre zur Genesung. Sie verließen es als Kriegsbeschädigte oder kamen zurück an die Front. Auch im Lazarett des Hotels „Zum Roten Hause" konnte die Bevölkerung die Opfer des Frontgeschehens sehen, zumeist schwerere Fälle, die mit dem Zug nach Quakenbrück transportiert worden waren. Es wurde für die Militärmedizin ein wichtiger Ort, denn es galt,

Abb. 7: „Hotel zum Roten Hause" als Vereinslazarett des Roten Kreuzes. Foto Archiv Stadtmuseum Quakenbrück.

die Soldaten „möglichst rasch ‚wiederherzustellen', um sie erneut an der Front oder in der Kriegsindustrie einsetzen zu können […]. Insgesamt kamen zwischen 1914 und 1918 mehr als vier Millionen Frontsoldaten in diese Heimatlazarette".[5]

Es vergingen noch einige Nachkriegsjahre, bis die Inflationszeit mit ihrem Gaststätten-sterben auch das Hotel „Zum Roten Hause" erreichte: Es war kein wirtschaftlicher Hotel-betrieb mehr möglich, sodass Heinrich Schünemann den Hotel- und Gastwirtschafts-betrieb zum 11. Dezember 1922 schloss und den Gebäudekomplex im Frühjahr 1923 an den Großkaufmann Oscar Racer verkaufte. Dieser ließ das einstige Hotel zu einem bis heute in Privatbesitz befindlichen modernen Wohn- und Geschäftshaus für Lebensmit-tel-, Wein- und Spirituosenhandel mit angeschlossener Kaffeerösterei umbauen. Durch den Osnabrücker Architekten Lothar Gürtler erhielt dieses eine schmucke Fassade im Stil des Historismus. Die gleichfalls in Osnabrück ansässige Baufirma Wilhelm Plogmann hat-te hier Gelegenheit, die künstlerische Qualität und die handwerkliche Güte ihrer Arbeit unter Beweis zu stellen. Heute befindet sich im Hauptgebäude die Außenstelle Artland der Kreismusikschule Osnabrück e. V.

1 Bockstiegel, Heiko: „Vor allem die bessere Gesellschaft war im „Hotel Rothes Haus" zu Gast, in: Heimat-blatt „Am heimatlichen Herd", Nummer 2, April 1995, 46. Jahrgang, S. 101-102. Auf diesem Beitrag basieren alle Angaben, die Hotelgeschichte bzw. Besitzerfolge betreffend.

2 Vom Bruch, Rudolf: Quakenbrücker Burgmannshöfe, in: 700 Jahre Quakenbrück. Aus der Geschichte der Burgmannstadt. Quakenbrück 1935, S. 118-119, S. 132-133.

3 Böning, Heinrich: Quakenbrück auf alten Ansichten Band 2. Zaltbommel 1991, S. 18.

4 Beuke, Arnold: Wi maoket mobil! Das Osnabrücker Land im Ersten Weltkrieg. Schriftenreihe zur Kultur-geschichte des Osnabrücker Landes, Band 20. Osnabrück und Bielefeld 2015, S. 153 f.

5 Enzensberger, Alina: „Übergangsräume - Deutsche Lazarette im Ersten Weltkrieg". Göttingen 2021, S. 9-12.

Regionale Bierbraukunst im archäologischen Befund

Simon Haupt

Von April bis Juli 2021 erfolgte am direkt an der Kleinen Hase gelegenen Schiphorst in der Stadtmitte von Quakenbrück eine von der Stadt- und Kreisarchäologie Osnabrück durchgeführte archäologische Untersuchung. Wie die allermeisten Ausgrabungen war auch diese als „Rettungsgrabung" angelegt. Hintergrund war, dass das urkundlich nachweisbar bereits im Mittelalter mit einer Wassermühle bebaute, seit einigen Jahrzehnten jedoch praktisch brach liegende Areal für eine Wohnbebauung umgenutzt werden soll. Die bei der Untersuchung dokumentierte Befundlage unter anderem mit mehreren Reihen an hölzernen Pfosten und den Resten von zur Abwehr von Bodenerosion eingesetzten Faschinen weist auf eine deutliche Uferbefestigung des verschwundenen Mühlenkolks hin. Einst könnte sich an dieser Stelle der Hase ein über Jahrhunderte genutzter Umschlagplatz für in Quakenbrück festmachende Lastkähne und kleinere Boote befunden haben. Als Teile von mit Wasserkraft betriebenen Mühlen zeugen zwei hölzerne Gerinne mit Schieber von der nachmittelalterlichen Nutzung des Geländes. In den verschiedenen Bodenschichten, die bei der Ausgrabung zutage traten, ließen sich ebenso die Anfang des 20. Jahrhunderts erfolgte Verfüllung des Kolks und der Standort einer 1981 abgebrannten Sägemühle erkennen.[1]

Abb. 1 Unter den Bodenfunden am Schiphorst in Quakenbrück waren zahlreiche Bierflaschen (Foto: Simon Haupt).

Das bei der Untersuchung gesammelte Fundmaterial setzte sich mehrheitlich aus neuzeitlichen Keramik- und Glasscherben zusammen (Abb. 1). Einige der vollständig erhaltenen Bierflaschen sind möglicherweise nur deshalb in den archäologischen Befund geraten, weil sie – sei es als Durstlöscher für zwischendurch oder als traditionelles Feierabendbier – kurz vor oder während der Verfüllung des Mühlenkolks von den Arbeitern auf dem Gelände getrunken und anschließend im Uferbereich der Hase entsorgt wurden. Historisch gesehen sind diese Zufallsfunde jedoch insofern interessant, als dass die Bierflaschen einen kleinen Einblick in regionale Bierbraukünste privater Unternehmen der letzten Jahrhunderte ermöglichen. Die auffällig bauchigen grünen Flaschen haben ein Fassungsvolumen von etwa 0,4 Litern und sind mindestens 23 Zentimeter hoch. Sie stammen in etwa aus der Zeit von der zweiten Hälfte des 19. Jahrhunderts bis um 1900.

Auf einer mindestes 100 Jahre alten Bierflasche ist „PATENT * VECHTAER DAMPFBIER-BRAUEREI * H. HERMANNS" zu lesen. Das Patent bezog sich in diesem Falle auf die damalige Herstellung der aus drei Teilen zusammengesetzten und mit Korken verschlossenen Flaschen. Dampfbier bedeutete, dass das Bier obergärig war und – im Gegensatz zu einem untergärigen Bier (4-9 °C) – bei einer Umgebungstemperatur von 15-20 °C vergoren wurde. Die Brauerei selbst wurde 1857 an der Falkenrotter Straße in Vechta gegründet. 1870 ging sie in den Besitz von Heinrich Hermanns (1849-1914) über. 1912 erbte der Sohn, Norbert Hermanns (1879-1922), den Betrieb. Das erfolgreiche Geschäft der Brauerei nahm mit dem Verlauf des Ersten Weltkrieges (1914-1918) und der sich anschließenden Weltwirtschaftkrise ein jähes Ende. Der Mangel an Rohstoffen bedeutete schließlich das endgültige Aus. Das Fabrikgelände wurde an die Haake-Beck Brauerei aus Bremen verkauft und als Bierniederlage genutzt.[2]

Auf einer zweiten wohl um 1900 entstandenen Bierflasche findet sich der Aufdruck „BURGSTEINFURTER * BIERBRAUEREI * A. ROLINCK". Der aus weißem Porzellan und einem Gummidichtungsring bestehende Bügelverschluss ist nicht mehr vorhanden. Gründer der gleichnamigen Brauerei in Steinfurt war der in Diensten des Grafenhauses zu Bentheim-Steinfurt stehende Hofmusiker und Mundschenk Alexander Rolinck (1782-1849). Mit ihrem 1875 zum ersten Mal gebrauten Rolinck Pilsener entwickelte sich das Unternehmen zu einer überregional bekannten Privatbrauerei. 2007 wurde diese von der ebenfalls in Familienbesitz befindlichen Krombacher Brauerei übernommen.[3]

Eine dritte Bierflasche besitzt den Schriftzug „DAMPFBIERBRAUEREI * J. B. BERGES * BÖEN * B. LÖNINGEN" (Abb. 2). Wie bei der Brauerei Hermanns in Vechta war das Bier demnach obergärig. Aufgrund fehlender Löcher im Flaschenhals für einen Bügelverschluss ist ebenso davon auszugehen, dass die Flasche mit einem Korken verschlossen war. Ansonsten scheint über die 1892 im Löninger Ortsteil Böen durch J[ohannes] B[ernd](?) Berges gegründete Brauerei heute kaum noch etwas bekannt zu sein. Zumindest bis 1920 könnte sie Bestand gehabt haben und als Kommanditgesellschaft geführt worden sein.

Abb. 2: Aus der Zeit um 1900 stammt diese Bierflasche der Privatbrauerei J. B. Berges in Löningen-Böen (Foto: Simon Haupt).

1   Vgl. Friederichs, Axel: Kleine Mühle Quakenbrück. Ausgrabungen zur Mühlengeschichte (Varus-Kurier 23, 2021, S. 18f.), hier S. 18.

2   Vgl. https://www.h3-bierwelt.de/brau-orte/brauorte-u-v/.

3   Vgl. https://www.rolinck.de/ueber-die-brauerei.

Waldwirtschaft Kolkhorst, Börstel
– die etwas andere Gaststätte

Hubert Kolkhorst

Abb. 1: Anzeige vom 1. Mai 1909, Archiv Stift Börstel. [1]

Familie Kolkhorst und die Anfänge der Stiftsschänke Börstel

Schon von jeher waren persönliche Kontakte Fördernde und Fürsprecher oftmals entscheidende Wegbereiter. So auch im Jahr 1910 als die in Börstel zuvor von der aus Quakenbrück stammenden Müllerfamilie Böschemeyer seit 1789 gepachteten Korn- und Sägemühle neu zu besetzen war.

Eine Anzeige des Damenstifts Börstel besagte, dass ein Mühlenpächter für eine Getreidemühle und Sägewerk dort gesucht werde. Dieselbige geriet auch dem Freiherrn Clemens von Boeselager auf Gut Eggermühlen zur Kenntnis, der daraufhin die ihm bekannten Stiftsdamen des Freiweltlichen Damenstifts zu Börstel diesbezüglich kontaktierte. Er empfahl ihnen für die Neuverpachtung die ihm bekannte Müllerfamilie Wilhelm Kolkhorst und dessen Sohn Fritz samt seiner Ehefrau Marie geb. Wissmann aus Starten bei Ankum, die er als

Abb. 2: Die Postkarte „Stift Börstel b. Berge (Hannover)" zeigt die Waldwirtschaft um 1910.

dafür geeignet vorschlug. Die Familie Kolkhorst pachtete ab 1910 die Korn- und Säge-mühle und betrieb danach auch die Stiftsschänke.

Am 1. April 1910 kamen Wilhelm Kolkhorst mit seiner Frau Sophie geb. Stölting und Sohn Fritz mit seiner Frau Marie als Pächter des Sägewerks mit Mahlmühle und Gaststätte mit Wohnhaus nach Börstel. Vater Wilhelm verstarb noch im selben Jahr 1910 und erhielt, als Einziger evangelischen Glaubens in der Familie, seine letzte Ruhestätte auf dem idyllisch gelegenen Waldfriedhof in Börstel. Noch heute ist dort das Grab mit der Inschrift im Grabstein erkennbar.

Im nah gelegenen Wohnhaus wurde neben einer kleinen Viehhaltung ein Schankraum eingerichtet, doch vorerst versehen mit einer eingeschränkten Schankgenehmigung, einer sogenannten „halben Konzession".[2] Damit begann die Geschichte der Waldgast-stätte. Die zum Betrieb der Gaststätte vorhandene Konzession sah nur den Ausschank von Kaffee, Wein, Bier und Brausen vor. Das änderte sich vorerst nicht, denn wenige Jahre darauf brach 1914 der Erste Weltkrieg aus, und Fritz Kolkhorst zog im feldgrauen Waffen-rock als Soldat in den Frankreichfeldzug.

Im Kriegsjahr 1916 erhielt seine Frau Marie eine offizielle Todesanzeige zum „Helden-tod" des Grenadiers Fritz Kolkhorst, ihrem Ehemann, die sich später zum Glück als ein Irrtum herausstellte. Vom ihm hatte man nach schweren Gefechten die wie üblich fest am Halsband zu tragende Registrier-Kennmarke gefunden, ihn selbst aber erst Tage danach in einem entlegenen Frontab-schnitt, und somit war er in der Zwischen-zeit als gefallen gemeldet. Er kehrte nach Kriegsende zwar gesund, doch traumati-siert in die Heimat zurück.

Nach der glücklichen Heimkehr von Vater Fritz gab es ein tragisches Unglück in der Familie. Die erst zweijährige Tochter Fried-chen war beim Spielen im nahen Mühlen-teich ertrunken.

Es folgten karge Nachkriegsjahre. Das Sä-gewerk und die Gaststätte stagnierten auf-grund hoher Arbeitslosigkeit, schleichender Geldentwertung und schwieriger Beschaf-fung von Betriebsmitteln mit einhergehen-der Mangelwirtschaft.

Abb. 3: Grenadier Fritz Kolkhorst vorne rechts mit Kameraden. (Archiv H. Kolkhorst.)

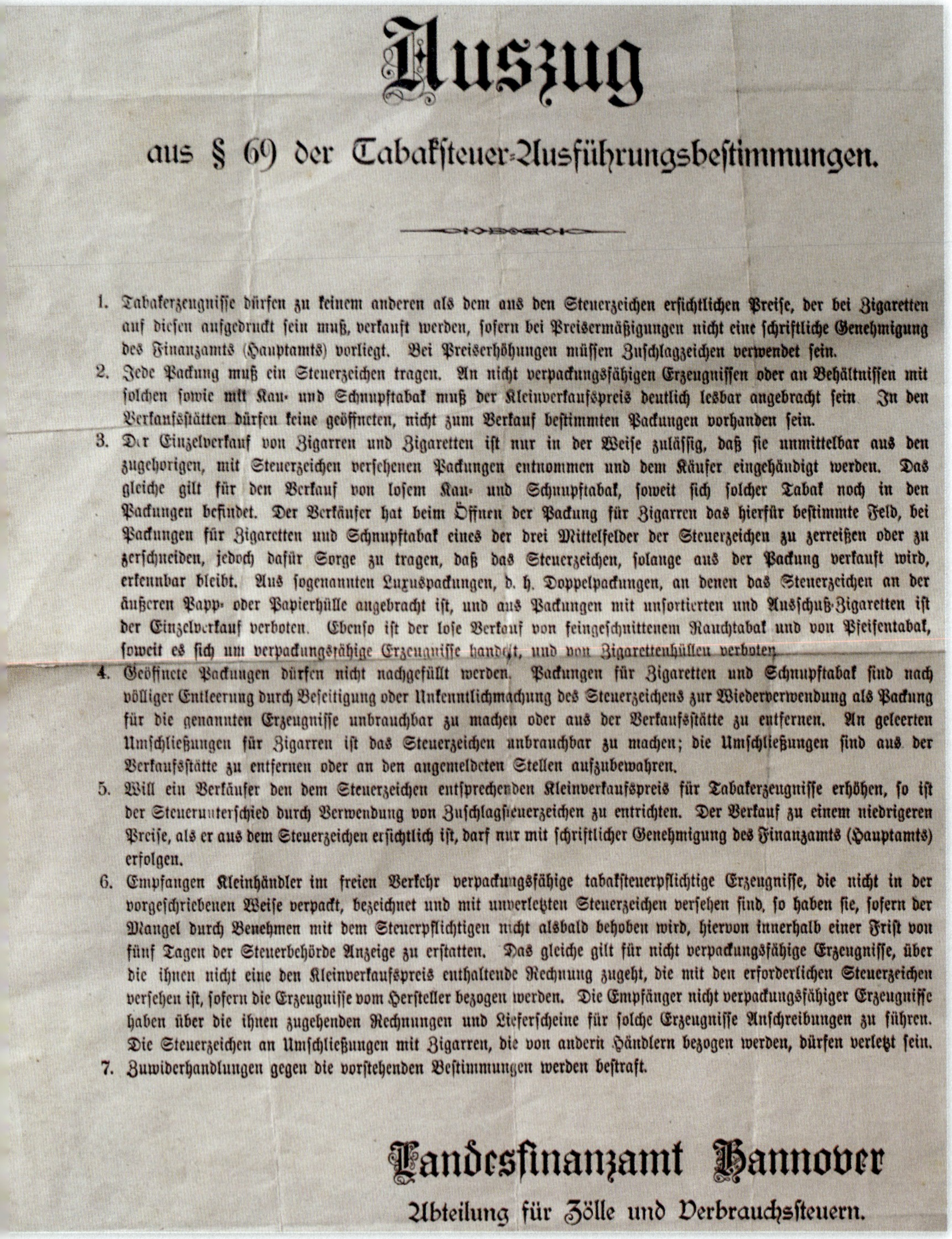

Auszug

aus § 69 der Tabaksteuer-Ausführungsbestimmungen.

1. Tabakerzeugnisse dürfen zu keinem anderen als dem aus den Steuerzeichen ersichtlichen Preise, der bei Zigaretten auf diesen aufgedruckt sein muß, verkauft werden, sofern bei Preisermäßigungen nicht eine schriftliche Genehmigung des Finanzamts (Hauptamts) vorliegt. Bei Preiserhöhungen müssen Zuschlagzeichen verwendet sein.

2. Jede Packung muß ein Steuerzeichen tragen. An nicht verpackungsfähigen Erzeugnissen oder an Behältnissen mit solchen sowie mit Kau- und Schnupftabak muß der Kleinverkaufspreis deutlich lesbar angebracht sein. In den Verkaufsstätten dürfen keine geöffneten, nicht zum Verkauf bestimmten Packungen vorhanden sein.

3. Der Einzelverkauf von Zigarren und Zigaretten ist nur in der Weise zulässig, daß sie unmittelbar aus den zugehörigen, mit Steuerzeichen versehenen Packungen entnommen und dem Käufer eingehändigt werden. Das gleiche gilt für den Verkauf von losem Kau- und Schnupftabak, soweit sich solcher Tabak noch in den Packungen befindet. Der Verkäufer hat beim Öffnen der Packung für Zigarren das hierfür bestimmte Feld, bei Packungen für Zigaretten und Schnupftabak eines der drei Mittelfelder der Steuerzeichen zu zerreißen oder zu zerschneiden, jedoch dafür Sorge zu tragen, daß das Steuerzeichen, solange aus der Packung verkauft wird, erkennbar bleibt. Aus sogenannten Luxuspackungen, d. h. Doppelpackungen, an denen das Steuerzeichen an der äußeren Papp- oder Papierhülle angebracht ist, und aus Packungen mit unsortierten und Ausschuß-Zigarren ist der Einzelverkauf verboten. Ebenso ist der lose Verkauf von feingeschnittenem Rauchtabak und von Pfeifentabak, soweit es sich um verpackungsfähige Erzeugnisse handelt, und von Zigarettenhüllen verboten.

4. Geöffnete Packungen dürfen nicht nachgefüllt werden. Packungen für Zigaretten und Schnupftabak sind nach völliger Entleerung durch Beseitigung oder Unkenntlichmachung des Steuerzeichens zur Wiederverwendung als Packung für die genannten Erzeugnisse unbrauchbar zu machen oder aus der Verkaufsstätte zu entfernen. An geleerten Umschließungen für Zigarren ist das Steuerzeichen unbrauchbar zu machen; die Umschließungen sind aus der Verkaufsstätte zu entfernen oder an den angemeldeten Stellen aufzubewahren.

5. Will ein Verkäufer den dem Steuerzeichen entsprechenden Kleinverkaufspreis für Tabakerzeugnisse erhöhen, so ist der Steuerunterschied durch Verwendung von Zuschlagsteuerzeichen zu entrichten. Der Verkauf zu einem niedrigeren Preise, als er aus dem Steuerzeichen ersichtlich ist, darf nur mit schriftlicher Genehmigung des Finanzamts (Hauptamts) erfolgen.

6. Empfangen Kleinhändler im freien Verkehr verpackungsfähige tabaksteuerpflichtige Erzeugnisse, die nicht in der vorgeschriebenen Weise verpackt, bezeichnet und mit unverletzten Steuerzeichen versehen sind, so haben sie, sofern der Mangel durch Benehmen mit dem Steuerpflichtigen nicht alsbald behoben wird, hiervon innerhalb einer Frist von fünf Tagen der Steuerbehörde Anzeige zu erstatten. Das gleiche gilt für nicht verpackungsfähige Erzeugnisse, über die ihnen nicht eine den Kleinverkaufspreis enthaltende Rechnung zugeht, die mit den erforderlichen Steuerzeichen versehen ist, sofern die Erzeugnisse vom Hersteller bezogen werden. Die Empfänger nicht verpackungsfähiger Erzeugnisse haben über die ihnen zugehenden Rechnungen und Lieferscheine für solche Erzeugnisse Anschreibungen zu führen. Die Steuerzeichen an Umschließungen mit Zigarren, die von andern Händlern bezogen werden, dürfen verletzt sein.

7. Zuwiderhandlungen gegen die vorstehenden Bestimmungen werden bestraft.

Landesfinanzamt Hannover
Abteilung für Zölle und Verbrauchssteuern.

Abb. 4: Aushang in der Gaststätte zum Verkauf von Tabakwaren. Vor allem interessant sind die Anmerkungen zum Verkauf von Kautabak, losem Pfeifentabak und einzelnen Zigarren und Zigaretten (Archiv H. Kolkhorst.)

Anordnung Nr. 28
des Getreidewirtschaftsverbandes Hannover.

Betr. Mahl= u. Schrotlöhne für Lohn= u. Umtauschmüllerei.

Auf Grund des § 6 der Verordnung zur Ordnung der Getreidewirtschaft vom 14. 7. 1934 (RGBl. 1 S. 629) und des § 8 Abs. 2 Ziffer 8 Satzung der Getreidewirtschaftsverbände in der Fassung der Verordnung zur Aenderung der Verordnung über den Zusammenschluß der Roggen= und Weizenmühlen und der Verordnung zur Ordnung der Getreidewirtschaft vom 16. 11. 1934 (RGBl. 1 S. 999) ordne ich mit Zustimmung des Reichs= und Preußischen Ministers für Ernährung und Landwirtschaft, des Reichskommissars für Preisüberwachung und des Vorsitzenden der Hauptvereinigung der Deutschen Getreidewirtschaft folgendes an:

I.

Die **Mahllöhne** und die **Schrotlöhne** für **Lohn= und Umtauschmüllerei** betragen:

1. **Bei der Verarbeitung von Roggen zu Mehl.**
   a) **bei Barlohn**   RM 2,50 für 100 kg
   b) **bei Naturallohn**   15% der angelieferten Menge.

Es sind auszuliefern:

    68% Roggenmehl Type 815 u. 28% Roggenvollkleie
oder 73% Roggenmehl Type 997 u. 23% Roggenkleie
oder 83% Roggenmehl Type 1370 u. 13% Roggenkleie.

Beispiel:

Der Mahlkunde erhält: **bei Barlohn**

für gelieferte 100 kg Roggen 68% = 68 kg Roggenmehl Type 815
     u. 28% = 28 kg Roggenvollkleie

         bei Naturallohn

für gelieferte   100 kg Roggen
abzgl. Mahllohn 15% =   15 kg   „
von den verbleibenden   85 kg Roggen 68% = 58 kg Roggenmehl Type 815
     u. 28% = 24 kg Roggenvollkleie.

II.

1. Die vorstehenden Sätze der Lohn= und Umtauschmüllerei gelten für Selbstversorger, Deputatenempfänger und Empfänger eines Leibgedinges.
2. Eine andere Verrechnung als unmittelbar zwischen Mühle und Mahlkunde darf nicht erfolgen.

III.

Diese Anordnung tritt mit dem 14. Tage nach dem Tage der Verkündigung in Kraft.

Hannover, den 12. 6. 1935.

Der Vorsitzende des Getreidewirtschaftsverbandes Hannover
gez. Köster.

Müllerinnung   Bersenbrück, den 5. Juli 1935.
für den Kreis Bersenbrück.

Allen Innungskollegen zur Kenntnis.
Beachtung und zum Aushang in der Mühle an sichtbarer Stelle. Abweichungen von diesen Sätzen sind strafbar.
Der Obermeister gez. Schober.

Druck v. J. Clibges, Fürstenau i/O.

Abb. 5: Die Anordnung Nr. 28 des Getreidewirtschaftsverbandes Hannover gab die Mahl -u. Schrotlöhne für Lohn -u. Umtauschmüllerei vor. Hier sind wiedergegeben Anfang und Schluss des zweiseitigen Dokuments mit nur einem von sechs Preisen. Interessant ist, dass immer noch die Entlohnung des Müllers mit einem Teil des Mahlgutes üblich war. (Archiv H. Kolkhorst.)

Erst im Jahr 1921, am 28. April, schickte Fritz Kolkhorst an das Zollamt in Quakenbrück eine Absichtserklärung zum Betreiben eines öffentlichen Weinhandels, mit dem Vermerk „mein Weinlager befindet sich Keller meines Hauses". Parallel dazu wurde dem Zollamt in Quakenbrück ebenfalls am 28. April 1921 der Handel von Zigarren und Zigaretten gemeldet.[3]

Jahre später wurde auf den Pächter Fritz Kolkhorst eine vorab beantragte, spezielle Genehmigung/Konzession für den Ausschank und Verzehr von alkoholischen Getränken in der Gaststätte erteilt. Fortan nannte man sich Gaststätte Fritz Kolkhorst.

Auch aufgrund der erlebten Jahre mit wechselnden, politischen Unruhen und den daraus resultierenden Folgen wie Krieg und Entbehrungen hatte er gut einsehbar im Gastraum ein großes, gerahmtes Bild anbringen lassen mit dem Spruch:

> „suup di vull und freet di dick
> doch holt dien Mul von Politik",

und hoffte wohl damit, dass sich seine Gäste entsprechend verhalten würden.

Die Mahl- und Sägemühle

Eine wichtige und erforderliche finanzielle Absicherung der Familie bot der Erlös aus der Korn-/Mahlmühle und der Sägemühle. Das von den Landwirten mit Pferdefuhrwerken in Säcken angelieferte Korn gelangte mittels Flaschenzugs in die obere Etage, von dort über einen großen Holztrichter in die darunter liegenden Mühlsteine, die gegeneinander rotierend das Korn in den gemeißelten Rillen zermalmten. Danach rieselte das Mahlgut durch einen Holzkanal in die darunter gebundenen Jutesäcke zum Abtransport. Auch die Abrechnungen, Schneidelohn für die im Lohnschnitt angelieferten Kanthölzer, waren über die vereinigten Sägewerke des Kreises Bersenbrück und der anliegenden Orte empfohlen, vorgegeben.[4] Während die Anordnung 28 des Getreidewirtschaftsverbandes von 1935 mit Strafen bei Nichtbeachtung drohen konnte, sie also staatlicherseits veranlasst war, handelte es sich bei der Preisliste der Sägewerke wohl um eine kartellähnliche Preisabsprache der Sägewerke, wie sie heute nicht mehr denkbar ist.

Der Pachtvertrag von 1930

Am 31. März 1930 legt das Kapitel des Stiftes Börstel, Müller Friedrich Kolkhorst, datiert vom 31. März 1930, beginnend am 1. April 1930, einen neuen Pachtvertrag vor.[5] Laut § 1 pachtete Friedrich Kolkhorst

> „1. Wohnhaus mit Stall und Schuppen. 2. Mühlengebäude mit Inventar laut anl. Verzeichnis. 3. die Mühlenteiche in Grösse von 0,50 ha. 4. Acker 3,52 ha und Grünland 0,73 ha nach anl. Beschreibung für den jährlichen Pachtpreis von zwölfhundert Goldmark (eine Goldmark gleich 1/2796 kg Feingold[6]) in Geld und für das kostenlose Schroten des Getreides für die Haushaltungen des Stiftes, der Stiftsdamen, des Amtmanns und des Pastors."

Bemerkenswert sind die im Vertrag aufgeführten Paragrafen zu Verhaltensregeln, die auf eine gewisse untertänige Abhängigkeit zur Äbtissin des Stiftes Börstel und der Stiftsverwaltung hinweisen:

„§ 8: Verboten ist: 1. Die Beherbergung von Leuten ohne Genehmigung des Stiftes. [...] 5. Hunde außerhalb des Hofes frei herumlaufen zu lassen.
§ 9: [...] auf Anfordern der Stiftsverwaltung jährlich bis zu 5 Männertagen unentgeltlich abzuleisten für die allgemeinen Arbeiten des Stiftes [...].
§ 11: Sofern sich die Arbeitnehmer des Pächters ungebührlich gegen die Mitglieder des Stiftes oder deren Angestellten benehmen, sind diese auf Verlangen des Stiftes sofort zu entlassen."

Über allem stand die Klosterkammer Hannover, übergeordnet dem Stift Börstel, die dauerhaft allen Börsteler Bewohnern großen Respekt einflößte, so, als sei das der Staat.

In § 5 ist ganz klar geregelt:

„Die Mühleneinrichtung und die Gebäude werden zu Beginn und Ende der Pachtzeit in einem Verzeichnis zusammengestellt und bewertet. Sie müssen bei Endschaft der Pacht zu demselben Gebrauchswert, abzüglich eines normalen Verschleisses, zurückgegeben werden. Mühlsteine müssen mindestens 50 % des jeweiligen Neuwertes heben. Der Mehrwert wird vom Verpächter erstattet, der Minderwert ist vom Pächter zu ersetzen."

Dennoch machte die Familie Kolkhorst die Erfahrung, dass bei allen Verbesserungen, auch den selbst finanzierten, danach stets der Amtmann und die Äbtissin kamen, es bewunderten und dann die Absicht äußerten, die Wertsteigerung mit erhöhter Pacht zu belegen.

Die Brandkatastrophe von 1959

Das Bersenbrücker Kreisblatt berichtete 1959:

„Roter Hahn' wütete in Börstel
Sägemühle sank in Schutt und Asche
Etwa 60 000,- DM Brandschaden – Ursache noch nicht bekannt

sh. B ö r s t e l. „Wie peitschende Pistolenschüsse hörte sich das Krachen und unheimliche Knistern beim Großbrand in der Säge- und Mehlmühle in Börstel an", meinte die im Pfarrhaus lebende Hausfrau Erna Schmidt, die das Feuer als erste etwa kurz nach 3 Uhr in der Nacht zum Donnerstag entdeckte. Bei dem Schadenfeuer, wurde die Mühle, die Eigentum der Klosterkammer Hannover ist und von dem Pächter Hubert Kolkhorst verwaltet wird, bis auf die Grundmauern eingeäschert. Die Brandursache ist noch nicht bekannt. Nach ersten vorsichtigen Schätzungen beziffert sich der Brandschaden auf 50 000 bis 60 000 DM.

Noch am Donnerstagnachmittag schwelte das Feuer unter den kreuz und quer übereinandergestürzten und verkohlten Balken, und verlassen und ausgeglüht ragten die

Maschinen wie drohende Giganten aus dem Trümmergewirr. Eine Stätte der Verwüstung des Grauens inmitten einer reizvollen Waldlandschaft, die sich im schönsten und lieblichsten Frühlingsgewand präsentiert. Welch ein krasser Gegensatz – hier das nackte, erschütternde Chaos – und dort das frische und junge Leben in seiner ganzen Vielfalt und Ausdruckskraft. Doch kehren wir zu den Begebenheiten des in seinem Ausmaß grauenhaften Großfeuers zurück.

Zusammen mit ihrem Sohn unterrichtete Frau Schmidt, die, wie bereits gesagt, zuerst den Brand entdeckte, den Pächter der Mühle und Gastwirt Hubert Kolkhorst, der sofort die Berger Feuerwehr alarmierte. Kurz vor 3.30 Uhr traf die Freiwillige. Feuerwehr am Brandherd ein. Die schnell um sich greifenden Flammen, die in dem fast 60 Jahre alten Gebäude reiche Nahrung fanden, schlugen bereits aus dem windschiefen Ziegeldach.

Die Löscharbeiten, die sich in erster Linie auf die Sicherung der Umgebung konzentrierten, gestalteten sich insofern ziemlich einfach, als das Wasser aus einem unmittelbar in der Nähe befindenden Teich entnommen wurde.

Trotz des unermüdlichen und aufopferungsvollen Einsatzes der Berger Feuerwehrleute sank die Säge- und Mehlmühle völlig in Schutt und Asche. Auch der Maschinenbestand, u. a. die Lokomobile und Kreissäge fielen dem Schadenfeuer zum Opfer.

Nach den ersten Ermittlungen der Kriminalpolizei Osnabrück dürften die „pistolenartigen" Geräusche, die sich später im verstärkten Maße wiederholten, auf das Explodieren einiger Oelbehälter zurückzuführen sein. Über die Brandursache besteht noch völlige Unklarheit. Es wurde allerdings die Möglichkeit geäußert, daß das Feuer durch falsche oder unsachgemäße Beheizung der Lokomobile entstanden ist. Wie der Leiter des Untersuchungsstabes der Polizei erklärte, ist Brandstiftung ausgeschlossen. Die Ermittlungen dauern noch an."[7]

Nach dieser Brandkatastrophe im Jahr 1959 wurde das Sägewerk, ohne wie bisher in Kombination mit einer Getreidemühle, wieder aufgebaut und erhielt nun einen elektrischen Antrieb.[8]

Die dritte Generation: Gastwirt und Sägewerksbetreiber Hubert Kolkhorst

Im Jahre 1960 erfolgte Übergabe der Gastwirtschaft Fritz Kolkhorst, an seinen, nach langer Kriegsgefangenschaft in Russland heimgekehrten Sohn Hubert Kolkhorst. Dieser stellte im Jahr 1960 einen Antrag auf Erlaubnis zum Betrieb einer Schankwirtschaft, dem am 20. Oktober 1960 durch den Landkreis Bersenbrück stattgegeben wurde.[9] Interessant sind in der Erlaubnisurkunde zwei Auflagen:

„1. Alle Eingänge, Treppen, Vorplätze und dergl. der gewerblichen Räume sind während der Dunkelheit bis zur Gaststättenschlußzeit – Sperrstunde – Polizeistunde – bzw. bis alle Gäste das Lokal verlassen haben, hell und ausreichend zu beleuchten.

2. Zur sorgfältigen Spülung der Schankgefäße, ferner zur Herstellung genügenden Luftwechsels sind die dem Verkehr in den Gast- und Schankräumen entsprechenden Einrichtungen zu treffen."

Von 1934 bis 1974 hatte die Gaststätte als zusätzliche Aufgabe den offiziellen Status einer Landpoststelle mit öffentlichem Fernsprecher erhalten.[10] Dazu wurde im Wohnzimmer eine kleine Büroecke eingerichtet für die tägliche Abwicklung der Ein-und Ausgangspost, ausgestattet mit einem Wandschrank, einem Sekretär, einer Paketwaage mit Gewichtstücken und einer Briefwaage – das war alles.

Dabei sei als seinerzeit außergewöhnliche Begebenheit der telefonische Eingang zur Ausfertigung eines Beileid-Telegramms erwähnt, aufgegeben vom königlichen Palais von Griechenland, zum Tod der Äbtissin Agnes von Dinklage, von Börstel. Sie war in den Jahren von 1918 bis 1947 die Leiterin der privaten Landfrauenschule des Reifensteiner Verbandes im Stift Oberkirchen, und unterrichtete als Pädagogin die Schülerin Frederike von Hannover, Tochter des Herzogs Ernst August von Braunschweig, und dessen Gemahlin Viktoria Luise. Prinzessin Frederike wurde die spätere Königin Frederike von Griechenland. Das hatte es in der Landpoststelle Börstel noch nicht gegeben, welch eine Aufregung.

Abb. 6: Das Sägewerk nach dem Wiederaufbau.

Abb. 7: Die Ansichtskarte „Waldwirtschaft Kolkhorst, Börstel, Krs. Bersenbrück" zeigt am Tisch sitzend Henny Kolkhorst und Gertrud Thale. (Archiv H. Kolkhorst.)

Mit der Wirtschaftswunderzeit und steigender Mobilität setzte ein reger Geschäftslauf ein mit zunehmender Anzahl an Gästen, die nicht nur die Gasträume, sondern auch den stark erweiterten Kaffee- und Biergarten, ergänzt mit einer Freitanzdiele besuchten.

Statt wie vordem „Danz up de Deel", mit glatt gebohnertem Dielenboden, Birkensträuchern an den Pfosten, Einmann-Kapelle und Kemper Jüppken mit seiner „Quetschkommode" wurden nunmehr regelmäßige Veranstaltungen im Bersenbrücker Kreisblatt beworben, wie:

> „Pfingsten in Börstel
> Daselbst an beiden Tagen Tanz im Festzelt, mit der Kapelle Schwertfeger
> -ff Speisen und Getränke - bewachter Fahrradstand am Platz
> Pendelverkehr ab Berge"

Die Gäste kamen in Scharen, genossen im voll besetzten, naturnahen Kaffeegarten den selbst gebackenen Kuchen, Stuten mit üppig belegtem Schinken aus der eigenen Buchenholz beheizten Räucherei. Wohlschmeckender Kaffee mit Wasser aus dem Quellteich, Würstchen- und Süßwarenstand ergaben einladend reges Treiben. Am Abend füllten sich die Gasträume und ein großes Festzelt lud zum Tanz, bis weit in die Morgenstunden hinein. Die gesamte Familie, mit Kind und Kegel war eingespannt, und die Jüngste verkaufte als Siebenjährige Kaugummi und Bonbons, lose für 1 Pfennig pro Stück. Pfingsten in Börstel war immer ein Ausnahmezustand, und auf die oft gestellte Frage, was feiert ihr denn hier, kam die Antwort: „Na eben Pfingsten". Hinzu kamen die Maifeiertage, mit einer Vielzahl an Besuchern in großen Gruppen und Vereinen.

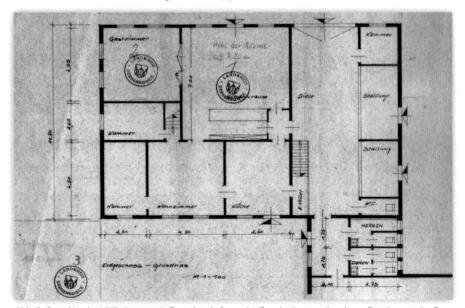

Abb. 8: Grundriss des Müllerhauses mit Gastwirtschaft aus der Genehmigungsurkunde zur Erweiterung der Gaststätte vom 20.10.1960. Nach Aufgabe der Landwirtschaft wurde damals die Diele mit Stallungen und Knechtskammer als zusätzliches Gastzimmer umgebaut. (Archiv H. Kolkhorst.)

Die Verbindungen der überwiegend dem deutschen Adel angehörigen Stiftsdamen des Stiftes Börstel bescherten der Waldwirtschaft illustre Gäste, so den Verteidigungsminister Kai-Uwe von Hassel und den bekannten General Steinhoff, um einige davon zu nennen. Der am Haus entlangführende Friesenweg lud wiederum deren Wanderer, wie Rudolf Schock, Peter Scholl-Latour oder die Sängerin Katja Ebstein zum Verweilen ein.

Es wurde auf Einladung des Barons Henning von Dinklage regelmäßig Schleppjagden mit Meute in Börstel veranstaltet, bei denen eine große Anzahl prominenter Reiter in einheitlich roten Jagdröcken die Meute verfolgte. Der fürstliche Abschluss mit rustikalem Essen und Getränken fand traditionell in der Waldwirtschaft statt.

Es gab Veranstaltungen, wie eine kleine Kirmes mit Kuchenbude, Karussell, Kinderwippe und transportabler Kegelbahn. Schützenfeste mit Luftgewehr-Schießstand, Sparkassenfeste, Maskenball und mehr, machten die Waldwirtschaft zu einem über die Kreisgrenzen hinweg beliebten Treffpunkt, an 365 Tagen im Jahr geöffnet.

Die Räumlichkeiten waren zu eng geworden, die Landwirtschaft wurde aufgegeben. Ein Antrag auf Erteilung der Erlaubnis eines weiteren Gastraumes (vormals Diele mit Stallung und Knechtskammer) zur vorhandenen und konzessionierten Gastwirtschaft wurde gestellt, und ihm wurde am 20. Oktober 1960 stattgegeben.

Einige Jahre später traf der Tod von Henny Kolkhorst, eine der Säulen des Gasthauses, die Familie. Darauf entschied man sich nach 64 Jahren Bewirtschaftung die Waldwirtschaft in andere Hände zu geben. Über die Vermittlung durch die Brauerei Ritter Dortmund wurde ein neuer Pächter dafür gefunden.[11]

1   Entnommen aus: Renate Oldermann-Meier: Studien zur Geschichte von Stift Börstel, hrsg. vom Landkreis Osnabrück, Kultur im Osnabrücker Land Band 9, Osnabrück 1999, S. 131.

2   Oldermann-Meier, 1999, S. 134.

3   Handschriftliche Mitteilungen von F. Kolkhorst an das Zollamt Quakenbrück vom 28.04.1921 und Anmeldebescheinigung für den Weinhandel, ebenfalls vom 28.04.1921. Archiv H. Kolkhorst.

4   Archiv H. Kolkhorst: „Schneidelohn für Kanthölzer, Preise in Pfg. pro lfd. m fertiges Kantholz." Hrsg. von „Die vereinigten Sägewerke des Kreises Bersenbrück und der anliegenden Orte. Ohne Datumsangabe.

5   Archiv H. Kolkhorst: „Pachtvertrag zwischen dem Kapitel des Stifts Börstel, vertreten durch die Frau Äbtissin als Verpächter und Friedrich Kolkhorst in Börstel als Pächter" vom 31.03.1930.

6   Hier enthält der Pachtvertrag einen kleinen Fehler: Eine Goldmark entspricht nämlich 1/2790 kg Feingold, gleich 0,358423 g.

7   Quelle: Bersenbrücker Kreisblatt ohne Datum. Ein Zeitungsausschnitt befindet sich im Archiv Hubert Kolkhorst. Leider enthält er nicht das Datum der Zeitungsausgabe, sodass auch der Großbrand nicht datiert werden kann.

8   Oldermann-Meier 1999, S. 132.

9   Archiv H. Kolkhorst: Erlaubnisurkunde vom 20.10.1960.

10   Oldermann-Meier 1999, S. 134.

11   Übereignungsvertrag vom 10.12.1974, Archiv H. Kolkhorst.

Settrups „gute Stube" – die Gaststätte Brante (1913-1981)

Jürgen Schwietert

Das Leben auf dem Lande und in den Kleinstädten hat sich in den letzten Jahrzehnten erheblich gewandelt. Früher war es üblich, in eine der allein in der Region Fürstenau über 40 Gaststätten mal ein Feierabendbier im Kreise der Kollegen sowie mit Arbeitern aus anderen Firmen zu trinken. Dieser Brauch ist lange Vergangenheit. Die Hektik der Zeit lässt keine Muße mehr zu; der Besuch der Gaststätten ging und geht zurück. Und so schlossen viele Schankbetriebe in den vergangenen Jahrzehnten. Dazu gehörte auch die Gastwirtschaft mit Kolonialwarenladen Brante in Settrup. In Settrup wurde die Gaststätte auch „Brante Piesel" genannt. Letzter Inhaber war der 71-jährige Heinrich („Heiner") Brante, mit dem ich ausführlich über den Betrieb gesprochen habe. Mit dabei war auch Ernst Sülthaus, der als ehemaliger Vorsitzender des Heimatvereins Settrup, ebenso Settruper Schützenbruder und engagierter Heimatfreund, immer ein offenes Herz für die Belange der Heimatgeschichte hat.

„Meine Ururgroßeltern Heinrich Brante (* 01.11.1851) und Roswita (* 28.01.1853, geb. Schöttker) haben in Hollenstede (Nachbardorf) auf dem Bottergoarn (Buttergarten) schon vor 1900 ein Lebensmittelgeschäft gegründet. 1913 haben sie in Settrup am Emskamp (Straße Richtung Schale) neu gebaut und zusätzlich eine Schankwirtschaft eröffnet", erzählte Heiner. Der Lebensmittelladen zog nach dort um. Die Urgroßeltern Heinrich Brante (* 10.05.1884) und Elise (* 26.07.1885, geb. Wessel) übernahmen um 1915 den Betrieb. Schon vor 1900 fuhr Brante mit einem mobilen Verkauf mit Schinken, Butter und Speck und weiteren Produkten seine Kundschaft ab. Verkaufs- und Einkaufsfahrten mit dem Ackerwagen gingen bis nach Bremen. Tagelang war er unterwegs. Die Gaststätte war auch das Stammlokal des Kriegervereins Settrup, der im hinteren Bereich des Anwesens einen Schießstand mit einer Hundertmeterbahn baute. Dort wurde mit Karabinern scharf geschossen. Zu Zeiten des Ersten Weltkriegs war die Gaststätte für ein paar Jahre geschlossen. Nur der Lebensmittelladen lief weiter. Ob es wohl so hin und wieder ein „Schlücksken" über den Tresen gab?

Im Jahr 1931 gründete sich bei Brante der Settruper Sportverein, der bis 1939 existierte. 1939 wurden die Sportvereine gleichgeschaltet. 1946 wurde die ESS (Eintracht Settrup-Schale) gegründet. Sie fusionierte 1952 mit Blau-Weiß Fürstenau zur Spielvereinigung

Abb. 1: Lebensmittelgeschäft und Gaststätte Brante 1917. Davor parkte das erste Auto in Settrup; es war im Besitz der Familie Tebbenhoff.

Fürstenau. Heiner Brantes Eltern Wilhelm (* 24.01.1911) und Adele, (* 22.12.1917, geb. Möllenkamp) übernahmen am 13. Juli 1937 den Betrieb, da Opa Heinrich verstorben war. Wilhelm Brante musste eine Prüfung vor der Industrie- und Handelskammer ablegen und durfte danach das Geschäft führen. Übrigens: In all den ersten Jahren lief ein landwirtschaftlicher Betrieb gleichwertig nebenher. Während des Zweiten Weltkrieges waren der Lebensmittelladen und die Gaststätte geschlossen.

Ab 1945 mussten Räume (Wohnzimmer, Gaststube) für Flüchtlinge zur Verfügung gestellt werden, aber dennoch zog nach dem Zweiten Weltkrieg das Vereinsleben erneut an und somit wurde „Brante Piesel" wieder zum beliebten Treffpunkt. Theater wurde gespielt, Volks- und Gesellschaftstänze einstudiert und präsentiert, Holzschuhbälle gefeiert. „Zu den Hölskenbällen wurde von den Jugendlichen auch selbstgebrannter Schluck mitgebracht. Doar bölkenden die Kaie. So stünk det noa Röwenschluck", erinnerte sich Ernst Sülthaus an einen Ausspruch von Adele Brante. Wilhelm Brante gründete außerdem die Tanzkapelle Plutus Jazz (mit dabei Günter Hartke, Ernst Kassebaum, Reinhold Müncher). Zu den Instrumenten gehörte auch eine Teufelsgeige, als Tonkörper Heringsdosen.

Die waren anschließend aber immer kaputt. Sie wurden durch einen Milchkannendeckel ersetzt. Der aber war sehr schwer. Und so mussten an jedem Musikabend zwei Musiker die Teufelsgeige spielen. 1956 wurde das Settruper Schützenfest zum ersten Mal bei Brante Piesel gefeiert, denn dort konnte ein größeres Zelt aufgestellt werden.

Abb. 2: Gründungsmannschaft des Settruper Sportvereins mit Wilhelm Brante (vierter von links).

Mit 24 Jahren übernahm Heiner Brante (* 31.07.1941) mit einem Abschluss als Einzelhandelskaufmann nach dem Tod seines Vaters Wilhelm am 24. Januar 1966 das Lebensmittelgeschäft und die Gastwirtschaft. „Es waren schöne Zeiten, es hat Spaß gemacht. Über 14 Jahre lang bin ich etwa von telwagen, einem Mercedes Lkw, durch das habe dabei bis nach Schale verkauft", erinper Jugend war Piesel der Treffpunkt", merkt Heiner Brante geleiteten Settruper Heimates mehrere Begriffsbestimmungen, unter (Kneipe), auch Pesel (gute Stube)."

Bei den Landjugendfesten ging es hoch her. noch ein entsprechendes Exemplar mit eiWenn der Trinker nicht mit dem Trinkgefäß er dafür, nicht aber wenn er den Stiefel leer trank. Und dieses gelang oft genug.

Abb. 3: Adele Brante, niemals um ein Wort verlegen, hinter dem Tresen.

Die Jugendlichen waren häufig knapp bei Kasse. Und so kam es vor, dass hin und wieder mal ein Sack Getreide vor der Tür lag oder die Zeche mit der Lieferung von Eiern ausgeglichen wurde.

Im Nachbarland Nordrhein-Westfalen war um 14 Uhr Sperrstunde. Und wenn in Schale gefeiert wurde, ging es bei Brante weiter, denn Niedersachsens Sperrstunde war erst um ein Uhr. Hier wurde dann oft der Sack zugebunden.

Die Speisekarte war recht mager. Manta-Platte und Schnitzel gab es nicht, dafür aber Norweger Silt (Ölsardinen), die mit einer Scheibe Brot aufgetischt wurden. Und Mettwürste mit Senf gab es ebenfalls.

Für Heiner Brante war Musik schon immer ein großer Teil seines Lebens. Deswegen schaffte er es auch neben seiner Tätigkeit als Wirt eine Anstellung bei der Kreismusikschule Osnabrück zu finden. Jedoch kollidierten nun beide Tätigkeiten, sodass Heiner Brante sich schweren Herzens und unter großem Bedauern der Settruper Bevölkerung entschloss, seine Gaststätte als letzte in Settrup am 1. Januar 1982 zu schließen. Der Schützenverein durfte dort aber noch fünf weitere Jahre trainieren und feiern, solange bis er ein neues Domizil im Heimathaus fand. Brante gründete 1982 das Unterhaltungsorchester Arkade, welches heute noch immer zum Ensemble der Kreismusikschule gehört. Jetzt leitet er noch die Settruper Heimatsänger und hat dafür zahlreiche Lieder komponiert, darunter „Wat wör los in Settrup (no 1945)". Den Settrupern bleibt in guter Erinnerung, dass die Familie Brante stets ein großzügiger Förderer aller Settruper Vereine war.

Wat wör los in Settrup (no 1945)
Musik und Text: Heinrich Brante

Refrain:
Es in Settrup de grote dicke Eiken noch stönd
un bi Tebbenhoff de grote dicke Schornstein noch qualmde,
dor wör wat los, dor wör noch wat los,
un an Bahnhoff de Lokomotiven noch schnaubten,
de Kinner in de Settruper Schaule noch paukten,
dor wör wat los, dor wör noch wat los,
bi Brante Piesel, Evers Liesken, Rüsken Lui
un Harbecken Flapp.

1. Vers
Frau morens, dann melkden de Burnfraun de Kaih,
de Melkwagwen klötterden dört Dörp.
De Buern, de tröcken mit Perde up dat Land
un pleugden un akkerden den ganzen Dag,
un an Weckenende wörd Rabatz maket,
denn bi Brant-Wilm up de Delle spelde Plutus Jatz.

Refrain:
Es in Settrup de grote dicke Eiken noch stönd

2. Vers
De Flüchtlinge kömen van Osten to us her
un brachden ok junge Lüe mit.
De Wichter und Junges verknallden sick ganz flott
in Settruper Wichter un ok Junges
un an Weckenende wörd gefraid un possiert
un no kotter heiter Liebe wörd dann Hochtied fierd.

Refrain:
Es in Settrup de grote dicke Eiken noch stönd

3. Vers
De Sportverein blaide ganz flott in Settrup up,
de Kauweide wör de Fautballplatz
De Speller, se kömen van Settrup Schole her,
se spelden dör Pftitzen un ok Kaufladen,
un an Sönndag nomdad wörd gekämpft bit taun Schluss,
un an Ende reupen alle: „Hipp, hipp, hipp, hurra."

Refrain:
Es in Settrup de grote dicke Eiken noch stönd

4. Vers
No Fautball, dor köm dehe Spelmannszug int Dörp,
de Landjugend blaide langsam up.
De Spelmannszug spelde taut grote Schützenfest,
de Landjugend fiert dat grote Erntefest,
un an Weckenende wörd flietig Volksdanz tränert,
un de witten Junges spelden Preussens Gloria.

Refrain:
Es in Settrup de grote dicke Eiken noch stönd

5. Vers
De Schützenverein, de woll ok nich trügge stohn,
bi Piesel wörd clrock'n Schießstand baut.
Dat Schützenfest,dat is dat Volksfest hier int Dörp,
de Gäste, se kömen van noh un van fern.
un vör ein poor Johren, dor köm ok „Sophia's Lust"'
mit ne Drümbänd, Majonetten un ne Blaskapell.

Refrain:
Es in Settrup de grote dicke Eiken noch stönd

6. Vers
Bi Tebbenhoff qualmde de Schornstein immer mehr,
de Firma entwickelde sik sehr,
et wörd Korn gebrannt un ok Schluck dorut maket
ok taufrische Hefe, Quark un Bottern,
un an Weckenende wörd Rabatz maket
mit nen Tebbenhoffschken un en feinet Glas vull Beer.

Refrain:
Es in Settrup de grote dicke Eiken noch stönd
un bi Tebbenhoff de grote dicke Schornstein noch qualmde,
dor wör wat los,dor wör noch wat los,
un an Bahnhoff de Lokomotiven noch schnaubten,
de Kinner in de Settruper Schaule noch paukten,
dor wör wat los, dor wör noch wat los,
bi Brante Piesel, Evers Liesken, Rüsken Lui
un Harbecken Flapp. Flapp. Flapp.

(geschrieben im Fürstenauer Platt)

Abb. 4: Der Jugendspielmannszug Settrup, im Volksmund die Weißen Jungs, mit ihrem Leiter Siegfried Taube (hinter dem Taborstab) sowie Heinrich Brante (fünfter von links).

Wo die Wiege der „Mondnacht auf Hawaii" stand
Vom klassischen Landgasthof zum modernen Saalbetrieb
Georg Geers

Nicht aus den Akten hervor geht die Existenz einer Gastwirtschaft in der Bauerschaft Basum-Sussum. Im Torbogen eines Hofes am Friesenweg, dessen Giebelinschrift wohl auf die Erbauer und ein Renovierungsdatum hinweist, ist folgende Inschrift zu lesen: „Renovatum d. 23. Juli 1857, Meist. HA Middendorf, Gerhard Klune und dessen Schwiegersohn Heinrich Joseph Stegmann & Margar Wilhelmina Klune Ehl."

Abb. 1: Der Gasthof Böhmann in den 1960er-Jahren

Durch Verkauf beziehungsweise Tausch ging der Hof im 19. Jahrhundert in den Besitz des Barons von Boeselager über. Damals befand sich in dem Gebäude wohl schon eine Gaststätte, denn ein Dokument vom 18. April 1921 besagt Folgendes: Als von Boeselager den Hof Anfang des 20. Jahrhunderts an Heinrich Böhmann verpachtete, wurde ihm auch die „Erlaubnis zur Weiterführung der Buchholz'schen Schankwirtschaft" gestattet.

Gemeinsam mit seiner Frau Emmi, einer sehr engagierten Gastwirtin, führte Heinrich Böhmann die Gastwirtschaft neben einer kleinen Landwirtschaft und einem florierenden Viehhandel. Sohn Clemens übernahm den Betrieb im Jahre 1963.

Schon 1962 hatte Böhmann eine der Gastwirtschaft gegenüberliegende Feldscheune zu einem Festsaal mit Parkettboden umgebaut. Clemens Böhmann betrieb anfangs auch die etwa zwölf Hektar große Landwirtschaft und den Viehhandel weiter. Seinen Fokus allerdings legte er auf Gast-

Abb. 2: Emmi und Heinrich Böhmann übernahmen den Gasthof im Jahre 1921.

Abb. 3: Blick in die im Jahre 1962 zu einem Saal umgebaute Feldscheune

Abb. 4: Die Schiffsschaukel für das anstehende Schützenfest ist aufgebaut (1960). Seit 1921 ist Böhmann auch Vereinswirt des Schützenvereins Basum-Sussum und bei seiner Gastwirtschaft findet das jährliche Schützenfest statt.

Abb. 5: Hubert Böhmann initiierte im Jahre 1963 die „Mondnacht auf Hawaii". Er starb am 19. April 2022. In seinem bunten Hawaii-Hemd wurde er zu Grabe getragen.

wirtschaft und Saalbetrieb. 1975 erfolgte ein zweigeschossiger Anbau an die Gaststätte. Stetig wurde in den Folgejahren renoviert und umgebaut.

Im Jahre 2010 erfolgte ein Neubau des Gasthauses, das ehemalige Wirtshaus wurde aufgegeben und der Gastronomiebetrieb im Neubau, direkt an dem bereits existierenden Saal,« fortgeführt. Ein großzügiges Saalkonzept, das bis zu 500 Personen Platz bietet, macht den Gasthof Böhmann heute zu einem der renommiertesten Säle im Osnabrücker Nordland.

„Mondnacht auf Hawaii" – seit 60 Jahren

Eine Veranstaltung im Landkreis Osnabrück ist untrennbar mit dem Gasthof Böhmann verbunden. An zwei Wochenenden rückt die Südseeinsel Hawaii in jedem Jahr in den Fokus vieler Partyfans. Seit nunmehr sechs Jahrzehnten treffen sie sich in der zweiten Julihälfte bei der „Mondnacht auf Hawaii" auf dem Gelände des Gasthofes Böhmann in Eggermühlen. Südseeatmosphäre, Palmen, Strandfeeling und natürlich gute Livemusik waren die Zutaten, mit denen die Brüder Hubert und Clemens Böhmann mit der ersten „Mondnacht auf Hawaii" im Jahre 1963 eine Idee realisierten, die bereits damals 300 Besucher anlockte. Mittels Schilfrohrmatten und umrindeten Brettern und selbstgefärbten Glühbirnen schufen sie in einem umfunktionierten Hühnerstall und der zum Saal umgebauten Feldscheune mit angrenzendem Zeltdach Hawaii-Atmosphäre. Einige Palmen wurden aus der nahen Orangerie des Schlosses Eggermühlen ausgeliehen. „Es war zwar spartanisch", erinnerte sich Hubert Böhmann, der die Idee zu der Südseefete von einer Feier im Raum Osnabrück mitgebracht hatte. „Schon bei den ersten Mondnächten waren wir restlos ausverkauft und unsere Gäste machten selbst vor trockenem Zwieback nicht halt."

In Anzug und Minirock

Herren mit Anzug und Krawatte und Damen in schicken Minikleidern bestimmten damals das Bild auf den Tanzflächen, als die „Black Stones" oder die „Blue Comb" zum Tanz aufspielten. Angesagt waren neben deutschen Schlagern die Hits von Bill Haley, den Beatles oder den Rolling Stones. Jahr für Jahr stieg die Qualität der Bands und selbst die Hillbillies, die kurz zuvor auf N3 im Fernsehen zu sehen waren, traten in Eggermühlen auf. Die Veranstaltung „Mondnacht auf Hawaii" machte den Gasthof Böhmann und den Ortsnamen Eggermühlen im Emsland, im Oldenburger Münsterland und auch weit über die Grenzen des Altkreises Bersenbrück hinaus bekannt. 1996 ließ sich Böhmann die Marke „Mondnacht auf Hawaii" beim Deutschen Patentamt eintragen und schützen. Am Konzept für das Gartenfest mit tropischem Flair feilen die „Böhmänner" immer wieder.

Abb. 6: Mit Anzug und schickem Mini: Zu den Songs der Beatles und Rolling Stones amüsierten sich die Mondnachtfans in den Anfangsjahren.

Zeltplatz „Böhmanns Wiese"

In den 1990er-Jahren waren Eggermühlens Straßen während der Veranstaltungen komplett zugeparkt. Bis zu 5.000 Besucher strömten zu der Veranstaltung nach Eggermühlen. Böhmanns Wiese glich einem Zeltplatz, auf dem viele Mondnachtfans ihre Zelte aufschlugen, um dort zu übernachten. Mit der zweiten Mondnachtgeneration, Werner und Andreas Böhmann, wuchs die Veranstaltung weiter. Besucher reisten mit dem lokalen Nachtschwärmerbus an. Auch in den benachbarten Landkreisen charterten Fans Busse, um sicher zur „größten Gartenparty" in der Region zu kommen. Wer feiern wollte, ließ das Auto zu Hause. Neugestaltet und erweitert haben die Mondnacht-Macher in den letzten Jahren den weiträumigen Außenbereich des Festgeländes. Gemütliche Sitzecken, hawaiianisch dekorierte Veranden sowie eine Reihe von exotischen Verköstigungsständen lassen die Mondnacht immer neu an Anziehungskraft gewinnen. Heute ziehen Clemens Böhmanns Söhne Werner und Andreas sowie maßgeblich auch die Enkel Jan und Max die Fäden und organisieren Werbung, Musik und die Gestaltung des Festgeländes.

Abb. 7: Der Gastronomiebetrieb Böhmann heute (Repros + Fotos: Georg Geers)

Das Kurhaus Bad Iburg – Planung, Eröffnung, Betrieb, Schließung und Abbruch

Horst Grebing

Erste Überlegungen für ein Kurhaus

Im Jahr 1936 beauftragte der spätere Iburger Ehrenbürger Robert Hülsemann den in Iburg wohnenden Architekten Wilhelm Schmalstieg, eine Bauzeichnung für ein Iburger Kurhaus zu erstellen. Nach der seinerzeitigen Planung sollte das Kurhaus für 125.000 Reichsmark schlüsselfertig auf den früheren „Dütting'schen Wiesen" am Charlottensee gebaut werden. Vorgesehen waren im Erdgeschoss ein Kurcafé in einer Größe von ca. 200 m² nebst einer vorgelagerten Seeterrasse, ein Restaurant im Innern mit einer „Tanz-diele" von etwa doppelter Größe sowie ein Lesezimmer. Im Obergeschoss waren Unter-künfte für vierzig Kurgäste sowie eine kleine Wandelhalle geplant – im Kellergeschoss sollten neben den Wirtschaftsräumen auch Baderäume gebaut werden.[1]

Die Weltwirtschaftskrise und der Zweite Weltkrieg verhinderten eine Ausführung der Baupläne. Im Sommer 1960 wurde dann im Rat der Stadt Iburg der Grundsatzbeschluss gefasst, ein Kurhaus zu bauen.

Planungen für ein Kurhaus

Bei einem internen Wettbewerb im Sommer 1961 wurden vier Architekten um Vorent-würfe für ein Kurzentrum gebeten. Ein Gutachter, der renommierte Detmolder Architekt Martin Mittag, hatte den Entwurf des Münsterschen Architekten und Raumgestalters Hans Kusseler als besonders geeignet bezeichnet.

Nach dem Architektenwettbewerb beschloss am 16. November 1961 der Rat der Stadt Iburg in der Ratssitzung in der Gaststätte Haverkamp einstimmig bei einer Enthaltung, ein Kurzentrum in einer Größe von 7.000 m² und damit verbundenen Baukosten in Höhe von rund 700.000 DM auf dem Forsthausgelände zu errichten und den Planungsauftrag an den Architekten Hans Kusseler zu vergeben.[2]

Das Gelände war bereits 1958 zusammen mit dem Forsthaus Freudenthal für fast 120.000 DM gekauft worden – Bürgermeister Heinrich Schowe sagte damals: „Dieses Gelände ist wie kein anderes geeignet den Kurinteressen künftig zu dienen."[3] Und der niedersächsi-sche Landeskonservator Oskar Karpa äußerte 1956 zum Forsthaus Freudenthal:

> „Es stimmt mit den Zielen als Kurort überein, das Baudenkmal pfleglich zu behan-deln und im Einvernehmen mit dem Landeskonservator jede notwendige Veränderung sorgfältig zu erwägen. Die Gemeinde wird das Haus in einer von der Denkmalpflege befürworteten Form in die erweiterten Kuranlagen einbeziehen. Es scheint daher im Interesse der Denkmalpflege zu liegen, daß der Bau in der öffentlichen Hand bleibt."[4]

Der Architekt Hans Kusseler plante sogar noch weiter und projektierte nordöstlich ein Atrium mit Gartenanlagen, welches den Übergang zu einem zurückliegenden Trakt mit kleinen, unter einem Laubengang verborgenen Läden und Fremdenzimmern im Obergeschoss bildete.[5] In einem zweiten Bauabschnitt plante Hans Kusseler östlich des Kurhauses noch ein mit dem Kurzentrum verbundenes Kurheim und Sanatorium – dies war jedoch nie von der Stadt Iburg geplant gewesen. Hierzu sagte Stadtdirektor Josef Hunke in einer Ratssitzung: „Geländemäßig steckt ein Sanatoriumsbau drin […]. Natürlich nur durch private Initiative."[6]

Hans Kusseler hatte bereits die Bauleitung für das 1960 errichtete „Kneipp-Sanatorium Kassen" auf der Leimbrede (Haus 1, heute: Hildegardstraße 3) inne[7] – 1964 folgte das zweite von Kusseler für die Geschwister Kassen geplante Sanatoriumsgebäude (Haus 2, heute: Osnabrücker Straße 19) unmittelbar angrenzend an das alte Patrizierhaus der Familie.[8] Und auch weitere Projekte wurden zeitgleich verfolgt: Bau des Müttterkurheimes St. Anna am Urberg (Eröffnung: 1964), einer kombinierten Turn- und Schwimmhalle am Hagenberg (Eröffnung: 1965), der Erweiterungsbau des Iburger Krankenhauses mit Kneipp-abteilung (Inbetriebnahme: 1966) sowie der Bau einer Jugendherberge im Offenen Holz (Eröffnung: 1967).

Die Finanzierung des Kurhauses war folgendermaßen geplant: Eine „Interessengemeinschaft", die sich aus den Besitzern von Kurheimen gebildet hatte, verpflichtete sich, einen Grundstock von 100.000 DM als zinsloses Darlehen oder als Zahlung der Zinsen für ein von der Stadt in gleicher Höhe aufzunehmendes Darlehen aufzubringen. Aus Verkäufen – wie z. B. der alten Schule an der damaligen Rennbahn (heute: Charlottenburger Ring) sowie von Grundstücken am Urberg – wurden weitere 100.000 DM erwartet; zudem sollte die Kurtaxe erhöht werden. Schließlich sollten Pachteinnahmen sowie die Einnahmen der Konzessionsabgabe des früheren Elektrizitätswerkes in Höhe von ca. 20.000 DM für die Baukosten mitverwandt werden. Finanzielle Hilfe kam ebenfalls vom Wirtschaftsministerium des Landes Niedersachsen und vom Landkreis Osnabrück aus dem „Programm der dicken Brocken".[9]

Auch die Versicherungsträger hatten dieses Projekt deutlich gefordert – eine Versicherungsanstalt schickte nur noch die Hälfte der bisherigen Patienten nach Iburg, weil in Iburg entsprechende Kureinrichtungen fehlten. Der Stadtdirektor Josef Hunke äußerte: „Wir haben bisher so gut wie nichts, was heute nun einmal zu einem modernen Kurbetrieb gehört!" Und er merkte an, dass manche Tagung, manche Veranstaltung von Niveau sich nicht durchführen ließe, da dafür die Räumlichkeiten fehlten.[10] Zu dieser Zeit stellte Iburg 800 Fremdenbetten bereit, die vorwiegend von Kneipp-Kurgästen belegt wurden.

Die „Neue Tagespost" (NT) meldete am 25. November 1961 zum geplanten Kurhaus-Neubau: „Dies wird einmal ein neuer Stern im Iburger Baedeker."

Bauphase

Ursprünglich war im Sommer 1962 der Baubeginn geplant. Aber erst im August 1964 begannen die Ausschachtungsarbeiten und es erfolgte der Anschluss an die Kanalisation, im April 1965 war das Kellergeschoss fertig gestellt und das erste Geschoss stand zur Hälfte; im Sommer 1965 wurde Richtfest gefeiert. Im Herbst 1965 war der Rohbau vollendet und die Innenarbeiten, die bereits begonnen hatten, konnten zu Ende geführt werden. [11]

Abb. 1: Blick auf den Rohbau von Süden. Sammlung: Stadt Bad Iburg. [12]

Gleichzeitig befand sich die gärtnerische Gestaltung durch den Osnabrücker Landschaftsarchitekten Heinz Nolte in Planung[13] und wurde das „Alte Forsthaus Freudenthal" renoviert und der nachträglich im Südosten angebaute Saal in Fachwerk-Bauweise abgerissen.

Erste Konzerte in der Wandelhalle

Das erste Konzert fand in der Wandelhalle am 12. April 1967 statt. Es spielte das Iburger Kurorchester „Herbert Schermaul" mit Herbert Schermaul (Bandleader), Hermann Becker (Schlagzeug, Cello, Gitarre), Albert Grzonka (Geige, Saxofon, Klarinette), Hermann Becker (Schlagzeug, Cello, Gitarre) und Horst Buchweitz (Bass, Gesang, Schlagzeug). Die Musiker spielten bereits seit 1959 zusammen und waren vor ihrer Verpflichtung als Kurorchester in Bad Iburg – das Kurorchester erhielt dort einen Einjahresvertrag – in Bad Dürrheim (Schwarzwald) und zuvor sechs Jahre in Bad Salzdetfurth (Landkreis Hildesheim) verpflichtet gewesen.[14] Das Kurorchester „Herbert Schermaul" spielte täglich (außer donnerstags) zwischen 10:30 Uhr und 11:30 Uhr, zwischen 15:30 Uhr und 17:30 Uhr sowie nochmals zwischen 19:30 Uhr und 21:30 Uhr.

Einweihung des Kurhauses

1967 gab es in Iburg schon über 1.000 Fremdenbetten. In der Einladung zur Einweihung des Kurhauses stand:

„Was dem Kurort zur staatlichen Anerkennung als Heilbad bisher noch fehlte, war der gesellschaftliche Mittelpunkt für unsere Kurgäste, der nun mit dem Bau des neuen Kurhauses und seiner Nebenanlagen (Altes Forsthaus, Wandelhalle, Kurgarten) geschaffen wurde." Und weiter: „Iburg wird bestrebt bleiben, seine Gäste kurgemäß zu betreuen, seine Kureinrichtungen zu pflegen und alles zu tun, dem ihm gewordenen gesundheitspolitischen Auftrag gerecht zu werden."[15]

Die Einwohner Iburgs wurden gebeten vom 19. bis zum 21. Mai 1967 „ […] unsere Stadt für diese Tage besonders festlich und sauber zu gestalten und vor allem auch reichen Flaggenschmuck zu zeigen."[16]

Am Freitag, den 19. Mai 1967 um 10:00 Uhr, war es soweit: Der Festakt zur Einweihung des Kurhauses mit zahlreichen geladenen Gästen startete im „Großen Kursaal".[17] Zu Beginn spielte die Kurkapelle „Herbert Schermaul" die Ouvertüre „La clemenza di Tito" (kurz als „Titus" angekündigt) von Wolfgang Amadeus Mozart. Anschließend segneten der Iburger Dechant Alfons Dalsing (röm.-kath.) und der Iburger Pastor Christian Walter Schulze (ev.-luth.) mit Auszügen aus dem Sonnengesang von Franz von Assisi und dem Psalm 127 das neue Kurhaus. Im Anschluss wurde von Allen das Lied „Lobe den Herren, den mächtigen König der Ehren" in der ökumenischen Fassung gesungen.

Abb. 2: Der voll besetzte Kursaal beim Festakt zur Einweihung des Kurhauses am 19. Mai 1967. Foto: Josef Steinbicker, Sammlung: Stadt Bad Iburg.

Abb. 3: Architekt Hans Kusseler (rechts) überreicht den symbolischen Schlüssel an Bürgermeister Heinrich Schowe, der ihn an Stadtdirektor Josef Hunke (links) weiterreicht. Foto: Josef Steinbicker, Sammlung: Stadt Bad Iburg.

Bürgermeister Heinrich Schowe begrüßte die über 500 Gäste und äußerte: „Wir haben gebaut ein stattlich Haus und damit die Basis für die weitere Aufwärtsentwicklung als Bad geschaffen!"

Architekt Hans Kusseler überreichte dem Bürgermeister Heinrich Schowe den symbolischen Schlüssel des Hauses - dieser reichte den Schlüssel an Stadtdirektor Josef Hunke weiter.

Regierungspräsident Dr. Egon Friemann überbrachte die Grüße der an dieser Veranstaltung verhinderten Landesminister, die an einer kurzfristig angesetzten Kabinettssitzung teilnehmen mussten.[18]

Staatliche Anerkennung Iburgs als Kneipp-Heilbad

Im Rahmen der Einweihung des Kurhauses wurde die staatliche Anerkennung Iburgs als Kneipp-Heilbad bekannt gegeben – für diese Anerkennung wurden mit dem Bau des Kurhauses und der Nebenanlagen die endgültigen Voraussetzungen geschaffen.

Am 20. Februar 1953 erhielt Iburg vom Deutschen Bäderverband e. V. die Artbezeichnung „Kneipp-Kurort" anerkannt, nachdem 1951 der „Kneipp-Verein Iburg" durch den Gemeindedirektor Josef Hunke, den Apotheker Jürgen Schlotheuber und den Amtsrichter Hans Pohlmann gegründet wurde; zeitgleich wurde eine Kurverwaltung eingerichtet. In dem am 30. Januar 1966 abgeschlossenen Gutachten „Begründung zum Antrage der Stadt Iburg auf Verleihung der Artbezeichnung Kneippheilbad" vom Hygieniker Prof. Dr. med. Wilhelm Pfannenstiel aus Marburg, dem Vorsitzenden des „Ausschusses für Bäderwesen und Kurorthygiene im Deutschen Bäderverband e. V.", bejahte dieser nach fünf Besuchen und eingehenden Besichtigungen den Anspruch Iburgs auf die Artbezeichnung „Kneippheilbad". Zu diesem Zeitpunkt verfügte Iburg bereits über vier Kneipp-Sanatorien, zehn Kurheime und dem St.-Franziskus-Hospital mit einer Kneippkurabteilung. Prof. Dr. Pfannenstiel äußerte, dass Einrichtungen zur Unterhaltung und Betreuung der Kur- und Erholungsgäste durchweg vorhanden seien, diese aber erst mit der erwarteten Inbetriebnahme des Kurhauses vollkommen seien.

Im zugehörigen Erlass des Osnabrücker Regierungspräsidenten vom 26. April 1967 war zu lesen:

> „Am 22.7.1966 haben Sie bei mir die staatliche Anerkennung als Kneipp-Heilbad beantragt. Nachdem der Fachausschuß für die staatliche Anerkennung von Artbezeichnungen für Kurorte im Lande Niedersachsen nach Prüfung der eingereichten Unter-

lagen die staatliche Anerkennung als Kneipp-Heilbad befürwortet hat, schließe ich mich dem Urteil des Fachausschusses an und erteilte der Stadt Iburg die Erlaubnis, sich in Verbindung mit der Artbezeichnung ‚Kneipp-Heilbad' als ‚staatlich anerkannt' zu bezeichnen."

Die Verwaltungsgebühr für die Anerkennung als Kneipp-Heilbad wurde auf 208,- DM festgesetzt. Den Erlass überreichte Regierungspräsident Dr. Egon Friemann an Bürgermeister Heinrich Schowe und Stadtdirektor Josef Hunke.

Abb. 4: Regierungspräsident Dr. Egon Friemann (rechts) überreicht die staatliche Anerkennung Iburgs als Kneipp-Heilbad an Bürgermeister Heinrich Schowe (Mitte) und Stadtdirektor Josef Hunke (links). Foto: Josef Steinbicker, Sammlung: Stadt Bad Iburg

In einem Schlusswort bedankte sich Stadtdirektor Josef Hunke und schilderte: „Wir sind nicht nur zufrieden, sondern auch stolz!"Den Festakt beendeten Herbert Schermaul und Hans-Richard Scheiderer mit dem Pizzikato-Zwischenspiel „Pizzikanterie". Im Anschluss konnten die neuen Räumlichkeiten des Kurhauses und die Nebenanlagen besichtigt werden – danach wurde für die geladenen Gäste ein kaltes Büfett vom Kurhaus angeboten.

Am Nachmittag bestand die Gelegenheit zur Besichtigung des Schlosses sowie der Kureinrichtungen Kneipp-Sanatorium Dr. Bremer, Kneipp-Sanatorium Geschwister Kassen, Kneipp-Sanatorium Sonnenhof, Mütterheim St. Anna sowie der Kneippkurheime Birkemeier und Fandrey. Um 15:30 Uhr gab es in der Wandelhalle mit den „Schermäulern" ein Kurkonzert. Am Abend folgte ein Festball in festlicher Kleidung.

Weitere Festveranstaltungen folgten in den folgenden zwei Tagen: Am Sonnabend gab es in der Wandelhalle ein Kur- und ein Kaffeekonzert, abends veranstaltete das Stadttheater Osnabrück im Großen Kursaal einen Bunten Abend. Am Sonntag folgten wieder ein Kur-

und ein Kaffeekonzert in der Wandelhalle, abends lud die Stadt zu einem öffentlichen Festball ins Kurhaus ein, der von einem Brillant-Feuerwerk im Kurgarten gekrönt wurde.

In der „Neuen Tagespost (NT)" vom 20. Mai 1967 wurde von Hans Kusseler unter dem Kürzel H. K. ein Gedicht zur Eröffnung des Kurhauses veröffentlicht:

Es ist gar herrlich anzuschau'n
Gedicht zur Eröffnung des Iburger Kurhauses

Umrahmt von einer Bergeskette,
liegt Iburg, diese alte Stadt,
die außer Schloß und Festungsmauern
viel Schönes aufzuweisen hat:

Der Bennoturm, der alte Recke,
die Klostermühle mit dem Rad,
sie dienten einst sehr großem Zwecke,
sind heut' noch Wappen dieser Stadt.

Der Forstwald mit den hohen Buchen,
des Fredens selt'ne Blütenpracht,
was soll man Schöneres noch suchen?
Das zieht doch an mit großer Macht.

Der Dörenberg grüßt aus der Ferne,
es grüßt das alte würd'ge Schloß.
In Iburg weilt ein jeder gerne,
hier wird er Plag' und Sorgen los.

Den Kranken, die nach Iburg kommen,
wird Linderung durch „Kneipp" gebracht.
Das soll besonders gut bekommen,
wenn Ärztekunst darüber wacht.

Drum baute man in schöner Lage
manch großes Sanatorium.
Befreit wird man von Schmerz und Plage
und allem, was noch drumherum.

Doch eines fehlte Iburgs Gästen:
ein Ort, wo man gemeinsam ist,
ein Ort, wo man bei Wein und Festen
des Tages Mühen schnell vergißt.

Ein Platz, wo man beim Kurkonzerte
vertrauten alten Weisen lauscht,
wo man vergißt des Lebens Härte
und sich durch Musica berauscht.

Nun ist auch dieser Wunsch erfüllet,
hell steht das Haus im Freudenthal.
Ein Kleinod hat sich hier enthüllet
und ladet ein zu Fest und Mahl.

Das Kurhaus, das man lange plante.
mit Park und Saal und Leseraum,
ward schöner, als man je es ahnte,
es ist gar herrlich anzuschaun.

Dank drum dem Rat und der Verwaltung!
Der Einsatz hat sich sehr gelohnt,
und auch den Meistern der Gestaltung,
ein guter Geist im Hause wohnt.

Auch laßt uns herzlich Danke sagen
dem Herrn für Segen und Gedeih'n.
Er mög' für ferneres Gelingen.
des Himmels Gunst auch weiter leih'n.

Beschreibung des Kurhauses

Das Kurhaus war ein unterkellerter zweistöckiger Flachbau. Durch den an der Südseite gelegenen Eingangsbereich mit Empfangshalle sowie geräumigen Garderoben sowie anschließenden gesonderten Toiletten für Damen und Herren gelangte man zu ebener Erde in den großen Konzertsaal, dessen Luftraum sich bis unter das Dach des Obergeschosses erstreckte, und einem kleinen Saal, der unabhängig vom Konzertsaal oder auch mit diesem zusammen betrieben werden konnte; eine Schiebewand sorgte für eine entsprechende Trennung.

In den beiden Sälen fanden 1.000 Besucher Platz, darunter 450 Sitzplätze im großen Konzertsaal. Die Stühle ließen sich beliebig, zum Beispiel in Reihen oder um Tische, anordnen beziehungsweise auch entfernen – dadurch war der Saal für verschiedene Zwecke, Theateraufführungen, Konzerte, Tagungen, gesellige Veranstaltungen mit oder ohne Tanz, gleich gut zu verwenden.

Der großen Bühne im Konzertsaal war eine kleinere versenkbare Bühne vorgelagert. Im Erdgeschoss befand sich ferner an der Südostecke ein großzügiges Café-Restaurant mit etwa 150 Sitzplätzen. Durch die umgebende überdachte Terrasse konnten dort bei gutem Wetter auch im Freien Speisen und Getränke gereicht werden. Im Nordostflügel des nach Norden hufeisenförmigen sich öffnenden Kurhausbaus befanden sich die Küche und ihre Nebenräume mit Vorratsräumen sowie Aufenthaltsräume und Toiletten für das Personal. Eine Wendeltreppe, das Geländer mit durchsichtigem Plexiglas verkleidet, verband die Geschosse des Kurhauses. Ebenfalls mündete je eine an der Südwest- und an der Südostecke gelegene Außentreppe auf dem Terrassendach.

Im Obergeschoss befand sich eine Empore mit weiteren 72 Sitzplätzen, ein Konferenzzimmer, weitere Aufenthaltsräume, eine Garderobe sowie eine gesonderte Damen- und Herrentoilette; die Dachterrassen erlaubten einen Blick auf den Schlossberg.

Im Keller befand sich eine Kegelbahn. Auch die Künstlergarderoben befanden sich im Keller – von dort führte eine Wendeltreppe zur Bühne. Ferner befanden sich im Kellergeschoss weitere Vorratsräume und die Heizungsanlage.[19]

Die Technik des Kurhauses entsprach dem neuesten Stand der Technik: Mit der Sprechanlage konnten alle Text- und Musikbeiträge in sämtliche Räumlichkeiten übertragen werden. Alle Farben waren aufeinander abgestimmt: Sie sind rot in der Kellergarderobe, im Lesezimmer sowie bei den Sitzplätzen auf der Empore, blau im Kursaal und im Klubraum sowie grün im Konferenzraum.

In der Wandelhalle zwischen Kurhaus und „Altem Forsthaus Freudenthal" befand sich in der Mitte der Halle ein größerer Freiraum für einen Springbrunnen und für Blumenschmuck, ein Aufenthaltsraum und ein kleines Konferenzzimmer mit Telefon wurde im hinteren Teil der Wandelhalle eingerichtet; die Trennung wurde durch Glasscheiben vollzogen. Die südlichen Seitenteile der Wandelhalle bestanden ebenfalls aus Glas und gewährten einen Blick in den Kurgärten. Nordöstlich am Kurhaus befand sich eine Wohnung für den Pächter. Der Musikpavillon wurde erst nach Eröffnung des Kurhauses erstellt; der Bau des Musikpavillons betrug rund 36.000 DM; 25.000 DM steuerte die Klosterkammer bei.

Am 6. September 1968 berichtete der Stadtdirektor Hunke in der Ratssitzung über die Kosten des Kurzentrum-Neubaus: Das Kurhaus hat an Baukosten 2.426.849 DM und an Ausstattungen und Einrichtungen 482.683 DM gekostet, die Wandelhalle mit Einrichtungen hat 217.542 DM erfordert, die Restaurierung des „Alten Forsthauses Freudenthal" einschließlich eines notwendigen Toilettenausbaus kostete 219.930 DM und die Herrichtung des Kurgartens einschließlich der Zuwegungen und des Parkplatzbaus verschlang 543.760 DM. Einen Beitrag von 329.232 DM stellten ferner der Wert des eingebrachten Grundstücks und die Ausgaben für die Wege im Forstwald, Nebeneinrichtungen und den Parkplatz an der Holperdorper Straße dar. Dies ergab eine Gesamtsumme von rund 4,2 Millionen DM.[20]

Das erste Pächterpaar des Kurhauses und des „Forsthauses Freudenthal" waren Irmtraud und Werner Schickendanz, doch wurde der Pachtvertrag im gegenseitigen Einvernehmen bereits zum 31. August 1967 wieder aufgelöst.[21]

Weiterer Betrieb des Kurhauses

Zum 1. September 1967 wurde das Kurhaus zusammen mit dem „Alten Forsthaus Freudenthal" in den Eigenbetrieb „Kurbetriebe" integriert; erster Geschäftsführer war Anton Schmidt aus Hildesheim[22], später folgte Kurhausdirektor Nikolaus Thamm.

Abb. 5: Kurhaus Bad Iburg. (Sammlung: Stadt Bad Iburg)

Zahlreiche internationale und nationale Ausstellungen, Tagungen und kulturelle Angebote wurden in den Folgejahren im Kurhaus veranstaltet:

- Der Opern-, Lied- und Operettensänger Rudolf Schock gastierte im Dezember 1966 im Kurhaus mit Liedern und Arien, begleitet am Flügel von Iván Eröd.
- Die erste Tagung, eine Tagung des Bundesverbandes und des Präsidiums des Kneipp-Bundes, fand vom 18. bis zum 20. Mai 1967 statt.
- Die erste Operettenaufführung erfolgte am 8. Oktober 1967 mit „Die Rose von Stambul", einer Operette in drei Akten von Leo Fall.
- Im Mai 1968 gastierte die Schwedin Zarah Leander im Iburger Kurhaus.
- In den 80ern spielten im Kurhaus die „New Combo", das „Preussag-Ensemble", die „Canyons", die „Birds", die „Lord Swing Band" sowie zahlreiche weitere Bands zum Tanz auf.
- Um 1990 lud die „Swing Company" samstags zum Tanzabend und sonntags nachmittags zum Tanztee in das Kurhaus ein.
- Ebenfalls spielten der Alleinunterhalter Heinz Turrek und Karlheinz Kellermann. Auch das Medium Terzett mit Helmut „Henry" Niekamp, Wilfried Witte und Lothar Nitschke aus Osnabrück spielte häufiger im Kurhaus.[23]

Die Liste der Veranstaltungen im Iburger Kurhaus ist lang: Konzerte, Theateraufführungen, Modenschauen, Hochzeiten, Tanzkurse, Abschlussfeiern, Betriebsfeiern, Vereins- und Familienfeste, Symposien, Tagungen, Ausstellungen, Stadt-Kegelmeisterschaften, Grünkohlessen sowie das Feuerwehrfest im Juni 1982 mit dem Kreisfeuerwehrtag.

Auch Iburger Vereine nutzten das Kurhaus für ihre Veranstaltungen: So fanden die Veranstaltungen der Karnevalsgesellschaft „Roter Hahn Bad Iburg von 1935 e. V." von 1967 bis 2003 im Kurhaus statt, und auch der „Schützenverein Iburg von 1869 e. V." führte zahlreiche Veranstaltungen im und am Kurhaus durch. Für die Osnabrücker Region fand im Frühjahr 1974 die erste VW-Golf-Vorstellung auf dem Kurhausgelände statt.[24]

Am 1. Januar 2000 ging der Eigenbetrieb „Kurbetriebe" mitsamt dem Kurhaus in die „Bad Iburger Grundstücks-, Erschließungs- und Besitzgesellschaft (BIGEB) GmbH & Co. KG" über. Im Jahr 2005 wurde die BIGEB wieder in einen Eigenbetrieb der Stadt Bad Iburg umgewandelt.[25]

Abb. 6: Veranstaltungsanzeige des Kurhauses Bad Iburg unter Verwendung einer Architektenzeichnung von 1967, die das gesamte Ensemble vom „Alten Forsthaus Freudenthal", der Wandelhalle und des Kurhauses zeigt.

Das Ende des Bad Iburger Kurhauses

Im Dezember 2000 beschloss der Stadtrat von Bad Iburg, die Wirtschaftstätigkeit der städtischen Kurbetriebe aufzugeben sowie das „Alte Forsthaus Freudenthal" zu verpachten und die Wandelhalle abzureißen; im Januar 2001 wurde die Wandelhalle abgerissen.[26] Im nicht öffentlichen Teil der Ratssitzung am 25. Oktober 2001 beschloss der Rat den Abriss des Musikpavillons und bestätigte damit eine Entscheidung der BIGEB. In geheimer Abstimmung stimmten 17 Ratsmitglieder für den Abriss, vier Ratsmitglieder waren gegen einen Abriss und ein Ratsmitglied enthielt sich; der Abriss erfolgte Ende 2001. Zum Kurhaus äußerte während der Ratssitzung der damalige Stadtdirektor Karl Schade: „Es ist undenkbar, dort [im Kurhaus] einen Bagger durchfahren zu lassen."[27]

In einem Grundsatzbeschluss vom 22. März 2007 sah der Rat der Stadt Bad Iburg einen Abriss oder Teilabriss des Kurhauses vor, sofern ein schlüssiges Konzept für eine Neuorientierung bestünde. Mitte Oktober 2009 räumte nach einem Vergleich der bisherige Pächter das Kurhaus. Am 3. November 2009 stimmte der Rat der Stadt Bad Iburg bei drei Gegenstimmen der Grünen für einen Abriss. Grund war der inzwischen marode Zustand des Gebäudes mit zahlreichen Wasserschäden – eine Sanierung hätte nach einer Kostenschätzung vier Millionen Euro verschlungen.[28] Zwei voneinander unabhängige Gutachter betrachteten das Kurhaus als „gebäudetechnisch abgängig". Kurzzeitig war bereits im Jahre 2005 vom Landkreis Osnabrück die Kurhaus-Küche stillgelegt worden.[29]

Der Abriss erfolgte im Frühjahr 2010 durch die Lingener Firma Moß Abbruch-Erdbau-Recycling GmbH & Co. KG.

Abb. 7: Abrissarbeiten, März 2010. (Foto: Horst Grebing.)

1   Neue Tagespost, 18.05.1967: „Iburg: Erste Kurhauspläne schon vor drei Jahrzehnten".

2   Freie Presse, 17.11.1961: „Iburg erhält ein Kurzentrum. Stadtrat vergab Planungsauftrag".

3   Protokoll zur Tagesordnung Punkt 5 („weitere Beratung und Beschlußfassung über den Kauf des Forst-hauses und seiner Umgebung") der ordentlichen Sitzung des Rates des Fleckens Iburg am 8. Januar 1958 im Gasthof Garte in Iburg.

4   Bescheinigung des niedersächsischen Landeskonservators vom 05.10.1956.

5   Westfälische Nachrichten, Ausgabe Münster, 02.12.1961: „Iburg baut ein Kurzentrum".

6   Neue Tagespost, 25.11.1961: „Planung für das Kurzentrum".

7   Freie Presse, 28.09.1960: „Im neuen Sanatorium werden die Patienten sicher Erholung finden".

8   Neue Tagespost, 28.10.1964: „‚Kneipp' steht in Iburg auf dem Papier".

9   Freie Presse, 17.11.1961: „Iburg erhält ein Kurzentrum. Stadtrat vergab Planungsauftrag".

10 Neue Tagespost, 17.11.1961: „Iburg bekommt ein Kurzentrum".

11 Neue Tagespost, 16.07.1965: „Iburger Kurhaus pünktlich bis Sommer 1966".

12 Die Fotografien entstammen dem Erinnerungsalbum „Zur Erinnerung an die Schaffung und Einweihung des neuen Kurzentrums", Stadt Bad Iburg, 1967.

13 Westfalenspiegel, August 1967: „Jetzt Kneipp-Heilbad Iburg".

14 Osnabrücker Tageblatt, 18.05.1967: „Iburgs Kurorchester erfreut sich schon jetzt größter Beliebtheit".

15 Einladung zur Festveranstaltung im Kurhaus am Freitag, den 19. Mai 1967, um 10 Uhr.

16 Osnabrücker Tageblatt, 18.05.1967: „Bitte an die Iburger!"

17 Programm zum Festakt am Freitag, dem 19. Mai 1967, um 10.00 Uhr im Kurhaus zu Iburg.

18 Fotodokumentation „Zur Erinnerung an die Schaffung und Einweihung des neuen Kurzentrums", Stadt Iburg, 1967.

19 Wilhelm Pfannenstiel: Begründung zum Antrage der Stadt Iburg auf Verleihung der Artbezeichnung Kneippheilbad, Marburg 1966, S. 15 ff.

20 Neue Osnabrücker Zeitung, 09.09.1968: „Bad Iburg: Kurzentrum kostete 4,2 Millionen DM".

21 Osnabrücker Tageblatt, 01.09.1967: „Iburg: „Gastronomie" im Kurhaus nun mit völlig neuer „Mann-schaft".

22 Ebd.

23 Veranstaltungspläne der Stadt Bad Iburg.

24 Persönliche Mitteilung von Martin Maller, Bad Iburg.

25 Neue Osnabrücker Zeitung, 04.01.2002: „Hotel und Forsthaus verpachtet: Ende der Wandelhalle".

26 Neue Osnabrücker Zeitung, 04.01.2002: „Hotel und Forsthaus verpachtet: Ende der Wandelhalle".

27 Neue Osnabrücker Zeitung, 27.10.2001: „Konzertmuschel wird abgerissen".

28 Neue Osnabrücker Zeitung, 05.11.2009: „Bad Iburger Kurhaus soll nach 42 Jahren abgerissen werden".

29 Neue Osnabrücker Zeitung, 05.11.2009: „Bad Iburgs Abschied vom Kurhaus".

Als aus der Dorfschule ein Reiterhotel wurde
Georg Geers

Aus der Geschichte der Dorfschule Bockraden

Auf eine über 100-jährige Geschichte kann die ehemalige Dorfschule in Bockraden zurückblicken. Am 1. April 1915 entschlossen sich die Eggermühlener Bauerschaften Bockraden und Döthen zur Gründung eines Gesamtschulverbandes. Mit 23.000 Mark schlug der Bau, mit dem noch im gleichen Jahr begonnen wurde, zu Buche.

Erste schriftliche Aufzeichnungen einer Schule in Bockraden stammen bereits aus dem Jahre 1706. Dabei handelte es sich um eine Schule im Ortsteil Eye, in der vorwiegend im Winter unterrichtet wurde. Warum der Schulbetrieb schließlich eingestellt wurde, ist aus den Akten nicht ersichtlich. Bereits 1768 nahmen Kinder aus Bockraden und Döthen am Schulunterricht in Kettenkamp teil. Mit Stichtag 1. März 1914 besuchten 31 Bockradener Kinder die Schule in Kettenkamp. Außerdem nahmen 25 Bockradener und 29 Döthener Kinder am Unterricht in der Hekeser Schule teil. Sehr weite und schlechte Schulwege und hoffnungslos überfüllte Klassen in den genannten Schulen ließen in den Bauerschaften Bockraden und Döthen den Wunsch nach einer eigenen Schule reifen. In Hekese unterrichtete damals ein Lehrer 96 Schüler, in Kettenkamp waren es 162 Kinder, denen zwei Lehrer das Rüstzeug für ihr Leben vermittelten.

Abb. 1 und 2: Auf eine hundertjährige Geschichte kann das ehemalige Schulgebäude in Bockraden zurückblicken. Im Jahre 1951 wurde ein zweiter Klassenraum angebaut. Die Jahreszahl über der Eingangstür weist auf das Jahr der Erbauung hin.

Schon wenige Wochen nach Gründung des Schulverbandes machten sich das Restruper Bauunternehmen Hermes und der in Bockraden ansässige Zimmereibetrieb Hömer ans Werk. Bereits ein Jahr später konnte der Schulbetrieb in dem neuen Gebäude aufgenommen werden. „Wir lernen nicht für die Schule, sondern fürs Leben", dieser Spruch, auf einer Tafel im Mauerwerk des Gebäudes eingelassen, sollte den Schülern vor Augen führen, dass der Wille zum Lernen von jedem Einzelnen kommen muss. Über der Eingangstür des Gebäudes weist die in eine Sandsteineinfassung eingelassene Jahreszahl 1915 auf das Jahr der Erbauung hin.

Georg Haverkamp fungierte als erste Lehrkraft. Sein Monatsgehalt betrug 148,33 Mark. Acht Schuljahrgänge hatte er in einem Klassenraum zu unterrichten. Bereits 1921 wurde eine zweite Lehrkraft eingestellt, da der Bildungsauftrag für inzwischen 97 Schüler mit einer Lehrperson nicht mehr zu gewährleisten war. Sieben Hauptlehrer sowie zwölf Zweitlehrer verrichteten in den folgenden Jahrzehnten ihren Dienst in der Bockradener Dorfschule. Im Zuge der Gebietsreform und dem Neubau einer Grundschule in Eggermühlen wurde der Schulbetrieb in Bockraden am 27. Januar 1970 eingestellt. Hermann und Waltraut Schulte, die letzten Lehrkräfte der Dorfschule, traten dann ihren Dienst an der Grundschule in Eggermühlen an.

Abb. 3: Auf dem Gelände der ehemaligen Bockradener Dorfschule wurde das Reiterhotel Vox in den vergangenen Jahrzehnten stetig erweitert. Die Aufnahme entstand im Jahre 2015.

Wo Generationen fürs Leben lernten, schlagen heute Reiterherzen höher

Vor 50 Jahren, im April 1973, nahm das Reiterhotel Vox im ehemaligen Gebäude der Dorfschule Bockraden, eine Bauerschaft in der Gemeinde Eggermühlen, seinen Betrieb auf. Ein Jahr nach der Schließung und der Auflösung der Schule hatten Klemens und Lotti Vox das Areal erworben. Zuvor führte das Ehepaar über mehrere Jahre den „Aselager Krug" in der Gemeinde Herzlake mit Lebensmittelladen, Restaurant, Reitstall und einer Freizeitpferdezucht. Es war der Plan der neuen Eigentümer, die Schule in Bockraden zu einem Reiterhof für Kinder-Reiterferien auszubauen. Die ehemaligen Klassenzimmer wurden zu Mehrbettzimmern umgebaut, ein Restaurantbereich sowie Stallungen für Pferde eingerichtet.

Schnell etablierte sich das kleine Reiterhotel zu einem klassischen Ausflugslokal. Die Entwicklung, die sich in den folgenden Jahrzehnten vollziehen sollte, war damals nicht vorherzusehen. Bereits 1985 entstanden weitere Gebäude und eine Reithalle. Der Bau einer zweiten Reithalle folgte, weitere Pferdeställe und ein großer Außenreitplatz entstanden. Über 20 Hektar eigene Weiden sowie eine 10 Hektar große Pachtfläche verfügt das Reiterhotel heute und bietet damit seinen Reitergästen nicht nur 80 Pferde, sondern mit kilometerlangen Reitwegen auch jede Menge Bewegungsfreiraum. Neben einer im Jahre 2012 neu erbauten Kaffeelounge und einem rustikalen Kaminrestaurant lädt das großzügige Gartencafé zu einem entspannten Aufenthalt unter schattigen Bäumen ein.

Ein Blick in die Pferdeweide

2013 wurde das Hotel „Wiskenkieker" mit sechs Doppelzimmern und Wellnessbereich in Betrieb genommen.Der Name, mit dem die Familie Vox ihr Hotel benannte, bringt es auf den Punkt: „Wiskenkieker". Das bedeutet so viel wie „Blick auf die Weide"und ist hier

Abb. 4: Das Ferienhaus „Zur alten Ziegelei" gehört ebenfalls zum Hotel.

Abb. 5: Kleinkunstvorführungen im Garten des Reiterhotels.

für die Gäste Programm. Freundlich und lichtdurchflutet präsentieren sich die Doppelzimmer neben dem Hauptgebäude des Hotels, von denen aus die Gäste ins Grüne blicken können. Ein Novum in der Region ist die Saunalandschaft, die in den Neubaukomplex integriert wurde. Von den Liegen des geräumigen Ruheraumes kann der Saunanutzer seinen Blick über eine weite Weidelandschaft mit grasenden Pferden schweifen lassen. Auch auf Fitnessgeräte sowie einen Whirlpool braucht der Gast nicht zu verzichten.

Nicht ganz einfach hatten sich damals die Planungen für einen derartigen Neubau gestaltet. In direkter Nachbarschaft zu dem Hauptgebäude des Reiterhotels, der denkmalgeschützten ehemaligen Schule, machte der Bau eine Änderung des Flächennutzungsplanes nötig. Eine eingeschossige Bauweise, die sich harmonisch in die Landschaft einfügt, war dabei eine der Vorgaben. Vier leicht versetzte Giebel verleihen dem neuen 40 mal 10 Meter großen Ensemble einen ländlichen Chic. Die Option für einen weiteren Anbau wurde bei der Änderung des Nutzungsplanes gleich mitberücksichtigt.

Mit der Erweiterung um das Hotel „Wiskenkieker" verfügt das Reiterhotel Vox heute über 82 Betten und fünf Ferienwohnungen. Ein gutes Dutzend Angestellte, darunter zwei Köche sowie mehrere Servicekräfte, sorgen sich um das Wohl der Gäste. „Bei uns gibt es an allen Wochentagen nicht nur Mittagstisch und eine Abendkarte. Auch Frühstück sowie Kaffee und Kuchen gehören täglich zu unseren Serviceleistungen", so Doerthe Vox. Von 7 bis 22 Uhr haben Gäste hier Gelegenheit, sich in angenehmer Umgebung zu stärken. Für reitbegeisterte Schulklassen und Jugendabteilungen unzähliger Reitervereine ist das Anwesen im Eggertal seit Jahrzehnten die angesagte Adresse. „Viele unserer Gäste kommen aus Baden-Württemberg, Westfalen und Bayern", so Vox. Stetig gestiegen ist in den vergangenen Jahren der Anteil der Gäste aus den Beneluxländern und aus der Schweiz.

Abb. 6: Weitläufige Wiesen umgeben den Hotelkomplex.   (Fotos: Georg Geers)

Dissen 822 – Woher stammt das vermeintliche Jahr der Ersterwähnung?

Christof Spannhoff

2022 feierte der Ort Dissen am Teutoburger Wald das Jubiläum „1200 Jahre".[1] Grundlage dieses Gedenkens war die angebliche Ersterwähnung des Ortes im Jahr 822. Damals habe Kaiser Ludwig der Fromme dem Osnabrücker Bischof Meginhard den Hof Dissen im Gegenzug für dem Kloster Corvey überlassene Zehntrechte übertragen. Die Historikerin Isabelle Guerreau wies allerdings nach, dass es sich bei diesem Vorgang um eine Rekonstruktion des 18. Jahrhunderts handelt. Eine Urkunde aus besagtem Jahr 822 hat nie existiert. Zwar gab es einen Dissener Meierhof, allerdings stammt dessen früheste nachweisbare Nennung erst aus einem im 11. Jahrhundert gefälschten Dokument.[2]

Aber woher rührt dann eigentlich das vermeintlich so genaue Datum 822? Warum ist in der älteren ortsgeschichtlichen Literatur zu Dissen diese Jahreszahl immer wieder zu finden? Welche Grundlage hat sie? Diesen Fragen soll hier einmal genauer nachgegangen werden: Erstmals genannt wird das Jahr 822 im Zusammenhang mit Dissen in den 1753 gedruckten „Monumenta Osnabrugensia"[3] des Osnabrücker Juristen und Historikers Carl Gerhard Wilhelm Lodtmann (1720–1755).[4] Und Lodtmann selbst ist auch der „Erfinder" des Datums 822, wie zu zeigen sein wird. Lodtmanns Aufzeichnungen orientieren sich an den Arbeiten der frühneuzeitlichen Geschichtsschreiber Ferdinand von Fürstenberg, Hermann Adolph Meinders oder Jodocus Hermann Nünning. In den „Monumenta" sind die entscheidendsten historischen Nachrichten über die Stadt Osnabrück selbst sowie einige besondere historische Stätten des Osnabrücker Landes zusammengetragen, namentlich über die Römerzüge, die Kriege Karls des Großen mit den Sachsen, Heinrich den Löwen, ferner über alte Großsteingräber und andere Steindenkmäler. Jeder einzelnen der enthaltenen 15 Abhandlungen ist ein lateinisches Distichon-Gedicht vorangestellt, im Anhang findet sich auch eine Anzahl älterer Osnabrücker Urkunden, darunter die berühmte „Sate" über die Ratswahlen in der Stadt. Über Dissen heißt es in den „Monumenta": „VICUS. DISSENSIS. OLIM. REGIA. CVRTE. CIRCA. ANNVM. DCCCXXII. IN. EPISCOPOS. OSNABRUGENSES. TRANSLATA." – Das Dissener Dorf, einst königlicher Hof, etwa im Jahr 822, an die Osnabrücker Bischöfe übertragen. In seinen Anmerkungen zu dieser Stelle schreibt Lodtmann: „Curtem regiam Dissensem LVDOVICVS PIVS Imperator, eirca [lies: circa] an. 822. quum coenobium Corbeiense initium caperet, Episcopo Osnabrugensi, qui tunc Meingardus fuisse videtur, cessit, decimis pro eo acceptis, quas in coenobium Corbeiense transtulit." Hier wird also bereits erklärt, dass Kaiser Ludwig der Fromme dem Osnabrücker Bischof den Königshof Dissen als Entschädigung übertrug für Osnabrücker Zehntrechte, die er dem Kloster Corvey schenkte. Lodtmann berief sich an dieser Stelle auf die Corveyer Chronik (Chronicon Corbeiense), die im ersten Teil der 1688 von Heinrich Meibom jun. herausgegebenen Rerum Germanicarum gedruckt ist.[5] Auf der von Lodtmann angegebenen Seite 755 findet sich die Gründungsgeschichte des Klosters Corvey, in der das Gründungsjahr mit 822 angegeben wird. Zwar ist dort von den Osnabrücker

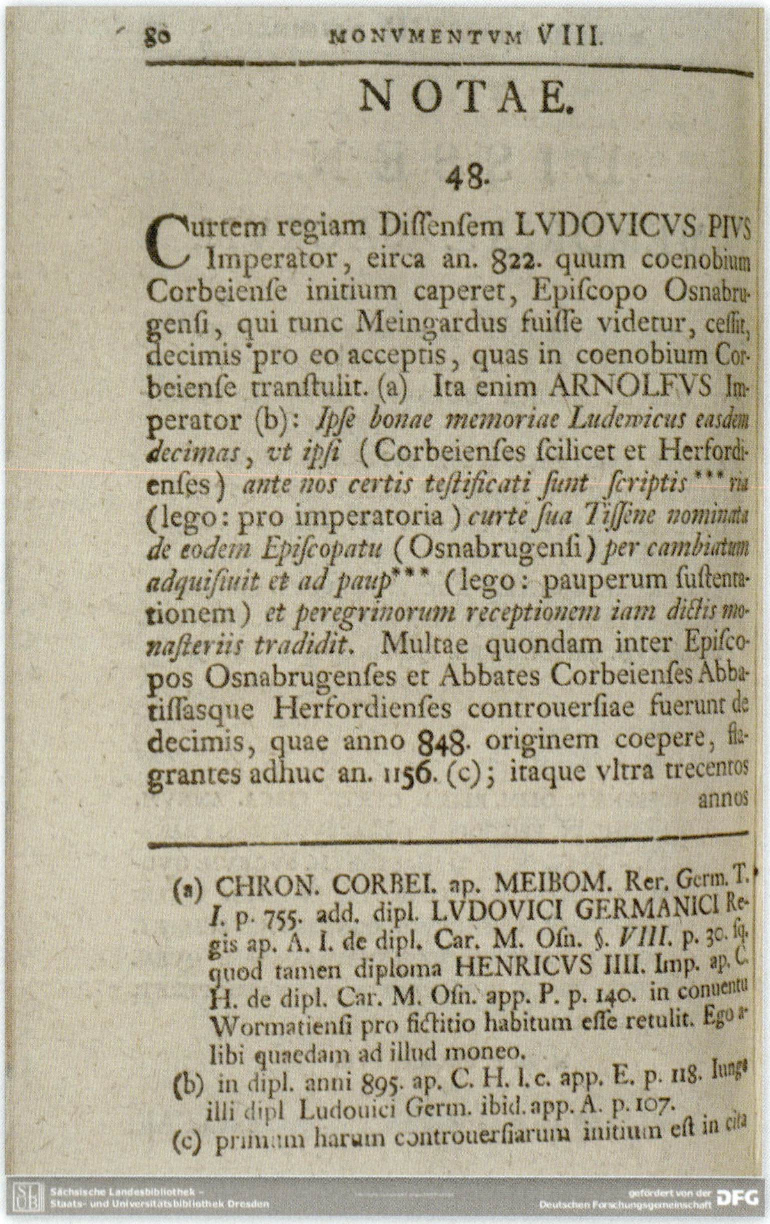

80 MONVMENTVM VIII.

NOTAE.

48.

Curtem regiam Diſſenſem LVDOVICVS PIVS Imperator, circa an. 822. quum coenobium Corbeienſe initium caperet, Epiſcopo Osnabrugenſi, qui tunc Meingardus fuiſſe videtur, ceſſit, decimis pro eo acceptis, quas in coenobium Corbeienſe tranſtulit. (a) Ita enim ARNOLFVS Imperator (b): *Ipſe bonae memoriae Ludewicus easdem decimas, vt ipſi* (Corbeienſes ſcilicet et Herfordienſes) *ante nos certis teſtificati ſunt ſcriptis *** ria* (lego: pro imperatoria) *curte ſua Tiſſene nominata de eodem Epiſcopatu* (Osnabrugenſi) *per cambiatum adquiſiuit et ad paup**** (lego: pauperum ſuſtentationem) *et peregrinorum receptionem iam dictis monaſteriis tradidit.* Multae quondam inter Epiſcopos Osnabrugenſes et Abbates Corbeienſes Abbatiſſasque Herfordienſes controuerſiae fuerunt de decimis, quae anno 848. originem coepere, flagrantes adhuc an. 1156. (c); itaque vltra trecentos annos

(a) CHRON. CORBEI. ap. MEIBOM. Rer. Germ. T. *I.* p. 755. add. dipl. LVDOVICI GERMANICI Regis ap. A. I. de dipl. Car. M. Oſn. §. *VIII.* p. 30. ſq. quod tamen diploma HENRICVS IIII. Imp. ap. C. H. de dipl. Car. M. Oſn. app. P. p. 140. in conuentu Wormatienſi pro fictitio habitum eſſe retulit. Ego alibi quaedam ad illud moneo.

(b) in dipl. anni 895. ap. C. H. l. c. app. E. p. 118. Iunge illi dipl Ludouici Germ. ibid. app. A. p. 107.

(c) primum harum controuerſiarum initium eſt in cita

Abb. 1: Erstmals tritt die Jahreszahl 822 in Verbindung mit Dissen in den 1753 gedruckten Monumenta Osnabrugensia in Erscheinung.

Zehnten die Rede, von dem Königshof in Dissen fehlt hingegen jede Spur. Auch in den anderen von Lodtmann zitierten Urkundentexten lässt sich kein Hinweis auf Dissen entdecken, sondern diese stehen ebenfalls mit dem Osnabrücker Zehntstreit in Verbindung.[6] Dieser Befund legt somit offen, dass die Jahreszahl 822 selbst aus dem Chronicon Corbeiense stammt. Dass Ludwig der Fromme das Kloster allerdings erst ein Jahr nach der

Neugründung bei Höxter, nämlich 823, mit zwei Urkunden privilegiert[7], wird in diesem geschichtlichen Abriss nicht erwähnt. Dadurch erklärt sich die Jahreszahl 822.[8] Lodtmann erst bringt dann den Hof Dissen mit der Schenkung Ludwigs des Frommen an Corvey in Verbindung, den er in der angeblich 895 von Kaiser Arnolf ausgestellten Urkunde vorfand, die aber eine Fälschung des 11. Jahrhunderts ist.[9] In diesem Schriftstück wird nämlich behauptet, dass Ludwig der Fromme dem Osnabrücker Bischof den Dissener Königshof im Gegenzug für die an Corvey geschenkten Zehntrechte übertragen habe. Dass diese Urkunde eine Nachbildung erst des 11. Jahrhunderts war, konnte Lodtmann noch nicht wissen. Lodtmann ging also davon aus, dass Ludwig der Fromme die Osnabrücker Zehnten kurz nach der Neugründung des Klosters Corvey an die Mönche schenkte und unmittelbar im Gegenzug dafür dem Osnabrücker Bischof den Königshof Dissen übertrug. Da er für die Neugründung Corveys nur die Jahreszahl 822 vorfand, ging er also davon aus, dass dieser Vorgang in diesem Jahr stattfand. Es bleibt an dieser Stelle jedoch zu betonen, dass Lodtmann noch „circa 822" notierte. Diese Einschränkung haben spätere Historiker dann stillschweigend weggelassen, wodurch sich das scheingenaue Datum 822 für die Ersterwähnung Dissens ergab.

Es bleibt also festzuhalten, dass das angebliche Jubiläumsdatum für Dissen nachweislich auf einer Rekonstruktion des Juristen und Historikers Carl Gerhard Wilhelm Lodtmann beruht. Er ist quasi dessen „Erfinder". Erstmals tritt die Jahreszahl 822 in Verbindung mit Dissen in den 1753 gedruckten Monumenta Osnabrugensia in Erscheinung. Dort wird in den Nachweisen auch der Weg angegeben, wie Lodtmann zu dieser Verbindung gelangt ist. Aus seinem Werk verselbstständigte sich dann das Datum in der regional- und lokalgeschichtlichen Literatur, das er selbst noch mit einem vorsichtigeren „circa" versehen hatte.

1   Zur Jubiläumsproblematik und zum Alter Dissens siehe: Spannhoff, Christof: Wie alt ist Dissen?, in: Dissen am Teutoburger Wald. 55 spannende Quellen zur Ortsgeschichte, hrsg. v. Birte Belter u.a., Bad Rothenfelde 2021, S. 10–11.

2   Guerreau, Isabelle: 822 – Die Ersterwähnung von Dissen, in: Dissen (wie Anm. 1), S. 17–19.

3   Lodtmann, Carl Gerhard Wilhelm: Monumenta Osnabrugensia ex Historia Romana Francica Saxonica. Eruta Notis Illustrata, Helmstedt 1753.

4   Kehne, Birgit: Lodtmann, Carl Gerhard Wilhelm, Dr. jur., in: Braunschweigisches Biographisches Lexikon – 8. bis 18. Jahrhundert, hrsg. v. Horst-Rüdiger Jarck u.a., Braunschweig 2006, S. 451.

5   Meibom jun., Heinrich: Rerum Germanicarum tomi III. 1. Historicos Germanicos ab Henrico Meibomio seniore primum editos et illustratos, nunc auctiores, Helmstedt 1688, S. 755.

6   von Eckhart, Johann Georg: Diploma Caroli M. Imperatoris de Scholis Osnaburgensis Ecclesiae graecis et latinis, o.O. 1717, S. 30f.; Henseler, Ludwig: Dissertatio critico-historico de diplomate Caroli M. dato ecclesiae Osnabrugensi pro scholis Graecis et latinis, qua diploma istud authenticum [et] genuinum esse ostenditur atque contra objectiones recentioris cujusdam critici A. I. defenditur, Münster 1721, S. 140.

7   Kölzer, Theo (Bearb.): Die Urkunden Ludwigs des Frommen, Teil 1, Wiesbaden 2016, Nr. 226 u. 227.

8   Damit dürfte auch das Rätsel gelöst sein, das Isabelle Guerreau benannt hat. Guerreau, 822 (wie Anm. 2).

9   Henseler, Dissertatio (wie Anm. 6), S. 117–119. Lodtmann berief sich hinsichtlich der Osnabrücker Zehntproblematik zudem auf ein Diplom Ludwigs des Deutschen für die Osnabrücker Kirche, das Henseler fälschlich auf 864 datierte. Henseler, Dissertatio (wie Anm. 6), S. 107f. Gemeint ist die Urkunde vom 10. November 848. MGH DD Ludwig der Deutsche, Nr. 51.

Das „Alte Dorf Wallenhorst" – von der „villa wallonhurst" bis ins 19. Jahrhundert

Franz-Joseph Hawighorst

Der Ort Wallenhorst, so wie er bis zur Gebietsreform 1972 eine selbstständige Gemeinde war, hat die Besonderheit, über ein „Altes Dorf" und das im 19. Jahrhundert entstandenen „Neue Dorf" zu verfügen. Untrennbar mit dem „Alten Dorf" ist die historische Alexanderkirche verbunden, die die Geschichte des Kirchdorfes und des Kirchspiels Wallenhorst verkörpert. Bei der Frage, wie Wallenhorst erstmalig für die Nachwelt beschrieben wurde, hat der Betrachter die Möglichkeit, zwischen der „translatio sancti alexandri" und einer alten Sage zu wählen. Die „translatio sancti alexandri" berichtet über die Überführung der Gebeine des hl. Alexanders von Rom nach Wildeshausen im Jahre 851. Dieser Bericht ist zweifelsfrei die erste Erwähnung des Ortes. Hauptbeteiligte an diesem Geschehen waren in den Jahren 850 und 851 der sächsische Graf Waltbert, der seinen Sitz in Wildeshausen hatte, Kaiser Lothar I. und Papst Leo IV. Graf Waltbert war ein Enkel des Sachsenherzogs Wittekind, Kaiser Lothar ein Enkel Karls des Großen. Der Kaiser hatte sich beim Papst dafür verwandt, dass dieser dem Grafen aus dem christlich gewordenen Land der Sachsen die Reliquien eines Heiligen überlasse. Damit solle der Erfolg der Missionierung durch „sinnliche Erfahrung [...] der konkreten Wunder"[1] vertieft werden. Der Graf aus dem Lande der Sachsen ließ über die Überführung der Gebeine des Heiligen über die Alpen ins norddeutsche Flachland im Kloster Fulda durch Rudolf von Fulda einen Bericht schreiben, der nach dem Tode von Rudolf durch den Mönch Meginhard weitergeführt wurde. Die Verfasser nannten den Bericht „De miraculis sancti Alexandri", der als „Translatio Sancti Alexandri" bekannt wurde.

Graf Waltbert machte auf der Reise im Winter 850/851 mehrfach Station. Ein Aufenthalt für den Reisetross war in Osnabrück, wo ein Blinder, nachdem er den Reliquien des Heiligen nahegekommen war, sein Augenlicht zurückerhielt. Nördlich von Osnabrück in „villa Wallonhurst" erhielt ein Blinder namens Wetrih, der dem heiligen Märtyrer entgegeneilte, ebenfalls sein Augenlicht zurück. Die im Bericht genannte „villa wallonhurst" war nicht die damals wahrscheinlich schon vorhandene Kirche, sondern ein Haupthof, der Teil eines größeren Besitzes war. Dieser Haupthof wird der Meyerhof gewesen sein. Nicht ungewöhnlich war in dieser Zeit, dass die Grundherren bei ihren Haupthöfen auch über eine Eigenkirche verfügten. Ob die „villa wallonhurst" und damit auch die zu ihr gehörende Kirche Besitz der Familie des alten Sachsenherzogs oder ob sie als Haupthof der Mittelpunkt einer Grundherrschaft der Franken war, ist ungeklärt. Dass an dieser Stelle ein Haupthof vorhanden war, wird auch verständlich, wenn man die Verkehrslage dieses Bereiches betrachtet. Der von Osnabrück nach Norden führende „Heerweg" gabelte sich in Wallenhorst in einen nach Bramsche und einen nach Engter führenden Heerweg. Ein Haupthof in dieser Lage hatte eine strategische Bedeutung im System der Meierhöfe.[2] Der nach Engter und von dort über Vörden und Damme Richtung Wildeshausen führende Heerweg wird von Waltbert und seinen Begleitern genutzt worden sein. Der Halt bei der „villa Wallonhurst" wird auch nicht zufällig stattgefunden haben. Wilhelm Jänecke schreibt 1928, dass die Gebeine des Heiligen damals eine Nacht in Wallenhorst geruht hätten.[3]

Von anderer historischer Qualität ist eine Sage, die ein Geschehen im 8. Jahrhundert beschreibt. Hauptdarsteller in diesem Geschehen sind die Großväter von Graf Waltbert und Kaiser Lothar. Dort heißt es:

> „Um Bockholt und Wallenhorst lag ein heiliger Hain mit dem Tempel eines heidnischen Gottes. Zwischen Engter und Damme stand Wittekind, der Herzog der Sachsen. Sein Heer war stärker als das Karls des Großen; denn alles Volk war ihm zugezogen zum letzten Kampfe. Doch Karl vertraute wieder auf Gott, der ihm ein Zeichen seiner Hülfe gesandt hatte. Nach blutigem Kampfe in der Vördener Heide mußte Wittekind das Feld räumen, worauf Karl der Große den Heidentempel zerstörte und daraus die erste Kirche des Osnabrücker Landes erbaute. Auf dieselbe setzte er eine goldene Henne, dass sie die übrigen Kirchen ausbrüte."

Sagen sind Geschichten, die im Laufe von Jahrhunderten um tatsächliche Begebenheiten herum entstanden sind. Sie führen in eine Zeit, in der die meisten Menschen weder lesen noch schreiben konnten. Unsere Vorfahren haben aber bei verschiedensten Anlässen das an die nächsten Generationen weitergegeben, was sie selbst von Eltern oder Großeltern erfahren hatten. Der Anteil bei diesen Volksgeschichten, der auf ein reales Geschehen zurückzuführen ist, wird bei jeder Sage anders sein. Dass es im Osnabrücker Land zwischen den Franken und den Sachsen Kampfhandlungen gegeben hat, ist bekannt. Die Sage nennt die Schlacht in der Vördener Heide. 783 soll am Schlagvorderberg in Osnabrück eine Schlacht zwischen den Heeren der Sachsen und der Franken stattgefunden haben. Auch in Halen westlich der Hase nahe dem später entstandenen Kirchspiel Wallenhorst soll 783 auf dem Haler Feld die entscheidende Schlacht zwischen den Franken unter Karl dem Großen und seinem Widersacher Herzog Wittekind geführt worden sein.

Abb. 1: Die Alte Kirche. (Aquarell von Gerhard Hawighorst.)

Grabungen aus den 1970er Jahren lassen darauf schließen, dass sich bereits vor 800 in sächsischer Zeit dort, wo heute die historische Alexanderkirche steht, ein Holzbau befand. Ein mächtiger Findlingsrahmen mit den Ausmaßen 23,5 x 12,5 m deutet auf ein Gebäude hin, dass ein Versammlungsraum gewesen sein wird.[4] Die gefundenen Kohlereste könnten zu dem Schluss führen, dass ein Feuer zur Zerstörung des Ursprungsbaues führte. Ob ein natürliches Ereignis oder ob menschliches Handeln zur Zerstörung des sächsischen Bauwerkes führte, das wird nicht zu ermitteln sein. Dass Karl der Große nicht an allen Ereignissen, die ihm zugeschrieben werden, persönlich beteiligt sein konnte, ist offenkundig. Dass die Franken einen Sieg über die Sachsen aber zum Anlass genommen haben könnten, die Bekehrung der Bevölkerung mit der Zerstörung eines heidnischen Gebäudes zu verbinden, ist nachzuvollziehen.

In der „villa wallonhurst" werden in sächsischer Zeit nicht so viele Menschen gelebt haben, dass dafür ein Versammlungsraum dieser Größe benötigt wurde. Rundherum aber werden vor 800 schon Siedlungen bestanden haben. Als älteste Siedlung wird der Bock Garen (Buchgarten) in Lechtingen gesehen.[5] Fiestel – ursprünglich Visle genannt – als Mittelpunkt der Bauerschaft Hollage, gilt als Siedlung aus sächsischer Zeit, ebenso auch Schleptrup nördlich von „Wallonhurst".

Die Grabungen der 1970er Jahre haben bestätigt, dass der Nachfolgebau des sächsischen Versammlungsraumes mit hoher Wahrscheinlichkeit eine steinerne Saalkirche aus fränkischer Zeit mit den Ausmaßen 7,10 m x 16,35 m war.[6] Sie könnte um 800 entstanden sein.

Die Sage enthält zwei Ortsbezeichnungen, die keine Zweifel daran lassen, wo Karl der Große den „Heidentempel" zerstört und die erste Kirche des Osnabrücker Landes erbaut haben soll. „Wallenhorst" bzw. „Wallonhurst" als Ortsbezeichnung finden wir 851 in der „translatio sancti alexandri". Bockholt ist eine Ortsbezeichnung, die eher mit dem Gebiet westlich außerhalb des historischen Dorfes in Verbindung gebracht wird. Bockholt, in früheren Jahrhunderten auch Boikholt genannt, bezeichnet ein Buchengehölz, das in einem kleinen Restbestand noch heute hinter der „neuen" Alexanderkirche sichtbar ist. Dieses Buchengehölz könnte dem Gebiet um den historischen Meyerhof nahegekommen sein. Der in späteren Jahrhunderten südlich des Meyerhofes gegründete Erbkötterhof Wallenhorst wurde im 17. Jahrhundert auch als „Wahlenhorst up den Boikholte" bezeichnet.[7] In der Geschichte des Fürstbistums Osnabrück hatte der Bereich in Wallenhorst, der „Bockholt" genannt wurde, eine besondere Bedeutung. Auf dem Bockholt und bei der „Hohen Linde" in Kloster Oesede tagte regelmäßig der Landtag im Fürstbistum, der aus den Vertretern des Domkapitels, der Ritterschaft und der Stadt Osnabrück bestand. Und wo befand sich der „Horst", der für das Kirchdorf der Namensgeber war? Wenn das Grundwort „horst" für Gehölz steht, dann könnte „Meyers Hagen" nördlich vom Meyerhof dem Ort den Namen gegeben haben. Auffallend ist aber, dass südlich vom Meyerhof ein Erbkötter den Ortsnamen „Wallenhorst" als Hofnamen erhielt und dass sich in unmittelbarer Nähe hierzu der „Horstkamp" befand, der über Jahrhunderte hinweg im Besitz des Hofes Burmeister war. Als auf dem Urhof in karolingischer Zeit Menschen lebten und wirtschafteten, war der Horstkamp noch kein Ackerland. Nachweislich liegt die älteste Flur von Wallenhorst in den Flurteilen „Oben den Hamweg", „Unterm Hamweg" und dem nördlichsten Teil vom „Wallenhorster Esch". Im Gehölz vom Horstkamp könnte sich daher der „Horst" befunden haben, der der Altsiedlung den Namen gab.

Das Kirchdorf „Wallenhorst" wird in seinen Anfängen aus dem Meyerhof und der Kirche bestanden haben. Die erste Landesvermessung durch Du Plat in den 1780er-Jahren gibt die Möglichkeit, die Entwicklung des Dorfes heute noch analysieren zu können. In den ältesten Fluren von Wallenhorst dominiert der Vollerbenhof Meyer.[8] Die Zeit, in der Vollerben- und Halberbenhöfe gegründet wurden, soll spätestens im 13. Jahrhundert zu Ende gegangen sein. Die Vollerbenhöfe Hörnschemeyer und Peddenpohl wurden außerhalb dieses Dorfes gegründet. Das Kirchdorf bildeten in der ersten Epoche der Hofgründungen die Vollerben Meyer, Burmeister und Schwalenberg, die am ältesten Esch beteiligt waren. Burmeister und Schwalenberg sind durch Abspaltung vom Urhof entstanden. Burmeister hat nach Meyer die stärksten Anteile am ältesten Esch und wird die erste Hofgründung durch Abspaltung vom Haupthof gewesen sein.

Von besonderer Bedeutung ist auch der Standort einer Wassermühle, über die der Meyerhof verfügte. Aufgrund der Vermessung von Du Plat in den 1780er-Jahren wissen wir, dass östlich von „Meyers Hagen" eine größere Ackerlandfläche die Bezeichnung „Mühlenbreite" trug. Der größte Teil der „Mühlenbreite" gehörte zum Meyerhof, geringere Anteile zu Burmeister. Die „Mühlenbreite" liegt in einem nach Norden abfallenden Gelände. Hier nahe der Grenze zu Schleptrup unterquert der Strothbach die Straße „Meyers Hagen". Der Bach wird hier so viel Wasser geführt haben, dass eine Wassermühle betrieben werden konnte. An diesem vermuteten Standort einer Mühle des Meyerhofes wurden in den 1970er-Jahren Eichenbalken gefunden, die in das 12./13. Jahrhundert datiert werden.[9] Westlich der „Mühlenbreite" ist heute noch sichtbar, dass sich dort ursprünglich eine Hofstelle befand. Meyers Hagen wird durch eine Mauer vom Weg abgegrenzt. Der so durch eine „Hofmauer" eingefriedete Wald gehört zum Hof Burmeister und könnte dessen älteste Hofstelle gewesen sein. Dieser Standort für den Burmeisterhof entspricht auch den Anteilen, die der Hof an dem östlich folgenden ältesten Esch „Oben den Hamweg" hat. Dieser alte Standort von Burmeister lässt vermuten, dass der Bauer auf Burmeisters Stätte auch der Müller der Mühle war. Von der ersten Mühle in Wallenhorst gibt es aber nur den Hinweis durch die Flurbezeichnung und das Wissen, dass der Betrieb einer Mühle zu den Aufgaben der alten Grundherrschaften gehörte und wichtiger Bestandteil einer Villikation und Ausdruck ihrer zentralen Funktionen war.[10] Die Mühle wird bereits zu einem frühen Zeitpunkt aufgegeben worden sein. Dies erklärt sich damit, dass im benachbarten Hollage nach der Entwässerung des Moores, das jahrhundertelang Teile von Hollage und Pente bedeckte, die Feldmühle gebaut und betrieben wurde.[11] Der Strothbach wird bei der Feldmühle ganzjährig über mehr Wasser verfügt haben. Die Feldmühle war für die Bewohner des Kirchdorfes über den Barlager Kirchweg gut erreichbar.

Die jetzige Hofstelle von Burmeister an der Engter Straße besteht erst seit Beginn des 20. Jahrhunderts, zuvor war der Hof östlich der alten Eschfläche „Oben den Hamweg" nahe der Grenze zu Schleptrup angesiedelt. Von dieser Hofstelle existiert nach einem Brand nur noch das 1895 errichtete Dreschhaus. Burmeister war ebenso wie Meyer ein Haupthof. Der Hof war dem Domkapitel zu eigen. Der Hof Niewedde in Kalkriese war noch im 19. Jahrhundert verpflichtet, eine Hundefütterungsabgabe an den Haupthof Burmeister zu entrichten. Der „Hundehafer" war eine Abgabe dazu verpflichteter Bauern, die zur Fütterung von Jagdhunden verwendet wurden, die die Grundherren in ihren Zwingern hielten.

Die Hofstelle des Vollerben Schwalenberg südlich des Meyerhofes war aus den Flächen um diesen Urhof herum „wie herausgeschnitten". In einer ersten urkundlichen Erwähnung 1450 wird er „Swalenborch" genannt. In einer Urkunde von 1452 werden „Swalenberges hus" und „snetlagen hus" im Zusammenhang mit dem Verkauf einer Rente aus beiden Höfen erwähnt. Dies kann ein Hinweis darauf sein, dass Swalenberg einen Erbkotten in der „gemeinen Mark" gegründet hatte. Der Hof „snetlage" befand sich in der Nähe des Boerskamp. Heute mündet hier die Hans-Böckler-Straße in die Straße „Boerskamp" ein. Die Bezeichnung „Snetlage" kennen wir heute als „Schneidling". Die Höfe Swalenberg und Snetlage wurden später vereinigt. Aus der Hofstelle „snetlage" wurde ein Heuerhaus. Nahe an „snetlagen hus" auf dem Boerskamp stand die Leibzucht von Schwalenberg. Der Meyerhof hat bei allen Hofgründungen seine Dominanz im Kirchdorf nicht verloren.

Abb. 2: Heuerhaus von Schwalenberg, ursprünglich „snetlagen hus". (Aquarell von Gerhard Hawighorst.)

Die Vermessung von Du Plat lässt eine Gliederung im Kirchdorf zwischen den Vollerben- und den Halberbenhöfen erkennen. Die Hofstellen der Halberben sind alle außerhalb der ältesten Fluren entstanden. Dies betrifft Brüggemann, Bedenbecker (jetzt Beckmann), Duling, Heidemann und Wulff. Nur die Halberben Bedenbecker und Brüggemann wurden am ältesten Esch beteiligt. Von der Hofstelle Brüggemann ist an der Straße „Im alten Dorf" nahe der Zufahrt zum Meyerhof das alte Hauptgebäude als renoviertes Wohnhaus übriggeblieben. Brüggemann hatte über viele Jahrhunderte die Besonderheit, dass seine Hofstelle im Dorf von Ackerland von Burmeister und Duling, aber nicht von eigenem Ackerland umgeben war. Unmittelbare Nachbarn waren die Hofstellen Wallenhorst und

Schwalenberg. Der Hofesname „Brüggemann" deutet auf einen Standort an einer
Brücke hin. Eine solche Brücke kann es aber
nur im Norden des Kirchdorfes gegeben haben, wo die von der Kirche nach Norden führende Nettstraude in die alte Chaussee nach
Bramsche einmündete und wo sich auch
die verschiedenen Kirchwege der Hollager
trafen. Hier in der „Portkamp" genannten
Flur hatte Brüggemann sein wesentlichstes
Ackerland. Aus seiner Beteiligung am ältesten Esch kann der Schluss gezogen werden,
dass Brüggemann aus einer Teilung vom Hof
(Meyer entstanden ist. Mit der Ansiedlung

Abb. 3: Der historische Teil des Meyerhofes mit dem alten Haupthaus und zwei Speichern. (Foto: Uwe Förster.)

dieses Halberben auf dem Portkamp hatte der Meyerhof eine Kontrolle über den Eingang vom alten Heerweg ins Kirchdorf. Entlang dieses alten Heerweges wird in früheren
Jahrhunderten das Klusmoor nach Norden in den Strothbach entwässert worden sein. Es
spricht viel dafür, dass am Heerweg eine Brücke die Zuwegung zum Kirchdorf ermöglichte und der Bauer des an dieser Stelle befindlichen Hofes „der Brüggemann" war. Brüggemanns Stätte kann aber nicht lange Bestand gehabt haben. Es wird die feuchte Lage auf
dem Portkamp gewesen sein, die Anlass gab, eine neue Hofstelle zentral im Kirchdorf
aufzubauen. Der ehemalige Portkamp ist heute durch die Bundesstraße 68 geteilt. Im
westlichen Teil befindet sich ein Baugebiet, der Straßenname „Portkamp" erinnert an die
Geschichte des alten Kirchdorfes.

Der zweite Halberbe, der am ältesten Esch beteiligt wurde, war Bedenbecker. Der heute
als Beckmann bekannte Hof hatte seine Hofstelle außerhalb des Dorfes im Osten nahe
des Heerweges Richtung Engter. Er lag dort in Nachbarschaft zum Schleptruper Hof „Havighorst". Hier siedelte sich nach Aufgabe seiner ursprünglichen Hofstelle auch Burmeister neu an. Der Schleptruper Hof Havighorst hatte im Kirchspiel seit jeher eine besondere
Bedeutung. Es gab in allen Generationen viele persönliche Verbindungen in alle Orte des
Kirchspiels. Davon zeugen auch die vielen Nachfahren in den Kirchspielen Wallenhorst
und Rulle als Träger des Namens „Hawighorst". In den Bänken der alten Kirche sind die
Namen der Hofbesitzer aus dem Kirchspiel eingraviert. Darunter befindet sich auch der
Name von Frans Anton Havighorst, der Mitte des 18. Jahrhunderts Colon auf diesem Hof
wurde. Der Schleptruper Hof war auch Eigentümer von Ackerland in Wallenhorst nahe
Meyers Hagen.

Die Halberben Duling und Heidemann weiteten das Kirchdorf nach Westen aus. Die Be-
zeichnungen „Vollerbe", „Halberbe" und „Erbkötter" waren mehr als nur die Bezeichnung für eine Siedlungsperiode. Besonders bedeutsam waren diese Klassifizierungen
auch bei den Rechten der Höfe in der Mark. Als in den 1840er-Jahren die Markenteilungen
durchgeführt wurden, gab es einen Verteilungsschlüssel, bei dem in Wallenhorst die Voll-

erbenhöfe mit vollen Anteilen, die Halberbenhöfe mit einem Anteil 13/18, die Erbkötter mit 5/12 und die zuletzt entstandenen „kleinen" Markkötter mit 1/3 berücksichtigt wurden. Die Erbkötter Wamhoff und Wallenhorst hatten aber im Kirchdorf eine besondere Stellung. An der südlichsten jüngeren Hälfte im Wallenhorster Esch waren diese Erbkötter noch beteiligt. Aus karolingischer Zeit sind die Bestrebungen bekannt, jede Pfarrkirche mit einem Hof für eine wirtschaftliche Grundlage auszustatten. Ein solcher Hof wurde als Wamhoff bezeichnet.[12] Das Wortteil „wam" gehört zu „wedem" und bedeutet „Mitgift, Ausstattung". Da die Kirche in das 9. Jahrhundert zu datieren ist, dürfte in dieser Zeit auch der Ursprung des Wamhoffs zu suchen sein. Im älteren Nordteil des Wallenhorster Esch verfügte das Pastorat über eine größere Fläche. Dr. Delbanco hat in der Ortschronik 2001 die alten Eschflächen analysiert und gelangt zu dem Schluss, dass eine größere Ackerlandfläche des Pastorats aus dem ältesten Flurteil und die Parzellen des Wamhofes in den Ursprüngen ein gemeinsamer Besitz gewesen sein werden. Aus diesem gemeinsamen Besitz entstand dann später am Heerweg nach Engter der Erbkötterhof Wamhoff. Platz für die Hofstelle im Kirchdorf nahe der Kirche erhielt der Erbkötter Wallenhorst.

Abb. 4: In den 1940er Jahren ist das Bild vom alten Hof Wallenhorst entstanden. Heinrich Wallenhorst malte aus dem Gedächtnis die 1909 abgebrannte Hofstelle. Ihm war es offensichtlich wichtig, die Verbindung der alten Hofstelle zur historischen Kirche zu dokumentieren. Die freie unverbaute Sicht zur Kirche war vor Ort aber nicht gegeben. Auf dem Bild fehlen die Hofstelle Schwalenberg und die alte Küsterei neben der Kirche.

Als im 16. Jahrhundert in der „Burschup Walenhorst" erstmals Markkötter registriert wurden, war aber für diese Siedler im Dorf kein Platz. Der Begriff Markkötter weist bereits darauf hin, dass die Besiedlung in der „gemeinen Mark" stattfand. Betroffen waren die Flächen beidseits des alten Heerweges nach Bramsche. Westlich des Heerweges standen Flächen aus dem entwässerten Klusmoor zur Verfügung. Nahe dem Klusmoor siedelte sich auf dem Bockholt der Markkötter an, der Bockholt genannt wurde. Dieser

Markkötter am Heerweg machte später sowohl im alten als auch im neuen Dorf Geschichte. Der Markkötter Rechfeldt erhielt im Kirchdorf einen besonderen Standort. Die Hofstelle entstand auf dem Kirchhof, der Markkötter war der erste Wirt und auch der Schmied im Kirchdorf. Bekannter ist dieser Markkotten unter dem Namen „Kerkhoff" bzw. „Kirchhof" geworden. Aber auch für diesen „besonderen" Markkötter stand kein Ackerland aus dem alten Esch zur Verfügung. Rechfeldt bekam aus dem ehemaligen Klusmoor Ackerland. Im Klusmoor erhielt auch der Markkötter Horstmann Ackerland. Seine Hofstelle erhielt Horstmann, wie dem Namen zu entnehmen ist, in der Mark neben dem „Horstkamp". Im Klusmoor hatte auch der Erbkötter Wallenhorst bereits bei seiner Gründung Ackerland erhalten. Aus dem ehemaligen Moor ist in jüngster Zeit das „Zentrum Wallenhorst" geworden, von dem Teilflächen in der Öffentlichkeit auch als „grüne Wiese" bekannt sind.

Kein Platz im Kirchdorf war 1600 auch für die Vogtei, die für die Kirchspiele Wallenhorst und Rulle zuständig war. Dem Vogt wurde auf dem Bockholt ein Haus mit Diensträumen und einer Wohnung gebaut.

Den Anlass für eine weitere Markkottengründung im Jahr 1625 gaben die Verhältnisse im Pfarrhaus von St. Alexander. In der Zeit der Reformation und der Gegenreformation war für die Gläubigen oft nicht erkennbar, ob der leitende Geistliche in ihrer Kirche den alten oder den neuen Glauben lehrte und praktizierte. Aus dem Visitationsprotokoll des Generalvikars Albert Lucenius von 1624 ist bekannt, dass der damalige Pfarrseelsorger Friedrich Rötger mit einer Konkubine und den gemeinsamen sechs Kindern im Pfarrhaus lebte. Rötger galt als anpassungsfähig. Die Visitation hatte der neue Osnabrücker Bischof Eitel Friedrich von Hohenzollern in Auftrag gegeben. Der neue Bischof war im Gegensatz zu seinem Vorgänger Katholik und verfolgte eine katholische Kirchenreform. Die Amtszeit des neuen Bischofs war nur kurz. 1625 folgte ihm im Amt der Katholik Franz Wilhelm von Wartenberg. Auf der Basis der Visitationen aus dem Vorjahr standen bei ihm die Amtsenthebungen von lutherischen Geistlichen auf der Tagesordnung, ebenso auch die Durchsetzung des Zölibats für die Priester. Friedrich Rötger wollte im Kirchspiel Wallenhorst der leitende Geistliche bleiben, auch wegen der mit diesem Amt verbundenen Einnahmen. Er wollte aber auch für „seine Familie" sorgen. Am 8. Oktober 1624 kaufte Pastor Rotgeri einen Kirchenkotten „zum behuf der Kirche und Pastorat". Gekauft wurde eine Fläche für den Bau eines Markkottens nördlich der Einmündung der „Nettstraude" in den Heerweg. Künftig lebte Friedrich Rötger als katholischer Pastor zusammen mit einem Knecht im Pfarrhaus. Im Markkotten lebten seine Kinder mit der Mutter. Nachdem die schwedischen Truppen 1633 ins Fürstbistum einrückten, wurde Friedrich Rötger wie auch viele andere katholische Amtsbrüder entlassen. In der nächsten Generation wurde der Markkotten wegen seiner Lage an der Nettstraude bereits „Nettsträter" genannt. Im 19. Jahrhundert erwarb der Meyerhof den Besitz.

Westlich der historischen Alexanderkirche stand das Pfarrhaus, südlich der Kirche befand sich das Küsterhaus. Das alte Pfarrhaus ist schon lange nicht mehr vorhanden, das alte Küsterhaus ist heute ein Wohnhaus. Hier war auch die erste Schule im Kirchspiel eingerichtet. Das Protokoll über die Visitation des Generalvikars Lucenius von 1624 gibt keine Auskunft über die Situation im Küsterhaus. Etwas mehr ist über die Situation im Küsterhaus bei einem Besuch des Fürstbischofs 1652 zu erfahren. Das Küsterhaus mache den Eindruck einer Ruine und von einer Schule könne keine Rede sein, wenngleich der Küster diesen oder jenen unterrichte.[13] Das jetzt noch vorhandene ehemalige Küsterhaus wurde 1775 vom Küster und Lehrer H. J. Klekampf gebaut. Der Standort der Küsterschule im Kirchspiel hatte für die Kinder aus den Bauerschaften Hollage und Pye aber sehr lange Schulwege zur Folge. 1788 gingen die Pyer Kinder bereits in eine Nebenschule in Pye in Göslings Kotten. 1809 wurde in der Leibzucht von Jürgens-Barlag in der Barlage eine erste Hollager Schule eingerichtet.

Für die Allgemeinheit war auch ein Gebäude, das 1818 im Kirchdorf gebaut wurde. Die Einfahrt zum Meyerhof weitete sich an der heute „Im alten Dorf" genannten Straße trompetenförmig auf. Inmitten dieser Einfahrt entstand das „Sprützenhaus", in dem die 1818 erworbene Feuerspritze untergebracht war. Das „Sprützenhaus" nutzte der Vogt auch als Gefängnis.

Im 18. Jahrhundert wurden im Kirchdorf wirtschaftliche Probleme bei den Höfen Schwalenberg und Brüggemann sichtbar. In den „Wöchentlichen Osnabrückischen Anzeigen" vom 6. Juli 1785 wurden Bekanntmachungen veröffentlicht, wonach Gläubiger beider Höfe aufgefordert wurden, ihre Forderungen zu bestimmten Terminen „bey Strafe des ewigen Stillschweigens" am Obergogericht an- und abzugeben. Beide waren offenbar überschuldet. Über den Fortgang der Verfahren ist nichts bekannt. Bemerkenswert ist aber, dass Colon Schwalenberg danach mehrfach zur Ablösung von Altschulden Kredite u. a. bei einem Wallenhorster Heuermann aufnahm. 1849 verstarb Colon Dietrich Schwalenberg. Seine Witwe wanderte 1851 mit den jüngsten Kindern in die USA aus. Eine Ablösung des Hofes mit dem Grundherren Ostmann von der Leye war nicht mehr zustande gekommen. Der Hof wurde zunächst verpachtet. Baron Ostmann von der Leye ließ 1885 den Besitz versteigern. Erworben wurde der Hof von dem Wallenhorster Wirt Bernhard Bitter genannt Bockholt, der 1871 in die Eigentümerfamilie des Markkottens Bockholt eingeheiratet hatte.

Nebenan auf dem Hof Brüggemann heiratete 1849 der Erbe Johann Heinrich Brüggemann die Erbin vom Lechtinger Hof Sudowe. Als Colon Sudowe verpachtete er den Hof im Kirchdorf, nachdem der verwitwete Vater 1866 die Leibzucht bezogen hatte. Im Erbgang erhielt Sudowes Sohn Franz die „Brüggemanns Stätte". Nicht belegt, aber sehr wahrscheinlich ist die Vermutung, dass Franz Sudowe den Schwalenberghof pachtete und ihn gemeinsam mit dem Brüggemannschen Hof bewirtschaftete. 1902 wurden durch Heirat der Vollerbenhof Schwalenberg, der Halberbenhof Brüggemann und die Markkötterei Bockholt vereinigt. Heinrich Ludwig Bitter, dessen Vater Schwalenbergs Hof ersteigert hatte, heiratete Maria Sudowe, deren Vater Eigentümer von Brüggemanns Stätte war. Bitters Schwiegervater Franz Sudowe, der von 1895 bis 1906 auch Wallenhorster Vorsteher war, lebte in dem stattlichen neuen Hofgebäude auf Schwalenbergs Hofstätte. Diese

Hofstätte wurde Mitte des 20. Jahrhunderts von der Feuerwehr „warm abgebrochen". Hier befindet sich jetzt ein Wohnhaus.

1851 wurde die Pfarrstelle in St. Alexander neu besetzt. Der neue Pfarrer Dr. Friedrich Franksmann erkannte, dass sowohl bei der Kirche als auch bei der Schule eine Erneuerung dringend notwendig war. Beim Gotteshaus war es nicht nur der schlechte bauliche Zustand. Die alte Kirche war auch viel zu klein für die Gläubigen aus Hollage, Pye, Lechtingen und Wallenhorst. Viele Gottesdienstbesucher konnten die Messe nur von draußen verfolgen. Hierfür war bereits im 18. Jahrhundert eine weitere Tür in die Südseite eingebaut worden. Die Missstände waren nicht neu, Pfarrer Franksmann ging die Probleme offensiv an. Er erkannte die schlechte Lage des bisherigen Standortes als das größte Problem. In einer Denkschrift, die von den Kirchenvorstandsmitgliedern Colon Meyer und Colon Gers-Barlag unterzeichnet wurde und deren Verfasser der Pastor war, wird die missliche Lage der Kirche im Dorf wie folgt beschrieben:

Abb. 5: Schwalenbergs Hofstätte. (Quelle: Arbeitsgemeinschaft für die Geschichte von Wallenhorst.)

> „Die jetzige Kirche liegt an der nördlichen Seite eines von Südwest nach Nordost verlaufenden Höhenzugs in einer Talmulde hart an der nordöstlichen Grenze des Kirchspiels und zugleich an einer der niedrigsten und feuchtesten Stellen der ganzen benachbarten Gegend auf sumpfigen und moorerdigen Wiesengrunde, der nur nach und nach um das Eindringen des Wassers in die Gräber auf dem Kirchhofe in etwa zu verhüten, um einige Fuß erhöht worden ist. Dass daher infolge dieses Terrains die Wege in der Nähe der Kirche zu den schlechtesten im ganzen Kirchspiel gehören, so daß man in nassen Jahreszeiten förmlich durch Wasser und Schlamm wie gleichsam in Wasserrinnen, beispielshalber von der Nettstrate bis zum Kirchhofe und vom Brüggemannschen Colonate bis zum Kirchhofe waten muß; wird jeder eingestehen, der die Kirche während des Winters oder sonst nasser Jahreszeiten auch nur einmal besucht hat."

In dieser Denkschrift für das Katholische Konsistorium Osnabrück wurden auch die baulichen Missstände in der Schule, im Pfarrhaus und in der Küsterei beschrieben.

Die sehr lange Phase der Standortfindung für eine neue Kirche und damit für ein „neues Dorf" in Wallenhorst wird in einem gesonderten Beitrag behandelt (siehe Seite 37-45).

Eine letzte Ansiedlung im „Alten Dorf" geschah zeitgleich Mitte des 19. Jahrhunderts. Am 23. Dezember 1849 erwarb Gerhard Heinrich Berdelsmann aus Hagen von der Witwe Colona Duling eine Fläche von drei Scheffelsaat nahe dem Hof Heidemann und nahe der Kirche. Neben dem Schmied Kirchhof und dem Erbkötter Wallenhorst, der auch das Handwerk des Schusters betrieb, hatte das alte Dorf nun auch einen Bäcker.

Im 20. Jahrhundert konnte durch umfangreiche Renovierungsarbeiten – auch und insbesondere durch viele ehrenamtliche Helfer – die alte Kirche einen Stand erhalten, in dem sie auch wieder in gottesdienstlichen Gebrauch genommen wurde. Regelmäßig lassen sich hier junge Paare trauen. Alljährlich am Heiligen Abend feiern viele Christen die Christmette in der historischen Alexanderkirche.

Die Atmosphäre in diesem kleinen Gotteshaus vermitteln auch die Bilder, die Franz Hecker Ende des 19. Jahrhunderts malte und für die sich Personen aus Wallenhorst zur Verfügung stellten, die noch vor der Einweihung der neuen Kirche hier regelmäßig am Gottesdienst teilnahmen.

Abb. 6: Franz Hecker (1870-1944), Gottesdienst in der Wallenhorster Kirche, Öl auf Leinwand, 1897. (Quelle: Museumsquartier Osnabrück E 718.)

1   Vgl. Hägermann, Dieter: Bremen und Wildeshausen im Frühmittelalter, Heiliger Alexander und Heiliger Willehad im Wettstreit, Oldenburger Jahrbuch 85 (1985), S. 20; Krusch, Bruno: Die Übertragung der Gebeine des hl. Alexander von Rom nach Wildeshausen durch den Enkel Widukinds 851, in: Nachrichten von der Gesellschaft der Wissenschaften zu Göttingen, Phil.-hist. Klasse, II Nr. 13 S. 417.

2   Andreas Albers, Aus der Frühzeit der Alten Kirche, Chronik Wallenhorst, 2001, S. 389

3   Jänecke, Wilhelm in „Denkmalpflege und Heimatschutz", Berlin, Ausgabe April 1928.

4   Albers, Andreas (wie Anm. 2), S. 391.

5   Delbanco, Werner: Siedlungsgeschichte Wallenhorsts. Chronik Wallenhorst, 2001, S. 216-220.

6   Müller, Kaspar: Die alte St.-Alexander-Kirche zu Wallenhorst. Heft 3 der Arbeitsgemeinschaft für die Geschichte der Gemeinde Wallenhorst, 1976, S. 82.

7   Vincke, Franz: Notiz in einer Chronik des Erbkötterhofes Wallenhorst.

8   Der Hof Meyer weist über Jahrhunderte hinweg verschiedene Schreibweisen auf. Im Beitrag werden einheitlich die Schreibweisen „Meyer" bzw. „Meyerhof" verwandt.

9   Fundstellenverzeichnis der Stadt- und Kreisarchäologie Osnabrück 33/4/33.

10   Delbanco: Siedlungsgeschichte, S. 231.

11   Hawighorst, Franz-Joseph: Die Barlage in der Bauerschaft Hollage, in: Heimatjahrbuch Osnabrücker Land 2022, S. 112.

12   Delbanco: Siedlungsgeschichte, S. 233.

13   Flaskamp, Franz: Johannes Bischopincks Kirchenvisitation von 1653 im Hochstift Osnabrück, in: Osnabrücker Mitteilungen (OM) 83 (1977).

Die Recherchen zur Entwicklung des historischen Dorfes wurden durch Herrn Karl Burmeister unterstützt, der seine Kenntnisse als Vorsitzender des Vereins der Freunde und Förderer der Alten Kirche und auch seine Kenntnisse zur Geschichte des Hofes Burmeister einbrachte.

Das Kirchspiel Glane – Kontinuität im Wandel

Margret Zumstrull

Vom Kerkspel zum Kirchspiel

Das heute nur noch in historischen Zusammenhängen verwendete Wort Kirchspiel ist alt. In der Form kirchspel oder kirchspil findet es sich bereits in der mittelhochdeutschen Sprache, die seit dem 12. Jahrhundert im hochdeutschen Sprachraum gesprochen wurde; im Mittelniederdeutschen – der Sprache unserer Gegend – lautet es kerkspel oder kerspel. Das Wort spel bedeutet ursprünglich Rede, Aussage, Erzählung. Ein Kirchspiel ist somit der räumliche und personale Bereich, in dem das Wort einer Kirche gilt. Es entspricht in etwa unserem heutigen Wort Pfarr- oder Kirchengemeinde. Während das Wort spel im Deutschen untergegangen ist (erhalten nur noch in dem Wort Beispiel), hat es im Englischen überlebt: engl. Spel = Zauberspruch; to spell = buchstabieren; vgl. auch engl. Gospel, von: god spel = gutes Wort oder Evangelium.

Erste Erwähnung einer Kirche in Glane

Für Glane wird eine Kirche erstmals im Jahr 1088 erwähnt, und zwar in einem Verzeichnis der Güter, welche Bischof Benno II. für das von ihm gegründete Kloster Iburg erworben hatte. Dort werden genannt:

> „[…] in Glana[…] zwei Vorwerke […] das andere von der edlen Nonne Gisela, der späteren Äbtissin von Bassum. Es liegt jenseits des Baches. Dazu die Hälfte des Kirchleins, dessen anderer Teil schon vorher dem Bistum gehörte[…]."[1]

Bei dieser Kirche (ecclesiola) handelt es sich zweifelsfrei um eine Kirche nach dem germanischen Eigenkirchenrecht, das auf dem germanischen Stammesgebiet seit der Zeit der frühen Christianisierung (ab etwa 6. Jh.) bis zur Zeit des Investiturstreits (11./12. Jh.) Geltung hatte. Nach diesem Eigenkirchenrecht konnte jeder Grundherr auf seinem Grund und Boden eine Kirche bauen und einen Priester anstellen. Dem Bischof oblag es, den Priester zu weihen, ihn ein- oder abzusetzen, war das Recht des Grundherrn. Letzterer musste dann auch für den Unterhalt des Priesters sorgen. Der Ursprung dieses Eigenkirchenrechts ist umstritten. Einige Forscher vermuten eine Art altgermanischen Hauspriestertums als Wurzel; wahrscheinlicher aber ist der Gedanke, dass der Grundherr nicht nur für die leiblichen Bedürfnisse der zu seinem Hause gehörenden Menschen zu sorgen hatte, sondern auch für deren Seelenheil.

Abb. 1: An der heutigen Bahnhofstraße in Bad Iburg-Glane erinnert dieser 1988 errichtete Gedenkstein an die erste für Glane erwähnte Kirche. Die Inschrift auf der Bronzetafel lautet: 1088 - 1988 * NEUNHUNDERT JAHRE GLANE * DIESER GEDENKSTEIN ERINNERT AN DIE ERSTE GLANER KIRCHE AUF DEM „SCHOPPENBÄUMEN" * ERRICHTET ALS ECCLESIOLA >KIRCHLEIN<. (Foto: Lothar Schmalen, Bad Iburg-Glane.)

Eine eigene Kirche mit eigenem Priester, für dessen Unterhalt gesorgt werden musste, konnten sich wohl nur die wenigen leisten, die über größeren Grundbesitz bzw. ständige Einnahmen verfügten. Insofern war eine Eigenkirche auch eine Art Standes- oder Status-symbol. Vielleicht liegt hier der Ursprung für die auch in Norddeutschland verbreiteten Hof-kapellen und -kreuze. Denn wenn ein freier Bauer schon keinen Priester anstellen konnte, für dessen Unterhalt er dauernd zu sorgen hatte, so reichte es vielleicht für den Bau einer kleinen Kirche bzw. einer Kapelle oder zumindest für die Errichtung eines Hofkreuzes.

Da das Kloster Iburg als neuer Grundherr den Priester für diese ersterwähnte Glaner Kirche bestimmen durfte, liegt es nahe, dass mit diesem Amt einer der Iburger Mönche beauftragt wurde. Schriftliche Zeugnisse gibt es dafür aber nicht.

Diese frühe Glaner Kirche war also keine Gemeindekirche für alle Glaner Christen, son-dern eine Eigenkirche für die seit der Schenkung 1088 zum Iburger Benediktinerkloster gehörenden Christen. Kirche für die anderen Glaner – und auch für die Iburger – Christen war die Kirche in Laer, die zu den frühesten christlichen Kirchen im Suderberggau ge-hörte, in dem Glane lag.

Missionierung – erste Kirchen

Die Bekehrung der norddeutschen Germanenstämme zum Christentum erfolgte ver-gleichsweise spät, da sich sowohl die Friesen als auch die Sachsen hartnäckig und erfolg-reich dagegen wehrten.

> „War die Bekehrung der oberdeutschen Stämme und des mittleren Maingebietes um die Jahrhundertwende [7./8. Jh., Verf.] im ganzen abgeschlossen, so standen Hessen und Thüringen weit zurück, während Sachsen und Friesen völlig im Heidentum ver-harrten."[2]

Die norddeutschen Germanen wurden zunächst durch iroschottische, später dann auch angelsächsische Mönche missioniert. Ihnen – besonders den iroschottischen Missionaren – ging es vorrangig um die Glaubensverkündigung und weniger um den Aufbau kirch-licher Strukturen, die das Erreichte sichern konnten. Dieser Aufbau erfolgte erst später unter Karl dem Großen (768 - 814, seit 800 Kaiser), für den die Bekehrung der unterwor-fenen Stämme wesentlicher Teil seiner Reichspolitik war. Eingliederung der Germanen in das Fränkische Reich und ihre Bekehrung zum Christentum gehörten für ihn zusammen wie die zwei Seiten einer Medaille.

Nachdem er die drei sächsischen Stammesprovinzen West- und Ostfalen und Engern sei-ner Herrschaft unterworfen hatte, konnte Karl der Große 777 auf einem Reichstag zu Paderborn eine Einteilung des Landes in Missionssprengel vornehmen. Auf der Synode von Lippspringe (780) entstanden

> „für den Bereich der späteren Diözese Osnabrück die Missionszellen Osnabrück, Mep-pen/Ems und Visbek/Old., wobei sich Osnabrück dann zum Bischofssitz entwickelte in der Zeit zwischen 780 und 803. Zunächst waren also die Pfarreien, dann entstand

die Diözese, wenn das auch nur für die allerältesten Kirchengemeinden gilt. […] Anschließend entwickelten sich dann neue Zentren christlichen Lebens und Wirkens in den einzelnen Gauen."[3]

Zu den ältesten dieser Kirchen im Suderberggau, die auch als Gau- oder Taufkirchen bezeichnet werden, gehören die Kirchen in Laer und Dissen, wobei bisher nicht endgültig geklärt ist, welche die ältere ist.

Die erste Gemeindekirche in Glane

Da die räumliche Ausdehnung dieser Urkirchen sehr groß war und die Zahl der Gläubigen wuchs, entstanden – in der Regel durch Abtrennung von der Mutterkirche – im Laufe der Zeit zahlreiche weitere Kirchen. Wann Glane von der Kirche in Laer abgetrennt wurde, ist nicht überliefert. Als eigene Pfarrei wird es erstmals in einer Urkunde von 1263 erwähnt. Bereits für 1255 nennt Jäkel aber in seiner Aufzeichnung „Die Pfarrer von Glane": „Sweder. Magister".[4] Spätestens seit diesem Jahr, wahrscheinlich früher, kann man demnach von einem Kirchspiel Glane sprechen. Dieses hatte sich gebildet „aus einer Reihe von einzelnen Bauernschaften und Ansammlungen von Höfen, die im Laufe der Zeit zu den drei großen Bauernschaften Ostenfelde, Sentrup und Visbeck sowie dem Dorf Glane zusammenwuchsen".[5]

Glane samt Iburg und Visbeck wurden unmittelbar von der Mutterkirche Laer abgetrennt, Sentrup von der Kirche in Hilter, die aber selbst eine Tochterkirche von Laer war. Ostenfelde, das ursprünglich zu Lienen gehörte – daher der Name – wurde vom Kirchspiel Lienen abgetrennt.[6]

Die Gläubigen des Ortes Iburg gehörten anfangs zur Kirche in Glane. Erst 1255 wurden nach längeren Streitigkeiten durch bischöfliche Entscheidung die Pfarrgrenzen zwischen Glane und Iburg festgelegt: Der Ort wurde dem Kloster unterstellt, die St. Nikolaus-Kirche zur Pfarrkirche für Iburg bestimmt. Die umliegende Bauerschaft (villa) blieb weiter nach Glane eingepfarrt.

Kirchspiel

Für die Gründung eines Kirchspiels mussten bestimmte Voraussetzungen erfüllt sein: Außer einer hinreichenden Zahl an Gläubigen musste ein Kirchengebäude vorhanden sein oder gebaut werden können, und der Unterhalt des Pfarrers musste dauerhaft gesichert sein. Letzteres war möglich durch regelmäßige Abgaben (Kirchenzehnt), durch Einnahmen aus Verpachtung oder Vermietung sowie durch zu erwartende Stolgebühren. Bei Letzteren handelt es sich um Abgaben, die einzelne Gläubige an den Pfarrer leisten mussten für Weihe- und Segenshandlungen, bei denen dieser eine Stola (schmaler schalartiger Umhang) trug, wie z. B. Taufe, Eheschließung und Beerdigung. In einigen Fällen wurde für den Unterhalt des Pfarrers auch durch eine Art Versorgungshof, den sogenannten Wahmhof oder Wedemshof, gesorgt. Für Glane könnte das der Hof Wiemann gewesen sein, der allerdings manchmal auch als Meierhof bezeichnet wird.[7]

Abb. 2: Die heutige Glaner Pfarrkirche, gesehen vom Tieplatz aus. Die Kirche wurde 1905 eingeweiht, mehrfach renoviert und im Innenraum umgestaltet. (Foto: Lothar Schmalen, Bad Iburg-Glane.)

Standort der ersten Glaner Gemeindekirche

Über den Standort der ersten Glaner Gemeindekirche sind schriftliche Überlieferungen nicht bekannt. Es gibt aber gewichtige Gründe für die Annahme, dass sich diese bereits an der Stelle befunden hat, an der die heutige Glaner Pfarrkirche steht. Vor allem spricht dafür die Lage: gelegen an einer alten Straße, die als West-Ost-Verbindung von Rheine nach Paderborn am Teutoburger Wald entlangführte, dazu in dem großflächigen Glaner Kirchspiel relativ zentral, sodass sie von allen Gläubigen gut zu erreichen war.

> „Mit ihrer Lage an der alten Heerstraße entlang des Teutoburger Waldes, an einem Übergang über den Glaner Bach sowie auf einer leichten Erhebung erfüllt der Platz der Glaner Kirche die Voraussetzungen für den Standort einer Pfarrkirche des 9./10. Jahrhunderts."[8]

Zudem ist in der Forschung inzwischen nachgewiesen, dass die frühen christlichen Kirchen vor allem in der Nähe schon vorhandener, weil älterer Tieplätze, gebaut wurden.[9]

So liegt auch die Laerer Mutterkirche nahe am Tieplatz. In Glane grenzt das Kirchengelände sogar direkt an den Tieplatz, liegt aber höher als dieser. Die höhere Lage der Kirche sollte wahrscheinlich vor allem Schutz vor Überschwemmungen durch den Glaner Bach geben. Es kommt aber noch etwas anderes hinzu. Ebenso wie Zahlen, Farben und Formen für den mittelalterlichen Menschen eine tiefere Bedeutung hatten, so gab die höhere Lage von Gebäuden diesen ein höheres Ansehen und eine größere Wertschätzung.

Patrozinium

In der Literatur ist unumstritten, dass schon diese erste Glaner Gemeindekirche dem Heiligen Apostel Jakobus dem Älteren geweiht war. Die oft zu findende Aussage, Glane habe dieses Patrozinium von der Lienener Kirche übernommen, stimmt jedoch nicht, da die erste Lienener Kirche, ein romanischer Bau aus dem 12. Jahrhundert, Johannes dem Täufer geweiht war. Zwar gab es in Lienen eine dem Heiligen Jakobus geweihte Kapelle; diese wurde aber erst um 1380 gebaut. Möglicherweise wurde „der Patron […] von Glane auf die Kapelle bei Lienen übertragen".[10]

Grund für das Jakobus-Patrozinium schon der ersten Glaner Gemeindekirche dürfte vor allem sein, dass der Bau in die Blütezeit der Pilgerreisen nach Santiago de Compostela fiel. Seit der Entdeckung des angeblichen Jakobusgrabes im 9. Jahrhundert zog der nordspanische Ort immer mehr Pilger an. „Spätestens im 13. Jahrhundert hatte die galicische Stadt eine Bedeutung als Pilgerziel erreicht, die der von Jerusalem und Rom gleichkam".[11]

Die Pilger nutzten vor allem die altbekannten Handelswege, weil diese Sicherheit und Unterkunft für die Nächte boten. Die Hauptroute des Pilgerweges von Osnabrück nach Santiago de Compostela führte zwar über Lengerich, Ladbergen nach Münster. Es gab

Abb. 3: Im Altarraum der Kirche hängt rechts eine Statue des Kirchenpatrons St. Jakobus d. Ä., ausgestattet mit Pilgerstab und Pilgermuschel. Die Statue wurde geschaffen von dem in Glane geborenen und später in Berlin berühmt gewordenen Bildhauer Prof. Heinrich Pohlmann (1839-1917). (Foto: Lothar Schmalen, Bad Iburg-Glane.)

Abb. 4: An der Westwand der Kirche hängt eine weitere Statue des Kirchenpatrons St. Jakobus aus der ersten Hälfte des 17. Jahrhunderts. Die Pilgerattribute Hut, Stab und Muschel sind hier noch deutlicher hervorgehoben. (Foto: Lothar Schmalen, Bad Iburg-Glane.)

aber eine Nebenroute, die im Wesentlichen dem Verlauf der heutigen B 51 folgte und über Iburg, Glandorf, Ostbevern und den Wallfahrtsort Telgte nach Münster führte.[12]

Anziehungspunkte für diese Nebenroute waren vermutlich die Klöster Oesede und Iburg, da der Benediktinerorden als ausgesprochen gastfreundlich gegenüber Pilgernden galt.

Inkorporation des Kirchspiels Glane in das Kloster Iburg

Unter Inkorporation (Eingliederung) versteht man ein seit dem Mittelalter praktiziertes Rechtsverhältnis, nach dem eine kirchliche Institution, meistens ein Kloster, ein Stift oder eine Universität, durch den Papst oder den zuständigen Diözesanbischof das Patronat, meistens über eine Pfarre, übertragen bekommt. Damit verbunden war für z. B. ein Kloster das Recht, den Pfarrer der inkorporierten Gemeinde einzusetzen sowie das Recht auf alle Abgaben und Pfründe, die bisher dem Pfarrer bzw. der Gemeinde zustanden. Dazu gehörte die Pflicht, für den angemessenen Unterhalt des Pfarrers und des Kirchengebäudes zu sorgen.

Das Kirchspiel Glane wurde 1401 in das Kloster Iburg inkorporiert.

> „Im Jahre 1401 wurden auf Bitten des Abtes von Iburg die Kirchen in Glane, Wellingholzhausen, Neuenkirchen bei Melle und Halle sowie die Kapelle in Iburg dem Kloster durch Papst Bonifatius IX einverleibt, damit das Kloster seine Pflichten besser erfüllen könne. Der jeweilige Abt war Pfarrer in den Gemeinden, in welchen er den Dienst durch einen Pfarrvikar, der gewöhnlich ein Mitglied des Klosters war, versehen ließ. Für den Unterhalt der Pfarrgeistlichen musste das Kloster aufkommen. Dafür erhielt es die Einkünfte der Pfarrstelle."[13]

Für Glane bedeutete das, dass fortan die jeweiligen Pfarrer durch den Abt des Klosters Iburg eingesetzt wurden. Diese Regelung bestand bis zur Aufhebung des Klosters im Jahre 1803. Dem Kloster Iburg flossen dadurch kontinuierlich und dauerhaft nicht unbeträchtliche Einnahmen zu, während die Aufwendungen für den Unterhalt des Glaner Pfarrers vergleichsweise gering waren, da es im Kloster zum Priester geweihte Mönche gab, die diesen Dienst übernehmen konnten.

Reformation und Westfälischer Friede

Die Reformation ging auch an Glane nicht spurlos vorüber.[14] In dem 1648 in Münster und Osnabrück beschlossenen Westfälischen Frieden wurden die grundsätzlichen Regelungen für die zukünftigen konfessionellen Verhältnisse festgelegt. In einem Ergänzungsvertrag, der sogenannten *Capitulatio perpetua Osnabrugensis* vom 28. Juli 1650, wurden Regelungen getroffen, die für das Nebeneinander der Konfessionen im Osnabrücker Land bis zum Ende des alten Reichs entscheidend waren. Darin wurde bestimmt, dass auf den zu der Zeit regierenden katholischen Bischof Franz Wilhelm von Wartenberg ein evangelischer Bischof (Ernst-August von Braunschweig-Lüneburg) folgen musste und danach immer im Wechsel ein katholischer und dann wieder ein evangelischer Bischof. Diese Aufeinanderfolge von katholischem und evangelischem Bischof, die sogenannte *alterna-*

tio, war im damaligen Reich einmalig. Sie dauerte bis zur Säkularisierung des Hochstifts Osnabrück 1802/03.

Mit der Bestimmung, dass der jeweilige evangelische Bischof immer aus dem Hause Braunschweig-Lüneburg gewählt werden musste, wurde ein Ausgleich bzw. eine Entschädigung für das Welfenhaus geschaffen, das den Verlust von Rechten in anderen Reichsteilen hinnehmen musste.

Die *alternatio* bedeutete auch, dass die weltliche und die geistliche Gewalt, die bis dahin für alle Untertanen gleichermaßen in derselben Person gelegen hatten, jetzt aufgeteilt waren: Ein evangelischer Bischof hatte beiderlei Gewalten nur über seine evangelischen Untertanen, über die katholischen hatte er nur die weltliche Gewalt. „Die Leitung des [katholischen, Verf.] Bistums lag in diesen Zeiten des Interregnums beim Domkapitel, während die bischöfliche Amtsgewalt von einem Metropolitanvikar des Erzbischofs von Köln wahrgenommen wurde."[15] Während der Amtszeit eines katholischen Bischofs galt Entsprechendes; die geistliche Gewalt für die evangelischen Untertanen lag dann beim evangelischen Konsistorium.

Die *Capitulatio* umfasste auch ein frühes Zeugnis für das Recht auf Religionsfreiheit. In § 3 wurde nämlich

> „denen Landsassen, Bürgern und Unterthanen der katholischen wie der Augsburgischen Konfession grundsätzlich die freie Religionsausübung zugestanden. Sie durften danach ihre Kinder evangelisch oder katholisch taufen lassen, wie und wo sie wollten. Ebenso war es den Geistlichen beider Konfessionen erlaubt, Kranke zu besuchen und zu trösten bzw. sie mit den Sterbesakramenten zu versehen."[16]

Den jeweiligen Fürstbischöfen war es somit nicht erlaubt, Ihre Untertanen zur Konversion zu zwingen; der seit dem Augsburger Religionsfrieden 1555 geltende Grundsatz „cuius regio, eius religio" (wer regiert, bestimmt die Religion) galt nicht mehr.

Weil die unbeschränkte Religionssouveränität des Fürstbischofs damit ausgeschlossen war, mussten die ländlichen Pfarreien einer der beiden Konfessionen zugesprochen werden. Dazu wurde in der *Capitulatio perpetua* das Jahr 1624 zum sogenannten Normaljahr erklärt.

In diesem Jahr hatte der 1623 ins Amt gekommene katholische Bischof Eitel Friedrich von Hohenzollern, ein tatkräftiger Vertreter der Gegenreformation, seinen „Generalvikar in geistlichen Angelegenheiten" Albert Lucenius zur Visitation in alle Landpfarreien seines Bistums gesandt. Dieser stellte während seiner Visitationen

> „beim Volk sowie beim Klerus große Unkenntnis der Glaubensregeln und liturgischen Gebräuche fest. Von den insgesamt 73 Pfarrgeistlichen konnten 19 - 20 als Lutheraner, nur 13 - 14 als Katholiken im Sinne des Konzils von Trient gelten. Alle übrigen, mehr als die Hälfte, waren als ‚Dubii' oder ‚Mixti' anzusehen".[17]

Entscheidend für die Frage, ob die Gemeinde noch der alten, katholischen, oder der neuen, reformatorischen Lehre anhing, war für Lucenius vor allem, ob der Pfarrer noch im Zölibat lebte und ob er der Gemeinde das Abendmahl als Brot und Wein – der sogenannte Laienkelch – oder nur als Hostie reichte.

In der überwiegenden Mehrzahl der Fälle berichtet Lucenius von desaströsen Zuständen. Einen seiner Berichte beendet er mit dem Stoßgebet: „Erbarme dich, Herr, erbarme dich". Im Vergleich dazu stellt er die Verhältnisse der Kirche in Glane – ebenso in Iburg, die ja beide von Mönchen des Klosters Iburg geleitet wurden – fast als mustergültig dar. Er schreibt:

> „Inspektion der Pfarrkirche in Glane (28. November):
> Ihr Pfarrseelsorger ist der ehrwürdige Herr Bruder Joh. Geissel; übertragen hat sie ihm der ehrwürdigste Herr Abt von Iburg. Joh. Geissel hat sie seit […] verwaltet, nachdem […] von dort abberufen worden war. Seitdem hat er alles in der Kirche völlig nach katholischem Brauch und Ritus verwaltet.
> Das Taufbecken ist nicht verschlossen. Die Pyxis [Behälter zum Aufbewahren der konsekrierten Hostie, Verf.] des Allerheiligsten ist aus Holz, in sie eingeschlossen eine silberne Kapsel. Zwei Altäre im vorderen Teil der Kirche sind unbedeckt, viele Bilder oder Statuen unordentlich aufgestellt, die liturgischen Gewänder alt und zerschlissen. Vor 2 Jahren habe man, wie sie versicherten, durch die kaiserlichen Truppen unter General Tilly und dem adligen Nivenheim einen großen Verlust an ihnen erlitten. Was den Hauptaltar, die Altartücher und Kelche anlangt, ist alles würdig und rein.
> Schulmeister und Küster ist ein alter und schwacher Mann, katholisch. Das Volk ist unwissend und hat einen Glauben, wie ihn die Ansteckung mit dem Irrglauben und die vorausgehenden Zeiten hinterlassen haben."[18]

Glane wurde den Pfarreien im Fürstbistum Osnabrück zugeordnet, die weiterhin katholisch blieben.

Pfarreiengemeinschaft Bad Iburg und Glane

Das letzte Drittel des 20. Jahrhunderts war in Deutschland und anderen Ländern geprägt von zunehmender Säkularisierung der Gesellschaft, verbunden mit wachsender Abwendung vieler Gläubiger von der Institution Kirche. Gleichzeitig wurde der ständig größer werdende Priestermangel mehr und mehr zum Problem. Das führte einerseits dazu, dass die Seelsorgebezirke immer größer wurden, und andererseits auch sogenannte Laientheologen (nicht geweihte, professionelle, hauptamtliche Mitarbeiter und Mitarbeiterinnen) Aufgaben in der Kirche übernahmen, die vorher nur von Priestern ausgeübt worden waren. Für das Letztere hatten auch die Beschlüsse des Zweiten Vatikanischen Konzils (1962 bis 1965) den Weg geebnet, in denen die Würde und Mitverantwortung der Laien, also der getauften und gefirmten, aber nicht geweihten Katholikinnen und Katholiken, in der Kirche und für die Kirche besonders herausgestellt worden waren.

Der zunehmende Priestermangel machte sich auch in Glane bemerkbar. Nachdem der Glaner Pfarrer Werner Linkemeyer 1999 versetzt worden war, übernahm der Bad Iburger Pfarrer Joachim Gellner bis zu seinem Eintritt in den Ruhestand 2002 auch die Leitung der Pfarrgemeinde Glane. Die beiden Gemeinden blieben selbstständig, arbeiteten aber eng zusammen. Das blieb auch so unter seinem Nachfolger Pfarrer Arnold Kuiter. Während seiner Amtszeit wurden 2006 die wöchentlich bis dahin noch getrennt erscheinenden zwei Pfarrbriefe zu einem gemeinsamen zusammengefasst herausgegeben. Seit 2010 bilden die beiden Gemeinden auch offiziell die Pfarreiengemeinschaft Bad Iburg und Glane.

In Glane haben in der Seelsorge stets auch Kapläne mitgewirkt. Diese Tradition endete mit der Versetzung des

Abb. 5: Pfarrbeauftragte Christine Hölscher während ihrer feierlichen Amtseinführung am 1. Dezember 2019. (Foto: Thomas Herzog, Bad Iburg.)

letzten Glaner Kaplans Ferdinand Flohre im Jahr 1971.[19] 1980 übernahm Joseph Funke das Amt eines hauptamtlichen Diakons in der Pfarrgemeinde Glane. Ab 1991 kamen weitere Laientheologen als pastorale Mitarbeiterinnen und Mitarbeiter hinzu.[20]

Um zu vermeiden, dass wegen des wachsenden Priestermangels immer mehr Gemeinden zusammengelegt und die Seelsorgebezirke deshalb zu groß wurden, scheute das Bistum Osnabrück – wie auch andere deutsche Bistümer – vor neuen, ungewohnten Leitungsmodellen nicht zurück. So übt nach der Versetzung von Pfarrer Dr. Heinrich Bernhard Kraienhorst seit Dezember 2019 Christine Hölscher das Amt einer Pfarrbeauftragten in der Pfarreiengemeinschaft St. Clemens Bad Iburg und St. Jakobus d. Ä. Glane aus. Kirchenrechtlich erlaubt ist die Gemeindeleitung durch Laien gemäß dem Codex Iuris Canonici, can. 517, § 2, wenn kein Priester zur Verfügung steht. Christine Hölscher war im Bistum Osnabrück die erste Frau und Gemeindereferentin, die mit der Leitung von zwei katholischen Kirchengemeinden mit voller Verantwortung beauftragt worden ist. Deutschlandweit gibt es nur in zwei weiteren Bistümern vergleichbare Modelle. Christine Hölscher wird unterstützt durch zwei Priester, von denen einer schwerpunktmäßig in einem anderen kirchlichen Bereich außerhalb von Bad Iburg tätig ist. Diesen Priestern sind die Amtshandlungen vorbehalten, die in der katholischen Kirche nach wie vor nicht von Laien ausgeübt werden dürfen, wie die Leitung der Eucharistiefeier und die Spendung der Sakramente. Zum Pastoralteam gehören außerdem noch drei weitere Laientheolog/innen.

Am 1. Dezember 2019 hat in der katholischen Kirche Deutschlands der Synodale Weg begonnen. Dieses Reformprojekt wird getragen von der Deutschen Bischofskonferenz und dem Zentralkomitee der deutschen Katholiken, der Vertretung der Laien in der Kirche. Daran beteiligt sind die deutschen Bischöfe sowie Vertreter aus allen Bereichen des kirchlichen Lebens, und zwar Priester und Laien, Männer und Frauen. Gemeinsam soll dort nach Lösungen für die Probleme in der gegenwärtigen Situation der Kirche gesucht werden. Welche Ergebnisse der auf zwei Jahre angelegte Reformprozess bringen wird und welche Folgen das für die Kirche insgesamt und auch für jede einzelne Pfarrgemeinde hat, ist derzeit noch nicht absehbar.

1   Osnabrücker Urkundenbuch, i. A. des Historischen Vereins zu Osnabrück bearbeitet und herausgegeben von Staatsarchivar Dr. H. Philippi, Bd. I Die Urkunden der Jahre 772 - 1200, Neudruck der Ausgabe 1892, Verlag H. Th. Wenner, Osnabrück o. J., S. 173 ff., Übersetzung ins Deutsche von Pfarrer Bernd Holtmann, in: 900 Jahre Glane – Eine Chronik in Bildern und Worten, Hrsg. Katholische Kirchengemeinde St. Jakobus d. Ä. Glane, Grote Verlag, Bad Iburg o.J. (1988), S. 12 ff.

2   Gebhardt, Bruno: Handbuch der deutschen Geschichte, Band 1, Hrsg. Herbert Grundmann, 8. Auflage, Stuttgart 1954, 8. Nachdruck 1965, S. 116.

3   Holtmann, Bernd: Die Geschichte der katholischen Pfarrgemeinde St. Marien Laer, Festschrift zur Hundertjahrfeier der Kirche 1974, Hrsg.: Kath. Kirchengemeinde Laer, Verlag Wilhelm Krimphoff, Füchtorf o. J. (1974), S. 11.

4   Jäkel, Rainer: Die Pfarrer von Glane, in: 900 Jahre Glane, Eine Chronik in Bildern und Worten, Hrsg. Katholische Kirchengemeinde St. Jakobus d. Ä. Glane; Grote-Verlag, Bad Iburg o. J. (1988), S. 67.

5   Jäkel, Rainer: Aus der Geschichte der Pfarrei St. Jakobus d. Ä. Glane, a.a.O., S. 19.

6   Holtmann, a.a.O., S. 28, lt. Jäkel (Anm. 5) wurde auch Sentrup mit seinen Teilbereichen direkt von Laer abgetrennt.

7   So Wolfgang Schlüter: Archäologische Grabungsfunde auf Averbecks Hof, in: Averbeck-Stiftung 2015 – 2017, Hrsg. Vorstand der Averbeck-Stiftung Bad Iburg, Selbstverlag Bad Iburg 2017, S. 36. Bei diesem Abdruck eines Vortrages handelt es sich – anders als der Titel vermuten lässt – um eine äußerst gründliche und fundierte Abhandlung über die frühe Geschichte Glanes bis hin zum Mittelalter.

8   Schlüter, a.a.O., S. 36.

9   Brednich, Rolf Wilhelm: Tie und Anger - Historische Dorfplätze in Niedersachsen, Thüringen, Hessen und Franken, Bremer Verlag, Friedland 2008.

10 Wilken, Wilhelm: Lienen – das Dorf und seine Bauerschaften – von der Sachsenzeit bis zur Gegenwart, Selbstverlag, Lienen 2004, S. 26

11 Landschaftsverband Westfalen Lippe (Hrsg.): Jakobswege – Wege der Jakobspilger in Westfalen, Band 6; J. P. Bachem Verlag, Köln, 2. Aufl. 2008, S. 8.

12 Jakobswege, a.a.O., S. 15.

13 Jäkel, Geschichte, S. 21 f., sowie die päpstliche Urkunde vom August 1401 in der Übersetzung von Pfarrer Alfons Dalsing, ebd., S. 52

14 Jäkel, Geschichte, S. 24 ff., vgl. dazu auch Neufeld, Karl H.: Kirchspiele im Osnabrücker Land unter den Schweden, in: Heimatjahrbuch Osnabrücker Land 2022; Hrsg. Heimatbund Osnabrücker Land e.V. und Kreisheimatbund Bersenbrück e.V., Selbstverlag 2021, S. 137 ff.

15 Theodor Penners: Das Bistum Osnabrück in der Krise des 17. Jahrhunderts, in: Ludwig-Windthorst-Haus (Hrsg.): Zur Geschichte der Diözese Osnabrück; Referate einer Akademietagung aus Anlaß des Bistumsjubiläums am 10./11.10.1980, Holthausener Manuskripte Nr. 1/82; als Manuskript gedruckt, 1982, S. 67.

16 Seegrün, Wolfgang, Steinwascher, Gerd: 350 Jahre Capitulatio perpetua Osnabrugensis (1650-2000), Entstehung - Folgen – Text, Osnabrücker Geschichtsquellen und Forschungen, Hrsg. Verein für Geschichte und Landeskunde von Osnabrück, Selbstverlag, Osnabrück 2000, S. 35.

17 Konfessionelles Nebeneinander im Geistlichen Fürstentum Osnabrück, Protokolle des Generalvikars Albert Lucenius über die Visitation der Kirchen und Klöster im Osnabrücker Land (1624/25), nach der Urhandschrift aus dem Lateinischen übersetzt von Wilfried Pabst, mit einem Reprint der Edition von Max Bär aus dem Jahr 1900, Heimatkunde des Osnabrücker Landes in Einzelbeispielen, Heft 9, Hrsg. Verein für Geschichte und Landeskunde von Osnabrück, Selbstverlag, Osnabrück 1997, S. 5 f.

18 Konfessionelles Nebeneinander, ebd. S. 13.

19 Mense, Josef: Cooperatoren und Kapläne von Glane, in: Die Geschichte der katholischen Pfarrgemeinde von Glane, Festschrift zur Fünfundsiebzigjahrfeier der Kirche 1980, Hrsg. Katholische Kirchengemeinde St. Jakobus d. Ä. Glane, Selbstverlag, Glane o.J. (1980), S.25

20 Gespräche mit Diakon i. R. Werner Berens und der Pfarrbeauftragten Christine Hölscher.

Das Rätsel der Plaggendüngung gelöst?

Jürgen Espenhorst

Eine der zentralen Fragen der Regionalgeschichte ist bis jetzt offen: Seit wann wurde mithilfe der Plaggendüngung im Nordwesten Deutschlands auf den Eschflächen ein „ewiger Roggenanbau" betrieben?[1]

Plaggendüngung

Bevor es Kunstdünger gab, versuchten die Bauern andere Methoden der Düngung der Äcker. Gerade auf den Sandböden Nordwestdeutschlands war man auf organischen Dünger angewiesen. Das Vieh produzierte nicht genügend Mist. Daher wurden mit speziellen Geräten die Oberflächen von Heide oder Grasflächen „abgeplaggt". Diese mussten in vielen Fudern zum Hof gefahren werden. Immer wenn Mist anfiel, wurden die Plaggen damit schichtweise durchmischt. Jauche und Mist sollten die Plaggen „durchbrennen". Im Herbst, bevor der Acker tiefgepflügt wurde, musste diese Mischung von Mist und Plaggen auf den Feldern verstreut und dann mit einem schollenwendenden Pflug untergepflügt werden. Nach dem Eggen konnte dann die Wintersaat, in der Regel Roggen, mit Hand aus der „Molle" eingesät werden. Weil die Plaggendüngung jahrhundertelang angewendet wurde, erhöhten sich nach und nach die Ackerflächen zum Esch. Auf der anderen Seite entstanden an den „Plaggenmatts", an denen immer wieder Plaggen gestochen wurden, Senken und nur spärlich bewachsene Flächen. So kam es durch die Plaggendüngung zu Umweltschäden durch Sandstürme und Erosion. Weil dennoch nur durch diese Düngemethode auf Sandböden befriedigende Erträge erzielt werden konnten, blieb man bis zum Ende des 19. Jahrhunderts dabei.

Im Mittelalter überwog in weiten Bereichen Deutschlands die Drei-Felder-Wirtschaft mit Fruchtwechsel und Brache. Nur im Nordwesten kam die Landwirtschaft ohne Fruchtwechsel aus. Mithilfe der Plaggendüngung wurde auf streifig angelegten Parzellen der Esche jahrein jahraus ohne Brachzeiten Roggen angebaut.

Strittig ist nur, seit wann dies geschah. Obwohl die Regionalhistoriker schon seit den 1920er-Jahren davon ausgehen, dass diese Wirtschaftsweise bis in „die graue Vorzeit" (Hermann Rothert) zurückgeht, beharren die Archäologen und Bodenkundler darauf, dass sich im Osnabrücker Land die Eschkultur erst im 12. und 13. Jahrhundert voll entwickelt hat.[2]

Da es keine Urkunden und zeitgenössische Berichte dazu gibt, scheint es unmöglich, das Rätsel zu lösen. Aber dennoch gibt es aus dem 18. Jahrhundert Flurkarten, mit denen man Licht in das Dunkel bringen kann. Karten sind wie Urkunden. Man muss sie nur entziffern.

Abb. 1: Plaggenstich in der Senne (um 1660). (Wikipedia „Plaggendüngung")

Die zentrale historische Persönlichkeit zur Lösung des Problems ist Bischof Benno II. (≈1020-1088), der von 1068 bis 1088 zwanzig Jahre die Geschicke des Bistums Osnabrück leitete. Benno II. kam aus dem Schwäbischen, kannte aber „die Welt". Er war im „Heiligen Land", in Italien und an vielen Orten Mitteleuropas im Dienst von Kaiser Heinrich IV. gewesen. In seiner später von einem Iburger Abt aufgezeichneten Lebensgeschichte heißt es ausdrücklich, dass er sich um die Verbesserung der Lage der Landwirtschaft bemüht hätte. Bekannter ist, dass er zu Gunsten seines Bistums einige Urkunden fälschte, in Iburg ein Kloster gründete und als Baumeister aktiv war.[3] So kommt es, dass im Schatten dieser so vielfältig bekannten Aktivitäten man bis jetzt nicht auf die Idee kam, Benno II. könnte etwas mit der Einführung der Plaggenwirtschaft zu tun gehabt haben.

Wie hätte Benno II. die Landwirtschaft in seiner Region reformieren können? Im 11. Jahrhundert gab es noch keine strikte Landesherrschaft des Bischofs in seinem Bistum. Er hatte in weltlichen Angelegenheiten nur Einfluss auf die dem Bistum gehörenden Ländereien (so z. B. rund um Rüssel und Ankum) und auf seine Lehnsträger, die ihre Besitzungen aus der Hand des Bischofs empfangen hatten.

Da von diesen Personen kaum jemand lesen und schreiben konnte, wäre es sinnlos gewesen, Reformen schriftlich anzustoßen. Nur durch Vorbild und Tat war die Leistungsfähigkeit der neuen Wirtschaftsweise nachweisbar. Dazu brauchte der Bischof eine Reihe von Personen, die als Multiplikatoren den sicherlich skeptischen Bauern zeigen konnten, wie sich die Erträge der Äcker steigern ließen. Die Entwicklungshilfe funktioniert heute nicht anders.

Benno II. benötigte aber nicht nur Personen, sondern auch Ackerflächen, auf denen er die Vorteile der neuen Wirtschaftsweise vorführen konnte. Ein solcher Demonstrationsacker wird im Folgenden beschrieben. Das geschieht in der Annahme, dass er nicht der einzige im Bistum war. Damit man nach ähnlichen Versuchsflächen suchen kann, wird im Folgenden die Struktur des Demonstrationsackers genau beschrieben. Die Grundlage dafür bilden Katasterunterlagen aus den Jahren 1789 und 1723.

Die Ackerfläche lag im Bereich der damals bedeutenden Grundherrschaft Rüsfort. Der Grundherr war Lehnsmann des Bischofs, insofern hatte Benno II. die Möglichkeit, ihn darauf anzusprechen, um einen Versuchsacker anzulegen.

Nur wenn es gelang, anschaulich und nachprüfbar, die neue Ackertechnik zu demonstrieren, konnte es gelingen, einen Reformprozess in Gang zu setzen. Bis dahin wurde zwar auch schon Roggen angebaut, dies geschah aber im Fruchtwechsel und mit Brachzeiten. Außerdem wurde der Acker mit Hakenpflügen bearbeitet. In die kreuz- und quer aufgebrochene Erde wurde gesät. Es gab noch keine beetförmigen Ackerflächen, sondern mehr kreisförmig-quadratische Äcker, die häufig noch 1789 als „Word" bezeichnet wurden.

Abb. 2: Mit einem solchen Hakenpflug, wie hier aus der Schweiz, konnte man keine Plaggen unterpflügen. (Quelle: Museum d'Engadina Bassa Scuol, Unterengadin, Schweiz.)

Die Reform von Benno II. war tiefgreifend. Es ging darum, Folgendes einzuführen:
- einen schollenwendenden Pflug
- eine Egge
- Messer bzw. Sicheln zum Gewinnen der Plaggen
- Verstreuen der Plaggen auf dem zu pflügenden Acker
- Einrichtung von beetartigen, langen Ackerstreifen
- eventuell auch neues Saatgut

Der Übergang zum ewigen Roggenanbau erforderte weiter, dass nicht nur ein Jahr lang die neue Wirtschaftsweise demonstriert, sondern jahrelang immer wieder derselbe Acker bebaut wurde. Nur so konnte man zeigen, dass ohne Fruchtwechsel und Brache die Erträge gleich bleiben. Daher wird es Jahrzehnte gedauert haben, die nachhaltige Ertragskraft der neuen Ackertechnik belegen zu können. All das war nur möglich, wenn man nicht irgendein altes Ackerstück neu bewirtschaftete, sondern eine klar definierte Modellfläche schuf, auf der der Erfolg über längere Zeit nachgewiesen werden konnte.

Damit diese Erfolgskontrolle möglich wurde, war es nötig, den Demonstrationsacker auf Basis der gängigen Flurgrößen einzumessen. Dazu benötigte Benno II. tatkräftige Partner. Seine Wahl fiel dabei u. a. auf seinen Lehnsmann in Gehrde/Rüsfort, der eine weitreichende Grundherrschaft betrieb.

So entstand hier ein Versuchsacker. In der Flurkarte von 1789 (Abb. 4) fällt dessen markante Flurform im Vergleich zu allen Ackerschlägen sofort ins Auge. Offenbar wurde ein ganz spezielles Gewann eingerichtet. Diesem kartografischen Zeugnis wird hier nachgegangen.

Abb. 3: Am Muster eines Pfluges aus dem 19. Jahrhundert wird deutlich, dass ohne Schmiede und Stellmacher ein schollenwendender Pflug nicht herzustellen war. Die Umstellung auf den neuen Pflug war daher nicht nur eine agrarische, sondern auch technische Herausforderung. (Pflug aus dem Bestand des Museumsdorfes Cloppenburg.)

Bevor die Analyse des Gewanns dargestellt wird, noch ein Hinweis: Wenn jemand etwas ackerbautechnisch Neues einführen will, so müssen die wichtigsten Vertreter der örtlichen Gesellschaft daran beteiligt werden. Wir können daher erwarten, dass der Versuchsacker von Benno II. nicht von nachgeordneten Leuten bewirtschaftet wurde, sondern der Rüsforter Grundherr seine Schlüsselpersonen an diesem Experiment beteiligte. In einer Grundherrschaft war dies einerseits derjenige, der die Wirtschaft des Herrenhofes leitete. Daraus leitete sich der spätere Name *im Hofe* ab. Die andere Schlüsselperson war derjenige, der die regelmäßigen Zusammenkünfte der eigenbehörigen Leute, „Hofsprache" genannt, organisierte. Dies war der *Schulte*. Er regelte die verwaltungstechnischen und erbrechtlichen Fragen der Grundherrschaft.

Da die zur Grundherrschaft gehörenden Leute Abgaben u. a. in Form von Getreide liefern mussten, gab es auch jemand, der für die Einhaltung der Getreidemaße zuständig war. Das Getreide wurde zum Säen in Scheffel eingeteilt und die Ablieferung erfolgte in entsprechenden Holzschalen, den Müdden oder Modden. Dementsprechend hieß der dafür Zuständige *Moddelmann*.

Wenn vor allem *Schulte* und *im Hofe* für die Einrichtung des Demonstrationsackers zuständig waren, lag es nahe, diesen Acker auch in ihrer Nähe einzurichten. Dementsprechend lässt sich in Rüsfort diese Konstellation nachweisen: Zwischen den Häusern von *Schulte* und *im Hofe* wurde auf bis dahin „freiem Feld" eine Ackerfläche von zwölf Scheffelsaat eingerichtet. Sie wurde von den drei Familien *Schulte*, *im Hofe* und *Moddelmann* bewirtschaftet. Zusätzlich war auch noch *Krümberg* dabei. Aus dieser Keimzelle war im Frühmittelalter Rüsfort entstanden. Insofern waren alle Rüsfort betreffenden Schlüsselpersonen am Versuchsacker beteiligt.

Als um 1150 die Grundherrschaft in bisheriger Form aufgelöst wurde und *Schulte*, *im Hofe*, *Krümberg* und *Moddelmann* zu selbstständig wirtschaftenden Bauern aufstiegen, behielten sie die Ackerflächen. Das spiegelte sich 1723 und 1789 in der Katasteraufnahme wider. Allerdings hatte *im Hofe* inzwischen seine Parzellen an Markkötter verkauft. Für die numerische Analyse wird auf die Werte von 1723 zurückgegriffen.

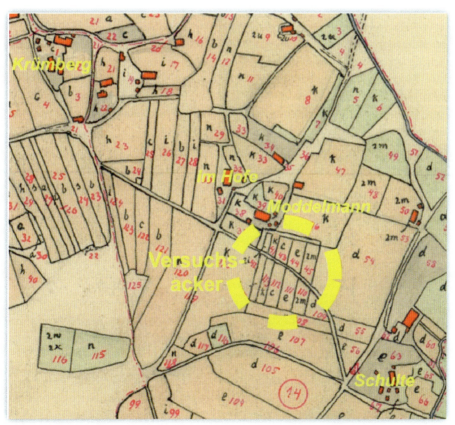

Abb. 4: Die Karte aus dem Jahr 1789 zeigt den Versuchsacker als Fremdkörper innerhalb einer Flur mit größeren Ackerstücken. Obwohl er im wahrsten Sinne des Wortes „im Wege" lag, hielten alle Beteiligten am Versuchsacker fest. Es ist unbekannt, wann der Weg später angelegt worden ist. Zur Orientierung: Krümberg lag/liegt an der Badberger Straße, die von Süden, dem Dorf Gehrde kommt. Landesaufnahme Du Plat, Umzeichnung durch Prof. Twelbeck, 1935.

Der Demonstrationsacker umfasste zwölf Scheffelsaat. Das sind sechs Morgen oder ein Malter. Das bildete in heutigen Maßen eine Ackerfläche von 110 m Breite und 124 m Länge. Es entspricht 1,38 Hektar. Die Breite der Gesamtfläche gab sich daraus, dass der Acker in 24 Längsstreifen angelegt wurde, die jeweils 4,60 m breit waren. Zwei Streifen ergaben ein Scheffelsaat. Die Länge von 4,60 m wurde als Rute bezeichnet. Mithilfe solcher Ruten wurden Ackerflächen vermessen. Die Rute beruhte auf der Länge des „Kölner Fußes", die 28,8 cm betrug. 16 Kölner Fuß machten eine Rute aus. Bei einer Breite der Beete von jeweils 4,60 m ergaben sich für den schollenwendenden Pflug je Beet 12 Ackerfurchen von 124 m Länge. Das Gespann musste also sechsmal hin- und herfahren, um das Beet zu beackern. Um die Wirkung der Düngung durch Plaggen anschaulich und messbar zu demonstrieren, lässt sich folgender Versuchsaufbau denken: Die südliche Hälfte der Beete wurde mit Plaggen gedüngt, die nördliche blieb ungedüngt. So wäre eine unmittelbare Kontrolle der Düngerwirkung nicht nur durch bloßen Augenschein, sondern auch nach Ausdrusch messbar möglich gewesen.

Die 24 Ackerbeete wurden wie folgt verteilt: Schulte (später Voskamp) und im Hofe (heute in Teilen verkauft) erhielten jeweils sieben Beete zur Bewirtschaftung, Krümberg (später Brunswinkel) sechs und Moddelmann (später Wübbelmann) vier. Die sieben Beete des Schulte lagen geschlossen in der Mitte. Die sieben Beete von im Hofe verteilten sich auf zwei Komplexe an den gut zugänglichen Außenseiten des Versuchsackers. Diese Verteilung spiegelt die Sozialstruktur der damaligen Zeit. Beachtlich ist, dass die damals weniger prominenten Nachbarn nicht am Versuchsacker beteiligt waren. Daher ist der Acker keine rein nachbarschaftlich motivierte Rodung.

Die damals entstandene Struktur der Parzellen war noch 1723 und 1789 nahezu unverändert. Das Aufmaß aus dem Jahr 1723 machte 97,5 % der rechnerisch für einen Malter zu erwartenden Fläche aus. Die Differenz von 2,5 % beruht auf einem inzwischen schräg durch den Acker angelegten Weg. Nimmt man dessen Breite mit ca. 3 m und dessen Länge mit 130 m an, so beträgt die Abweichung nur noch 0,3 %. Daran zeigt sich, mit welcher Präzision im Mittelalter Ackerflächen vermessen werden konnten und wie exakt die damals bestimmten Grenzen später eingehalten wurden.

Wenn der Versuchsacker in Rüsfort gegen Ende der Lebenszeit von Benno II., also etwa 1085, angelegt worden wäre, so mögen zehn Jahre vergangen sein, bevor auch die Nachhaltigkeit und die Möglichkeit des ununterbrochenen Roggenanbaus geklärt worden waren. Demnach lag etwa 1095 das offenbar auch alle Skeptiker überzeugende Ergebnis vor: Die Düngung mit Plaggen lohnt die Mühe.

Dementsprechend begann jetzt eine hochmittelalterliche Flurbereinigung nicht nur bei der Grundherrschaft Rüsfort. Alle bislang beackerten Fluren wurden nach und nach auf eine Beetstruktur mit Plaggendüngung umgestellt. Stellmacher fertigten die nötigen schollenwendenden Pflüge und Schmiede die übrigen Geräte zum Plaggenhauen. Der Grundherr selbst entschloss sich, die bisherigen Ackerflächen zu erweitern. Das betraf sowohl das selbst bewirtschaftete Salland als auch die Ländereien in den Vorwerken, aus denen später Orte wurden.

So begann im 12. Jahrhundert ein großer Wirtschaftsaufschwung, der noch zusätzlich durch eine klimatische Erwärmung befördert wurde. Die Bevölkerung wuchs und drängte auf die Schaffung neuer Existenzmöglichkeiten. Wer auf dem Lande keine Chance für sich sah, wanderte in die aufblühenden Städte ab. So entstand bis zur Mitte des 12. Jahrhunderts ein Reformdruck, der dazu führte, dass die bisherigen Strukturen der Grundherrschaft aufgelöst und ein neuer Stand selbstständig wirtschaftender Bauern begründet wurde.

Es ist sicherlich nicht anzunehmen, dass es nur in Rüsfort einen Versuchsacker gegeben hat, aber bis jetzt konnte man nur in diesem Fall einen solchen Acker rekonstruieren und ein Denkmodell entwickeln, das die große Agrarreform des Mittelalters für das Osnabrücker Land schlüssig deutet. Damit wird auch der archäologische Befund erklärt, dass die Plaggendüngung frühestens ins 12. Jahrhundert hineinreicht.

Es wird spannend zu sehen, wie Regionalhistoriker auf diesen Deutungsversuch reagieren, denn bis jetzt gingen alle einschlägigen Ortsgeschichten davon aus, dass es den Plaggenesch schon immer gegeben hat. Das ist offenbar falsch. Anmerkungen/Anfragen gerne an: pan@schwerte.de

1   Kurzfassung aus dem Buch: Espenhorst, Jürgen: Zeitreise ins Mittelalter am Beispiel von Gehrde im Artland, Schwerte 2020, S. 85-97.

2   Mitteilung des Kreisarchäologen Axel Friederichs, Osnabrück, vom 25.07.2017 an den Verfasser: „Im Osnabrücker Land gibt es keine Hinweise auf solche Böden aus dem 1. Jahrtausend. Wir gehen eher von einem Beginn dieser Wirtschaftsform im 12./13. Jahrhundert aus."
    Siehe auch: https://de.wikipedia.org/wiki/Plaggenesch.

3   Einen Überblick über sein Leben gibt Joseph Prinz in:
    http://daten.digitale-sammlungen.de/0001/bsb00016318/images/index.html?seite=71.

Beginen

Wilfried Pabst

Beginen waren Frauen, die allein oder in Gemeinschaften ein religiöses Leben außerhalb des Klosters führen wollten, ohne Klausur, ohne Ordensregel und ohne dauerhaft bindendes Gelübde. Von ihrem Umfeld unterschieden sie sich vor allem durch die Verpflichtung zu Keuschheit und intensiver Frömmigkeit. Bereits im 13. Jahrhundert werden erstmals Vereinigungen frommer, unverheirateter Frauen in Westfalen erwähnt. 1249 gewährte ihnen der Bischof von Osnabrück als „begginae" das Recht der geistlichen Freiheit. Die Häuser Bloming, Haltering und Wedering waren im 14. Jahrhundert drei angesehene Beginenhäuser im Bereich der Katharinenkirche.

Beginenordnung von 1347

Zum ersten: Die Person, ob Jungfrau oder Witwe, die von nun an zu uns ziehen und bei uns in unserer Gemeinschaft bleiben will, soll vier Mark Pfennige, die zu der Zeit in Osnabrück gang und gäbe sind, mitbringen und den beiden Ältesten unseres Hauses oder denen, die dazu eingesetzt sind, zum Nutzen und Unterhalt unseres Hauses und für seinen gemeinsamen Bedarf übergeben.

Auch sollen wir alle und wer in das Haus zum Wohnen kommt, friedlich sein und Scheltworte meiden. Auch soll keine von uns unter Buße, die hiernach geschrieben steht, mit Männern flüstern oder schwatzen, wovon übler Wahn entstehen kann, noch zum Tanzen oder zu anderen Vergnügungen oder Eitelkeiten der Welt wie zu Zweikämpfen und Turnieren gehen, noch sollen sie irgendwo anders hingehen ohne Wissen und Erlaubnis der beiden Ältesten oder einer von denen, die in unserem Haus dazu eingesetzt sind. Wenn einer von uns gegen die Ehre in unverhüllte Sünde, Unkeuschheit, Diebstahl oder Unglauben, wovor uns alle der gute Gott behüte, verfällt und sich nicht davon abkehren will, soll sie ohne Zurücknahme jenes Geldes unser Haus verlassen und kein Recht mehr in dem Haus behalten.

Nach dieser vorgesprochenen Rede und auch nach dem, was hier nachfolgt, entsagen und begeben wir uns alle und eine jede von uns gesondert für sich aller Hoffart und Eitelkeit der Welt und wollen, wir, die nun da sind und die, die noch in das oben genannte Haus kommen, Gott darin verbunden sein und verbinden uns und geloben Gott in diesem Brief, dass wir von nun an schlichte Kleidung gebrauchen wollen und sollen in Form und Machart, sodass weder unsere Kleider noch unsere Tücher noch gestrickte Hauben dazu im Widerspruch stehen und so in Farbe verarbeitet sind, dass wir nichts Weißes, Braunes oder Blaues oder Dunkles vermischt tragen oder Graues, sodass wir dadurch Innigkeit erregen wollen.

Diese oben geschriebenen Dinge, die wir nach unseren besten Sinnen begriffen haben, und unser Begehren darum tragen und bringen wir vor euch und an euch heran, ihr weisen, verständigen Leute, an euch, Bürgermeister und gemeiner Rat der Stadt

Osnabrück, als Herren und Hauptleute derselben Stadt und stellen uns und unser oben genanntes Haus und unsere Rechte und Statuten in und unter euren Schutz und flehen und bitten, dass ihr um Gottes und des gemeinen Guten willen uns und unser Begehren in eure Obhut nehmt und uns auch einen verständigen Mann von euch vorsetzt, der sich um uns und unser Haus besonders kümmert, und dass ihr Ehrwürdige uns und unser Haus von bürgerlichen Diensten befreit und entledigt, damit wir umso freier und bewusster Gott dienen und für euch und unsere Stadt immer bitten können, und dass ihr diese Dinge mit eurem Siegel bestätigt.

Quelle: OUB VI Nr. 518.

Holzschnitt einer Begine, entnommen dem Totentanz von Matthäus Brandis (1489). Quelle: Wikipedia, Stichwort „Beginen und Begarden" (15.07.2022).

Die Osnabrücker Stadtlandwehr im Schinkel an der Oststraße beim VFL-Stadion

Gerd-Ulrich Piesch

Zu den bemerkenswertesten und eindrucksvollsten Bodendenkmälern unserer Heimat gehören zweifellos die Reste der Osnabrücker Stadtlandwehr. Solche haben sich insbesondere im Hörner Bruch, im Hakenhofholz, südlich der Wersener Straße beim ehemaligen Kaffeehaus Barenteich, beiderseits der Lerchenstraße in der Dodesheide und in der Gartlage erhalten. Während die Altstädter Landwehr schon Anfang des 14. Jahrhunderts angelegt wurde, entstand die Landwehr der Neustadt erst im frühen 15. Jahrhundert.

Allgemein findet sich indes im Schrifttum nahezu durchgehend die Auffassung, es habe vom Sandbach an der Gartlage bis zur Hase im Stadtteil Schinkel keine Landwehr gegeben.

Die Schinkeler Landwehr in einen Aufsatz des Bürgermeisters Stüve

So war nach der neuen „Geschichte der Stadt Osnabrück" aus dem Jahre 2006 „der Ring der Landwehr im Osten nicht ganz geschlossen". Zurück geht die Vorstellung von der fehlenden Landwehr im Schinkel auf den Osnabrücker Bürgermeister Johann Carl Bertram Stüve (1798-1872), dessen Todestag sich jetzt 2022 zum 150. Male jährt. Stüve hat die Landwehr 1858 im Band 5 der „Osnabrücker Mitteilungen" erstmals näher beschrieben, und zwar in seinem noch heute grundlegenden Aufsatz „Topographische Bemerkungen über die Feldmark der Stadt Osnabrück und die Entwickelung der Laischaftsverfassung".

Wie Stüve dort behauptet, fehlte die Osnabrücker Stadtlandwehr außer an der Nette auch „von der Nürenburg" (südwestlich der Gartlage auf heutigem KME-Germany- Gelände) „bis zur Cappelschen Heerstraße" (= Bremer Straße). Zwischen der Bremer Straße und der Buerschen Straße („Buersche Landstraße") bestand die Landwehr nach Stüve damals nur noch „in einem Streifen Grasgrund", während sie von der Buerschen Straße bis zur Hase völlig fehlte.

Jener Grasstreifen war „jedoch im 16. Jahrhundert noch mit Bäumen" und „Holz" bepflanzt. Als Quelle für den Baumbestand auf der Landwehr nennt Stüve die Osnabrücker Stadtrechnung von 1553. Der „Streifen Grasland" wurde nach ihm „wegen des Gebrauchs in der französischen Zeit" als „sogenannter Kanonenweg" bezeichnet. Genau genommen schreibt Stüve also, dass zwischen Bremer Straße und Buerscher Straße möglicherweise noch Landwehrreste als Grasstreifen erhalten waren.

Im gewissen Widerspruch dazu fährt er aber dann fort: „Ob man früher den Schutz nach dieser Seite hin minder nothwendig gehalten hatte, ist nicht klar. Vielleicht war auch die Absicht gewesen, einen größeren Bezirk in die Landwehr einzuschließen." Wenig später äußert er sich ähnlich, wenn er schreibt: „Es liegt die Vermuthung nicht fern, daß man beabsichtigt haben möge, diese Schutzwehr mit der Zeit um die Schinkeler Bauerschaft zu ziehen, wenigstens solche an die Landwehr bei der Nürenburg anzuschließen."

Die Landwehr im Schinkel bei Ludwig Hoffmeyer

Stüves Aufsatz von 1858 bildet die Grundlage für nahezu alle späteren Angaben über die Schinkeler Landwehr, die im Grunde immer nur erneut wiederholt werden. Dies trifft auch für die volkstümliche „Chronik der Stadt Osnabrück" aus dem Jahre 1918 zu, die aus der Feder des Seminaroberlehrers Ludwig Hoffmeyer (1845-1935) stammt. Ähnlich wie Stüve schreibt Hoffmeyer, wenn auch erst in der zweiten Auflage dieses Werkes von 1935, dass „die Grenze zwischen Osnabrück und Schinkel noch im 16. Jahrhundert" durch „eine mit Holz besetzte Landwehr" gekennzeichnet wurde, die später einen „Grasstreifen in der Richtung des jetzigen Kanonenweges" bildete. Bereits in der ersten Auflage aus dem Jahre 1918 vermutet er, dass „man vielleicht vorhatte, die Landwehr um Schinkel herum und bis zur Nürenburg fortzuführen."

Knapp zehn Jahre später in den Osnabrücker Mitteilungen 48 (1926) beschreibt Hoffmeyer dann einen längeren Aufsatz über „Die Osnabrücker Leischaften" den Verlauf der Landwehr im Schinkel etwas genauer. Diese läuft nach ihm „mitten durch die Gartlage an der alten evangelischen Schule im Schinkel vorüber". Letztere lag an der Südostecke der Einmündung Bremer Straße/Wereschstraße (Lutherschule) und wurde im Zweiten Weltkrieg zerstört. Anschließend schloss die Landwehr „die Scharnhorst- und die Blücherstraße ein, schneidet beim Grenzweg die Buersche Straße und endet an der Hase".

Außerdem führt Hoffmeyer in diesem Aufsatz die Ländereien der Herrenteichslaischaft aus deren Lagerbuch auf. Zu diesen zählten auch der „Landwehrgraben" und „die Kuhwiese am Landwehrgraben".

Auf der zugehörigen, von Hoffmeyer entworfenen Karte der Herrenteichslaischaft finden sich auch östlich der Oststraße die Landwehr sowie außerdem die angrenzende Große Kuhwiese und die Kleine Kuhwiese eingetragen.

Hermann Rotherts „Geschichte der Stadt Osnabrück im Mittelalter" und die vermeintlich fehlende Landwehr im Schinkel

Sechs Jahre später im Band 53 (1932) der „Osnabrücker Mitteilungen" wurde die Münsteraner Dissertation von Heinrich Blömker über „Die Wehrverfassung der Stadt Osnabrück bis zum Westfälischen Frieden" veröffentlicht, die auch ein Kapitel über die „Landwehr" enthält. Blömker meint zunächst, dass die Altstadt wahrscheinlich „ihr gesamtes Gebiet mit niedrigen Wällen und Gräben umgab" und erwähnt auch die Landwehr im Schinkel, wenn er schreibt: „In südlicher Richtung lief dann die Landwehr über die Dodesheide und durch die Gartlage bis etwa zur Schützenburg, wo sie wieder die Hase erreichte."

Dann aber stellt Blömker, erneut den Angaben Stüves aus dem Jahre 1858 folgend, fest: „Die Landwehr an der Ostseite der Stadt scheint nicht ganz durchgeführt worden zu sein. Vielleicht hatten die Bürger den Plan, sie hier weiter zu führen, und zwar nach Lage der Dinge wohl um die Bauerschaft Schinkel." Die Landwehr von der Hase zur Burg Gretesch sollte „vermutlich mit der Zeit ganz Schinkel umschließen oder sonst irgendwie mit der Stadtlandwehr verbunden werden".

In der Folgezeit verfestigt sich die These von der fehlenden Landwehr im Schinkel weiter, so auch im Heft Osnabrück des „Niedersächsischen Städteatlasses" aus dem Jahre 1935, das von dem ehemaligen Braunschweiger Museumsdirektor Paul Jonas Meier (1857-1946) stammt. Meier schreibt nämlich dort im erläuternden Text: „Auch zwischen der Nurenburg und bis zur Hase im" Südosten „fehlte die Landwehr".

Ebenso hat der ehemalige Bersenbrücker Landrat Hermann Rothert (1875-1962) in seiner bis heute grundlegenden „Geschichte der Stadt Osnabrück im Mittelalter" (erstmals erschienen in den Osnabrücker Mitteilungen 57 (1937) und 58 (1938) und später 1966 und 2004 als Einzelschrift) Stüves These von einer nicht vorhandenen Landwehr im Schinkel übernommen.

Nach der Erwähnung der Gretescher Landwehr schreibt Rothert 1938 im zweiten Teil seiner Stadtgeschichte nämlich:

> „Wie Stüve vermutete, ging die Absicht dahin, mit der Zeit die ganze Bauerschaft Schinkel in die Schutzwehr einzubeziehen und jene damit in der Stadtfeldmark aufgehen zu lassen. Das ist nicht unwahrscheinlich, doch war die Zeit, wo sich solche Pläne hätten verwirklichen lassen, gegen Ausgang des Mittelalters vorüber."

Kaspar Müllers Broschüre „Die Osnabrücker Landwehr" von 1974

Anfang der 1970er-Jahre führte die Osnabrücker Technikerschule für Bauwesen unter ihrem Leiter Oberstudiendirektor Kaspar Müller (1926-2016) umfangreiche Untersuchungen an der Osnabrücker Landwehr und insbesondere an den Resten des Nahner Turmes durch. Dazu veröffentlichte Müller zur Jahreswende 1974/75 eine inhaltsreiche Broschüre über „Die Osnabrücker Landwehr", die leider nur als Rundbrief der „Technikerschule für Bauwesen" erschienen ist.

Wie nicht unbedingt verwunderlich, wurde in dieser Broschüre die These von der fehlenden Landwehr im Schinkel noch erweitert und vertieft. Nach der Erwähnung der Burg Gretesch, die „die Ostflanke" bis zur Hase sicherte, fährt Müller fort: „Ob hier in nördlicher Richtung der Schinkeler Raum ebenfalls" in die Landwehr „mit einbezogen werden sollte, kann nicht eindeutig nachgewiesen werden."

Später schreibt er dann: „Leider verlieren sich zur Gartlage hin" die Spuren der Landwehr, „die vielleicht noch in der Nähe der Schützenstraße zu finden wären. Die Namen Nürenburg, Crispinsburg und der später von den Schützen betriebene Schützenhof deuten ein Sicherungssystem an."

Indes lassen sich der Schützenhof und die nach ihm benannte Schützenstraße nicht unmittelbar mit der Osnabrücker Landwehr in Verbindung bringen. Vielmehr hat der Schützenhof seinen Namen von dem seit 1839 auf der Crispinsburg veranstalteten Osnabrücker Schützenfesten erhalten. Die Anfang des 16. Jahrhunderts erstmals überlieferte Crispinsburg wurde seitdem als Schützenhof bezeichnet. Sie lag zwischen Mindener Straße und Hase ungefähr im Bereich der Einmündung der Straße „Am Schützenhof" in die

Bessemerstraße. Allerdings könnte die Crispinsburg durchaus mit der Osnabrücker Landwehr in einem Zusammenhang stehen.

Anschließend stellt Kaspar Müller in seiner Landwehrbroschüre fest: „Im ‚Herrenteichs Esch' und damit an der Oststraße „läßt sich ein nördlicher Anschluß von Landwehrteilen an die Hase nicht nachweisen, und es ist davon auszugehen, daß hier auf etwa achthundert Meter Länge unverständlicherweise kein zusammenhängendes Schutzsystem bestanden hat." Wie die Stadtgeschichtsforschung vor ihm hat also Kaspar Müller ebenfalls den Widerspruch in Stüves Aufsatz aus dem Jahre 1858 übersehen oder nicht beachtet, in dem sich auch angedeutet findet, dass der „Streifen Grasland" an der Oststraße vielleicht ehemals eine Landwehr war.

Müller folgert dann weiter: „Diese Unachtsamkeit, die Ostflanke der Landwehr nicht sorgfältig genug gesichert zu haben, sollte insbesondere in den sehr unruhigen Jahren von 1424 bis 1455 für das heimische Schützenwesen zu mehreren Aufgeboten führen." Er meint damit offenbar insbesondere die Raubzüge Graf Johann von Hoyas im Jahre 1441. Das „Einfallstor" für dessen Viehraub im Südosten der Stadtfeldmark 1441 und seinen kurz darauf im selben Jahr von Iburg ausgehenden erneuten Überfall dürfte nach Müller „wiederum die nicht durch eine zusammenhängende Landwehr gesicherte Ostflanke (von der Hase bis zur Dodesheide) gewesen sein."

Mit Bezug auf Stüve vermutet Müller dann weiter, dass geplant war, „von der Burg Gretesch die ‚Sehnenstellung' der Schutzanlage in nördlicher Richtung" fortzusetzen, „um so neben der Ostflankensicherung den Schinkeler Raum miteinzubeziehen".[1]

Die Schrift „Von Wällen und Gräben. Die Osnabrücker Landwehr" von Hartmut Peucker aus dem Jahre 2000

Die neueste umfassende Darstellung der Osnabrücker Landwehr mit vielen genauen Karten und Plänen stammt aus dem Jahre 2000 und wurde von Hartmut Peucker (Professor für Landschaftspflege, Vegetationskunde und Waldbau an der Fachhochschule Osnabrück) verfasst.

Auch Peucker stellt die Behauptung von einer nicht vorhandenen Landwehr im Schinkel auf, wenn er schreibt: „Der Landwehrring um die Stadt wurde niemals ganz geschlossen. […] Im Osten […] boten Sandbach und Hase nur unzureichenden Schutz." Dementsprechend finden sich auf der zugehörigen Landwehrkarte Hase, Nette und Sandbach als „sichernde Wasserläufe" eingetragen. Diese Karte ist, was nicht unwesentlich ist, in der neuen „Geschichte der Stadt Osnabrück" aus dem Jahre 2006 abermals zum Abdruck gekommen.

Peucker erwähnt auch den Kauf der Burg Gretesch durch das Osnabrücker Wüllneramt (Wüllner = Wollweber) im Jahre 1457 und den Bau der dortigen Gretescher Landwehr, und fährt fort: „Ob darüber hinaus weitere Schutzanlagen nach Nordosten ausgeführt wurden, ist unklar. In alten Karten taucht der Name ‚Landwehr' an der Stadtgrenze zur Gemarkung Schinkel auf einem schmalen Geländestreifen zwischen Buersche Straße und Bohmter Straße etwa im Verlauf der heutigen Blücher- und Scharnhorststraße auf."

Peucker hat also im Gegensatz zu den vorigen Verfassern sehr wohl die diesbezüglichen Angaben Stüves in den „Osnabrücker Mitteilungen" von 1858 zur Kenntnis genommen. Anschließend folgert er aber wenig oder nicht recht überzeugend: „Wälle und Gräben sind hier aber wohl nicht angelegt worden." Peucker erweitert dann die These von der fehlenden Landwehr im Schinkel noch, indem er den nur recht schmalen Sandbach am Ostrand der Gartlage, der beinahe eher ein Rinnsal darstellt, für einen Landwehrersatz hält, wenn er schreibt: „Es gab auch natürliche Hindernisse, die zur Stadtsicherung benutzt wurden: im Norden die Nette und die Hase, im Osten der Sandbach und die Hase."

Die Landwehr an der Oststraße auf dem „Grundriss des Bezirkes der Stadt Osnabrück" von 1813

Wie schon oben dargelegt, verlief die Landwehr im Schinkel zwischen Bremer Straße und Buerscher Straße östlich der Oststraße annähernd im Zuge von Scharnhorststraße und Blücherstraße bis zum Grenzweg. Sie bildete auch die Grenze zwischen der Osnabrücker Stadtfeldmark und der Bauerschaft Schinkel und führte damit südwestlich am VFL-Stadion vorbei. Dieser Landwehrverlauf ist auch auf einigen alten Karten und Stadtplänen aus dem 19. Jahrhundert überliefert.

Der älteste Nachweis findet sich auf einem „Grundriss des Bezirkes der Stadt Osnabrück"

aus dem Jahre 1815 von Georg Bernhard Hollenberg, der von dem Wegebaumeister Johann Christian Sickmann (1787-1861) kopiert wurde. (Abb. 1) Auf dieser Karte ist die ganze Landwehr zwischen Bremer Straße und Buerscher Straße, an der Ostgrenze der Osnabrücker Stadtfeldmark verlaufend, einschließlich der Kleinen Kuhwiese als „Landwehr-Damm" eingetragen, während die Osnabrücker Landwehr zwischen Sandbach und Nette wie die übrigen Landwehrabschnitte als „Stadts Landwehr" bezeichnet wird.

Man darf also mit ziemlicher Sicherheit annehmen, dass an dieser Stelle im Schinkel entgegen Peuckers Vermutung tatsächlich eine Landwehr vorhanden war. Denn wo das Wort „Landwehr" steht, wird es im Allgemeinen auch eine Landwehr gegeben haben.

Vielleicht war die Schinkeler Landwehr 1858 ähnlich wie heute etwa die Land-

Abb. 1: Der „Landwehr-Damm" zwischen der Bremer Straße und der Buerschen Straße neben der Oststraße an der Grenze Osnabrück/Schinkel auf einer Karte der Osnabrücker Stadtfeldmark von Georg Bernhard Hollenberg aus dem Jahre 1815 (Ausschnitt aus: NLA OS: K 62 c Nr. 8 H).

wehr in der Gartlage aber schon so niedrig und abgeflacht, dass sie Stüve nicht mehr als solche erkannt hat. Jedenfalls wird ja auch heute ein Unkundiger die recht unscheinbaren und flachen Reste der Gartlager Landwehr besonders im Nordwestteil dieses Waldstücks nicht unbedingt für eine alte Wehranlage halten.

Zudem wurden im 18. Jahrhundert schon viele Landwehren beseitigt und abgetragen, weil sie vor allem wegen der Feuerwaffen zunehmend ihre alte Bedeutung und ihre ursprünglichen Aufgaben verloren hatten. Das einstige Vorhandensein solcher Landwehren lässt sich daher oft nur noch in alten Akten und auf frühen Karten nachweisen. Und dies kann besonders auch auf die Landwehr im Schinkel zutreffen, die inmitten von Ackerfeldern lag und nur ungefähr 1,6 Kilometer von der Stadtbefestigung entfernt war.

Nur archivalisch überliefert ist etwa eine Landwehr südöstlich von Schledehausen in Ellerbeck und Grambergen auf dem Bulsbrink an der Grenze zwischen den Altkreisen Melle und Osnabrück.

Auch die Bezeichnung Landwehrdamm könnte auf eine schon weitgehend abflachte und eingeebnete Landwehr hinweisen, deren Platz aber immerhin noch durch eine etwas erhöhte Lage erkennbar war.

Weiter soll nach der „Chronik der Stadt Osnabrück" die von Stüve und Hoffmeyer überlieferte Bezeichnung „Kanonenweg" für den Landwehrstreifen an der Oststraße entstanden sein, weil auf ihm in napoleonischer Zeit Kanonen und Munitionswagen, ohne die Stadt berühren zu müssen, zur Bremer Straße („Straße nach Diepholz und Bremen") gebracht werden konnten. Und wahrscheinlich hat auch der Kanonenweg als Rest der

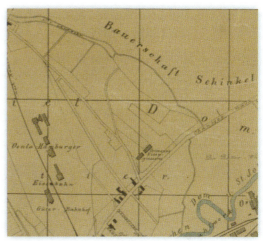

Abb. 2: Die „Alte Landwehr" neben der Oststraße zwischen der Bremer Straße und der Umgehungsbahn auf einem „Plan der Stadt Osnabrück" aus dem Jahre 1876 (Ausschnitt aus: NLA OS: K 62 c Nr.54 H).

Abb. 3: Die „Alte Landwehr" neben der Oststraße zwischen der Bremer Straße und der Umgehungsbahn auf einem „Plan von Osnabrück" aus dem Jahre 1876 (Ausschnitt aus: NLA OS: K 62 c Nr .57 H).

Landwehr etwas erhöht gelegen. Heute trägt den Namen Kanonenweg bekanntlich eine wenig westlich der Oststraße verlaufende Straße zwischen Buerscher Straße und Wissinger Straße.

Die Schinkeler Landwehr auf drei Osnabrücker Stadtplänen aus dem Jahre 1876

An derselben Stelle eingetragen ist die Landwehr an der Oststraße auch gut 60 Jahre später auf drei Osnabrücker Stadtplänen von 1876, die sich weitgehend gleichen. (Abb. 2 und 3)

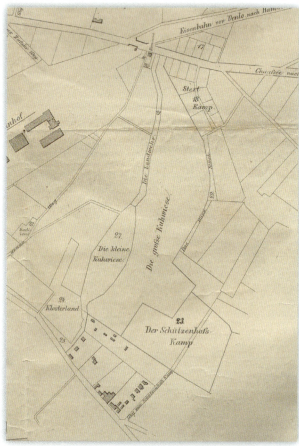

Und zwar heißt der Geländestreifen östlich der Oststraße bis etwa zur Umgehungsbahn zwischen Tannenburgstraße und Wissinger Straße ungefähr im Zuge der Scharnhorststraße hier „Alte Landwehr" oder „Die Landwehr". Auf zwei dieser drei Karten findet sich die Bezeichnung „Die Landwehr" auch bei dem heute noch teilweise vorhandenem Landwehrstück zwischen Lerchenstraße und Knollstraße. Dies lässt ebenfalls vermuten, dass auch die Landwehr an der Oststraße tatsächlich eine echte Landwehr gewesen ist.

Die Landwehr zwischen Bremer Straße und Buerscher Straße als Besitz der Herrenteichslaischaft auf einem Grundstücksplan von 1878

Sehr genau und exakt eingetragen und als solche bezeichnet findet sich die Oststraßenlandwehr auch zwei Jahre später auf einem gedruckten „Situations Plan der Grundstücke der Herrenteichs Laischaft" aus dem Jahre 1878.

Abb. 4: „Die Landwehr" neben der Oststraße sowie die „Die kleine Kuhwiese" und „Die große Kuhwiese" auf einem „Situations Plan" der Herrenteichslaischaft aus dem Jahre 1878 (Ausschnitt aus: NLA OS: Dep 9 b Nr. 152).

(Abb. 4) Ihr Nordabschnitt bis annähernd zur Umgehungsbahn ist hier wieder als „Die Landwehr" bezeichnet. In der Kartenlegende heißt dieser Geländestreifen ebenfalls „Die alte Landwehr". Diese bildete 1878 schon einen „Acker" und gehörte der Herrenteichslaischaft.

Südlich davon ungefähr im Zuge der Blücherstraße bis ungefähr in Höhe der Mittelburgstraße liegt die längsovale „kleine Kuhwiese". Östlich davon und östlich der Umgehungsbahn erstreckt sich „Die große Kuhwiese". „Die kleine Kuhwiese" zählte ebenfalls zum Besitz der Herrenteichslaischaft.

Der Butterbach als Landwehrgraben der Landwehr an der Oststraße?

Den Landwehrgraben der Landwehr an der Oststraße könnte der Butterbach gewesen sein, der auch der um 1900 im Winter als Eislaufbahn genutzten Butterwiese zwischen Hase, Buerscher Straße, Kölner Straße und der Straße „An der Rosenburg" ihren Namen gegeben hat.

Deutlich eingetragen ist der Butterbach auf der Landesaufnahme des Fürstbistums Osnabrück von 1765/67. (Abb. 5) Diese wurde unter der Leitung der hannoverschen Offiziere Georg Wilhelm von dem Bussche und Franz Christian Benoit angefertigt. Da der englische König Georg III. damals als Vater des noch minderjährigen Fürstbischof Friedrich von York die Regierung des Fürstbistums Osnabrück ausübte, werden die Originale dieser Karten heute in der zum Britischen Museum gehörenden Britischen Bibliothek (British Library) in London aufbewahrt.

Abb. 5: Die nördliche Landwehr in Osnabrück-Schinkel von der Gartlage und der Bremer Straße über die Wesereschstraße und die Belmer Straße zur Burg Gretesch auf der Landesaufnahme des Fürstbistums Osnabrück von Georg Wilhelm von dem Bussche und Franz Christian Benoit aus den Jahren 1765/67. Südlich der Bremer Straße bis zur Hase ist der Butterbach erkennbar (Ausschnitt aus: British Library London: K 91 67(I). Bl. 10, Fotokopie im: NLA OS: K 100 Nr. 6 H. Bl. 17).

Der Butterbach beginnt auf dieser Landesaufnahme an der Bremer Straße und verläuft annähernd im Zuge der Oststraße bis zur Hase. Wenig nördlich der Buerschen Straße biegt er nach Südwesten ab.

Da nur etwa 350 Meter nordwestlich der Bremer Straße am Ostrand der Gartlage der Sandbach fließt und in dem flachen Gelände zwischen Butterbach und Sandbach keine Wasserscheide erkennbar ist, war der Butterbach wohl kein natürliches Fließgewässer, sondern ist offensichtlich als Fortsetzung des noch vorhandenen Landwehrgrabens von der Nette bis zum Sandbach künstlich angelegt worden.

Allerdings darf nicht unerwähnt bleiben, dass sich 1931/33 beim Bau des VFL-Stadions dort sumpfiger Moorboden feststellen ließ.

Der fehlende Landwehrturm an der Bremer Straße

Merkwürdig und rätselhaft indes erscheint es, dass an der Bremer Straße im Gegensatz zu den anderen Osnabrücker Ausfallstraßen kein Landwehrturm nachweisbar ist.

Aber vielleicht hatte die Bremer Straße früher noch nicht eine so große Bedeutung als Fernstraße wie nach ihrem Ausbau zur befestigten „Chaussee" Ende des 18. Jahrhunderts 1780/95 und in napoleonischer Zeit um 1811. Denn vorher verlief der Fernverkehr nach Bremen hauptsächlich über die Bramscher Straße und anschließend über Wallen-

horst, Bramsche, Vörden, Damme, Vechta und Wildeshausen sowie auch auf dem sogenannter Hunteburger Weg über die Knollstraße und weiter über Powe, Vehrte, Driehau-
sen, Hunteburg und Lemförde. Und der Postweg nach Hannover über die Bremer Straße
und weiter über Bohmte, Diepenau und Stolzenau lässt sich erst seit der frühen Neuzeit
im späten 17. und im 18. Jahrhundert nachweisen, als die große Zeit der Landwehren
schon lange vorbei war.

Allerdings führte über die Bremer Straße früher bis Anfang des 19. Jahrhunderts auch die
Straße von Osnabrück nach Minden. Diese trennte sich auf dem Schinkelberg etwa an
der Einmündung des Power Weges und der Nordstraße von der Bremer Straße und verlief
anschließend über Belm, Wulften, Mönkehöfen und Wehrendorf.

Das Fehlen oder vielmehr der mangelnde Nachweis eines Landwehrturmes an der Bremer
Straße ist daher nicht recht erklärbar.

Jedoch hat womöglich die ältere Verbindung von Osnabrück nach Minden unmittelbar
nach Osten über die Meller Straße mit dem Hettlicher Turm oder die Mindener Straße mit
dem Gretescher Turm geführt.

Nicht unerwähnt bleiben sollte in diesem Zusammenhang, dass die Osnabrücker Stadtlandwehr im 18. Jahrhundert zwei Durchgänge unbekannten Alters ohne einen Wart-
turm besaß, nämlich an der Alfred-Delp-Straße im Stadtteil Wüste (bis 1972: Hörner
Weg) und in Nahne an der Straße „Auf dem Hauerlande" im Zuge des Bröckerweges
unmittelbar südlich der Autobahn A 30. Den letzteren Durchgang erwähnt auch der Bürgermeister Stüve 1858 in seinem Aufsatz über die Osnabrücker Stadtfeldmark im Band
5 der „Osnabrücker Mitteilungen" und hält ihn für möglicherweise ebenso alt wie den
Hettlicher, Nahner und Wulfter Turm. Und ein derartiger turmloser Landwehrdurchgang
könnte auch an der Bremer Straße bei der Bremen Brücke vorhanden gewesen sein.

Die nördliche Schinkeler Landwehr vom Sandbach und der Bre-mer Straße über die Wesereschstraße und die Belmer Straße bis zur Burg Gretesch

Indes gab es mit ziemlicher Sicherheit in der alten Bauerschaft Schinkel nordöstlich der
Oststraßenlandwehr noch eine weitere Landwehr, die von der Bremer Straße bis nach
Gretesch verlief.

Auf der schon erwähnten Landesaufnahme von von dem Bussche/Benoit aus den Jah-
ren 1765/67 setzt sich die Osnabrücker Stadtlandwehr nämlich vom Sandbach geradlinig
nach Südosten zur Bremer Straße fort. Dort steht das Wort „Land : wehr" zwischen der
Knollstraße in Höhe des Landwehrhauses in der Dodesheide (auf dem Platz des Hauses
Knollstraße 159) und der Bremer Straße. Und zwar findet sich die Silbe „Land" zwischen
Knollstraße und Sandbach; während zwischen Sandbach und Bremer Straße die zweite
Worthälfte „wehr" eingetragen ist.

Östlich der Bremer Straße verläuft die Landwehr auf der Bussche/Benoit-Karte dann aber erstaunlicherweise ungefähr von der Abzweigung der Oststraße nördlich am Stadion Bremer Brücke vorbei zunächst weiter nach Nordosten und dann nach Ostsüdosten wenig südlich der Wesereschstraße bis zum Heiligenweg.

Westlich des Heiligenweges setzt sich die Landwehr anschließend in ostsüdöstlicher Richtung nach Schinkel-Ost bis zunächst zur Einmündung des Gretescher Weges in die Belmer Straße fort. Östlich der Weberstraße führt sie unmittelbar nördlich am Vollerbenhof Ruppenkamp (Belmer Straße 145) vorbei. Sofort östlich diese Hofes und wenig westlich der Straßeneinmündung Belmer Straße/Gretescher Weg bildet sie unmittelbar nördlich der Belmer Straße den Südrand des früher dort befindlichen Fischteiches im Zuge des Röthebaches. Annähernd an seiner Stelle befindet sich heute um den Röthebach ein Regenrückhaltebecken.

Unmittelbar westlich der Abzweigung des Gretescher Weges von der Belmer Straße überquert die Landwehr die Belmer Straße und verläuft anschließend weiter unmittelbar an ihrem Südrand nach Osten bis zur Straße „Burg Gretesch". An der Südwestecke der Belmer Straße/Straße „Burg Gretesch" nördlich der Papierfabrik Schoeller biegt sie dann im Zuge der Straße „Burg Gretesch" beinahe im rechten Winkel scharf nach Südsüdosten um und stößt an der ehemaligen Burg Gretesch beim Belmer Mühlenbach auf die von der Mindener Straße und der Hase kommende Gretescher Landwehr.

Da die Landesaufnahme von von dem Bussche/Benoit für die damalige Zeit ziemlich genau und zuverlässig ist, dürfte es auch diese nördliche Schinkeler Landwehr mit einiger Sicherheit zweifelsfrei gegeben haben.

Das heutige VFL-Stadion an der Bremer Brücke war daher bis in die zweite Hälfte des 18. Jahrhunderts nicht nur im Südwesten, sondern auch im Norden von einer Landwehr umgeben.

Mögliche zukünftige Nachweise der Schinkeler Landwehr bei Baustellenbeobachtungen und archäologischen Ausgrabungen

Für die Zukunft erscheint es zweifellos notwendig und geboten, durch weitere Archivforschungen zusätzliche Nachweise und Erkenntnisse zur Osnabrücker Stadtlandwehr im Schinkel zu gewinnen und natürlich auch die Angaben dieses Aufsatzes zu überprüfen. Ebenso müsste, wenn sich dazu Gelegenheit bietet, bei Tiefbauarbeiten und in Baugruben nach den beiden Schinkeler Landwehren gesucht werden. Und vielleicht lassen sich in den betreffenden Bereichen auch einmal archäologische Ausgrabungen durchführen.

Literatur

- Bruch, Rudolf v.: Die Rittersitze des Fürstentums Osnabrück. Osnabrück 1930, ²1965, ³1982, ⁴2004. S. S.60, 474.

- Denkmaltopographie Bundesrepublik Deutschland. Baudenkmale in Niedersachsen. Band 32: Stadt Osnabrück. Bearb. von Christian Kämmerer. Braunschweig, Wiesbaden 1986. S. 19.

- Der Grönegau. Meller Jahrbuch 31 (2013). S. 101,103.

- Heimat gestern und heute. Mitteilungen des Kreisheimatbundes Bersenbrück (KHBB) e. V. 16 (1969). S. 173-175, 180 (Beitrag Werner Dobelmann).

- Herzog, Friedrich: Das Osnabrücker Land im 18. und 19.Jahrhundert. Oldenburg i. O. 1938. S. 83, 86, 87.

- Hoffmeyer, Ludwig: Chronik der Stadt Osnabrück. Band 1. Osnabrück 1918. S.350, 351, 487, 488, ²Osnabrück 1935. S. 353, 354, 402, 403.

- Derselbe: Die Namen der Straßen und Plätze in der Stadt Osnabrück. Osnabrück 1913. S. 25.

- 25 Jahre Studium des Gartenbaus und der Landespflege in Osnabrück. Osnabrück 1974. S. 26, 52.

- Jeske, Rüdiger: Die Osnabrücker Laischaften im 19. und 20. Jahrhundert. Osnabrück 1998. S. 100,101, 215.

- Kohstall, Philipp: Aus der Chronik von Schinkel. Osnabrück 1914. S. 13, 14, 38-41.

- Lembcke, Rudolf: Johannes Miquel und die Stadt Osnabrück unter besonderer Berücksichtigung der Jahre 1865-1869. Osnabrück 1962. Tafel IX nach S. 144.

- Meier, Paul Jonas: Niedersächsischer Städteatlas. II. Abteilung. Teil 4: Osnabrück. Braunschweig, Hamburg 1935. S. 8, 9, Tafel III.

- Müller, Kaspar: Die Osnabrücker Landwehr. Bericht über die Untersuchungen der Technikerschule für Bauwesen Osnabrück. Osnabrück 1974. S. 1, 16, 17.

- Osnabrücker Land. Heimat-Jahrbuch 1985, S. 119-129; 1986, S. 117-130; 1999, S. 64, 65, 72; 2020, S. 161-166.

- Osnabrücker Mitteilungen 5 (1858). S. 13, 52-55 (Beitrag Johann Carl Bertram Stüve); 48 (1926). S. 180, 190, 191, vierte Karte nach S. 96 (Beitrag Ludwig Hoffmeyer); 53 (1932). S. 43-48 (Beitrag Heinrich Blömker); 58 (1938). S. 129, 130 (Beitrag Hermann Rothert); 63 (1948). S. 281-302 (Beitrag Joseph Prinz).

- Peucker, Hartmut: Von Wällen und Gräben. Die Osnabrücker Landwehr. Osnabrück o. J. (2000). S. 9, 10, 14, 17, 24.

- Rothert, Hermann: Geschichte der Stadt Osnabrück im Mittelalter. Osnabrück 1966, ²2004. Zweiter Teil. S. 129, 130 (Erstdruck in: Osnabrücker Mitteilungen 57 (1937), S. XVII-XXIII,1-325, und 58 (1938)).

- Schinkel im Wandel der Zeit. Festschrift zum 100-jährigen Bestehen des Bürgerverein Schinkel von 1912 e. V., Redaktion: Carsten Friderici, Heinrich Grofer, Matthias Sandfort. Osnabrück 2012. S. 29-33 (Beitrag Heinrich Grofer).

- Schinkeler Geschiche(n), Redaktion: Erich K. Brundiek, Frank Schumacher. Osnabrück 1990. S. 87-89, 281, 282, 327-329.

- Schulze, Heiko: Fußlümmel und Lila-Weiße. Zur Frühgeschichte des Osnabrücker Fußballs. Osnabrück 2015. S. 92-96.

- Steinwascher, Gerd (Hrsg.): Geschichte der Stadt Osnabrück. Belm 2006. S. 94-96, 897, 898 (Beitrag Dietrich W. Poeck).

- Wrede, Günther: Geschichtliches Ortsverzeichnis des ehemaligen Fürstbistums Osnabrück. Band 2. Hildesheim 1977,² Osnabrück 2002. S. 188.

- British Library London: K 91 67(I). Bl. 10 (Fotokopie im Niedersächsischen Landesarchiv. Abteilung Osnabrück (künftig: NLA OS): K 100 Nr.6 H. Bl.17).

- NLA OS: Rep 100 Abschnitt 163, Nr.42; Abschnitt 166, Nr.5; Rep 100 a IV, Nr.25 I. Flur I, Parzelle 22, 23; Rep 560 VIII Nr.220; Dep 9 b Nr.152; K 62 b Nr.1 H. Bl. 2; Dep 3 K 62 b Süd Nr.1 H; K 62 c Nr.4 H, 8 H, 54 H, 56 H, 57 H; K Akz. 2009/002 Nr.4 M (Faksimile-Neudruck Osnabrück 2013).

1   Die möglichen Landwehrreste in einem Waldstück an der Glatzer Straße, von denen Kaspar Müller in der Festschrift zum 100-jährigen Bestehen des Voxtruper Schützenvereins berichtet, könnten wohl eher von einem Nebenzweig der alten Straße von Osnabrück über Belm, Wulften, und Wehrendorf nach Minden stammen, der über die Wesereschstraße, die Windthorststraße und den Friedhofsweg in Belm verlief (100 Jahre Voxtruper Schützenverein 1900 e. V. Osnabrück 2000. S. 145).

Das Kreuzherrenkloster Osterberg (1427-1633)

Wilfried Pabst

Von Zeit zu Zeit liebt es die Geschichte, sich zu verdichten, an Stellen, die weitab vom politischen Geschehen zu liegen scheinen, an Stellen, von denen man es am allerwenigsten vermutet hätte, an Stellen, die sonst keine überregionale Bedeutung und Aufmerksamkeit erlangt hätten und weitgehender Gleichgültigkeit sicher sein konnten. Das sollte sich auch für das Kloster Osterberg im 16. Jahrhundert beim Übergang vom Spätmittelalter zur Frühen Neuzeit so erweisen.

Am 6. Juni 1427 genehmigte Graf Otto von Tecklenburg die Übertragung des Gutes Osterberg von den „Brüdern vom Gemeinsamen Leben" auf den „Kreuzbrüderorden" – ein Vorgang, der für die ganze Grafschaft Tecklenburg und das angrenzende Osnabrück von Bedeutung werden sollte, wie neuere Forschungen gezeigt haben.

Die Brüder vom Gemeinsamen Leben

Die „Brüder vom Gemeinsamen Leben", ursprünglich „Broeders des gemeenen levens" genannt, waren eine religiöse Erweckungsbewegung, die zu Ende des 14. Jahrhunderts in den Niederlanden entstanden war. Ihr Ideal war die „zeitgemäße Frömmigkeit". Ohne den Bettelgang wollten sie von ihrer eigenen Hände Arbeit „keusch, einträchtig und in Gemeinschaft" leben und sich in der Nachfolge Christi dem Gottesdienst, den guten Werken und den Tugenden widmen. Ihre Mitglieder, die keine religiösen Gelübde abgelegt hatten, schlossen sich in kleinen klosterähnlichen Glaubensgemeinschaften, den sogenannten Bruder- oder Fraterhäusern zusammen.

Zu ihren streng beachteten Grundsätzen gehörte die Abkehr von allem wissenschaftlichen Ehrgeiz, ein enthaltsames Leben, gegenseitige Achtung und Liebe, freiwilliger Gehorsam gegenüber der selbst gewählten Autorität. Ihren Lebensunterhalt verdienten sie sich mit Handarbeit, vornehmlich mit Schreiben und Illuminieren von Büchern und mit Buchbinderarbeiten. Ihr Vorbild war die Brudergemeinde der Urkirche. Es war gerade nicht ihre Absicht, einen neuen Orden zu gründen. Vielmehr wollten sie Innerlichkeit und Weltoffenheit miteinander verbinden. Als Basisbewegung, die weder von einer weltlichen noch von einer kirchlichen Institution getragen wurde, bevorzugten sie die Volkssprache gegenüber dem Latein, der Sprache der Amtskirche.

Durch ihr ernsthaftes Auftreten erwarben sich die „Brüder vom Gemeinsamen Leben" bald große Aufmerksamkeit und Achtung, vor allem in den Städten. Das Bruderhaus in Deventer wurde Vorbild für viele andere in den Niederlanden, dann in Westfalen. Dort entstand als erste Niederlassung in Deutschland das Fraterhaus Springborn in Münster (1401). Nicht viel später bildete sich eine Klerikergemeinschaft im Osterberg (1409). In Osnabrück wird eine solche Gemeinschaft erstmals 1407 erwähnt. Da sich aber der Rat gegen eine Niederlassung sträubte, verlegte sie ihren Sitz nach Herford.

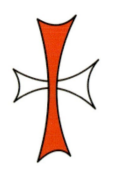

Abb. 1: Das rotweiße Ordensreuz des Ordens von Heiligen Kreuz. (Wikipedia)

Der Kreuzherrenorden

Die Mitglieder des niederländischen Ordens vom Heiligen Kreuz nannten sich „Kreuzträger", „Kreuzbrüder" und seit dem Ende des 15. Jahrhunderts „Kreuzherren". Für sie ist Christus der triumphierende Leidende am Kreuz. Ihr Wahlspruch lautete: Im Kreuz ist das Heil (in cruce salus) bzw. Sei gegrüßt, Kreuz, einzige Hoffnung (o crux ave spes unica). Sie erstrebten eine besonders persönliche und verinnerlichte Frömmigkeit, die ihre Kraft nicht so sehr aus der Mitfeier der kirchlichen Liturgie und aus den Sakramenten schöpfte als vielmehr aus der stillen Betrachtung des Leidens Christi und aus dem Geist der Bergpredigt.

Sie predigten eine praktische Frömmigkeit und galten als wichtigste Vertreter der berühmten „devotio moderna". Sie lebten nach der Regel des hl. Augustin und kümmerten sich auch um die Seelsorge in ihrer näheren Umgebung. Obwohl sie das Recht hatten, Almosen zu sammeln, zählten sie nicht zu den Bettelorden, da ihnen gemeinschaftlicher Besitz ausdrücklich gestattet war. Als Regularkanoniker verpflichteten sie sich zum gemeinsamen Gottesdienst, zum Gemeinschaftsleben in Armut und zum ständigen Aufenthalt an einem Ort.

An der Spitze des Ordens stand der Generalprior des Mutterklosters Huy an der Maas. Das jährlich in Huy zusammentretende Generalkapitel, die Versammlung aller Ordenspriorren, wählte ein Kollegium von vier Vertrauensleuten, sogenannte „Definitoren". Klos-

Abb. 2: Sandsteinrelief mit dem Ordenskreuz und dem Wahlspruch „O CRUX AVE SPES UNICA" im Portal des Klosters Bentlage. (Foto: Museum Kloster Bentlage, Rheine.)

Abb. 3: Tür einer Mönchszelle im Kloster Bentlage. In der Mitte des Türblattes findet sich das rot-weiße Kreuz des Ordens. (Foto: Museum Kloster Bentlage, Rheine.)

terzucht und Finanzlage überwachte man durch regelmäßige Rechenschaftsberichte und Visitationen.

Klöster besaß der Orden in den Niederlanden, im heutigen Belgien, in Frankreich, England und im Rheinland. Gegen Ende des 15. Jahrhunderts waren es rund 70 Konvente, darunter fünf im westfälischen Raum: im Osterberg, das 1427 als erstes Kreuzherrenkloster in Westfalen gegründet wurde, in Falkenhagen bei Bad Pyrmont (1432), in Bentlage bei Rheine (1437), in Höhnscheid im Kreis Waldeck (1468) und in Glindfeld im Sauerland (1499).

Übertragung des Erbgutes Osterberg

Am 6. Juni 1427 löste sich die kleine, wohl nicht lebensfähige Gemeinschaft der „Brüder vom Gemeinsamen Leben" auf und übergab das Erbgut Osterberg an den befreundeten Kreuzbrüderorden. Wir besitzen noch die Abschrift der Urkunde, in der Graf Otto von Tecklenburg die Übertragung genehmigte:

> „Wir, Graf Otto zu Tecklenburg, machen allen Leuten bekannt, bekunden und bezeugen in diesem offenen Brief für uns, für unsere rechtmäßigen Erben, Anerben und Nachkommen:
>
> Nachdem das Erbe und Gut „zum Osterberg" und der „Nobbenhof zum Hagenberg", die beide in unserem Land und in dem Kirchspiel Lotte gelegen sind, dem ehrbaren Priester Herrn Johann und seinen geistlichen Brüdern, die da waren und nachgekommen sind, in früheren Jahren verkauft worden waren, um Gott und seiner lieben Mutter Maria darauf zu dienen, haben wir auf Rat und Veranlassung unseres lieben Schwagers, des hochgeborenen Edlen Wilhelm von dem Berg, Graf zu Ravensberg, und mit Wissen und Genehmigung unserer lieben, getreuen Burgmannen und Untertanen zu Tecklenburg – und wir auch aufgrund unseres Herzenswunsches, den Gottesdienst in unserem Land und besonders in dem genannten Osterberg zu verbreiten und zu vermehren – eingewilligt und genehmigt, dass Herr Lambert zu Venne, Priester, und seine geistlichen Brüder, die nun das genannte Erbe und Gut besitzen und gebrauchen, mit unserem Willen und unserer Gunst diese Erben und Güter aus eigenem Entschluss in Liebe zu Gott den ehrbaren geistlichen Leuten, dem Prior und den Kanonikern des gemeinen Kapitels der Regularen des Gut Kreuzordens zu Huy, das in dem Stift Lüttich gelegen ist, und allen ihren Nachfolgern übergeben und übertragen haben. Sie sollen dort in demselben Osterberg ein Kloster zimmern und bauen können und sollen es mit einem ehrbaren Prior und mit anderen guten geistlichen Männern besetzen und behalten, so viele, wie von diesen Erben und Gütern redlich leben und sich erhalten können.
>
> Sie mögen dort nach der Satzung ihres Ordens ihre Regeln alle und vollkommen einhalten, in Gehorsam gegenüber ihrem gemeinen Kapitel und unter seiner Aufsicht auf ewige Tage sein und bleiben, ohne dass jemand sie behindert oder dagegen Widerspruch einlegt, und unseres Herrn Gottesdienst und den seiner lieben Mutter Maria

mit Singen und mit Lesen Tag und Nacht, wie es recht und billig ist, und mit anderen guten Werken vollbringen und für uns, für unsere Eltern und Vorfahren und auch für unsere Erben und Nachkommen und für den allgemeinen Frieden und das Wohlergehen unseres Landes und unserer Leute und der ganzen Christenheit getreulich bitten. Und damit sie das umso ungestörter in Frieden und unbehindert tun können, haben wir das künftige Kloster und den Konvent der Kanoniker des heiligen Kreuzordens zum Osterberg mit allen ihren Personen, mit beiden, mit Kanonikern und anderen Brüdern, Dienern und Gesinde samt und sonders unter unseren Schutz und Schirm genommen und umfangen. Wir wollen sie gern getreulich beschützen und verteidigen wie unsere anderen in unserem Land gelegenen Klöster nach all unserem Vermögen. Und da sie keine Rente davon haben und sich von fahrender Habe und saurer Arbeit erhalten und ernähren müssen, geben wir ihnen die Erlaubnis und es ist mit unserem guten Willen, dass sie eine Mühle im Osterberg zimmern und dort zu ihrem Nutzen gebrauchen, der ihnen davon kommen mag.

Die Herrschaftsrechte, die wir auch bis zu dieser Zeit an diesen Erben und Gütern gehabt haben, geben wir Gott und seiner lieben Mutter Maria zum Nutzen dieses Konvents und des künftigen Klosters zum Osterberg. Sie mögen die Erben und Güter mit all ihrem Zubehör und Rechten in der Mark, mit Austrieb und Eintrieb in Wald und Feld friedlich mit all ihrer eigenen Habe nach Gewohnheit der Marken gebrauchen, unwidersprochen ohne irgendeinen Gebührzwang, damit sie namentlich dem bösen Feind nachjagen, den Heiligen folgen und fortan von allem Kummer, sonstiger Last und Beschwernis und desgleichen frei sein können.

Auch sollen die Kanoniker und der Konvent keinerlei Erben, Güter oder Gulden in unserem Land und in unserer Herrschaft kaufen oder besitzen. Wenn ihnen dies geschehen sollte, sei es mit unserem Wissen und Wollen.

Und damit diese unsere gegenwärtige Gabe und Genehmigung beständig und ungebrochen auf ewige Tage bleiben möge, haben wir, Graf Otto zu Tecklenburg, zur Beurkundung und zum Zeugnis für uns und für alle unsere rechtmäßigen Erben, Anerben und Nachkommen unser Siegel an diesen Brief gehängt.

Hier waren daran und darüber der hochgeborene Edle Wilhelm von dem Berg, Graf zu Ravensberg, unser lieber Schwager, Wilhelm von dem Wolde, Herr Gerd Wellinck, Kirchherr zu Lingen, Herr Peter Bolt von Ratingen, Lambert Bevesen, Cordt van Horne, der Gograf Arnt, Wigger von Bramsche und genügend andere gute Leute.

Geschehen und gegeben im Jahre unseres Herrn 1427 am Tag des hl. Märtyrers Vinzenz."

Hiernach sollte der Orden im Osterberg ein Kloster errichten und so viele Ordensbrüder darin aufnehmen, wie von den Gütern leben konnten. Dem künftigen Konvent wurden gute Werke und Fürbitte für Land und Leute sowie für die Familie des Landesherrn aufgetragen. Der Graf hinwiederum gewährte dem neuen Gotteshaus den gleichen Schutz wie den übrigen Klöstern seines Landes. Da die Kreuzbrüder keine Rente bezogen und sich von „fahrender Habe und saurer Arbeit" ernähren mussten, durften sie eine Mühle bauen und benutzen. Alle Rechte des Grafen an dem Osterberg gingen auf sie über, namentlich das Markenrecht, das Recht also, in Wald und Feld das Vieh zu treiben. Den Verpflichtungen der übrigen Markgenossen bei Landfriedensbruch waren sie nicht unterworfen, doch konnten sie ohne Genehmigung des Landesherrn weder Grundbesitz noch Renten erwerben.

Abb. 4: Die Osterberger Mühle am Goldbach, wie sie Ernst-August Müller[1] auf einem Gang gesehen hat. (Aus: 100 Jahre Schützenverein Osterberg e.V. von 1890.)

Bereits 1429 begann man einen Konvent zu errichten. 1432 erhielt die Neugründung mit Johannes Werd aus Namur einen Rektor. Es dauerte 20 Jahre, bis man mit Unterstützung des Ordens eine Klosterkirche errichten konnte. 1478 erhalten wir erstmals Aufschluss über die Größe des Konvents. Eine Urkunde nennt außer dem Prior 18 weitere Brüder mit Namen. Sie kamen vorwiegend aus dem Raum Lingen – Quakenbrück – Osnabrück – Warendorf – Hamm – Borken und wieder begegnen Kreuzbrüder aus Oldenzaal, Deventer, Zutphen und Utrecht und erinnern an die niederländische Herkunft des Ordens.

Die wirtschaftliche Lage verbesserte sich noch im Laufe des 15. Jahrhunderts. Die Brüder erwarben das Gut Tolborch mit den zugehörigen Liegenschaften im Kirchspiel Hamminkeln bei Wesel und mehrere Höfe in der Bauerschaft Leye bei Osnabrück, die sie zu einem Wirtschaftshof zusammenlegten. Dort bauten sie auch eine Kapelle mit drei Glocken und ein Haus, in dem einige Brüder wohnten, um die Menschen in den Bauerschaften Leye und Atter zeitweise auch seelsorgerisch zu betreuen. Ferner gehörten zum Kloster Osterberg die Höfe Niemann, Schwaberg und Tammen im Kirchspiel Bippen im Emsland und die Güter Eyckholt und Schoenhorst. Die Kreuzbrüder bewirtschafteten ihren Grundbesitz selbst und ersetzten nach und nach die Eigenbehörigen auf den erworbenen Gütern durch Laienbrüder.

Tüchtige Prioren haben das Kloster Osterberg im Orden zu Ansehen gebracht. Unter dem Priorat des Theodericus von Warburg rückte es zu den führenden Ordenshäusern auf, eine Stellung, die es bis zu seiner vorübergehenden Schließung 1538 behaupten konnte. Johann von Bechem war nicht weniger als zehnmal Definitor und führte ebenso Ordensvisitationen durch, in den Rheinlanden wie in den Niederlanden. Sein Nachfolger Hermann Herde aus Münster, siebenmal zum Ordensdefinitor gewählt, stand ihm kaum nach. Henricus aus Deventer, 1532 zum Ordensdefinitor gewählt, erlangte 1538 mit seiner Wahl zum General den höchsten Rang im Orden.

Abb. 5: Das Siegel des Konvents des Klosters Osterberg zeigt die gekrönte Heilige Helena, in der Rechten ein Antoniuskreuz, in der Linken ein Kirchenmodell, stehend auf einem Podest über einem Schild mit den Tecklenburger Seeblättern. Die Inschrift lautet: S: CONVENTUS: MONT ORIENTIS ORDINIS: SCE: CRUCIS. Aus: Westf. Siegel des MA, Siegel der geistl. Corporationen III. Heft, Tafel 122, Nr.10.

Einführung der Reformation

Über ein Jahrhundert währte bereits das friedliche Miteinander zwischen den Mönchen und der Landesherrschaft, als es mit der Reformation zum jähen Bruch kam. Graf Konrad von Tecklenburg, seit 1527 mit der Landgräfin Mechthild von Hessen, einer „entwichenen" Nonne und Cousine des Landgrafen Philipp von Hessen verheiratet, wandte sich früh dem neuen Glauben zu und setzte als erster Landesherr in Westfalen absichtsvoll und zielstrebig die Reformation in seiner Grafschaft durch. 1531 beschuldigte er den Konvent, ohne seine, des Landesherrn Genehmigung Klosterbrüder aufgenommen und damit gegen ein Verbot seines Vaters verstoßen zu haben, das sonst unbekannt war. Nachdem er 1535 das Kloster Schale an sich gebracht hatte, wollte er auch das im östlichen Grenzgebiet seiner Herrschaft liegende Kloster Osterberg mit seinen annähernd 50 Kreuzbrüdern und entsprechend großem Grundbesitz dem Einfluss des Osnabrücker Bischofs entziehen und stärker an sich binden. Spätestens mit seinem Regierungsantritt in Tecklenburg 1534 ordnete er in Zusammenarbeit mit dem Osnabrücker Domkapitular Pollius, den er bereits 1527 engagiert und als Schlossprediger an seinen Osnabrücker Hof gezogen hatte, evangelische Predigt und evangelischen Gottesdienst in allen Kirchen seiner Grafschaft an. Noch im selben Jahr verbot er den Kreuzbrüdern das Lesen der Messe nach altem Ritus, die Anrufung der Heiligen und Märtyrer und jeden Hinweis auf das Fegefeuer; lediglich die alten Stundengebete sollten sie beibehalten dürfen.

Im Frühjahr 1538 kam es zu ernsthaften Meinungsverschiedenheiten, nachdem der Prior des Osterbergs Henricus von Deventer zum Generalprior des Ordens erwählt und nach Huy berufen wurde. Als er dann gegen das ausdrückliche Verbot des Grafen sein Kloster verließ, um das höchste Amt, das im Orden zu vergeben war, auch anzutreten, und die Konventualen einen neuen Prior zu seinem Nachfolger wählten, was ihnen der Graf ebenso erklärtermaßen untersagt hatte, ließ seine Reaktion nicht lange auf sich warten. Konrad erklärte kurzer Hand den Schutzvertrag von 1427, den Graf Otto noch 1522 erneuert hatte, für null und nichtig. Er behauptete, jede Personalveränderung im Kloster müsse ausnahmslos von ihm genehmigt werden, während die Kreuzbrüder auf der Ansicht bestanden, das sei nur bei Neuaufnahmen der Fall und eine solche habe nicht vorgelegen. Unverzüglich rückte der Graf mit bewaffneten Soldaten und Reitern heran, nahm das Kloster ein und verlangte vom Konvent ein Unterwerfungsschreiben und die Herausgabe des Vermögens. Innerhalb von 14 Tagen sollten Siegel, Briefe, Urkunden, Silber, Gold und andere bewegliche Güter ausgeliefert werden und innerhalb eines Monats 1000 Gulden an Bargeld. Die verängstigten Brüder wandten sich in ihrer Not an die Landstände der Grafschaft und an den Rat der Stadt Osnabrück, der den Grafen um Gnade bat, aber damit erfolglos blieb.

Am 24. März 1538 legte die Ordenszentrale in Huy eine offizielle Klage gegen Konrad ein, der sich auch davon nicht beeindrucken ließ und stattdessen weitere Strafmaßnahmen androhte. Aus Furcht vor erneuten Übergriffen verließen die verzweifelten Brüder unter Protest das Kloster und flohen auf ihren Hof Leye, wenig später über die Landesgrenze in den Schutz der Stadt Osnabrück. 26 Laienbrüder verblieben im Osterberg und übernahmen seine Aufsicht.

Am Palmsonntag des 14. April 1538 rückte Graf Conrad in das Kloster ein und verlangte von den Brüdern einen Treueid. Wer ihn verweigerte, wurde noch am selben Tag ins Gefängnis „geworfen". Ein vom Landesherrn bestellter Verwalter sollte das Kloster in seinem Sinne beaufsichtigen. Fünf Tage später erreichten die konfessionellen Streitigkeiten ihren Höhepunkt, als am Karfreitag des 19. April der Landesherr morgens in aller Frühe einen Galgen vor der Klosterpforte errichten ließ. Wer von den Laienbrüdern noch geblieben war, flüchtete in das nächste Ordenskloster Bentlage. Der Graf ließ darauf sämtliche Vorräte und alles auf den Klosterhöfen befindliche Vieh auf die Tecklenburg bringen. Auch alle vorgefundenen Wertgegenstände, sämtliche Urkunden, die kostbare Bibliothek und die Einrichtung der Schreibstube wurden fortgeschafft, ebenso die Schmiedewerkzeuge, die kupfernen Braupfannen und sämtliches Mobiliar, soweit es sich noch gebrauchen ließ. Aus der Kirche wurden sogar Glocken und Uhrwerk entfernt, die neuen Gebäude im Bereich des Klosters abgebrochen. Dienstpflichtige Bauern aus der Nachbarschaft mussten die Baumaterialien in den nahe gelegenen Habichtswald herüberschaffen, wo der Graf sie zum Bau eines neuen Jagdschlosses verwenden wollte.

Im Sommer 1548 wandten sich die Kreuzherren an das Reichskammergericht, das höchste Gericht im Reich, und klagten auf Wiedereinsetzung und Entschädigung für die erlittenen Verluste. Demgegenüber rechtfertigte der Graf sein Verhalten damit, die Mönche hätten den mit seiner Familie geschlossenen Schutzvertrag gebrochen, ohne Zwang und freiwillig das Kloster verlassen, alles mitgenommen, was sie mitnehmen konnten, und sodann ihren früheren Besitz schutz- und herrenlos zurückgelassen; ihm selber sei schließlich keine andere Wahl geblieben als einen Verwalter einzusetzen und auf diese Weise die vorgefundenen Güter sicherstellen zu lassen.

Noch im selben Jahr setzte sich Kaiser Karl V. in einem Mandat persönlich für die Rückkehr der Mönche in ihre alten Rechte ein, was der Graf jedoch zu verhindern wusste. 1552 einigten sich endlich auf Vermittlung des Grafen von Bentheim Landesherr und Konvent auf einen Kompromiss. Die Kreuzbrüder erhielten ihr zum Teil abgebrochenes Kloster und was von ihrem früheren Besitz noch vorhanden war, zurück und erkannten den Grafen als Landesherrn an; dieser versprach ihnen ein gnädiger Herr zu sein. Doch das Vertrauensverhältnis war auf Dauer empfindlich gestört und die Blütezeit des Ordens vorüber.

Einführung des reformierten Glaubensbekenntnisses

1588 sollte zum Schicksalsjahr des Klosters werden. – 1588 führte Graf Arnold von Bentheim-Tecklenburg den reformierten Glauben ein und nahm, wie nicht anders zu erwarten war, davon das Kloster Osterberg nicht aus. Nach anfänglicher Weigerung und trotz inneren Widerstrebens traten mehrere Mitglieder der Klostergemeinschaft auch offen zum reformierten Glauben über. Zu Beginn des 17. Jahrhunderts lebten die Mönche also nach eigenen Regeln, die sich mit denen des Ordens nicht mehr vereinbaren ließen. Sie hielten Gottesdienst mit Predigt, Singen und Beten, eine Messe wurde nicht mehr gefeiert. Damit war der Osterberg kein Kloster mehr, das den Regeln seines Ordens entsprochen hätte.

Die Ordenszentrale in Huy aber war natürlich noch lange nicht bereit, ihr Kloster ohne Gegenwehr aufzugeben. Sie setzte einen neuen Prior ein, der das alte Bekenntnis mit den herkömmlichen Zeremonien wiederherstellen sollte, was hinwiederum Graf Adolf mit Waffengewalt verhinderte. Er bestellte vielmehr einen eigenen Verwalter, der das Klostergut erhalten und die verbliebenen Mönche beaufsichtigen sollte. Erst nach längeren Verhandlungen gewährte er ihnen Wohnrecht auf Lebenszeit, das Kloster aber löste er auf.

Auf dem Klostergrund entstanden Siedlerstellen, die als Erbpachthöfe an Bauernfamilien der näheren Umgebung vergeben wurden. Die Einkünfte aus Pacht und Vermögen gingen zum großen Teil an das Grafenhaus, mit den übrigen Einkünften versorgte man Prediger und Organisten sowie Witwen und Waisen in der Grafschaft Tecklenburg. Die Stelle des Predigers blieb hingegen bestehen; in der Klosterkirche wurde der Gottesdienst noch lange beibehalten und erst 1728 eingestellt.

Nachdem der Osnabrücker Bischof Franz Wilhelm von Wartenberg zu Beginn des Dreißigjährigen Krieges alles daransetzte, den katholischen Glauben mit Zwang und Gewalt in seinem Bistum wieder einzuführen, und die Ordensleitung verschiedene Mandate von Kaiser Ferdinand II. erlangt hatte, die darauf abzielten, das Kloster allmählich wiederherzustellen, wagten Bentlager Kreuzherren, zumindest vorübergehend, in den Osterberg zurückzukehren. Als aber 1633 die Stadt Osnabrück von den Schweden belagert wurde, bangten die Brüder um Leib und Leben und Prior und Konvent flüchteten wie 100 Jahre zuvor, nach Bentlage. Sie sollten hernach nie mehr von dort zurückkehren.

In den folgenden Jahren verfielen die Gebäude und wurden nach und nach abgetragen. Heute erinnern nur noch ein Säulenkapitel und die Straßen Im Kloster und die Münsterstraße an das ehemalige Kloster der Kreuzherren im Osterberg bei Lotte.

---

1   Ernst August Müller wurde 1840 als Sohn des königlichen Forstbeamten Friedrich Müller auf Gut Sondermühlen bei Melle geboren lebte später in Osnabrück, wo er zwischen 1862 und 1865 ein Reihe von kolorierten Handzeichnungen mit Motiven aus der näheren Umgebung Osnabrücks erstellte und 1868 eine „Geschichte der Stadt Osnabrück" veröffentlichte. Um 1870 ging er nach Berlin, wo er 1907 verstarb.

Literatur

- Hans Ulrich Weiß: Die Kreuzherren in Westfalen. Dissertation Münster 1963 in: Westfälisches Klosterbuch. Lexikon der vor 1815 errichteten Stifte und Klöster von ihrer Gründung bis zur Aufhebung, Aschendorff Verlag Münster, Teil II (1994).

- Brigitte Jahnke: 750 Jahre Osterberg. Die Entwicklung von Bauerschaft und Kloster bis zum Ende des Dreißigjährigen Krieges (2001).

Ravensberg und Osnabrück
– ein schwieriges Verhältnis

Karl Heinz Neufeld

Nach dem Verkauf der Grafschaft Calvelage durch die Gräfin Jutta an den Bischof von Münster, d. h. des Vechtaer Gebietes im heutigen Land Oldenburg, um die Mitte des 13. Jahrhunderts[1] waren die Grafen von Ravensberg auf die Gegend rund um die gleichnamige Burg im Teutoburger Wald beschränkt und suchten sich dort konsequent ein Territorium zu schaffen, was auch an einer stattlichen Zahl zugehöriger Ritter und Mannschaft deutlich wird. Die Grundherrschaft sollte gezielt abgerundet werden. Dazu griffen die Ravensberger im Süden und Westen über ihre späteren Grenzen hinaus.

> „Einerseits lassen sich die Ministerialensitze in besonderer Dichte entlang der Osnabrücker Grenze feststellen,[2] andererseits aber war ein großer Teil der Dienstmannschaft im Osnabrücker ‚Hoheitsgebiet‘ ansässig. Man möchte hier im modernen Sinne von einer ‚Unterwanderung‘ der sich abzeichnenden Osnabrücker Landesherrlichkeit sprechen. Doch gilt es festzuhalten, dass ein derartiger Versuch nie zum Erfolg geführt hat".[3]

Diese Bemerkung Hillebrands spricht etwas an, das bis ins 17. Jahrhundert und darüber noch hinaus das Verhältnis zwischen Osnabrück und der Nachbargrafschaft bestimmt hat. Selbst die Zeit um 1640 bietet eine geografische Karte der Grafschaft, in der die Grenze kurz vor Iburg eingetragen ist und die Kirchspiele Dissen, Hilter, Laer und z. T. Glane und Glandorf als ravensbergisch ausgewiesen werden.[4] Auch so kurz vor der vertraglichen Entscheidung des langen Streites von 1664[5] wird der alte Anspruch noch dokumentiert. Aber kurz vorher war es ja der Grafschaft Tecklenburg gelungen, sich die alte Osnabrücker Gemeinde Lienen einfach zuzuschreiben.[6] Das geschah in einem „interims vergleich", wie es ausdrücklich heißt, also mit einer vorläufigen Vereinbarung, die bestätigt, dass nichts länger gilt als Übergangslösungen.

Dabei war von den beiden Nachbargrafschaften Tecklenburg und Ravensberg ausdrücklich in der Geschichte erst seit dem 12. Jahrhundert die Rede. Über 300 Jahre sind sie gar nicht genannt, wenngleich die später erwähnte weltliche Vogtei der Grafen von Tecklenburg für die Diözesen Münster und Osnabrück schon in dieser Frühzeit bestanden hat. Das Geschlecht der Tecklenburger nennt sich mit Ekbert im Jahre 1139 nach der Burg, muss aber 1173 auf die Vogtei über Münster verzichten, während die über Osnabrück noch bis 1236 besteht. Sie endete mit einer Fehde, in der Tecklenburg gegen Osnabrück den Kürzeren zog. Dafür sind besondere Umstände verantwortlich. Diese Auseinandersetzung dürfte sich zugespitzt haben, als dem Bischof von Osnabrück durch den König 1225 die Besetzung von Gogerichten zugestanden wurde und damit die sich ausbildende Landeshoheit im Bistum unabhängig von den Nachbarherrschaften deutlicher ans Licht trat. Doch musste sie noch durchgesetzt und behauptet werden.

Das erste Kapitel stellt die erwähnte Tecklenburger Fehde dar, an der sich auch der Herr Wibold von Dissen auf Tecklenburger Seite beteiligte, der in der Schlacht von Bergeshö-

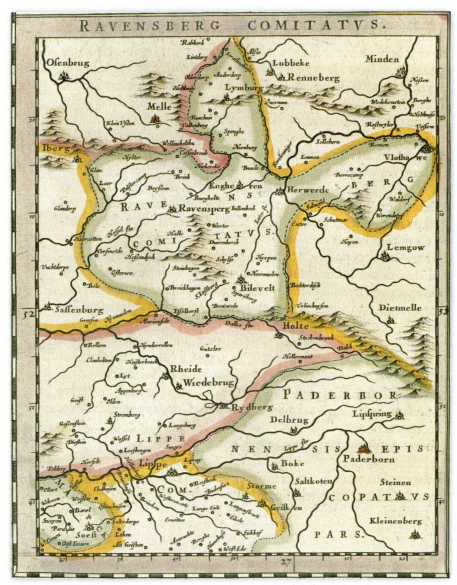

Abb. 1: Karte der Grafschaft Ravensberg um 1640 (aus: Wikipedia „Grafschaft Ravensberg").

vede sein Leben ließ. Der Ort Dissen wurde 1236 mitsamt seiner Kirche in diesem Streit weitgehend zerstört und brauchte fast 50 Jahre bis zur Neueinweihung seines Gotteshauses. Diese bekannten Tatsachen zwingen zur Annahme, dass es bis dahin noch gar nicht zu einer Besetzung des 1225 zugesprochenen Gogerichts Dissen durch den Bischof von Osnabrück gekommen war bzw. dass der Versuch dazu einer der Auslöser der Fehde gewesen sein kann. Später sind Wordgelder für Häuser und Accisen für bestimmte Produkte aus Dissen an den Landesherrn belegt, die auf diesen Wiederaufbau des Ortes zurück-

Abb. 3: Der Wehrturm der Burg Ravensberg im Jahr 2022. (Foto: U. Plaß)

gehen dürften. In diesen Jahren erklärt sich ebenfalls die Verselbstständigung der Pfarre zu Hilter sowie die aus gleicher Zeit stammende älteste erhaltene Aufstellung der Güter der „mensa episcopalis", d. h. der direkten bischöflichen Einkünfte, durch Bemühungen um die nötigen Neuordnungen.[7]

Um 1257 nahm der Herr von der Lippe die Vormundschaft über die noch unmündigen Kinder des Grafen von Ravensberg wahr[8] und fehdete gegen Osnabrück; denn darauf müssen sich die Nachrichten über die Errichtung der Dissener Landwehr beziehen[9]: Im 15. Jahrhundert haben sie dagegen keinen echten Anhalt mehr.

Allerdings war die Ravensberger Ritterschaft so unzufrieden mit dem Herrn von der Lippe, dass sie Druck zu seiner Ablösung machte, wohl weil man den Eindruck gewinnen musste, dass er mit der Grafschaft Ravensberg ganz eigene Ziele im Auge hatte. Gegenüber Osnabrück änderte sich freilich nichts an den Bestrebungen. So kam es 1274 oder etwas eher zur Ravensberger Fehde, wozu G. Engel anmerkt: „Über Ausbruch und Einzelheiten der Fehde liegen keine quellenmäßigen Nachrichten vor. Es wird aber zu nicht unerheblichen, wenn auch unterbrochenen und zeitlich begrenzten Waffengängen gekommen sein".[10] In diesem Zusammenhang hat der Graf von Ravensberg auf Osnabrücker Gebiet 1274 hoheitliche Entscheidungen getroffen, die er von Bischof und Stadt mitunterzeichnen ließ. Er suchte seine Rechte im Osnabrückschen festzuschreiben. Zieht man einzelne zeitgenössische Nachrichten mit heran, lässt sich dem etwas weiter nachgehen.

Ein bekannter Streitpunkt waren die infrage gestellten Rechte des Bischofs in der Mark Versmold, für die der Bischof aber nicht genügend Gewährsleute aufbieten konnte, sodass die Sache zu seinen Ungunsten ausging.[11] Doch vor allem die Folgen sollen dabei Beachtung finden.

Schon kurz nach 1300 durchschaute die Äbtissin von Neuenheerse die Absichten des Grafen und seiner Familie; denn damals wirkte mit Bischof Ludwig (1297-1308) ein Mitglied des Ravensberger Geschlechts als Herr von Osnabrück. Sie erklärt nämlich 1303, der Graf habe „die Vogtei über die [Heerseschen] Freien zu Wetter als Lehen ausgetan"[12] und damit Rechte ihres Stiftes missachtet; sie wendet sich Ende 1306 an die Stadt Osnabrück mit der Bitte, „darauf zu achten, dass die Leute ihres Klosters in Wetter nicht von irgend jemandem unrechtmäßigerweise zu Hörigen gemacht werden". [13]

Dazu bemerkt G. Engel, das richte sich wohl gegen die Grafen von Ravensberg. Diese suchten außerhalb der Grenzen ihres Gebietes Menschen und Güter gegen ein Schutzversprechen unter ihre Oberhoheit und Abhängigkeit zu bringen. Wer darauf einging,

Abb. 2: 1664 Mai 13. Gütlicher Vergleich zwischen dem Kurfürsten von Brandenburg als Grafen von Ravensberg und dem Bischofe Ernst August von Osnabrück mit Zuziehung des Domkapitels, wodurch die ravensbergschen Besitzungen und Gerechtigkeiten, nämlich die freien und eigenen Leute, die Marken oder Holzgrafschaften, Go- und Freigerichte, Jagdgerechtigkeiten und Fischereien im Stifte Osnabrück, dagegen vice versa auch die Besitzungen und Gerechtsame des Stifts Osnabrück in der Grafschaft Ravensberg abgetreten und die schwebenden Prozesse von beiden Seiten aufgehoben werden. Original Pergament mit Unterschriften und mit den Siegeln der Vertragschließenden und des Domkapitels ad causas in Holzkapseln an gelb-roten und schwarz-weißen geflochtenen Schnüren. (Diözesanarchiv Osnabrück Sign.: BAOS U1 1664 Mai 13.)

galt fortan als Ravensberg Freier. Damit war im Stift Osnabrück eine besondere Art von sogenannten „Freienhorden" geschaffen, weil der Bischof sich durch das Angebot des Grafen herausgefordert fühlen musste, auch seinen freien Untertanen ausdrücklich eine entsprechende Möglichkeit zu bieten. Das war dann die Gruppe der Petri-Freien, die bis nach der Säkularisation bestand.[14] Das Stift St. Johann zog nach und fasste seine Vasallen als Johannis-Freie zusammen, die Abtei Iburg wollte nicht nachstehen und schuf die Gruppe der Clemens-Freien. Es handelte sich um ein Schutzverhältnis, das gewisse Verpflichtungen und Zahlungen umfasste.[15] Was rechtlich damit gemeint war, hat Ae. Klöntrup in seinem Handbuch[16] beschrieben.

Die Ravensbergfreien wurden in den Kirchspielen des Fürstbistums Osnabrück dann von eigenen Frohnen vertreten, Konkurrenten der Vögte des Landesherrn und seiner Ämter. Vor allem die Weigerung dieser Leute, die von den Ständen des Landes beschlossenen Steuern zu zahlen oder allgemeine Dienste zu leisten sowie die Behauptung einer eigenen Gerichtsbarkeit führten immer wieder zu Spannungen und dann auch zu Streit mit den Beamten des Fürstbischofs, besonders in den Ämtern Iburg und Grönenberg. Allerdings gab es da Unterschiede, je nachdem, wie stark sich die Vertreter der Osnabrücker Seite gerade fühlten. Lange waren die Fürstbischöfe interessiert, gewaltsame Auseinandersetzungen zu vermeiden, dazu fehlten ihnen Männer und Mittel. 1457 schloss Bischof Konrad III. um des Friedens willen Bündnisse u. a. mit den Herzögen von Jülich-Berg nach langen Unruhen, Fehden und Waffengängen. Noch der Vertrag seines Nachfolgers Konrad IV. vom 22. April 1491 mit dem Herzog Wilhelm von Jülich-Berg als Grafen von Ravensberg und dem Grafen Nikolaus von Tecklenburg handelte wesentlich von gegenseitigen rechtlichen Befugnissen, von Gogerichten und der Teilung der Gerichtsgefälle[17], ohne die eigentliche Sachfrage anzusprechen.

Vom 28. April bis zum 19. Mai 1501 weilte der Herzog von Jülich-Berg auf der Sparrenburg in Bielefeld und besprach u. a. mit seinen Amtleuten auch die Verhältnisse zwischen Versmold und Osnabrück wohl im Sinne einer Festigung und Ausweitung seiner Hoheitsrechte.[18] Das bewog offensichtlich die Beamten in Iburg, am Franziskustag 1502 (4. Oktober) vom Iburger Gografen Everd Krone einen seit Längerem in der Geschichte bekannten Gerichtsschein über die Rechte der Kirche von Laer erstellen zu lassen[19], die auch als hoheitlich betrachtete Rechte wie das der Wroge umfassten. Das dort Festgeschriebene belegt jedoch nicht nur, dass die Ansprüche Ravensbergs nicht zweifelsfrei begründet waren, sondern eben auch ältere Eigenrechte der Kirche vor Ort, die den Iburger Beamten dann unangemessen schienen und weitgehend im 16. Jahrhundert unterdrückt wurden. Seit Längerem waren die Absichten der Nachbargrafschaft vor allem durch den „Kauf" der Gografschaft allgemein bekannt geworden.

Am 9. April 1363 bekundete nämlich Graf Wilhelm von Jülich, von Berg und Ravensberg, was er dem Evert van Varendorp, seiner Gattin Goste und ihren Erben schulde für den Kauf des Gogerichts, „das geht von Dissen, Hilter, Lodere, Versmold und Bockhorst, wie diese fünf Kirchspiele belegen sind".[20]

Ziemlich rasch wurde der eigentliche Hauptort dieses Gogerichts nach Versmold verlegt, sodass Zweifel bestehen, was das Gogericht Dissen überhaupt je bedeutet hat. Der Vorgang selbst und die daraus abgeleiteten weiteren Rechte waren kaum begründet und hingen einfach von den jeweiligen Machtverhältnissen ab, insofern es sich um ein Lehen des Bischofs des Osnabrücker Bischofs handelte.

Im 15. Jahrhundert schrieb der Bürgermeister Ertwin Ertmann von Osnabrück:

> „O wie beklagenswert und schädlich war es für Kirche und Diozese Osnabrück, dass die Ritter von Varendorp dieses Gericht in Dissen mit seinen umliegenden Orten Loder, Hilter und Glane, die sie unzweifelhaft von der Kirche zu Osnabrück als Untertanen und Ministerialen der Kirche zu Lehen hatten, in nicht allzu lange vergangenen Zeiten an die Grafen von Ravensberg verkauften, der Kirche entfremdeten und den Grafen von Ravensberg, jetzt dem erlauchten Fürsten Herzog von Jülich und Berg überließen, was viele Rechte der Kirche und die Grenzen der Diozese unklar werden ließ. Und jene Entfremdung an einen Mächtigeren war weiterer Entfremdung so förderlich. Sie geschah nicht unter Ministerialenrecht wie früher, sondern so wie ein Fürst vorzugehen pflegt. Denn die gleichen de Varendorpe versuchten dasselbe auch mit dem Gericht Iburg durch Entfremdung und Übertragung der Herrschaft an den Grafen von Tecklenburg, was die Kirche von Osnabrück aber mit ihrem treuen Verteidiger und ehrenwerten ehemaligen Konrad von Diepholz als Bischof von Osnabrück, der im Herrn verstorben ist, rückgängig machte und verhinderte wie Gott Schutz und Verteidigung gab."[21]

Zwar bestanden wohl seit der Ravensberger Fehde über die Einwohner der Laerschen Bauerschaft Müschen gewisse Gerichtsrechte Ravensbergs in Fällen von Blutronne, die auch von Osnabrück anerkannt waren und der Bauerschaft den Übernamen „Krambrock" eingetragen hatten[22], doch einer Ausweitung dieser Rechte auf das übrige Kirchspiel und die Nachbargemeinden stellte man sich von Osnabrücker Seite – soweit es ging – entgegen, während die Ravensberger offensichtlich der Meinung waren, das stehe prinzipiell schon fest.

Ravensberg gab deshalb seine Bemühungen um volle Landeshoheit in diesem Bereich nicht auf. Das zeigen Bemerkungen zur Visitation der Ortschaften der Vogtei Versmold von 1535, die im Teil 3 des Urbars der Grafschaft wiedergegeben sind.[23] Doch unter Franz von Waldeck, dessen Vater Statthalter des Herzogs auf der Sparrenburg gewesen war, blieb die Verteidigung Osnabrücker Rechte weithin den Beamten überlassen, die mit größter Vorsicht vorzugehen hatten. Das ist an einer Reihe von Einzelfällen nachzuweisen. Unsicherheit wird spürbar, und niemand traut sich, das Problem zu nennen oder gar anzupacken.

Die Sache wurde erst im 16. Jahrhundert immer nachdrücklicher ausgetragen; eine Fülle von Befragungen und Protokollen belegt das.[24] Schon Stüve bemerkte in seiner Geschichte des Hochstiftes: die „reichste Quelle von Verhandlungen und Zwiespalt waren die ravensbergischen Verhältnisse, die immer unhaltbarer wurden"[25], ohne jedoch näher darauf einzugehen. Es ging so weit, dass Ortsgeistliche in Iburg in Haft genommen und mit Strafzahlungen belegt wurden, weil sie schon einer gewissen Gewohnheit nach Mandate der Ravensberger von der Kanzel abgekündigt hatten. Diese wiederum suchten Gerichtstage der Osnabrücker zu verhindern und verhängten Strafen, die ihre Frohnen[26] vor Ort einzutreiben hatten.

Nicht überall war zweifelsfrei bewusst, welches Gericht zuständig war. Viele Osnabrücker wirkten auch als Schöffen bei ravensbergischen Gerichten. In der Regel blieb jedoch allgemein klar, dass man zum Land Osnabrück gehörte und dass der Fürstbischof der Herr sei. Nach den Unterlagen hat nur einmal ein Laerscher erklärt, sein Kirchspiel gehöre zur Grafschaft Ravensberg. Das war Jurgen Poekes, der am 6. Mai 1539 dem Ebeling Ebelinges seinen väterlichen Hof überließ, als der ihm von Johan Brametberch schon entwendet worden war.[27]

Gestritten wurde vor allem um Rechte und was sich aus ihnen ergab. Nach der Fehde im 13. Jahrhundert war es die Versetzung des Gogerichts Dissen und dessen baldige Verlegung nach Versmold gewesen, die Osnabrück nicht hindern und schon gar nicht rückgängig machen konnte. Bis heute ist zwar in Osnabrücker Veröffentlichungen vom Gogericht Dissen die Rede[28], doch das gab es die längste Zeit gar nicht.

Zwei Tatsachen wirkten sich vor allem aus: das eine waren Ravensberger in Osnabrücker Gremien wie dem Domkapitel oder dem Kapitel von St. Johann, das andere war die Förderung von neuen Adelssitzen in der Nähe wie etwa Palsterkamp. Dieser Sitz konnte sich auch deshalb bilden, halten und entwickeln, weil ihm die Ravensberger Beamten überschuldete Höfe aus dem Fürstbistum überließen, sodass er mit der Zeit eine ganze Reihe von Hörigen in seine Abhängigkeit bringen konnte.

Zwischen Bad Rothenfelde und Dissen liegt etwas versteckt dieses Haus Palsterkamp, dessen Errichtung im 15. Jahrhundert relativ spät erfolgte und dessen Anlage zur be-

Abb. 4: Haus Palsterkamp. Foto: J. Brand.

kannten Palsterkamper oder Buckschen Fehde[29] führte. Allerdings sind die überlieferten Berichte nicht ganz klar, weil die Familie Buck, auf die der Bau von Palsterkamp zurückgeht, schon in der zweiten Generation für den Sitz keine Rolle mehr spielte. Nach Rudolf v. Bruch[30] hat Johann von Buck, der von Carsem im Ravensbergischen stammte, für die ihm verpfändete Burg Sassenberg vom Bischof von Münster die Pfandsumme zurückerhalten und damit auf dem Palsterkamp und dem Erbe Sommerkamp die Burg ab 1424 zu errichten begonnen. Das geschah ohne Zustimmung der Stände des Stiftes Osnabrück.

Feste Häuser solcher Art – zumal an den Grenzen wollte man nicht, weil es inzwischen genügend Stiftsburgen gab. Deshalb sah sich der Drost zum Grönenberg veranlasst – auch ein Buck –, den neuen Bau niederzulegen.

Johann von Buck aber pachtete vom Kloster Iburg den nahen Hof Helfern[31] und richtete von dort aus den festen Sitz wieder her. Dabei genoss er eine gewisse Unterstützung durch die Verantwortlichen in der Nachbargrafschaft Ravensberg, die seit Längerem ihren Einfluss im Südteil von Osnabrück zu stärken suchten. Die erwähnte Ravensberger Fehde im 13. Jahrhundert wurde nicht nur als Streit um Mark und Gogericht Versmold geführt, sondern offensichtlich hat die Ausbildung einer Landeshoheit des Bischofs von Osnabrück nach Zurückdrängung des Grafen von Tecklenburg als Vogt des Stiftes in Ravensberg Ansprüche und Begehrlichkeiten geweckt, die schon den Edelherrn von der Lippe als Vormund der jungen Grafen von Ravensberg zu gewaltsamen Aktionen gegen das Stift veranlasst hatten.

Bis 1445 waren in dem gespannten Hin und Her Johann von Buck und sein Sohn Heinrich verstorben. „Letzterer hatte nur eine, bei seinem Tode noch in jugendlichem Alter stehende Tochter namens Helene hinterlassen, die Erbin zu Palsterkamp wurde[32]", so Bruch nach dem, was bislang allgemein bekannt und weitergegeben ist. Doch hier ist eine Korrektur nötig, wie weiter unten die genauere Erklärung zeigt.

In dieser Situation von Palsterkamp taucht aus den Landen des Herzogs von Berg, des damaligen Grafen zu Ravensberg, der Herr Wilhelm von Nesselrode als Schützer der Witwe Buck und ihrer Tochter auf. Das mag Friedrich von Buck zu Wulften, Enkel eines Amelung von Buck, der 1390 die Burg Wulften erworben hatte, aus verwandtschaftlichen Gründen zu eigenen Ansprüchen auf Palsterkamp veranlasst haben.

Darüber verhandelte man auf dem Landtag zu Bockholt, ohne eine Einigung zu erreichen. Friedrich von Buck begann die „Palsterkamper Fehde", „durch welche elf Jahre lang das Land beunruhigt und verwüstet wurde"[33]. Die Einzelheiten dieses Streits sollen hier nicht wiederholt werden bis auf den Hinweis, dass Friederich von Buck Ostern 1446 sich des Palsterkamp bemächtigen konnte, wogegen Nesselrode mit den ravensbergischen Amtsleuten anging und sich um Jacobi wieder in den Besitz der Burg setzte.

Buck „fiel hierauf in die Grafschaft mit Raub und Brand ein […] erlangte die Hilfe des Stiftes, wogegen zwölf ravensbergische Ritter dem Osnabrücker Rat und Buck Fehde ansagten […] Wilhelm v. Nesselrode erklärte darauf am 29. August 1446 nochmals, er wolle dem Stift von Palsterkamp tun, was er schuldig sei, und erbot sich, vor dem Bischof und den Ständen von Osnabrück dafür zu Recht zu stehen, daß Friedrich v. Buck keine Ansprüche auf das Gut des verstorbenen Heinrich v. Buck hätte".[34]

Ravensberg war in diesem Moment offensichtlich nicht an einer kriegerischen Auseinandersetzung mit dem Stift Osnabrück interessiert, sondern meinte, seine Absichten durch Sicherung jener Rechte erreichen zu können, die ihm im Zusammenhang der „Ravensberger Fehde" hatten zugestanden werden müssen und die durch den Besitz von Palsterkamp ausgebaut wurden. Das Verhältnis zwischen beiden Territorien war belastet und angespannt.

K. A. Freiherr von der Horst hat unter „Früher ravensbergische jetzt osnabrückische Rittersitze"[35] als Nr. 95 auch den Palsterkamp vorgestellt, doch kann von einem eigentlich ravensbergischen Sitz hier die Rede nicht sein, mögen auch gewisse Interessen der Nachbargrafschaft von Anfang an mit im Spiel gewesen sein. Zwar stammte der Herr von Buck aus der Grafschaft und ist von dort unterstützt worden, doch gehörte sein Geschlecht zu den lange im Osnabrückschen angesessenen Familien. Die Initiative Palsterkamp ließ sich jedoch sehr gut ausnutzen für die Bestrebungen, die schon 150 Jahre früher auf die Loslösung von Teilen des Stiftes Osnabrück abgezielt hatten. Als Beleg kann der Nachdruck der anfangs erwähnten Karte dienen, die so großzügig die Kirchspiele Dissen, Hilter und Laer samt Teilen von Glandorf und Glane in die Grafschaft einordnet.[36] Ein nachweisbarer Schritt in dieser Richtung war die Verlegung des Gogerichts Dissen noch im 14. Jahrhundert nach Versmold durch den Herzog von Berg.[37] Ravensberg hatte das schon 1277 vorbereitet mit der Beschwerde, das Gogericht Dissen behandle Ravensberger zu hart und dürfe bei den Strafen eine gewisse Höchstgrenze nicht überschreiten.[38]

Das war noch Teil der „Ravensberger Fehde" selbst, womit der Graf die Hoheitsbildung des Stiftes infrage stellte und sich Rechte im Osnabrückschen verschaffte, die in der Folgezeit von seinen Nachkommen mehr oder weniger gezielt erweitert wurden. In einem gewissen Sinn gehörte die „Palsterkamper Fehde" – von Ravensberg unterstützt und gefördert – zu solchen Unternehmungen.

Allein wäre weder Buck noch Nesselrode in der Lage gewesen, die Anlage zu halten. Und nach ihnen sind es nicht zufällig immer wieder Geschlechter aus dem Herzogtum Berg, die auf Palsterkamp leben und starke Beziehungen in die Grafschaft pflegen. Die Namen Rennenberg und Loe, aber auch Byland seien als Beispiel genannt.

Interessant ist ein weiterer Versuch ein Jahrhundert später, noch einmal durch Gründung eines Adelssitzes in dieser Gegend den ravensbergischen Einfluss zu verstärken. Franz von Lüning, Sohn des Ravensberger Amtmannes Dietrich mit dem Sitz Wittenstein im Kirchspiel Versmold, plante den Erwerb mehrerer Bauernerben in der Bauerschaft Müschen, um dort einen solchen Sitz anzulegen. Obgleich er als Droste zu Fürstenau ein einflussreicher Mann im Stift Osnabrück war, scheiterte sein Plan am entschiedenen Widerstand des Rottmüller, der in einer Privatfehde gegen seinen ursprünglichen Grundherrn, den Freiherrn von Korff zu Harkotten, seine alten Rechte gegen die deutlich werdende Willkür Lünings verteidigte und dazu schwerwiegende Nachteile in Kauf nahm.

Das ist eine der spannendsten Episoden in der Geschichte Müschens, die darüber hinaus vieles an Information über das Reformationsjahrhundert für die ganze Gegend bietet.[39] Kamen in dieser Sache die Interessen Ravensbergs nicht mehr zum Zuge, so stockten sie zur gleichen Zeit auch durch innerfamiliäre Zwistigkeiten um Palsterkamp. Denn es meldete sich dort 1562 ein Herr von Nassau mit Erbansprüchen, die sehr weit zurückreichen[40] und den ravensbergischen Bestrebungen ganz und gar nicht günstig waren. Er schreibt, es habe um 1460 auf Palsterkamp nicht nur eine Tochter, sondern einen eigentlich erbberechtigten Sohn Philip Buck gegeben, dessen älteste Schwester Anna oder Helena dann mit Johann von Nesselrode[41], dem Sohn ihres Vormundes Wilhelm verheiratet worden sei. Neben ihr habe es nämlich eine weitere Schwester Bela oder Sibilla von Buck gegeben, die Christian von Selbach 1464 zum Mann bekommen habe. Philip sei indes 1478 ohne Testament jung verstorben, und die Situation des Erbes Palsterkamp habe sich ganz neu gestellt. Ohne das zu berücksichtigen, habe Nesselrode indes allein den Palsterkamp übernommen, als wenn sein Vater das Gut kriegerisch erobert hätte. Bela forderte dagegen die Hälfte des Besitzes, konnte jedoch im Guten nichts erreichen und überließ 1479 am 6. März vor Notar und Zeugen ihre Rechte an dem elterlichen Sitz an Heinrich von Nassau und Johan Roden als nächsten Verwandten.

Heinrich von Nassau ersuchte in der Folge Nesselrode wiederholt, ihm den Anteil seiner Schwiegermutter herauszugeben. Nesselrode habe Palsterkamp im Namen des Fürsten von Jülich[42] angetreten. Da sich in Güte auch jetzt nichts erreichen ließ, habe er sich 1480 an das Rottweilische Hofgericht[43] gewandt, um Nesselrode vorzuladen, doch sei dieser ungehorsam ausgeblieben. Am Mittwoch vor Corpus Christi (Fronleichnam) dieses Jahres sei er darum ins Achtbuch des Hofgerichts eingeschrieben worden. Ein versuchter Kompromiss vor dem Fürsten von Jülich sei ebenfalls ergebnislos geblieben. Inzwischen wären beide Parteien verstorben und deren Kinder seien noch unmündig gewesen, sodass die Sache einfach liegen blieb. Der Sohn Heinrichs von Nassau Quirin sei damals noch nicht zehn Jahre alt gewesen. Später habe er sich mit den Vettern Philip und Johan Röden verständigt und die Forderung an die Witwe sowie Wilhelm und Bertram von Nesselrode gerichtet, die sich die strittigen Güter angemaßt hätten.

Bertram von Nesselrode habe 1502 eine Recognition unterzeichnet. 1515 und 1521 intervenierten Johan und Quirin von Nassau schließlich beim Kaiser, doch ohne Erfolg. So habe der Kaiser 1522 zu Nürnberg wider Johann von Nesselrodes Witwe und Bertram von Nesselrode eine Kommission an den Erzbischof Hermann von Wied in Köln bestimmt, die Sache in Güte zwischen beiden Parteien beizulegen, doch sei selbst das ohne Ergebnis geblieben.

Johann und Quirin von Nassau waren 1538 verstorben. Johann hinterließ drei Töchter Anna, Dorothea und Margareth, die Gottfrieds und Christophs von Stein Mutter war. Quirin beerbten die beiden Söhne Philip und Henrich von Nassau, die ihrerseits drei Töchter hatten. Doch war Philip damals erst sechs Jahre alt, und die Angelegenheit wurde erneut nicht weiter verfolgt. Philip hat später die Erbin Anna zu Nesselrode Gräfin zu Sternenberg um die Restitution ersucht und sich „auch beim Bischof von Osnabrück als ihrem Landesfürsten und zum Teil auch Lehnsherrn etzliche Mal beklagt", ehe 1562 die Durchführung des 1480 erfolgten Acht-Urteils von Rottweil durchgesetzt werden sollte. Am 9. November 1579 hatten sich die von Stein mit dem Domherrn Heinrich von Nassau zu Mainz und Trier verglichen. Kopien der Unterlagen aus dem Reichskammergericht vom 30. März 1565 gab es für Philip von Nassau zu Walnitz über Schloss Erenstein bei der Stadt Linz.[44] Die Klage richtete sich inzwischen gegen Bertram von Lohe zur Geist, Herrn zur Horst und zu Palsterkamp. Doch auch der ließ sich Zeit.

Eine Antwort kam erst 1606 mit einem Gegenbericht zur bisher wiedergegebenen Darstellung Selbach-Nassaus. Sie lautete so: Es habe auf Palsterkamp im 15. Jahrhundert noch eine dritte Tochter namens Elsa gegeben, die mit Otto von Hoberg (Tatenhausen) verheiratet gewesen sei. Die Tochter Bela sei die Frau von Christian von Selbach geworden, wie sich das aus den bekannten Unterlagen schon ergab. Helena schließlich sei die Ehe mit Johann von Nesselrode eingegangen. Das seien alle Kinder Heinrich Bucks gewesen, wie sich aus einem Verkaufsvertrag von 1448 ergebe, mit dem das frei eigene Erbe und Gut Achelpoel im Kirchspiel Borgholzhausen dem Ludeke Nagel überlassen worden sei. Die Mutter habe Hermann von Elsen[45] zum Vormund ihrer Töchter bestimmt, und der hatte den erwähnten Verkauf vom Freigrafen von Ravensberg versiegeln lassen.

Die älteste Tochter Elsa sei 1452 an Otto Hoberg verheiratet worden, nachdem der Brautschatz schriftlich vereinbart und 1456 von Wilhelm von Nesselrode und dessen Sohn Johann bezahlt und von Hoberg quittiert worden sei.[46] 1454 habe Bela den Christian Selbach geheiratet, und auch dazu seien entsprechende Verträge geschlossen worden. Bela habe auf alles Erbe verzichtet und das Erbe der Helena zugestanden. 1458 zahlt Nesselrode den Brautschatz für Bela, was Kerstin von Selbach am Freitag nach Jubilate quittiert. Die Summe hatte 800 Gulden ausgemacht. Eine Renuntiatio Belae vel Sybillae filiae zum Palsterkamp liege bei. Ein Bruder dagegen werde nie genannt oder erwähnt. Damit hatte sich eine Erbstreitigkeit erledigt, die fast anderthalb Jahrhunderte betrieben wurde und die verschiedensten Gerichte und Schiedsstellen beschäftigt hatte. Es dürfte nicht ganz einfach gewesen sein, die unklaren Nachrichten zu entwirren und die entscheidenden Belege zusammenzustellen.

Ohne große Vorstellungskraft lässt sich die Reaktion der Herzöge von Berg bzw. von Jülich und Cleve vorstellen, denen an diesem Streit zwischen Gefolgsleuten ihrer Gebiete kaum gelegen sein konnte. Die vorgesehene Heranziehung des Erzbischofs von Köln als Vermittler lässt schon erkennen, dass die eigenen Fürsten an dieser Geschichte nicht mittun wollten und im Interesse von Ravensberg auf eine einvernehmliche Lösung des Streits abzielten. Mittlerweile stellte ja auch der Clevische Erbfolgestreit die Zukunft der Grafschaft Ravensberg infrage.

Das wirkte sich auf die Bestrebungen gegen das Stift Osnabrück aus, die von den Beamten vor Ort weiter betrieben wurden. Eigentliche Befragungen und Verhandlungen stellte man in der zweiten Hälfte des 16. Jahrhunderts an. 1583 bestellte Heinrich von Sachsen-Lauenburg eine eigene Kommission mit dem Domdechanten Wilhelm Schenking und dem Domherrn Jasper von Ohr sowie dem Lizentiaten der Rechte Lorenz Sibell und als

Schiedsrichter den Landkomtur der Ballei Westfalen Neveling von der Reck, ließ aber kurz darauf für die in Dissen angesetzten Gespräche zuerst noch eine Verfahrensordnung festlegen.[47] Trotz aller Dokumente kam es nicht zu einem Ergebnis.

Bernhard von Waldeck bestimmte am 27. Juni 1583 seine Verhandler. Wie wenig die äußeren Grenzen des Stiftes Osnabrück sicher waren, zeigte dann der Lienener Rezess von 1656. Doch nach dem Dreißigjährigen Krieg kam es zu Verhandlungen mit Brandenburg und zu einem Vertrag, durch den die Differenzen gütlich und endgültig so beigelegt wurden, dass der umstrittene Teil beim Fürstbistum Osnabrück verblieb, bis der Krieg von 1866 das Königreich Hannover, das sich bei der Säkularisation das Stift Osnabrück einverleibt hatte, an das Königreich Preußen anschloss. Aber es blieb eigenes Territorium bzw. Provinz, die gegenüber den Nachbarprovinzen eine gewisse Selbstständigkeit wahren konnte und nach dem Zweiten Weltkrieg als Land Niedersachsen wieder errichtet wurde.

Wie die Geschichte von Ravensberg aus erlebt wurde, wäre in den Akten zu studieren, die in Münster aufbewahrt werden. W. Reininghaus hat dazu die Übersicht „Territorialarchive von Minden, Ravensberg […]"[48] vorgelegt, die einen leichten Zugang zu den einschlägigen Unterlagen erschließt.

1   Ravensberger Regesten I, Bielefeld 1985, Nr 490.

2   Vgl. ebd. Nr. 700 und 701.

3   W. Hillebrand: Besitz- und Standesverhältnisse des Osnabrücker Adels bis 1300, Göttingen 1961, 50 f.

4   Karte der Grafschaft Ravensberg im Handel.

5   Siehe: Theodor von Moerner: Kurbrandenburgs Staatsverträge von 1601 bis 1700, Berlin 1867, Nr. 142 vom 13/3. Mai 1664.

6   Im Lienener Rezess. Vgl. Der Lienener Rezess von 1656 bearbeitet und herausgegeben von Chr. Spannhoff, Norderstedt 2010. Ein Jahrhundert früher zählt Lienen noch ganz selbstverständlich zum Amt Iburg wie die dortigen Amtsbücher ausweisen.

7   Das Dokument muss einen Grund haben, der damit gegeben sein könnte, dass Neuerwerbungen hinzugekommen waren.

8   Vgl. dazu Ravensberger Regesten I, Nr. 522.

9   Das älteste Stadtbuch von Osnabrück/Das Legerbuch des Bürgermeisters Rudolf Hammacher zu Osnabrück (OGQ 4), Osnabrück 1927, S. 181: „De landtwer to Dissen ys ersten gemaket van den Osenbruggeschen umme vede willen der Lippeschen, und na der tidt stont vele up tuschen den Beveren und den Ravensbergeschen."

10   Ravensberger Regesten I, Bearbeitet von Gustav Engel, Bielefeld 1985, Bemerkung zu Nr. 646.

11   Ravensberger Regesten, Bielefeld 1985, Nr. 646 und 679.

12   Ebd. Nr 896.

13   Ebd. Nr. 927.

14 Vgl. Karl H. Neufeld, Petrifreie und Petrifreiheit, in OSFA 67 (2006) 46-51.

15 Nur die Ravensberg-Freien nahmen aber Steuerfreiheit gegenüber Osnabrück für sich in Anspruch.

16 Joh Aeg Rosemann gen Klöntrup, Alphabetisches Handbuch der besonderen Rechte und Gewohnheiten des Hochstifts Osnabrück mit Rücksicht auf die benachbarten westfälischen Provinzen 1798 (Nachdruck verfügbar).

17 NLA OS Rep 3 Bd 3, Nr 951.

18 St A Münster A 2021 [Minden-Ravensberg] Nr. 1442.

19 NLA OS Rep 100 Abs 8, Nr. 6: Nr. 46/I f 17 und 191 sowie Nr. 46/II f 286f.

20 NRW LA Münster Grafschaft Ravensberg Urkunden Nr. 117.

21 Ertwin Ertman, Cronica sive catalogus episcoporum … (OGQ 1) 72 f. (deutche Fassung vom Verfasser des Beitrags).

22 Vgl. Karl H. Neufeld: Die Grafen von Ravensberg, ihre Rechte und der „Krambrock", in: Müschen, Glandorf 2014, 55-59.

23 Wolfgang Mager, Petra Möller (Hrsg): Das Urbar der Grafschaft Ravensberg von 1556, Teil III Ergänzende Quellen … (1535-1559), Münster 1997, S. 205 und 212 (Gogericht in Laer).

24 Im Niedersächsischen Landesarchiv Osnabrück ist es vor allem der Abschnitt 8 von Rep 100, der diese Unterlagen enthält.

25 Stüve, Geschichte des Hochstifts Osnabrück 2, S. 209.

26 Wir wählen dieses Wort, damit der Unterschied zu den Osnabrücker Vögten deutlich bleibt.

27 NLA OS Rep 3 Nr. 1194

28 So vor allem bei G. Wrede: Geschichtliches Ortsverzeichnis des ehemaligen Fürstbistums Osnabrück, Hildesheim 1975ff.

29 Möser spricht von Wulfter-Fehde.

30 Rudolf von Bruch: Die Rittersitze des Fürstentums Osnabrück, Osnabrück 1930 (ND 1982), Palsterkamp, S. 48-52.

31 In diesem Zusammenhang könnte Ravensberg dem Kloster Iburg die Oberholzgrafschaft der Mark Aschendorf überlassen haben, wovon sonst keine Nachrichten vorliegen.

32 Rudolf von Bruch a.a.O. S. 49.

33 Ebd.

34 Ebd. 49.

35 Karl Adolf Freiherr von der Horst: Die Rittersitze der Grafschaft Ravensberg und des Fürstentums Minden, Berlin 1894, S. 90 ff.

36 Es ist nicht die einzige Karte dieser Art. Beim Aufruf im Internet stößt man auf eine Reihe solcher Karten.

37 NRWLA Münster Grafschaft Ravensberg Urkunden Nr. 117 vom 9. April 1363.

38 OUB III 589 und Ravensberger Regesten Nr. 679.

39 Karl H. Neufeld: Müschen, Glandorf 2014, S. 84-97: Das Schloss in Müschen und der Kohlhaas von der Rottmühle

40 NLA OS Rep 350 Iburg Nr. 1622.

41 Die beiden wurden zu Begründern der Ehreshovener Hauptlinie des verzweigten Geschlechtes Nesselrode.

42 Muss Herzog von Berg heißen.

43 Vorgänger des Reichskammergerichts.

44 Linz am Rhein.

45 Wohl vom Caldenhof in Versmold; er war Amtmann von Ravensberg und hatte 1440 einen Streit mit Johann von Dissen gehabt; NLA OS Dep 3 a 1 II Nr. 168.

46 1454 verpfändete Bischof Albert Graf von Hoya die Burg Iburg für einen Kredit an Otto Hoberg, NLA OS Dep 3 a 1 II Nr.435.

47 NLA OS Rep 3 Bd 3, Nr 1756 und Nr 1759.

48 Münster 2000.

Die historische Steinbruchlandschaft der Noller Schlucht und das Kalkwerk in Dissen am Teutoburger Wald

Andreas Mölder und Horst Grebing

Eine Region der Steinbrüche

Betrachtet man den Höhenzug des nordwestlichen Teutoburger Waldes im Luftbild, so sind die großen Kalksteinbrüche zwischen Lengerich und Lienen sowie bei Hilter-Hankenberge nicht zu übersehen. Neben diesen aktiven Abbaugebieten liegt im Teutoburger Wald eine große Zahl kleinerer und größerer Steinbrüche verborgen, die längst aufgegeben und von der Natur zurückerobert wurden (Abb. 1). Wer an Landschafts- und Industriegeschichte, Geologie oder Naturkunde interessiert ist, dem bietet diese Region folglich ein reiches Betätigungsfeld. In diesem Beitrag beleuchten wir zum einen den historischen Kalksteinabbau im Bereich der Noller Schlucht nördlich von Dissen, zum anderen stellen wir das frühere Kalkwerk Dissen mit seiner Entwicklungsgeschichte zwischen 1893 und 1931 vor.

Abb. 1: Aufgelassener Steinbruch in Gesteinen der oberen Kreidezeit (Cenomanium). Noller Schlucht, Südosthang des Asbergs. Foto: A. Mölder.

Kalkstein, ein begehrter Rohstoff

Die beiden südlichen Hauptrücken des Teutoburger Waldes, der zwischen Bad Iburg und Dissen auch als Osnabrücker Osning bezeichnet wird, bestehen aus Kalken und Plänerkalken der oberen Kreidezeit. Plänerkalke sind Wechselfolgen von Kalksteinbänken mit zwischengeschalteten Mergellagen. Sie wurden in einem tropischen Meer der geologischen Epochen Cenomanium und Turonium vor etwa 100 bis 90 Millionen Jahren als Sedimente abgelagert. Hinzu kommen etwa 240 Millionen Jahre alte Muschelkalk-Gesteine aus der mittleren Triaszeit, die in einigen Bereichen nördlich der kreidezeitlichen Hauptrücken vorkommen.[1] Diese Gesteine liefern hervorragende Rohstoffe nicht nur für den Wege- und Straßenbau, sondern auch für die Kalk- und Zementherstellung. Daher werden sie entlang des Teutoburger Waldes seit langem in zahlreichen Steinbrüchen abgebaut, so auch im Bereich der Noller Schlucht nördlich von Dissen. Bereits 1839 hält der Statistiker Freiherr Friedrich Wilhelm von Reden (1802-1857) fest: „Auch in der Nähe von Dissen befinden sich Gebirge, die Kalk und Mergel enthalten […]."[2] Und 1849 führt der berühmte sächsische Geologe Hanns Bruno Geinitz (1814-1900) Fossilien aus dem Turonium mit dem Fundort „Nolle bei Rothenfelde (Teutoburger Wald)" auf.[3]

Kalkgesteine in der Noller Schlucht

Die Kalksteinvorkommen in der Bauerschaft Nolle wurden spätestens ab der Mitte des 18. Jahrhunderts durch verschiedene kleine Steinbrüche für die nicht-industrielle Kalkbrennerei und den Wegebau erschlossen. Neben den Plänerkalken aus der oberen Kreidezeit wurde auch der Muschelkalk aus der Mitteltrias abgebaut, so im Bereich zwischen dem Rechenberg, dem Forstort Baumgarten und dem Oberlauf der Hase.[4] Dort sind auf Grenzkarten aus der zweiten Hälfte des 18. Jahrhunderts an der „Schnadt" (Grenze) zwischen der Erpener und Dissener Mark südlich des heutigen Wanderparkplatzes Rehquelle an der Rechenbergstraße fünf bzw. sechs „Kalkofens" sowie ein „Weg nach den Kalkofens" eingezeichnet.[5] Dieses Muschelkalk-Gestein fand zur Mitte des 19. und im frühen 20. Jahrhundert vor allem als Wegebaumaterial Verwendung, in geringem Umfang hat man es auch für die Kalkbrennerei genutzt.[6] Ebenfalls im Muschelkalk wurde „Leonhardts Steinbruch" des Dissener Postverwalters und Hoteliers Ferdinand Leonhardt angelegt (Abb. 2), der bereits in der 2. Hälfte des 19. Jahrhunderts in Betrieb war. Das Gestein wurde wahrscheinlich für Chausseebauzwecke verwendet, im ehemaligen Steinbruch befindet sich heute der künstlich entstandene und als Naturdenkmal eingetragene „Blaue See". Über eine Feldbahn, eine einfache Eisenbahnstrecke zum Transport des gewonnenen Kalkgesteins, war dieser Steinbruch mit der Rechenbergstraße zwischen Nolle und Wellingholzhausen verbunden (Abb. 3); auf dieser Feldbahntrasse verläuft heute ein Forstweg.

Abb. 2: Diese Postkarte von 1907 zeigt Leonhardts Steinbruch bereits aufgelassen und teilweise wassergefüllt. Uraufnahme und Verlag von H. Beucke & Söhne, Dissen-Bad Rothenfelde.

Besonders gut für die Kalkbrennerei eignen sich die Gesteine des Cenomaniums, die den nördlichen der beiden Plänerkalk-Rücken des Teutoburger Waldes bilden und westlich und östlich der Noller Schlucht in verschiedenen Steinbrüchen abgebaut wurden. Diese dürften spätestens ab der Mitte des 19. Jahrhunderts angelegt worden sein, denn bereits 1875 bestand am Asberg westlich der Noller Schlucht ein größerer Abbau auf Grundstücken des Landwirts Knemeyer. Unweit dieses Steinbruchs errichtete der Unternehmer G. Wurtzler aus Dissen zu dieser Zeit einen Ringofen zum Brennen von Kalk (Abb. 4). Ein weiterer Steinbruch wurde nach 1900 etwas weiter westlich angelegt.

Ab 1870: Der Bahnbau fördert die Kalk- und Zementindustrie

Als im 19. Jahrhundert die Eisenbahn als modernes Transportmittel Einzug hielt, begannen der Abbau und die Verarbeitung von Kalkgestein in industriellem Maßstab: so 1872 in Lengerich (Westf.) mit der Eröffnung der Hamburg-Venloer Bahn sowie in Hilter, Han-

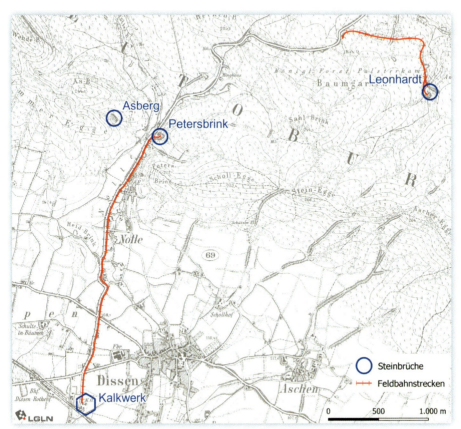

Abb. 3: Steinbrüche und Feldbahnen in der Noller Schlucht um 1900. Kartengrundlage: Blatt Borgholzhausen (Nr. 2080, neu 3815) der Königl. Preuß. Landesaufnahme, aufgenommen 1895, herausgegeben 1897. Auszug aus den Geobasisdaten der Niedersächsischen Vermessungs- und Katasterverwaltung, © 2022.

kenberge und Dissen nach der Inbetriebnahme der Bahnstrecke von Osnabrück nach Bielefeld im Jahre 1886.[7] Mit der Eisenbahn konnten Steinkohle und Steinkohlenkoks, die zur Herstellung von Branntkalk und Zement in großen Mengen erforderlich sind, aus dem Ruhrgebiet bezogen werden. Im Gegenzug war ein Versand der Endprodukte nach Norddeutschland, dem Rheinland und Westfalen möglich. Dementsprechend erfolgte die Gründung dieser neuen Kalkwerke immer in Bahnhofsnähe, auch, wenn dadurch die Transportwege zwischen Steinbruch und Verarbeitungsstätte länger wurden.

1893: Gründung der Dissener Kalkwerke Westendarp & Langenohl

Das Kalkwerk in Dissen wurde im Jahre 1893 direkt östlich des Bahnhofs Dissen-Rothen-felde mitsamt einem Gleisanschluss errichtet. Es firmierte unter dem Namen Dissener Kalkwerke Westendarp & Langenohl (Abb. 5), Gründer waren die Unternehmer Rudolf Westendarp (1854-1934) aus Dissen und Heinrich Langenohl aus Hagen (Westf.). Der Abbau des benötigten Kalkgesteins erfolgte in einem großen Steinbruch (im Cenomanium)

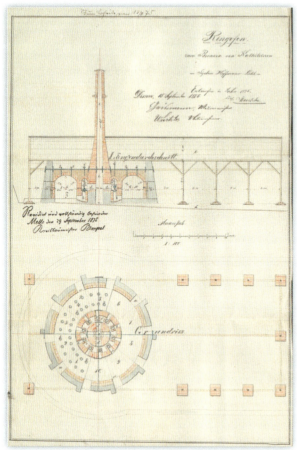

Abb. 4: Ringofen zum Brennen von Kalksteinen, System Hoffmann-Licht. Entworfen im Jahre 1875 durch den Unternehmer Wurtzler (NLA OS Rep 350 Ibg Nr. 6271).

nördlich des Petersbrinks am Eingang der Noller Schlucht (Abb. 3, 6) sowie zeitweilig in kleineren Steinbrüchen am Südosthang des Asbergs (im Cenomanium) und am Nordwestfuß des Petersbrinks (im Turonium). Da das neue Kalkwerk drei Kilometer vom großen Steinbruch entfernt lag, wurde zum Transport des Kalkgesteins eine Feldbahnstrecke gebaut. Diese einfache Eisenbahn verlief mit einer Spurbreite von 600 mm am Rande der Chaussee von Rothenfelde nach Melle, der heutigen Meller Straße bzw. Rechenbergstraße (Abb. 3). Rudolf Westendarp war der Bau dieser Feldbahn 1893 unter Auflagen genehmigt worden, weil Pferdefuhrwerke mit der gleichen Last die Straße zerstört hätten. Obwohl zunächst entweder Pferde oder Petroleumlokomotiven zur Beförderung der Loren vorgesehen waren[8], erfolgte am 26. Juni 1893 die Lieferung einer 10 PS starken, zweiachsigen Feldbahndampflok. Hersteller war die Firma Jung & Staimer OHG aus Jungenthal bei Kirchen a. d. Sieg.[9] Die benachbarten Kalkwerke in Hilter und Hankenberge verfügten ebenfalls über Feldbahnen[10], doch war die Dissener Feldbahnstrecke bei weitem die längste.

Abb. 5: Briefkopf der Dissener Kalkwerke Westendarp & Langenohl, verwendet im Jahr 1904 (NLA OS Rep 658 Nr. 392).

Der Abbau im Noller Steinbruch erfolgte auf mehreren Abbauebenen. Diese erschloss ein flexibles Feldbahnnetz, das sich leicht an verändernde Abbaubedingungen anpassen ließ. Nicht nutzbares Gestein (Kummer) wurde in ausgebeuteten Bereichen auf Halden gekippt, die ebenfalls an das Feldbahnnetz angeschlossen waren (Abb. 6).

Nolle bei Bad Rothenfelde, Teutob. Wald

Abb. 6: Der große Steinbruch nördlich des Petersbrinks um 1920, Blick von Osten. Ein Netz von Feldbahnglei-sen erschließt die verschiedenen Abbauebenen und Abraumhalden. Postkarte der Kunstanstalt L. Reinking, Bad Rothenfelde.

Nachdem das verwertbare Kalkgestein mit der Feldbahn ins Kalkwerk transportiert wor-den war, wurde es in Ringöfen und später auch in Schachtöfen gebrannt. Der erzeugte Branntkalk wurde vor allem zur Herstellung von Mörtel für Bauzwecke benötigt, fand aber auch als Düngekalk Verwendung.

Um 1900: Ein „flotter Absatz" der Produkte

Im Jahre 1897 vermeldete die Tonindustrie-Zeitung als Fachzeitschrift der stein- und er-denverarbeitenden Branche[11]: „Der Absatz der Dissener Kalkwerke ist ein sehr flotter spec.[iell] nach Westfalen und Rheinland. Besitzer der Kalkwerke sind die Herren Wes-tendarp und Langenohl. Betriebsleiter der Oefen wie der Steinbrüche ist Herr Rudolf Westendarp." Im Jahre 1905 konnte demselben Blatt entnommen werden, dass nunmehr die Witwe Emma Langenohl, geb. Wever, und deren Kinder die Besitzer der Dissener Kalkwerke seien und dass der Kaufmann Heinrich Langenohl junior in Hagen i. W. die Prokura übernommen hatte.[12] Rudolf Westendarp war zum 29. März 1904 aus der Firma ausgetreten, 1905 wurde er zum Gemeindevorsteher von Dissen gewählt. Dieses Amt hatte bereits sein Vater Julius Westendarp (1827-1902) bekleidet.[13] Ebenfalls 1905 ent-stand ein Anschlussgleis für die Firma Homann[14], wobei als bahntechnische Besonderheit eine niveaugleiche Kreuzung mit der Feldbahn des Kalkwerks erbaut werden musste.

Um 1910: Besitzerwechsel und Werksausbau

Bald darauf wurden die Dissener Kalkwerke von den Lengericher Portland-Cement- und Kalkwerken mit Sitz in Münster (Westf.) übernommen. In den Jahren 1912 und 1913 baute die neue Besitzerin ihre Dissener Abteilung aus. So wurden Bauten und Einrichtungen für die Herstellung von Mahlerzeugnissen aller Art geschaffen und die Kalköfen instandgesetzt. Auch investierte man in einen elektrischen Motor, einen Elevator, Transmissionsanlagen, einen Kühlturm, rollendes Bahnmaterial sowie eine Kettenbahn zur Beförderung von Waggons.[15] In der Folge nahm der Versand von Stück- und Mahlkalken sowie von Düngemergel deutlich zu. Das Kalkwerk beschäftigte in dieser Zeit 60 Arbeiter und produzierte jährlich 30.000 Tonnen Kalk, davon 8.000 Tonnen an Düngekalk.[16] 1914 wurden die Gleisanlagen des Bahnhofs Dissen-Bad Rothenfelde verlängert und erweitert, wobei auch das Anschlussgleis des Kalkwerks einen Um- und Ausbau erfuhr.[17] Durch diese Maßnahmen konnten die Verlademöglichkeiten deutlich verbessert werden.

1914-1918: Krise im Ersten Weltkrieg

Ungeachtet dieser positiven Entwicklungen stürzte der Beginn des Ersten Weltkriegs die Kalk- und Zementindustrie und damit auch das Dissener Werk ab dem Sommer 1914 in eine schwere Krise. Die Bautätigkeit kam nahezu vollständig zum Erliegen, was den Absatz von Kalkprodukten stark beeinträchtigte. Schwer wog zudem der Mangel an Arbeitskräften, der einerseits durch die Einberufung von einheimischen Arbeitern zum Kriegsdienst, andererseits durch die erzwungene Abreise von Gastarbeitern bedingt war. So wurden bis zum Ersten Weltkrieg in den Kalkwerken am Teutoburger Wald viele Italiener beschäftigt. In der Folge musste das Werk in Dissen kurz nach Kriegsausbruch seinen Betrieb einstellen.[18] Erst 1916 wurde die Arbeit mit zunächst nur einem Ringofen wieder aufgenommen.[19]

Werk „D i s s e n", Zement- u. Kalkwerk in Dissen

Abb. 7: Das Kalkwerk in Dissen um 1925. Die Wicking'sche Portland-Cement- und Wasserkalkwerke AG veröffentlichte diese Fotografie in einer Unternehmensbroschüre. Entgegen der Bildunterschrift wurde in Dissen jedoch kein Zement produziert.

1920er-Jahre: Ein kleines Werk im großen Wicking-Konzern

1917/18 fusionierten die Lengericher Portland-Cement- und Kalkwerke mit der Wicking'schen Portland-Cement- und Wasserkalkwerke AG mit Sitz in Münster (Westf.).[20] Der Wicking-Konzern erlangte in dieser Zeit ein Quasi-Monopol im Hinblick auf die Kalk- und Zementindustrie entlang des nordwestlichen Teutoburger Waldes: In den 1920er-Jahren gehörten neben dem Werk in Dissen (Abb. 7) und mehreren Kalkwerken in Lengerich auch die Kalkwerke in Hankenberge (ab 1895)[21], Hilter (ab 1918)[22] sowie Borgholzhausen (ab 1928)[23] zur Wicking AG. Rudolf ten Hompel (1878-1948), Vorstandsvorsitzender des Wicking-Konzerns, bezeichnete die Jahre 1924 bis 1929 als eine Periode der Betriebskonzentration, in der besonders geeignete Werke zu Hochleistungswerken ausgebaut und kleinere und veraltete Werke allmählich stillgelegt wurden.[24] Während das Werk in Hilter 1928 geschlossen wurde[25], verteidigte man das Werksgelände in Dissen zu dieser Zeit noch gegen Interessen der Firma Homann, die ihren Gleisanschluss erweitern wollte.[26] Allerdings waren zu diesem Zeitpunkt nur noch 20 Arbeiter und vier Angestellte im Werk tätig.[27]

NOLLE, Teutob. Wald

1931: Werksstilllegung

Am Ende der 1920er-Jahre schließlich geriet der Wicking-Konzern in eine finanzielle Schieflage, die Weltwirtschaftskrise tat ihr Übriges.[28] Um eine Insolvenz zu verhindern, fusionierte die Wicking AG zum 1. Januar 1931 mit ihrem größten Konkurrenten, der Portland-Cement-Fabrik Dyckerhoff & Söhne GmbH, zur Portland-Zementwerke Dyckerhoff-Wicking AG.[29] Von den Wicking-Werken entlang des Teutoburger Waldes überstand das Hauptwerk in Lengerich die Fusion, das Werk in Dissen hingegen wurde 1931 stillgelegt.

Abb. 8: Blick von Westen auf den Steinbruch nördlich des Petersbrinks um 1910 und 2022, der Fotostandort befindet sich jeweils etwa 100 m westlich des heutigen Lernstandorts Noller Schlucht (Postkarte der Kunstanstalt L. Reinking, Bad Rothenfelde und Foto von A. Mölder).

Was bleibt?

1945 wurden die Ringöfen abgebrochen und das Baumaterial an anderer Stelle wiederverwendet.[30] Auf dem ehemaligen Kalkwerksgelände siedelte sich daraufhin die Isoliermittelfabrik Franz Leimbrock an – die Anschrift lautete: Am Kalkofen 1. Später entstand an gleicher Stelle ein fleischverarbeitender Betrieb, nach dessen Schließung im Jahre 2003 brannten 2008 Teile der Werksgebäude ab. Für einige Jahre war das Gelände eine Industriebrache, 2022 wurde es für eine erneute gewerbliche Nutzung erschlossen.

Im ehemaligen großen Steinbruch nördlich des Petersbrinks in Nolle erfolgte die Einrichtung eines Pferdesportzentrums, die Steinbruchwand ist heute stark zugewachsen (Abb. 8). Für geologisch Interessierte besser zugänglich sind die Kalkgesteine des Cenomaniums in den aufgelassenen Steinbrüchen am Asberg (Abb. 1).

Abb. 9: Waldeidechse zwischen Kalkgestein des Turoniums in einem aufgelassenen Steinbruch zwischen Hilter und der Noller Schlucht (Foto: I. Mölder).

Wertvolle Lebensräume aus Menschenhand

Eine Vielzahl von kleinen und größeren Steinbrüchen sowohl in der Noller Schlucht als auch in anderen Abschnitten des Teutoburger Waldes hat sich die Natur zurückerobert. Sie bieten heute einer Fülle von Tier- und Pflanzenarten einen schützenswerten Lebensraum. So sind zahlreiche dieser Steinbrüche seit 2019 Teil des Landschaftsschutzgebietes „FFH-Gebiet Teutoburger Wald, Kleiner Berg". Besonders hervorzuheben ist die Bedeutung der aufgelassenen und nutzungsfreien Steinbrüche für störungsempfindliche Großvögel wie den Uhu. Aber auch Kalktrockenrasen, Heidereelikte und Trockengebüsche finden sich dort, sie sind der Lebensraum von licht- und wärmeliebenden Tieren und Pflanzen wie Eidechsen (Abb. 9) und Orchideen. Darüber hinaus bieten aufgelassene Stollen und Feldbahntunnel im Bereich der Steinbrüche Schwärm- und Winterquartiere für seltene und streng geschützte Fledermausarten. Hier sind Großes Mausohr, Bechsteinfledermaus und vor allem die Teichfledermaus zu nennen.[31]

Danksagung

Birte Belter und Rosemarie Rieke vom Verein 1200 Jahre Dissen e. V. möchten wir für die umfangreiche Unterstützung unserer Recherchen großen Dank aussprechen. Auch danken wir Steffi Fischer (Dyckerhoff GmbH, Werk Lengerich) und Dr. Michael Rossmanith herzlich für die Bereitstellung der Fotografie des Dissener Kalkwerks.

1   Klassen, Horst (Hrsg.): Geologie des Osnabrücker Berglandes, Naturwissenschaftliches Museum Osnabrück, Osnabrück 1984.

2   von Reden, Friedrich Wilhelm: Das Königreich Hannover statistisch beschrieben, zunächst in Beziehung auf Landwirthschaft, Gewerbe und Handel, Hahn'sche Hofbuchhandlung, Hannover 1839.

3   Geinitz, Hanns Bruno: Das Quadersandsteingebirge oder Kreidegebirge in Deutschland, Cranz & Gerlach, Freiberg 1849.

4   Mestwerdt, Adolf und Görz, Georg: Erläuterungen zur Geologischen Karte von Preußen und benachbarten deutschen Ländern, Blatt Borgholzhausen, Preußische Geologische Landesanstalt, Berlin 1930.

5   NLA OS K 72 Erpen Nr. 2 H, „Delineatio des Erpener Berges" (Mitte 18. Jh.), sowie NLA OS K 72 Erpen Nr. 3 H, „Delineatio des Erpener Berges" (2. Hälfte 18. Jh.).

6   Kanzler, Otto: Geologie des Teutoburger Waldes und des Osnings, Holzwarth, Bad Rothenfelde 1920; Mestwerdt, Adolf: Der Teutoburger Wald zwischen Borgholzhausen und Hilter, Inaugural-Dissertation an

der Georg-August-Universität Göttingen, Göttingen 1904; Mestwerdt und Görz: Erläuterungen zur Geologischen Karte, wie Anm. 4.; Schloymann, Carl Friedrich: Das Soolbad zur Rothenfelde bei Dissen, Verlag der Rackhorst'schen Buchhandlung, Osnabrück 1854.

7   Mölder, Andreas und Grebing, Horst: Das Kalkwerk in Dissen – eine fast vergessene Industrie, Dissen am Teutoburger Wald, 55 spannende Quellen zur Ortsgeschichte, Verlag Edition Bücher Beckwermert, Bad Rothenfelde 2021, S. 164–167; Mölder, Andreas und Hüsing, Christian: Der Bahnhof Dissen-Bad Rothenfelde und der Haller Willem, Dissen am Teutoburger Wald, 55 spannende Quellen zur Ortsgeschichte, Verlag Edition Bücher Beckwermert, Bad Rothenfelde 2021, S. 161–163.

8   NLA OS Rep 658 Nr. 392, Anlage einer schmalspurigen Pferdebahn von den Steinbrüchen in Nolle zum Bahnhof Dissen auf der Chaussee Hilter-Halle durch den Fabrikanten Westendarp, Laufzeit 1893–1904.

9   Freundliche Mitteilung von Dr. Matthias Lentz, Bad Fallingbostel.

10 Mölder, Andreas: Auf schmaler Spur durch den Osning: Das Kalkwerk Hilter und seine Feldbahn, Heimat-Jahrbuch Osnabrücker Land 2009, S. 157–163; Mölder, Andreas und Wortmann, Heinrich: Haller Willem, Wicking, Wortmann – Die wechselvolle Geschichte der Kalkbrennerei in Hilter-Hankenberge (1886-1984), Heimat-Jahrbuch Osnabrücker Land 2010, S. 106–120.

11 Tonindustrie-Zeitung und Keramische Rundschau 21 (1897), S. 656.

12 Tonindustrie-Zeitung und Keramische Rundschau 29 (1905), S. 475.

13 Scholz, Siegfried Alexander: Ein Baudenkmal auf dem Friedhof – Hof und Familie Westendarp, Heimat-Jahrbuch Osnabrücker Land 2015, S. 173–280.

14 Hülsmann, Lothar H.: Der Haller Willem – Eisenbahngeschichte zwischen Osnabrück und Dissen-Bad Rothenfelde, Uhle & Kleimann, Lübbecke 1983.

15 Tonindustrie-Zeitung und Keramische Rundschau 37 (1913), S. 721.

16 Kosmann, Hans Bernhard: Die Verbreitung der nutzbaren Kalksteine im nördlichen Deutschland, Tonindustrie-Zeitung G.m.b.H., Berlin 1913.

17 NLA OS Rep 335 Nr. 15058, Anschlussgleis der Lengericher Portland-Zement- und Kalkwerke zu Lengerich an den Bahnhof Dissen-Rothenfelde, Laufzeit 1913–1915.

18 Tonindustrie-Zeitung und Keramische Rundschau 40 (1916), S. 636.

19 Tonindustrie-Zeitung und Keramische Rundschau 41 (1917), S. 585.

20 Piorkowski, Curt: Dyckerhoff Portland-Zementwerke A.G., Mainz-Amöneburg (Deutsche Großbetriebe, Bd. 40), Arnd, Leipzig 1937.

21 Mölder und Wortmann: Haller Willem, Wicking, Wortmann, wie Anm. 10.

22 Mölder: Auf schmaler Spur durch den Osning, wie Anm. 10.

23 Wickingsche Portland-Cement- und Wasserkalkwerke AG, Jahresbericht für das Geschäftsjahr 1928, Münster (Westf.), im Internet verfügbar unter http://webopac.hwwa.de/PresseMappe20/ -> Firmenarchiv.

24 ten Hompel, Rudolf: Entwicklung und Geschäftspolitik des Wicking-Konzerns (1932), Nachlass Rudolf ten Hompel, aufbewahrt im Stadtarchiv Münster (Westf.).

25 Mölder: Auf schmaler Spur durch den Osning, wie Anm. 10.

26 Hülsmann, Lothar H.: Der Haller Willem – Eisenbahngeschichte zwischen Osnabrück und Dissen-Bad Rothenfelde, Uhle & Kleimann, Lübbecke 1983.

27 NLA OS Rep 610 Osn Nr. 437, Wicking'sche Portland-Zement- und Wasserkalkwerke Recklinghausen, Steinbruch Hankenberge, Laufzeit 1898–1925.

28 Wickingsche Portland-Cement- und Wasserkalkwerke AG, Jahresberichte für die Geschäftsjahre 1924-1930, Münster (Westf.), im Internet verfügbar unter http://webopac.hwwa.de/PresseMappe20/ -> Firmenarchiv.

29 Müller-Jabusch, Maximilian (Hrsg.): Handbuch des öffentlichen Lebens, Koehler, Leipzig 1931.

30 Lokalberichterstatter: Alte Kalköfen liefern Brennholz, Neue Tagespost vom 22. November 1945.

31 Martens-Escher, Claudia und Wehr, Matthias: Begründung zur Verordnung über das geplante Landschaftsschutzgebiet „FFH-Gebiet Teutoburger Wald, Kleiner Berg", Untere Naturschutzbehörde des Landkreises Osnabrück, Osnabrück 2017; Landkreis Osnabrück: Verordnung über das Landschaftsschutzgebiet „FFH-Gebiet Teutoburger Wald, Kleiner Berg" in den Bereichen der Städte Bad Iburg, Dissen a.T.W. und Melle sowie der Gemeinden Hilter a.T.W., Bad Rothenfelde und Bad Laer, Landkreis Osnabrück vom 30.09.2019, Amtsblatt für den Landkreis Osnabrück 2019 (20), S. 467–479.

Die Anfänge des Kinderhospitals in Osnabrück
Silke Grade

Einleitung

Der Aufbruch in unsere Zeit im langen 19. Jahrhundert ist durch viele Neuerungen, Umbrüche oder auch Umwälzungen verschiedenster Art gekennzeichnet. Auch die bestehenden gesellschaftlichen Strukturen veränderten sich und brachen auf: Das bürgerliche Zeitalter begann. Als ein Charakteristikum dieser Zeit ist u. a. der Fürsorgegedanke anzusehen. Ob Krankenhäuser, Hebammeninstitute, Schulen oder auch Kleinkinderbewahranstalten, nicht nur immer neue wissenschaftliche Erkenntnisse, sondern besonders auch der soziale Gedanke, das Sorgen für die Benachteiligten der Gesellschaft mussten baulich umgesetzt werden und wurden es auch. Unter diesen Aspekten soll die Einrichtung des Kinderhospitals in Osnabrück im Folgenden (bau-) geschichtlich dargestellt und betrachtet werden.

Geschichte

Auch wenn für Jubiläen des Osnabrücker Kinderhospitals der 4. Oktober 1878, der Tag der Einweihung des Neubaus der Anstalt an der damaligen Clubstraße, zugrunde gelegt wird, reichen die Anfänge der Einrichtung bis ins Jahr 1868 zurück.[1] Um die bei Kindern weitverbreiteten Krankheiten Rachitis und Skrofulose zu bekämpfen, veranlassten die Vorsteherin der Osnabrücker Gemeindeschwestern Irmgard von Stolzenberg aus dem Stift Bethlehem in Ludwigslust und ihre Freundin Bertha Reinecke (geb. Pagenstecher) Osnabrücker Kinder, die an den genannten Krankheiten erkrankt waren, für vier Wochen ins Solbad nach Rothenfelde zu schicken. Nach einem ersten Versuch im Sommer 1868 erkannten die Frauen jedoch, dass diese Zeit der Badekur alleine nicht ausreichte, um eine Genesung zu erzielen. Vor und nach der Rothenfelder Kur sollten die Kinder in einem Haus in Osnabrück gepflegt werden. Für das Ermöglichen einer Finanzierung dieses Projekts wandten sich die beiden Frauen an den Osnabrücker Bürgermeister Stüve und den Sanitätsrat Droop.[2] So konnte im Jahr 1870 das Kinderhospital als städtisches Institut aus Mitteln eines der Stadt zur Verfügung stehenden „milden Fonds", des evangelischen Rumpschen Fonds, gegründet werden.[3] Mithilfe dieser Geldmittel mietete die Stadt das Haus Ziegelstraße 22 an und stattete es aus, wenn auch die erste Nutzung – umständehalber bedingt – im selben Jahr als Kriegslazarett für Offiziere erfolgte.[4] Erst 1871 zog das Kinderhospital mit einer ebenfalls aus dem Stift Bethel stammenden Schwester als Pflegekraft in die Räumlichkeiten ein. Bereits in diesen ersten Jahren vergrößerte sich der Aufgabenbereich der Anstalt: Durch die Aufnahme von Kindern mit anderen Krankheiten wurde das Haus bereits als vollwertiges Kinderkrankenhaus genutzt.

1875 erklärte der Magistrat, die Trägerschaft aufgeben zu müssen: Die Verwaltung des Hospitals sei zu schwierig und zu kostspielig. Zudem waren Zweifel aufgekommen, ob die Nutzung eines evangelischen Fonds für Kinder aller Konfessionen im Sinne der Stifterin sei.[5] Ohne diese Gelder konnte das so dringend benötigte Hospital jedoch nicht existieren, sodass einige Osnabrücker Bürger es als Privatinstitut am Leben erhielten.[6] So übernahmen ab dem 1. Januar 1876 Schwester Irmgard und Bertha Reinecke die Hospitalleitung.[7] Mithilfe der Gelder eines Vermächtnisses von Stadtsyndikus Dr. Pagenstecher und seiner Frau konnten sie die Hausmiete bezahlen und der Stadt das Inventar abkaufen.[8]

Es stellte sich aber heraus, dass das gemietete Haus als Hospital auf Dauer ungeeignet war; insbesondere das Fehlen eines Isoliergebäudes resp. -zimmers war in diesen ersten Jahren deutlich zutage getreten.[9] Wiederum mithilfe von gestifteten Geldern konnte aufgrund dessen ab Mai 1877 hinter dem Schloss ein Neubau für 30 Betten in Angriff genommen werden.[10] Über ein Jahr dauerte der Bau, sodass am 4. Oktober 1878 das Gebäude eingeweiht und einen Tag später mit zehn Kindern bezogen werden konnte.[11]

Kurz nach Bezug des Neubaus zeigte sich indes, dass diese rein private Trägerschaft den Aufgaben und der Organisation nicht (mehr) gewachsen war. Bereits ab November 1878 wurde die Verleihung der Rechte einer juristischen Person für das Kinderhospital angestrebt, welcher erst nach der im Mai 1879 geschehenen Gründung des Vereins „Kinderhospital zu Osnabrück" als Träger der Anstalt im November d. J. und Überwindung einiger rechtlicher Hürden durch die königliche Landdrostei stattgegeben wurde.[12]

In den darauffolgenden Jahren standen einige Veränderungen an: 1884 errichtete man hinter dem Hauptgebäude ein auch als Baracke bezeichnetes, kleines Isolierhaus. Nachdem 1887 die Diakonissen aus dem Stift Bethlehem ihre Arbeit in Osnabrück beendeten – sie wurden zum Mutterhaus zurückbeordert –, stellte der Verein ab April des Jahres Diakonissen aus dem Henriettenstift in Hannover ein.[13] Ein seit 1891 erwünschtes neues und größeres Isolierhaus, für das noch weiteres Terrain hätte angekauft werden müssen, konnte jedoch zunächst nicht realisiert werden.[14] Stattdessen baute man 1895 noch ein Isolierzimmer an das Hauptgebäude an. 1897 kam eine Verandaerweiterung am Hauptgebäude, 1898 ein separater Geräteschuppen dazu.

Große Umbau- und Erweiterungsbaumaßnahmen sowie auch endlich der Neubau eines größeren eigenständigen Isolierhauses konnte der Verein 1901/2 realisieren.[15]

> „Denn eine große Arbeitslast harrte einer kräftig leitenden Hand, der Neubau eines großen, wirklich allen berechtigten Ansprüchen genügenden Isolierhauses, wie der An- und Umbau des Haupthauses selbst mit Einrichtung neuer, allen modernen Anforderungen entsprechenden Operations- und Verband-Räumen, Vermehrung der Krankenzimmer, Anlage von Centralheizung u.s.w. Der ganze Bau ist soweit gefördert, dass sämmtliche Neubauten etwa Mitte April d. Js. [1902, d. V.] benutzt werden können. Freilich bleibt uns dafür auch eine Schuldenlast von etwa 50.000 M."[16]

Im Frühjahr 1903 blickte der Verein stolz auf eine „25jährige Wirksamkeit im eigenen Heim" zurück, mit der Anmerkung, dass die ursprüngliche Anlage von 1878 kaum wiederzuerkennen sei.[17] In den Folgejahren kam als einzige größere Veränderung 1929 eine Liegehalle als Holzanbau rechts ans Hauptgebäude hinzu.[18]

Stark kriegszerstört wurde das Gebäude nach 1945 nicht wiederhergestellt. Stattdessen ließ der Verein am Schölerberg ein neues Gebäude für das Kinderhospital errichten, welches wiederum 2011 mit der Kinderabteilung des Marienhospitals als Christliches Kinderhospital Osnabrück vereinigt und in den vergrößerten Räumen im Marienhospital untergebracht wurde. Auch hier ist der bis heute bestehende Kinderhospital-Verein zu 50 % Träger der Einrichtung, die heute am Schölerberg befindliche Kinder- und Jugendpsychiatrie, -psychotherapie und -psychosomatik befindet sich sogar noch zu 100 % in Trägerschaft des Vereins.[19]

Der Neubau an der Clubstraße von 1877

Für den Neubau wurde als Architekt der Stadtbaumeister Emil Hackländer gewonnen.[20] Das zu bebauende Grundstück lag im Schlossgarten hinter dem Marstall. Es konnte der Klosterkammer in Hannover – zum Teil aus Mitteln aus dem Vermächtnis des Stadtsyndikus Pagenstecher – im Januar 1877 für 10.380 M abgekauft werden.[21] Die Parzelle zählte zuerst zur Straße Neuer Graben, nach Anlegung der Clubstraße wurde sie unter dieser Bezeichnung mit der Nummer 7/ 8 geführt.[22]

Die Baukosten beliefen sich auf 38.000 M; davon waren etwa 24.000 M „aus dem eigenen, aus Schenkungen und sonstigen Zuwendungen kommenden Vermögen des Vereins abgetragen, der Rest ist von Freunden der Anstalt theils verzinslich, theils unverzinslich angeliehen. Das vorläufig erforderliche Inventar im Werthe von etwa 2100 M ist bereits angeschafft und bezahlt."[23]

Die ersten Pläne stammen vom Sommer 1877. Ausgeführt waren ein Lageplan, die Ansichten der westlichen Hauptfassade des Hauptgebäudes und der Südseite, verschiedene Schnitte sowie Grundrisse von Keller-, Erd- und Obergeschoss (Abb. 1 u. 2).[24]

Die Hauptfassade des zweigeteilten Baues wies zur neu eingerichteten (Club-) Straße, einer Parallelstraße zur neuen Wallstraße hin Richtung Westen.[25] Sie gliederte sich in zwei Bauteile: Linker Hand lag der zweigeschossige und dreiachsige Abschnitt, in dem sich mittig der Eingang befand (Abb. 1). Rechts daneben, aus der Fluchtlinie des zweigeschossigen Bauteils um knapp 3 m nach vorne versetzt, fügte sich ein eingeschossiger und einachsiger Gebäudeteil an. Beide Teile wurden durch eine gleiche Struktur der Mauerung zusammengefasst, besaßen aber – konstruktiv nachvollziehbar – getrennte Walmdächer (Abb. 1 u. 2).

Das Erdgeschoss war bedingt durch die Nutzung des Kellergeschosses mit Wirtschaftsräumen über eine Treppe erhöht zu erreichen. In den Ansichtszeichnungen waren daher auch die vielen Fensteröffnungen des Kellergeschosses gut zu erkennen (Abb. 1 u. 2). Zwei Wandpfeiler flankierten die mit einem großen Oberlicht versehene zweiflügelige Eingangstür, welche eine leicht abgetreppte Laibung besaß. Gemauerte Stichbogen überspannten alle Maueröffnungen – Tür wie Fenster. Über der Tür scheint sich noch ein Inschriftfeld auf Höhe des die Geschosse trennenden gemauerten Gesimsbandes befunden zu haben. Den oberen Abschluss bildete bei beiden Bauteilen eine gemauerte Gebälk-

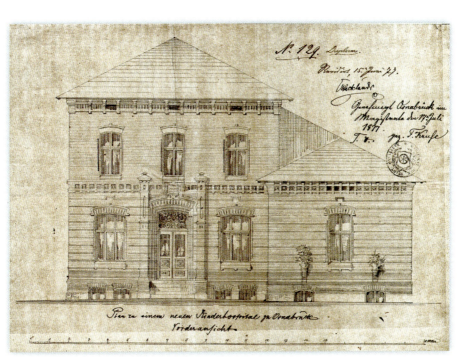

Abb. 1: Kinderhospital, Vorderansicht, Hackländer 1877; aus: Fachdienst Geodaten Stadt Osnabrück (auch unter: Niedersächsisches Landesarchiv Osnabrück (NLA OS) K Akz. 2014/090 Nr. 20 M).

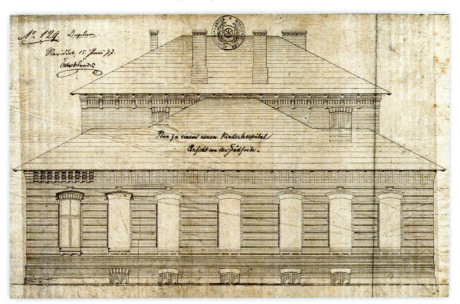

Abb. 2: Kinderhospital, Seitenansicht, Hackländer 1877; aus: Fachdienst Geodaten Stadt Osnabrück (auch unter: NLA OS K Akz. 2014/090 Nr. 20 M).

zone mit kleinen Fensteröffnungen unterhalb des Daches, mit zitathaften Formen von Triglyphen und Metopen eines dorischen Tempels der antiken Architektur entlehnt. Zum Haupteingang führte eine gärtnerisch angelegte Zufahrt.

Die eingeschossige Südfassade staffelte sich in den vorgestellten und breiteren eingeschossigen Baukörper, der in dieser Ansicht siebenachsig ausgebildet war (Abb. 2). Dahinter ragte im direkten Anschluss der dreigeschossige schmalere Baukörper mit zwei nur in Teilen sichtbaren und ungleichen Fenstern auf. Im Kellergeschoss des Hauptgebäudes war neben den Ökonomieräumen wie Küche, Speisekammer, Vorratsräume, Plätte-Stube, auch die Luftheizung untergebracht.[26] Das Erdgeschoss enthielt im zweigeschossigen Bauteil neben der Garderobe und dem Wohn- und Empfangszimmer das „Todtenzimmer" im westlichen zum Eingang weisenden Abschnitt, hinter dem daran anschließenden „Treppenhaus" waren nach Osten ausgerichtet nebst dem Spielsaal und einem Badezimmer eine Toilettenanlage und eine in Teilen überdachte Veranda an das Gebäude angebaut.[27]

Im eingeschossigen südlichen Bauteil waren zwei Schlafsäle und ein dazwischenliegendes „Diaconissinzimmer" angeordnet. Im Obergeschoss über dem Eingang lag die Wohnung der Diakonissinnen, nach Osten über dem Spielsaal ein Isolierzimmer nebst Garderobe. Über den Schlafsälen befand sich der Gebäudehöhe entsprechend nur Dachbodenraum.[28]

Die Nordseite des Hauptgebäudes lag zum Marstall des Schlosses ausgerichtet. Auf dem Gelände dazwischen, welches als Garten genutzt wurde, befand sich das Nebengebäude.[29] Dieser eingeschossige, mit einer weiteren Totenkammer, einer Waschküche und einem Hühnerstall versehene Bau besaß ein zum Hauptgebäude ausgerichtetes Pultdach. Seine Fassadengestaltung war der des Hospitals angepasst.

Als Baumaterial kann nach Abbildungslage ein (dunkel-)roter Backstein vermutet werden (Abb. 6). An diesem als schlicht und zweckmäßig zu beschreibenden Gebäude fanden sich kaum stilistisch einzuordnende Architekturdetails wieder. Einzelne Elemente können zwar auf Vorbilder zurückgeführt werden, sind aber keine exakten Kopien. So erinnerte, wie bereits erwähnt, die Gebälkzone durch ihre angedeutete Metopen-Triglyphen-Aufteilung an die Antike. Insgesamt aber ist das Kinderhospital als sehr zweckmäßiges Bauwerk im Zeitalter des Historismus anzusehen.

Die Erweiterungen von 1884 bis 1898

Ein kleines, auch als Baracke bezeichnetes Isolierhaus errichtete man 1884 hinter dem Hauptgebäude links im Bereich der Bleichwiese.[30] Es wurde über einem leicht erhöhten Sockelgeschoss eingeschossig und mit fünf Achsen auf den Traufenseiten unter einem Satteldach konzipiert. Hinter dem mittig angeordneten Eingang befanden sich ein kleiner Vorraum und daran anschließend das Aufsichtszimmer. Rechts und links davon ging davon jeweils ein großer Raum ab, jeweils mit sieben Betten versehen.[31] Sein Äußeres war dem Hauptgebäude angepasst, zeigte sich jedoch in noch mal vereinfachter Ausführung.

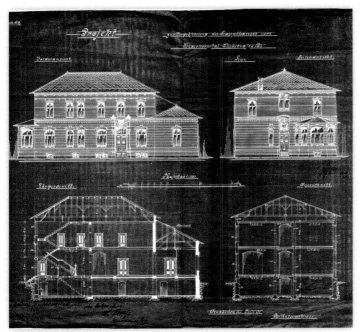

Abb. 3: Kinderhospital, Haupthausvergrößerung, Ansichten, Schnitte, Propfe 1901; aus: Fachdienst Geodaten Stadt Osnabrück.

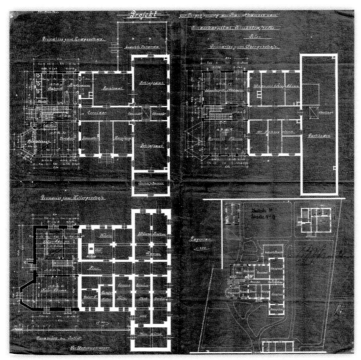

Abb. 4: Kinderhospital, Haupthausvergrößerung, Grundrisse, Lageplan, Propfe 1901; aus: Fachdienst Geodaten Stadt Osnabrück.

Im Mai 1895 wurde dem rechten einstöckigen Gebäudeteil des Haupthauses ein Isolier-zimmer als Anbau vorgesetzt (Abb. 3, 4 u. 7).[32] Für die dazugehörigen Pläne und wahr-scheinlich auch die Ausfertigung des Baus zeigte sich der Osnabrücker Zimmermeister und Bauunternehmer W. H. Wiemeyer verantwortlich. Bei dieser Baumaßnahme ver-längerte Wiemeyer in der Hauptansicht den südlichen, eingeschossigen Bauteil, der die Schlafsäle beinhaltete, nach Westen. Nach Fertigstellung ragte dieser Bauabschnitt also knapp 7,5 m gegenüber dem zweigeschossigen Baukörper des Eingangsbereichs vor, zuvor waren es nur knapp 3 m gewesen. Durch eine exakte Übernahme der Formen-sprache der bisherigen Front fiel diese Vergrößerung jedoch nur dadurch, wie auch im veränderten Grundriss erkennbar, auf.

Zwei Jahre später im Mai 1897 nahm wiederum Wiemeyer eine Verandaerweiterung vor. Die bisherige Veranda an der Ostseite des Haupthauses wurde so nahezu verdoppelt.[33]

Als letzte kleine bauliche Erweiterung in diesem Zeitraum fand 1898 die Errichtung eines hölzernen Geräteschuppens hinter dem Hauptgebäude statt, verwirklicht ebenfalls von Wiemeyer.[34]

Erweiterungen und Neubauten von 1901

Ab Mai 1901 wurde einerseits der große Erweiterungsbau des Haupthauses wie auch andererseits die Neubauten für das Isolierhaus und ein Nebenhaus vorangetrieben.

Der Osnabrücker Maurermeister Wilhelm Propfe, der auch als Bauführer für das Stadt-bauamt arbeitete, zeigte sich für die Planungen verantwortlich (Abb. 3 u. 4).[35] Er erwei-terte die Straßenfassade des Haupthauses nach links um drei Achsen in genauer Über-nahme der Hackländerschen Gestaltung (Abb. 3 u. 6). Dadurch wirkte der nun stark vergrößerte Bau wie aus einem Guss; die zwei enger stehenden Fenster der Erweiterung nahmen den rhythmischen Wechsel des bisherigen Baus auf. Im weiteren Verlauf nach links setzte man noch eine Veranda an. Durch diesen Anbau fand eine Neuordnung der gesamten bisherigen Innenaufteilung samt neuer Treppenläufe statt.

> „So wenig auch nur das geringste an der Einrichtung und Ausstattung der Opera-tionsräume gespart ist, – verfügen wir doch jetzt über einen allen Anforderungen entsprechenden Raum für frische Operationen, einen großen Verbandraum für un-reine Wunden und einen vom Haupthause völlig getrennten Raum für die öffentliche Sprechstunde –, so haben wir auch die Ausgaben für eine vorzüglich funktionierende Zentralheizung, für Water-Klosets, für ausreichende Baderäume mit ständig warmen Wasser nicht gescheut. – durch den Neubau haben wir eine bedeutende Vergröße-rung des Belegraums der Krankenzimmer erreicht, ein Baby-Zimmer für 6 kleine Gäs-te unmittelbar neben den Baderäumen, mehrere Privat-Krankenzimmer und einzel-ne kleinere Räume, so dass wir jetzt im Haupthause jederzeit 40 Betten fertigstellen können."[36]

Als eigenständig gestalteter Bau zeigte sich in den Zeichnungen das neue Isolierhaus.[37] An-stelle des alten Geräteschuppens leicht zum Haupthaus hin versetzt zeichnete Propfe einen

Abb. 5: Kinderhospital u. Schloss, Luftbild R. Lichtenberg verm. 1914; Ausschnitt aus: Spilker, Rolf: Lichtenberg. Bilder einer Stadt, Bramsche 1996, S. 89.

Abb. 6: Kinderhospital, Westansicht nach 1901; aus: Spratte, Wido: Alt-Osnabrück. Bildarchiv Bd. 1; Osnabrück, 1997[3], S. 167.

in seiner Gestaltung vom Haupthaus leicht abweichenden Bau. Über einem leicht erhöhten Kellergeschoss erhoben sich zwei durch Gesimsbänder voneinander getrennte Geschosse, die von einem Satteldach abgeschlossen wurden. An den Giebel- wie an den Traufenseiten befanden sich jeweils drei Fensterachsen, die zwei Eingänge verteilten sich auf eine Giebel- und eine Traufenseite. Ob die Fassade als Sichtmauerwerk oder verputzt ausgeführt war,

Abb. 7: Kinderhospital, Südansicht, nach 1900; Ausschnitt aus: Spratte, Wido: Alt-Osnabrück. Bildarchiv Bd. 3, Osnabrück 1997, S. 169.

Abb. 8: Kinderhospital, Isolierhaus, verm. 1928; aus: Festschrift zum 50jährigen Bestehen, Osnabrück 1928, S. 6.

ist nicht mehr eindeutig festzustellen. Dieser schlicht gezeichnete Bau wäre am ehesten dem (Neu-)Klassizismus einzuordnen und hätte sich dementsprechend typisch für seine Erbauungszeit gezeigt. Die Ausführung wich von diesen Plänen jedoch ab, wie ein Foto von 1928 zeigt (Abb. 5 u. 8): Anstelle von geraden Fensterstürzen wurden dem Hauptgebäude angepasste Segmentbogenfenster (und vermutlich auch Türen) ausgeführt.

> „Ebenso notwendig wie der Umbau des Haupthauses war der Neubau eines Isolierhauses, wie die Jetztzeit ein solches fordert. In dem neuen Hause sind 3 völlig getrennte Abteilungen mit besonderen Eingängen und völlig gesondertem Betrieb eingerichtet für Diphteritis, für Scharlachfieber und für Masern. Wir können in diesen 3 Abteilungen jederzeit 20 Kinder unterbringen, haben schon jetzt einmal alle 3 Abteilungen zu gleicher Zeit belegen müssen, trotz unseres kleinen Pflege-Personals."[38]

Die drei Abteilungen verteilten sich wie folgt: Im Erdgeschoss befanden sich die Räume für Diphtheriepatienten samt Privatzimmern, Küche und Schwesternzimmer. Im Obergeschoss lagen die beiden anderen Abteilungen, ebenfalls jeweils mit eigenen Privatzimmern, Küche und Schwesternzimmer ausgestattet.[39]

Anstelle des früheren Isolierhauses – der Baracke von 1884 – wurde noch ein weiterer Neubau, auch als Nebenhaus bezeichnet, errichtet.[40] Dieses war wahrscheinlich nötig geworden, weil das frühere Nebengebäude von 1877 aufgrund der Haupthauserweiterung abgebrochen werden musste. Dieser wieder mit einem Satteldach versehene kleine eingeschossige Bau war interessanterweise bereits auf den Zeichnungen genau dem Stil des Hauptgebäudes angeglichen, im Gegensatz zu den Planungen des neuen Isolierhauses, wie oben aufgeführt.

Schlussbetrachtung

Die Gebäudegruppe des Kinderhospitals an der Clubstraße war während ihres knapp 70-jährigen Bestehens besonders in den ersten drei Jahrzehnten einer kontinuierlichen Vergrößerung und damit einhergehenden Verbesserung für die zu behandelnden Kinder unterworfen. Ihre äußere Gestalt blieb indes nahezu ungebrochen den Vorstellungen und Bauausführungen des ersten Architekten, des Stadtbaumeisters Emil Hackländer, treu. Seine mit wenigen historisch entlehnten architektonischen Formen versehene Bauausführung in Sichtmauerwerk zeigte sich mit dem Charakter eines Wohnhauses. Ähnliches war bei seinen nahezu zeitgleich entstandenen ebenfalls für Kinder konzipierten städtischen Bauten zu beobachten: in geringerem Maße bei der Volksschule an der Johannismauer (errichtet 1875/76, Abb. 9), und nahezu identisch bei der Kleinkinderschule an der Alten Münze (Erweiterungsbau von 1881, Abb. 10). Hackländers andere Schulbauten wie die höhere Töchter- oder Mädchenschule am Kanzlerwall (errichtet 1874) oder die etwas späteren Volksschulen (Altstädter am Kronprinzenwall errichtet 1883/84, am Pottgraben errichtet 1895/96) und nicht zu vergessen das heute noch existierende Museum (errichtet 1888-90) besaßen hingegen nicht diesen Charakter, wenn sie auch in der Gestaltung der architektonischen Formen und Details Ähnlichkeiten zum Kinderhospital aufwiesen, jedoch ungleich reichhaltiger ausgeführt waren. Einzuordnen sind diese Bauwerke in einen rationalen Historismus, bei dem die Zweckmäßigkeit einen höheren Stellenwert als der Ausdruck durch einen neuaufgelegten (historischen) Architekturstil innehatte. Interessanterweise wurde diese Gestaltung auch bei den späteren Bauausführungen, Neubauten wie Erweiterungen des Haupthauses, trotz eines Wandels im architektonischen Geschmack aufgegriffen. Diese Gesamtgestaltung behielt ihre Einheitlichkeit bis zur Zerstörung des Kinderhospitals im Zweiten Weltkrieg.

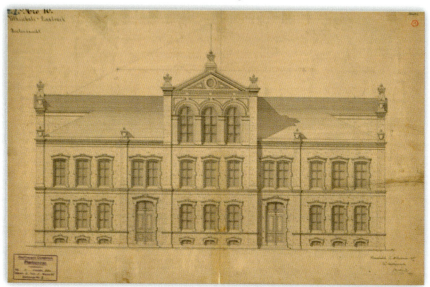

Abb. 9: Neustädter Volksschule an der Johannismauer, Hackländer 1874; aus: NLA OS K 61 a Johannistorwall Nr. 3 M Bl. 1.

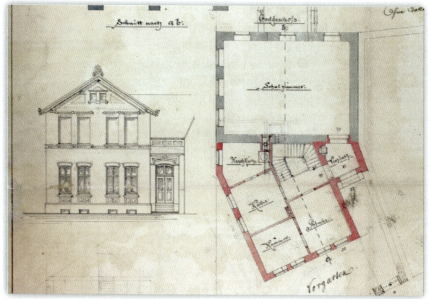

Abb. 10: Kleinkinderschule Alte Münze, Vergrößerung, Hackländer 1881; Ausschnitt aus: NLA OS K Akz. 2012/084 Nr. 13 M Bl 9.

1   Vgl.: Festschrift zur Feier des 50jährigen Bestehens des Kinderhospitals in Osnabrück, Osnabrück 1928, S. 3; in: NLA OS Dep 3 b IV Nr. 1731. Auch das Folgende ohne Kennzeichnung basiert darauf.

2   Ebd. und: Hoffmeyer, Ludwig: Chronik der Stadt Osnabrück, Osnabrück 1985⁵, S. 376.

3   Vgl.: Schreiben des Osnabrücker Magistrats an die königliche Landdrostei in Osnabrück vom 18.11.1878; in: NLA OS Rep 335 Nr. 14202 Bd. 1, Fol 24 ff.

4   Abweichend davon ist im „Bericht des Vorstands des Kinderhospital-Vereins zu Osnabrück über die Vereinsangelegenheiten im Jahre 1882" zu lesen, dass die Stadt Osnabrück das Wohnhaus Ziegelstraße 13 für die Einrichtung ankaufte. Bericht in: NLA OS Dep 3 b IV Nr. 1731.

5   Vgl.: Ebd.

6   Vgl.: Ebd., Fol 24 vs. Auch dazu: Steinwascher, Gerd (Hrsg.): Geschichte der Stadt Osnabrück, Belm 2006, S. 485.

7   Steinwascher: Geschichte, S. 485.

8   Vgl.: Festschrift 1928; in: NLA OS Dep 3 b IV Nr. 1731.

9   Vgl.: Schreiben des Osnabrücker Magistrats an die königliche Landdrostei in Osnabrück vom 18.11.1878; in: NLA OS Rep 335 Nr. 14202 Bd. 1, Fol 25.

10 Bereits 1876 war man zu dem Urteil gekommen, dass ein Neubau unverzichtbar sei. Vgl.: Schreiben des Vorstands des Kinderhospitals (Droop, Wellenkamp, Reinecke, Springmann) an den Osnabrücker Magistrat vom 07.10.1876; in: NLA OS Dep 3 b IV Nr. 1731.

11 Vgl.: Festschrift 1928, S. 5; in: NLA OS Dep 3 b IV Nr. 1731. Und: Hoffmeyer: Chronik, S. 376. Interessanterweise findet sich das Gebäude auf dem Stadtplan im Adressbuch von 1884 (noch) nicht wieder, aufgeführt hingegen wird der Kinderhospitalverein in diesem Band zweimal, ebd. S. 30 u. S. 193. – Ebenfalls nicht eingezeichnet ist das Gebäude auf dem „Situationsplan betr. Verbindung des Neuen Graben mit der Martinistraße in Fortsetzung der Fluchtlinie des königl. Schlosses in Osnabrück" von 1881; unter: NLA OS K Akz. 2003/062 Nr. 14 H.

12 Dieser Sachverhalt ausführlich in: NLA OS Rep 335 Nr. 14202 Bd. 1, Fol 24 ff. – Aus dem Statut des Vereins lassen sich die von Beginn dieses sozialen Projektes an feststehenden Prinzipien des bürgerlich-mitverantwortlichen Handelns – so auch bei Steinwascher: Geschichte, S. 485 – nachvollziehen. „§ 1 Unter der Bezeichnung ‚Kinderhospital zu Osnabrück' hat sich in der Stadt Osnabrück ein Verein gebildet, welcher den Zweck verfolgt, kranken und schwachen Kindern, vorzugsweise aus solchen Klassen der städtischen und ländlichen Bevölkerung, die ihren Kindern in Erkrankungsfällen nicht selbst die erforderliche Pflege und Behandlung angedeihen lassen können, eine angemessene Behandlung und Verpflegung in gesunden Räumen zu gewähren." Zitiert nach: Statut des Kinderhospital-Vereins zu Osnabrück; in: NLA OS Dep 3 b VI Nr. 1731. (Liegt auch mehrfach, teils handschriftlich, in: NLA OS Rep 335 Nr. 14202 Bd. 1.)

13 Steinwascher: Geschichte, S. 485.

14 Vgl.: Verwaltungsberichte von 1890 bis 1895; in: NLA OS Rep 335 Nr. 14202 Bd. 1.

15 Vgl.: Verwaltungsbericht des Vorstandes des Kinderhospital-Vereins zu Osnabrück für das Jahr 1901, hier: S. 14; in: NLA OS Rep 335 Nr. 14202 Bd. 2, hier: Fol 354 vs.

16 Zitiert nach: Ebd.

17 Zitiert nach: Verwaltungsbericht des Vorstandes des Kinderhospitals zu Osnabrück für das Jahr 1903, Osnabrück 1904, S. 3; in: NLA OS Rep 335 Nr. 14202 Bd. 2, Fol 369.

18 Vgl.: Kinderhospital, Lageplan, Ansichten und Grundriss zum Anbau einer Liegehalle an das Haupthaus, Wiemeyer 1929; in: NLA OS K Akz. 2014/090 Nr. 20 M.

19 Vgl.: https://www.kinderhospital.de/index.php?option=com_content&view=article&id=157:unsere-haeuser&catid=95&Itemid=547, abgerufen am 26.04.2022.
Für den Kinderhospital-Verein brachte Karl Ernst von Mühlendahl 1913 ein anschauliches Buch heraus, in dem neben z. T. umfangreichen transkribierten Archivalien auch spezieller auf den Bereich der Medizin und Personen, die am Verein beteiligt waren, eingegangen wird. Vgl. von Mühlendahl, Karl Ernst: Der Kinderhospitalverein und das Kinderhospital Osnabrück 1879 bis 1919, Osnabrück 1913.

20 S. auch Abb.: Pläne von 1877. Vgl.: Steinwascher: Geschichte, S. 485.

Wilhelm Emil Hackländer (* 08.11.1830 in Hagen/Westfalen, †15.08.1902 in Osnabrück) war nach Schulbesuch in Osnabrück (Ratsgymnasium und Noelle`sche Handelsschule), Studium an den Polytechnischen Schulen in Hannover und München zunächst bei der Eisenbahndirektion Hannover und als Stadtbaumeister in Harburg beschäftigt. Nach dem Wegzug des ersten Osnabrücker Stadtbaumeisters Wilhelm Richard 1870 stellt der Magistrat Hackländer als neuen Stadtbaumeister an. Seit 1890 hatte er zudem den Titel Baurat inne und trat mit einem auf Bausachen beschränkten Stimmrecht dem Magistrat bei. Hackländer ging zum 01.10.1896 in Ruhestand, vertrat aber auch danach noch z. T. den folgenden Stadtbaumeister Friedrich Lehmann im Amt.

21 Vgl.: Festschrift zur Feier des 50jährigen Bestehens des Kinderhospitals in Osnabrück, Osnabrück 1928, S. 3; in: NLA OS Dep 3 b IV Nr. 1731. Und: Steinwascher: Geschichte, S. 485.

22 Kartenblatt 79 Parzelle 42/9; in: Digitalisierte historische Karten Fachdienst Geodaten Stadt Osnabrück.

23 Zitiert nach: Statut des Kinderhospital-Vereins zu Osnabrück; in: NLA OS Dep 3 b VI Nr. 1731.

24 Alle Pläne vgl.: Kinderhospital, Lageplan, Ansichten, Grundrisse, Schnitte, Hackländer 1877; in: NLA OS K Akz. 2014/090 Nr. 20 M.

25 Vgl.: Kinderhospital, verschiedene Lagepläne; in: NLA OS K Akz. 2014/090 Nr. 20 M.

Die Wallanlagen vom Martinitor Richtung Süden waren unter Hackländers Aufsicht ab 1872 abgetragen worden, ab 1873 von diesem Tor Richtung Norden. In diesem Bereich entstanden in den Jahren bis 1880 die Doppelturnhalle, die Volksschule am Schlosswall sowie die höhere Mädchenschule, als städtische Bauten alle von Hackländer entworfen.

26 Vgl.: Kinderhospital, Grundriss Kellergeschoss, Hackländer 1877; in: NLA OS K Akz. 2014/090 Nr. 20 M.

27 Vgl.: Kinderhospital, Grundriss Erdgeschoss, Hackländer 1877; in: NLA OS K Akz. 2014/090 Nr. 20 M.

28 Vgl.: Kinderhospital, Grundriss Obergeschoss, Hackländer 1877; in: NLA OS K Akz. 2014/090 Nr. 20 M.

29 Vgl.: Kinderhospital, Lageplan u. Nebengebäude, Hackländer 1877; in: NLA OS K Akz. 2014/090 Nr. 20 M.

30 Vgl.: Kinderhospital, Neubau einer Baracke, o. N. 1884; in: NLA OS K Akz. 2014/090 Nr. 20 M.

31 In: NLA OS Rep 335 Nr. 140202 Bd. 1 findet sich noch ein weiterer Grundriss zum Barackenbau, der das Gleiche zeigt wie der aus NLA OS K Akz. 2014/090 Nr. 20 M, jedoch undatiert ist.

32 Die Pläne liegen in: NLA OS K Akz. 2014/090 Nr. 20 M. Da diese Erweiterung auf den Zeichnungen von 1901 ebenso gut zu erkennen ist, wurde hier auf die Darstellung der Zeichnungen von 1895 verzichtet.

33 Vgl.: Kinderhospital, Verandaerweiterung, Wiemeyer 1897; in: NLA OS K Akz. 2014/090 Nr. 20 M.

34 Vgl.: Geräte-Schuppen für das Kinderhospital in Osnabrück, Wiemeyer 1898; in: Digitalisierte historische Karten Fachdienst Geodaten Stadt Osnabrück.

35 Es liegt zwar keine Personalakte von Propfe als städtischer Bauführer vor (was für die Zeit aber typisch war), dennoch tritt er z. B. als Vertretung Hackländers in Erscheinung. Vgl.: Skizze zur Einrichtung eines Ladens nebst Schaufenster von F. Kader, Grüner Brink Nr. 18 b, revidiert April 1875, Stadtbaumeister in Vertretung Propfe; in: NLA OS K Akz. 2012/084 Nr. 12 M Bl. 10. Auch als selbstständiger Mauermeister ist Propfe mehrfach nachweisbar. S. a.: Kämmerer, Christian: Denkmaltopographie Bundesrepublik Deutschland. Baudenkmale in Niedersachsen, Bd. 32. Stadt Osnabrück, Braunschweig 1986, S. 120, 130 u. 172.

36 Zitiert nach: Verwaltungsbericht des Vorstandes des Kinderhospitals zu Osnabrück für das Jahr 1902, Osnabrück 1903, S. 3 f.; in: NLA OS Rep 335 Nr. 14202 Bd. 2, Fol 359 f.

37 Vgl.: Kinderhospital, Isolierhaus, Propfe 1901; digitalisierte historische Karten Fachdienst Geodaten Stadt Osnabrück.

38 Zitiert nach: ebd., S. 4, in: NLA OS Rep 335 Nr. 14202 Bd. 2, Fol 359 vs.

39 Vgl.: Kinderhospital, Isolierhaus, Propfe 1901; in: Digitalisierte historische Karten Fachdienst Geodaten Stadt Osnabrück.

40 Vgl.: Kinderhospital, Nebengebäude, Propfe 1901; in: Digitalisierte historische Karten Fachdienst Geodaten Stadt Osnabrück.

„Zum Kampfe steh'n wir alle schon bereit"

Vor 90 Jahren: Wie die neuen NS-Machthaber den Grenzlandtag am 25. Mai 1933 in Iburg ausnutzten

Lothar Schmalen

Es ist bis heute bemerkenswert, wie schnell und reibungslos sich die deutsche bürgerliche Gesellschaft, besonders deren national-konservativer Teil, nach 15 Jahren Demokratie in der Weimarer Republik der Diktatur des NS-Regimes ergeben hat. Ein Beispiel dafür ist der „Grenzlandtag" am Christi-Himmelfahrts-Tag, 25. Mai 1933, in Iburg. Obwohl erst wenige Wochen seit der Machtübernahme Hitlers und seiner Helfershelfer in Berlin vergangen waren, prägten Braunhemden, SS- und SA-Verbände sowie Nazi-Parolen und -Gesänge bei der Großveranstaltung in Iburg das Bild. Erstaunlich ist auch, wie wenig sich dieser „Grenzlandtag", den die Iburger damals als die bislang größte Veranstaltung ihrer Geschichte empfunden haben, in der regionalen oder lokalen Geschichtsschreibung über die NS-Zeit niedergeschlagen hat.

Der Grenzlandtag richtete sich vor allem gegen den Versailler Friedensvertrag von 1919, der dem Kriegsverlierer Deutschland nach dem Ersten Weltkrieg Gebietsabtretungen und immense Reparationskosten aufzwang. „In den uns geraubten Grenzlanden werden wieder deutsche Fahnen wehen wie einst", schrieb der Osnabrücker Stadtschulrat und Senator Hans Preuß (1879–1935) im Geleitwort der Festschrift zum „Grenzlandtag".[1] Und an der politischen Nähe zu den neuen NS-Machthabern ließ Preuß keinen Zweifel aufkommen: „Der deutsche Frühling ist gekommen. Ein Aufatmen geht durch die deutsche Welt, Deutschlands verantwortlicher Führer, selbst ein Grenzlanddeutscher [Adolf Hitler stammte aus Österreich, d. Verf.], genießt wie selten jemand das Vertrauen des Volkes", so Preuß weiter. Und die deutschnational gesinnte Osnabrücker Allgemeine Zeitung, die schon früh auf NS-Kurs eingeschwenkt war, berichtete: „Es war ein Tag patriotischer Festlichkeit".

Die Zeitgenossen unterstrichen die herausragende Bedeutung des „Grenzlandtages" vom Mai 1933, indem sie einen Zusammenhang zwischen dem „Tag von Potsdam" am 21. März 1933[2] und dem Iburger „Grenzlandtag" herstellten.

> „Die nationale Erhebung des deutschen Volkes vom Frühjahr dieses Jahres gehört bereits der Geschichte an. In Potsdam wurde sie am 21. März der Welt verkündet als Zeichen dafür, dass die alten preußischen Traditionen wieder zu Ehren kommen sollen. Am Himmelfahrtstage wollen nun auch die Grenzlanddeutschen der Welt verkünden, dass sie auf Gedeih und Verderb unlöslich mit dem Vaterland verbunden bleiben wollen; dazu wurde Iburg bestimmt. Potsdam und Iburg werden dadurch Marksteine der nationalen Erhebung Deutschlands werden",

schrieb Herausgeber und Schriftleiter Robert Hülsemann im Iburger Fremdenblatt, dem Organ des Kurvereins Iburg im Vorfeld der Großveranstaltung.[3] Hülsemann wies noch auf einen anderen Zusammenhang zwischen Potsdam und Iburg hin: Auf Schloss Iburg wurde am 30. Oktober 1668 Sophie Charlotte Herzogin von Braunschweig und Lüneburg geboren, die später in Potsdam erste preußische Königin an der Seite von Friedrich I. (1657–1713) war.

Ausrichter des „Grenzlandtags" waren die Städte Osnabrück, Münster, Bielefeld und der Flecken Iburg gemeinsam mit dem „Volksbund für das Deutschtum im Ausland" (VDA). Der Volksbund, der bereits 1881 im preußischen Berlin als „Allgemeiner Deutscher Schulverein" gegründet worden war und sich nach der Machtergreifung Hitlers in „Volksbund für das Deutschtum im Ausland" umbenannte, förderte immer schon den großdeutschen Nationalismus. 1933 wandte er sich schnell dem Nationalsozialismus zu.[4]

Abb. 1: Wichtige Quellen für die Erforschung des Iburger "Grenzlandtages" sind die historischen Ausgaben der Osnabrücker Tageszeitungen aus dem Mai 1933 und die Festschrift, die anlässlich der Großveranstaltung erschienen ist. (Foto: Lothar Schmalen)

Erst seit Februar 1933 wussten die Iburger, dass sie am 25. Mai 1933 Schauplatz einer großen nationalen Kundgebung werden sollten – nicht viel Zeit, um die erforderlichen Vorbereitungen zu treffen.[5] Schnell wurde ein geschäftsführender Ausschuss gebildet. In ihm waren Abgesandte aus Iburg, Osnabrück, Münster und Bielefeld vertreten. Vorsitzender war Senator Preuß. Mehr repräsentative Aufgaben hatte der ebenfalls eingerichtete Ehrenausschuss mit dem Oldenburger Reichsstatthalter Carl Röver (1889–1942) an der Spitze. Röver war gleichzeitig Chef des NSDAP-Gaus Weser-Ems. Zu den Mitgliedern gehörten auch weitere regionale Parteigrößen wie der Osnabrücker NSDAP-Kreisleiter, Major a. D. Joseph Wagner, und der NSDAP-Kreisleiter Osnabrück-Land, Leo Baumgarten (1896–1935) aus Georgsmarienhütte.[6]

Unter Volldampf wurden die organisatorischen Arbeiten vorangetrieben. Man rechnete mit 40.000 Teilnehmern und Besuchern – eine Menschenmenge, die den kleinen Ort Iburg vor immense Herausforderungen stellte. Festzelte wurden gemietet und aufgestellt, „fliegende" Gastronomen angeheuert, Parkplätze für ankommende Autos und Busse eingerichtet. Auch die Iburger selbst engagierten sich. „Jedes Haus beteiligte sich in irgendeiner Form an der Unterbringung und Bewirtung", berichtete das Osnabrücker Tageblatt.[7] In Glane sollten nach dem geplanten Festumzug am Nachmittag des Himmelfahrtstages auf Wiemanns Hof von Wirt Matthias Wiemann-Sander Umzugsteilnehmer und Besucher bewirtet werden.[8] Von der Osnabrücker Firma Radio Deutsch wurden rund um den Iburger Schlossberg 15 Lautsprecher aufgestellt, damit die Festreden des „Grenzlandtages" in ganz Iburg zu hören waren.[9] Die Siemens-Schuckert-Werke installierten 29 Lichtfluter, die das Iburger Schloss am Abend des Himmelfahrtstages anstrahlen sollten.[10]

Magistrat und Bürgervorsteherversammlung des Fleckens Iburg beschlossen wenige Tage vor dem „Grenzlandtag" einstimmig, Vize-Reichskanzler Franz von Papen, der am 25. Mai 1933 die Reichsregierung in Iburg vertreten sollte und „Protektor" – heute würde man sagen: Schirmherr – des „Grenzlandtages" war, die Ehrenbürgerrechte des kleinen Städtchens zu verleihen.

Als der große Tag für Iburg kam, wurde der Ort für den Autoverkehr weiträumig abgesperrt. Die aus Richtung Münster kommenden Fahrzeuge hatten ihre Parkplätze in Glane. Aus Richtung Osnabrück war in Höhe der Gaststätte „Zum offenen Holz" eine Sperre eingerichtet. Sonderzüge der Reichsbahn und Sonderbusse der Reichspost brachten Teilnehmer und Besucher nach Iburg. Überall sorgten SA-Trupps und SS-Posten für die Einhaltung der „Bannmeile" rund um den Iburger Ortskern. Wie selbstverständlich übernahmen diese paramilitärischen Trupps der NSDAP beim Iburger „Grenzlandtag" bereits polizeiliche Aufgaben, eine Entwicklung, die später wesentlich zu den Terrorstrukturen des NS-Regimes beitrug. Betreten durfte die Bannmeile nur, wer ein schwarz-weiß-rotes „Grenzlandtag"-Abzeichen am Revers trug, auf dem auch ein Ha-

Abb. 2: Nur mit einem Grenzlandtag-Anstecker am Revers konnten Besucher die "Bannmeile", die für die Großveranstaltung in und um Iburg eingerichtet worden war, betreten. Ihre politische Nähe zum Nationalsozialismus zeigten die Veranstalter mit dem Hakenkreuz, das auf dem Anstecker zu sehen ist. (Foto: Lothar Schmalen)

kenkreuz zu sehen war.[11] Die Festbändchen waren in den Tagen vor dem „Grenzlandtag" und am Tag selbst gegen einen kleinen Obolus verkauft worden und trugen somit zur Finanzierung der Großveranstaltung bei.[12]

Auch beim nachmittäglichen Festzug prägten die NS-Trupps das Straßenbild. SA-Uniformierte standen gemeinsam mit Angehörigen des „Stahlhelms"[13] Spalier an den Straßen, als der 8.500 Teilnehmer umfassende Umzug vorbeizog. Der neue nationalsozialistische Geist zeigte sich auch beim Fahnenschmuck der Häuser im Ort und auf dem Schlossberg, wo ein Meer von schwarz-weiß-roten Reichsflaggen und Hakenkreuzfahnen das Bild prägte. Die Farben des demokratischen Deutschlands, Schwarz-Rot-Gold, nur 14 Jahre zuvor von der Weimarer Verfassung zur Nationalflagge erklärt, waren längst verschwunden.

Christliche Gottesdienste, getrennt nach Konfession, bildeten den Auftakt des Grenzlandtages. Der katholische Gottesdienst fand auf der Leimbrede auf einem großen Platz kurz vor der Gaststätte „Zum offenen Holz" statt. Hauptzelebrant und Festprediger war der Osnabrücker Domkapitular und Domdechant Hermann Lange (1880–1942), übrigens ein Onkel des 1943 von den Nationalsozialisten ermordeten Lübecker Priesters Hermann Lange.[14] Den evangelischen Festgottesdienst, der auf dem Sportplatz an der Hagener Straße stattfand, hielt der Auricher Generalsuperintendent Wilhelm Heinrich Schomerus (1864–1943). Schomerus, der den Nationalsozialisten eher kritisch gegenüberstand, war seit 1925 Generalsuperintendent der Generaldiözese Aurich in der Evangelisch-Lutherischen Landeskirche Hannover und wurde am 1. Oktober 1933 in den Ruhestand versetzt. Ersetzt wurde er durch den jungen Auricher Pastor Heinrich Meyer. Der war NSDAP-Parteigenosse und Leiter der den Nazis nahestehenden „Deutschen Christen" im Gau Weser-Ems. Konsequenterweise wurde Schomerus dagegen eine der führenden Persönlichkeiten der NS-kritischen „Bekennenden Kirche" in Ostfriesland.[15]

Abb. 3: Das historische Foto des Fotografen Hans Hasekamp zeigt den Festzug, der auf dem "Grenzlandtag" durch den Ortskern des Fleckens Iburg führte. (Foto: Hans Hasekamp, aus dem Nachlass Hans Hasekamp)

Neben Aufmärschen, politischen Kundgebungen und dem großen Festumzug gehörten auch Vorträge zum Programm des „Grenzlandtages". So hielt beispielsweise ein Rudolf Pleus aus Osnabrück im Glaner Saal Tovar einen Lichtbildervortrag unter dem Titel „Im Kriegszeppelin gegen England", im Saal zur Post im benachbarten Lienen stand ein Lichtbildervortrag eines Mittelschullehrers Wist aus Osnabrück auf dem Programm. Titel: „Der Weichselkorridor".

Als Höhepunkt des „Grenzlandtages" wurde sicher von den vielen Besuchern der Festzug betrachtet, der sich um 15 Uhr auf der Hagener Straße in Iburg in Bewegung setzte, an der Spitze 40 Reiter des Osnabrücker Reitervereins. Die Angaben über die Zahl der Teilnehmer schwanken zwischen 7.000 und 10.000.[16] Neben lokalen Gruppen waren auch Bielefeld, Münster und Osnabrück stark vertreten. Aber auch Krieger- und Wehrverbände sowie Gruppen von Schülern und Schülerinnen aus Burgsteinfurt, Bünde, Coesfeld, Gladbeck, Gütersloh, Herford, Lingen, Lübbecke, Minden, Paderborn, Recklinghausen und Warendorf waren im Umzug dabei.[17] Daneben beteiligten sich zahlreiche Abordnungen der Grenzland-Verbände in Trachten, aber auch mit politischen Botschaften an dem Festzug. So war beispielsweise auf Bannern zu lesen: „Gebt Land den Millionen. Sichert den deutschen Osten durch Arbeitsdienst u. Siedlung" oder „Millionen Deutsche sind durch den Versailler Vertrag aus den abgetrennten Gebieten ausgewiesen".[18]

Rechtzeitig zum Festzug war Vize-Reichskanzler Franz von Papen aus Berlin in Iburg eingetroffen. In einer Ehrenloge im Park der Villa Vornbäumen (Gografenhof, das heutige Iburger Rathaus) verfolgte Hitlers Stellvertreter und Reichskanzler a. D. umgeben von lokaler und regionaler Prominenz den Vorbeimarsch. Bevor von Papen am Abend im Rittersaal des Schlosses die Iburger Ehrenbürgerwürde angetragen bekam, machte der Vizekanzler noch einen Abstecher nach Osnabrück-Atter. Auf Gut Leye besuchte er die befreundete Familie Ostman von der Leye.

Iburgs Bürgermeister Hermann Rinklake trug von Papen am Abend des „Grenzlandtages" im Rittersaal auf der Iburg schließlich feierlich die Ehrenbürgerwürde an.

> „Wir können Sie nicht zum Ehrenbürger einer Millionenstadt ernennen, wohl aber zum Ehrenbürger eines kleinen Städtchens im Teutoburger Walde, welches mit Gaben der Natur und einer Jahrtausende alten Geschichte gesegnet ist. Was uns an Einwohnerzahl mangelt, wollen wir durch sehr viel Heimat- und Vaterlandsliebe und durch Verehrung unsres hohen Ehrenbürgers ersetzen", sagte Rinklake.[19]

Und dann heißt es in der Osnabrücker Allgemeinen Zeitung: „Er [Rinklake, d. Verf.] brachte abschließend auf Iburgs großen Ehrenbürger ein dreifaches Sieg-Heil aus".[20] Also auch Iburgs Bürgermeister verwendete bei einem offiziellen städtischen Akt bereits eine eindeutig nationalsozialistische Parole.

Weniger bekannt ist, dass wenige Tage nach dem Grenzlandtag auch der Iburger Kurverein dem Vizekanzler die Ehrenmitgliedschaft antrug. Den Brief an den Vize-Kanzler hatten der Vereinsvorsitzende, Unternehmer Heinrich Tepe, und der Schriftführer Robert Hülsemann, der den Verein 1932 mitgegründet hatte, unterschrieben. Als Ehrenmitglied sollte von Papen alljährlich den „schönsten Karpfen aus dem Charlottensee" erhalten, versprachen die Iburger.[21]

Von Papen nahm die Ehrenmitgliedschaft im Kurverein an, wie sein Adjutant Fritz Günther von Tschirschky und Boegendorff am 7. Juli 1933 in einem Antwortbrief an den Kurverein mitteilte. Tatsächlich hat von Papen in Berlin mindestens einmal einen Edelkarpfen aus Iburg erhalten. Denn aus dem Briefwechsel zwischen dem Kurverein und von Papen geht hervor, dass der Kurverein am 1. November 1933 im Berliner Büro des Vize-Reichskanzlers anfragte, wohin man den Edelkarpfen schicken solle. Das Büro antwortete am 13. November 1933 und bat, den Iburger Fisch an von Papens Privatadresse in Berlin, Wilhelmstraße 74, zu senden. Dort wolle von Papen „den Fisch am Freitag mit seiner Familie verspeisen". Franz von Papen bedankt sich am 17. November 1933 persönlich in einem Brief an den Vorstand des Kurvereins für die Ehrengabe und unterschreibt „in ausgezeichneter Hochachtung". Der Edelkarpfen von 1933 war offenbar die einzige Gabe an das Ehrenmitglied von Papen, denn ein weiterer Kontakt zwischen von Papen, der nach dem sogenannten „Röhm-Putsch"[22] im Juli 1934 sein Amt als Vize-Reichskanzler verlor, ist nicht überliefert. Von Papen war danach als Botschafter in Wien und Ankara tätig.

Mit einem feierlich inszenierten „Bekenntnisakt" kam der Iburger „Grenzlandtag" schließlich zu seinem Höhepunkt. Vize-Reichskanzler von Papen hielt eine schon im Vorfeld als „große Rede" angekündigte Ansprache, die nicht nur über 15 Lautsprecher für die Tausenden Besucher rund um die Iburg, sondern im Rundfunk auch reichsweit übertragen wurde. Während der Ansprache war das Iburger Schloss erstmals in seiner Geschichte angestrahlt und „in magisches Flutlicht" getaucht, wie es die Osnabrücker Zeitung am Tag danach euphorisch formulierte.[23]

Von Papen prangerte die Zersplitterung des deutschen Volkes an, die die kleindeutsche Lösung bei der Reichsgründung durch Bismarck 1870/71 – also ohne Österreich – und noch mehr der Versailler Vertrag hinterlassen habe. Die Deutschen seien auf 20 Staaten verteilt, ein Drittel des deutschen Volkes müsse außerhalb der Reichsgrenzen leben. „Die Pariser Vorortverträge haben die Balkanisierung Europas beschleunigt, die Unruheherde vermehrt, die Aufsplitterung der Völker gefördert", sagte von Papen und sprach von der Notwendigkeit, Mitteleuropa neu zu ordnen – „ohne es in kriegerische Experimente zu verwickeln".[24] Doch hier schätzte der Reichs-Vizekanzler, wie wir heute wissen, die Pläne seines Kanzlers falsch ein. Nur wenige Jahre später stürzte Hitler Deutschland in genau diese kriegerischen Experimente. Und an deren Ende stand die völlige Zerstörung Deutschlands und der Untergang des Deutschen Reiches.

Zum Abschluss des „Bekenntnisaktes" wurde noch einmal deutlich, wie sehr die Nationalsozialisten bereits die bestimmende Kraft der nationalen Bewegung in Deutschland waren und wie weit fortgeschritten die deutsche Gesellschaft auf ihrem Weg in den NS-Staat war. Gesungen wurde zum Schluss nicht nur das „Deutschlandlied", also die eigentliche Nationalhymne, sondern auch das Horst-Wessel-Lied, jenes SA-Kampflied, das dann zur Parteihymne der NSDAP und schließlich so etwas wie die zweite Nationalhymne von Nazi-Deutschland wurde. „Die Straße frei den braunen Bataillonen" heißt es hier in der zweiten Strophe. Und in der dritten: „Zum Kampfe steh'n wir alle schon bereit".

Veröffentlicht wurde anschließend ein Telegramm, das Vizekanzler von Papen noch am Abend des „Grenzlandtages" an Hitler in Berlin schickte.[25] Von einer „gewaltigen volksdeutschen Kundgebung auf der Iburg" berichtete er seinem Kanzler. Und von einem „flammenden Bekenntnis des Gesamtdeutschtums […] zu dem Mann, in dessen Hände der Feldmarschall die Führung des neuen Deutschlands legte". Gemeint war damit natürlich der neue Reichskanzler Hitler.

Warum dieser erste „Grenzlandtag" nicht, wie es vielleicht nahegelegen hätte, in einem Ort nahe der Reichsgrenzen stattgefunden hat, sondern mitten im Reich, in einem kleinen Städtchen am Teutoburger Wald, ist nicht ganz klar.[26] Viele Zeitgenossen glaubten, dass die Großveranstaltung 1933 an Iburg vergeben worden sei als eine Kompensation für die gerade erst erfolgte Auflösung des Kreises Iburg und damit des Verlusts des Status' einer Kreisstadt.[27] Vergeblich hatte der Flecken Iburg sich gegen die Auflösung des Kreises gestemmt, Einsprüche beim preußischen Staatsministerium in Berlin blieben vergeblich. Verantwortlich für die Kreisreform war Franz von Papen, der in der zweiten Hälfte des Jahres 1932 als Reichskanzler, nach der Zerschlagung des Landes Preußen, gleichzeitig auch als Reichskommissar für Preußen fungierte.[28] Dass ausgerechnet dieser Franz von Papen beim „Grenzlandtag" in Iburg als Hitlers Vize-Reichskanzler die Ehrenbürgerrechte des Fleckens Iburg erhielt, ist eine besondere Ironie der Geschichte.

Der Schriftsteller und Gründer des Kurvereins Iburg, Robert Hülsemann, berichtete nach dem Krieg, dass die Ehrung von Papens wohl nicht ganz freiwillig erfolgte und der damalige Bürgermeister Rinklake nur dem Druck der neuen braunen Machthaber nachgegeben habe.[29] Belegt ist das nicht. Jedenfalls machte der Iburger Rat am 4. März 1948 die Verleihung der Ehrenbürgerrechte an Franz von Papen wieder rückgängig. Damit allerdings folgten die Iburger nur dem Beispiel zahlreicher anderer Kommunen, die von Papen zu ihrem Ehrenbürger erhoben hatten. So entzog beispielsweise von Papens Heimatstadt Werl (bei Hamm) ihm bereits 1945 die ebenfalls 1933 verliehene Ehrenbürgerwürde. Der Adlige galt da schon als einer der wichtigsten Steigbügelhalter Hitlers, der bald nach der NS-Machtübernahme seine Schuldigkeit getan hatte: Nach wenigen Monaten war der Vize-Kanzler entgegen seiner maßlosen Selbstüberschätzung von Hitler und dessen Parteigenossen kaltgestellt und zur Einflusslosigkeit verdammt. Dass den Iburgern die Ehrung von Papens nach dem Krieg eher peinlich war, zeigt die Tatsache, dass sich die Rücknahme der unter viel Pomp verliehenen Auszeichnung in der Tagesordnung der Ratssitzung im März 1948 unter dem Punkt „Verschiedenes" geradezu versteckte.

Hülsemann dagegen, der sich etwa zur gleichen Zeit in seiner Humoreske „Grenzlandtagung" über die Verleihung der Ehrenbürgerrechte an von Papen eher lustig gemacht hatte, erhielt 1950 seinerseits die Ehrenbürgerrechte Iburgs – kurz vor seinem Tod am 5. Juli 1950.

1   Stadtschulrat Senator Dr. Preuß: Zum Geleit, in: Grenzlandtag auf der Iburg, 25. Mai 1933, Festschrift und Festfolge, Osnabrück 1933, S. 4.

2   Am „Tag von Potsdam" am 21. März 1933 kam es anlässlich der Eröffnung des neuen Reichstags im Rahmen eines Staatsaktes an der Potsdamer Garnisonskirche zu einem geschickt von den Nationalsozialisten inszenierten, symbolträchtigen Handschlag des neuen Reichskanzlers Adolf Hitler mit dem greisen Reichspräsidenten, Feldmarschall Paul von Hindenburg. Er wurde von den Zeitgenossen als Versöhnung der neuen radikalen Machthaber mit dem alten Preußentum, also zwischen der radikalen „nationalen Bewegung" und den Konservativen im Deutschen Reich interpretiert. „Der Nationalsozialismus versprach, Potsdam wieder an die Stelle von Weimar zu setzen." (Eberhard Aleff: Das Dritte Reich, Hannover 1970, S. 22.)

3   Potsdam und Iburg!!, in: Iburger Fremdenblatt, Organ des Kurvereins Iburg e.V., 4. Jahrgang 1933, S. 1 – Auch die Osnabrücker Allgemeine Zeitung stellte in ihrer Berichterstattung über den „Grenzlandtag" in ihrer Ausgabe vom 26. Mai 1933 den Zusammenhang zwischen Iburg und Potsdam her.

4   Während des Zweiten Weltkriegs engagierten sich führende Vertreter des VDA als Planer der nationalsozialistischen Rassen- und Vernichtungspolitik. Folgerichtig wurde er 1945 von den Alliierten als „Nazistische Organisation" verboten. 1955 kam es dennoch zu einer Neugründung in München. Seine finanzielle Förderung durch die Bundesregierung wurde 1998 eingestellt. Zuletzt nannte sich der Verband „Verein für deutsche Kulturbeziehungen im Ausland e.V.". Der Verein hatte seine Geschäftsstelle in St. Augustin, als er im Frühjahr 2019 zahlungsunfähig wurde und seine Arbeit einstellte. Seitdem ist die Geschäftsstelle geschlossen und die Homepage des Vereins nicht mehr erreichbar, vgl. Junge Freiheit, 30. April 2019.

5   Robert Hülsemann: Das Iburger Grenzlandfest. Eine Humoreske, erschienen in: Luftkurort Iburg, Bramsche o. J., wohl nach 1948, S. 68.

6   Die Liste der Mitglieder ist nachzulesen in: Grenzlandtag auf der Iburg, a.a.O., S. 2.

7   Osnabrücker Tageblatt, 26. Mai 1933.

8   Georg Pohlmann: Glaner Heimatbuch, Band 2, Bad Iburg-Glane 1989, S. 159 f.

9   Osnabrücker Volkszeitung, 24. Mai 1933.

10 Osnabrücker Zeitung, 26. Mai 1933.

11 Ein solches Abzeichen ist in der Archivmappe „Genzlandtag auf der Iburg 1933" im „Haus der Geschichte" des Vereins für Orts- und Heimatkunde in Bad Iburg zu sehen.

12 Robert Hülsemann: Grenzlandfest, a.a.O., S. 70

13 Der „Stahlhelm" war ein Wehrverband für Frontsoldaten des Ersten Weltkrieges, der den Deutschnationalen Volkspartei (DNVP) nahestand, die zu den rechtsgerichteten Feinden der demokratischen Weimarer Republik gehörte. Im Laufe des Jahres 1933 wurde der „Stahlhelm" gleichgeschaltet, seine rund 500.000 Mitglieder wurden bis Anfang 1934 der SA eingegliedert. Zur Geschichte des „Stahlhelms" vgl. Volker R. Berghahn: Der Stahlhelm. Bund der Frontsoldaten 1918–1935 (Beiträge zur Geschichte des Parlamentarismus und der politischen Parteien. Bd. 33) Düsseldorf 1966.

14 Manfred Hermanns: Lange, Hermann, Lübecker Vikar und Märtyrer. In: Biographisch-Bibliographisches Kirchenlexikon, Band XXXII, Spalten 864–869

15 Eine Kurzbiografie über Schomerus, verfasst von Martin Tielke findet sich auf der Internetseite www.ostfriesischelandschaft.de

16 Die Osnabrücker Volkszeitung sprach von „7-8000 Personen", das Osnabrücker Kreisblatt von „8.500 Teilnehmern", die Osnabrücker Allgemeine Zeitung gar von „10.000 Teilnehmern".

17 Osnabrücker Tageblatt, 26. Mai 1933.

18 Die Parolen sind auf Fotos vom Festzug auf dem „Grenzlandtag" zu lesen. Vgl. Foto des Fotografen Hans Hasekamp im Nachlass Hans Hasekamp, den Martin Frauenheim aus Hagen geordnet und bearbeitet hat, sowie Fotos im Osnabrücker Tageblatt, 26. Mai 1933.

19 Osnabrücker Kreisblatt, 26. Mai 1933.

20 Osnabrücker Allgemeine Zeitung, 26. Mai 1933.

21 Der Briefwechsel zwischen von Papen und dem Kurverein Iburg ist einzusehen im Niedersächsischen Landesarchiv, Abteilung Osnabrück unter der Akten-Signatur NLA OS, Dep 13 b, Nr. 475.

22 Mit dem von den Nationalsozialisten wahrheitswidrig geprägten Begriff „Röhm-Putsch" werden in der Geschichtsschreibung die Ereignisse Ende Juni/Anfang Juli 1934 zusammengefasst, in denen die NS-Führung die gesamte Führung der SA einschließlich des SA-Chefs Ernst Röhm sowie weitere Gegner des Nazi-Regimes kaltblütig und ohne jede Rechtsgrundlage ermorden ließ. Insgesamt wurden in jenen Tagen 150 bis 200 Menschen ermordet. Vgl. Heinz Höhne: Mordsache Röhm: Hitlers Durchbruch zur Alleinherrschaft 1933–1934, Reinbek bei Hamburg 1984.

23 Osnabrücker Zeitung, 26. Mai 1933.

24 Ausführliche Zitate der Rede des Vizekanzlers unter anderem im Osnabrücker Kreisblatt, 26. Mai 1933

25 Es war in den Ausgaben aller Osnabrücker Zeitungen am Freitag, 26. Mai 1933, zu lesen.

26 Weitere Grenzlandtage fanden, soweit bislang erkennbar, nur noch 1936 bis 1939 in Kandel, einem Städtchen in der Südpfalz nahe der Grenze zum französisch gewordenen Elsaß-Lothringen statt.

27 So zum Beispiel Robert Hülsemann: Das Iburger Grenzlandfest, a.a.O., S. 68. Diese Lesart übernimmt auch Georg Pohlmann: Glaner Heimatbuch, Band 2, Bad Iburg-Glane 1989, S. 160.

28 In einem Staatsstreich am 20. Juli 1932 wurden der Ministerpräsident und die Minister des Landes Preußen, der Berliner Polizeipräsident und der Kommandant der Schutzpolizei von der Reichsregierung abgesetzt. Von Papen ernannte sich selbst zum Reichskommissar für Preußen. Zur Einordnung des sogenannten „Preußenschlags" von 1932 vgl. Karl Dietrich Erdmann: Die Weimarer Republik, München 1981, S. 299 ff.

29 Hülsemann: Das Iburger Grenzlandfest, a.a.O. S. 73 f.

Der Nationalsozialismus in Georgsmarienhütte: Erinnerungsarbeit, Erinnerungsorte, Erinnerungskultur

Rainer Korte

Mehr als 75 Jahre nach der Niederschlagung des Faschismus in Deutschland befasse ich mich mit der „Vergangenheitsbewältigung"[1] in meiner Heimstadt Georgsmarienhütte – warum?

Für eine Stadt und ihre Identität ist es essenziell, zu wissen und zu akzeptieren, was in ihrer Vergangenheit passiert ist. Zu fragen, woher wir kommen und was uns zu dem gemacht hat, was wir sind, ist in der individuellen wie gesellschaftlichen – hier lokalen – Geschichte von zentraler Bedeutung für das eigene Selbstverständnis, die gemeinsamen Werte und das demokratische Zusammenleben.

„Nur wer Erinnerung hat, hat auch Zukunft und Hoffnung".[2] Dieser Grundsatz ist für mich weiterhin gültig, sodass ich mich nach ca. 20 Jahren[3] erneut mit der Erinnerung an den Nationalsozialismus in Georgsmarienhütte befasse.

In den 1970er-Jahren wurde der Nationalsozialismus in Deutschland zunehmend ein Thema, nicht jedoch in Georgsmarienhütte. Das änderte sich langsam Anfang der 1980er-Jahre, sodass ich nach über 40 Jahren bilanzieren möchte, was in meiner Heimatstadt erreicht wurde und was fehlt.

Dabei unterscheide ich in Erinnerungsarbeit und Erinnerungsorte. Erinnerungsarbeit ist die Analyse, Bestandsaufnahme, Beschreibung und Erklärung des Nationalsozialismus in Georgsmarienhütte und die (öffentliche) Diskussion über die Schlussfolgerungen und Konsequenzen. Ein wichtiges Element der Erinnerungsarbeit ist die pädagogische Befassung in Schulen und in der Erwachsenenbildung. Dass Erinnerungsarbeit auch im politischen Raum stattfindet bzw. stattfinden sollte, liegt auf der Hand – diesbezügliche politische Entscheidungen des Stadtrats dokumentieren, wie es um den Umgang mit dem lokalen Nationalsozialismus bestellt ist.

Erinnerungsorte sind sichtbare Zeichen, Bauten, Tafeln, Denkmäler und Flächen, die an Vergangenes erinnern, beispielsweise an den Ersten und Zweiten Weltkrieg und das Dritte Reich. Erinnerungsorte sind angesiedelt im öffentlichen Raum einschließlich der Kirchen, also für jeden Menschen in der Stadt erkennbar und sichtbar.

Unter Erinnerungskultur verstehe ich die Art und Weise, wie wir als Stadtgesellschaft mit unserer nationalsozialistischen Vergangenheit insgesamt umgehen, wie wir uns erinnern, was wir erinnern, ob es Tabus oder Verdrängung gibt. Erinnerungsarbeit und Erinnerungsorte sind Teil der Erinnerungskultur der Stadt Georgsmarienhütte. Somit ist die Erinnerungsgeschichte, also der Umgang mit dem Nationalsozialismus, ein Teil der Erinnerungskultur.

Für mich stellt sich die Ausgangslage im Jahr 2022 folgendermaßen dar:

- Es gibt kein deutlich sichtbares in der Stadtkultur und im öffentlichen Raum verortetes Gedenken an die Opfer und die Zeit des Nationalsozialismus in unserer Stadt. Wir haben – mit Ausnahme der Stolpersteine und einer Tafel im Kasinopark – keinen Erinnerungsort zum nationalsozialistischen Georgsmarienhütte.

- Jedes Jahr wird aufs Neue deutlich, dass in unserer Stadt Erinnerungsorte fehlen: So gedachte die Bürgermeisterin der Stadt Georgsmarienhütte am 27. Januar 2022, dem internationalen Tag des Gedenkens an die Opfer des Holocaust, am Marktplatz in Osnabrück.[4] Auch wenn diese jährliche Veranstaltung wie geplant abwechselnd in Osnabrück und am Augustaschacht stattfindet, ändert es nichts daran, dass ein „gleichwertiger" Erinnerungsort in Georgsmarienhütte fehlt.

- Eine lokale Debatte Anfang 2022 zur Errichtung einer Gedenktafel zur Ermordung von zwei polnischen Zwangsarbeitern im Stadtteil Kloster Oesede im April 1945 zeigt aktuell, wie notwendig Erinnerung ist: 75 Jahre wurde der Doppelmord – 1964 juristisch als Totschlag bewertet und damit verjährt – im Stadtgedächtnis nicht abgebildet. Jetzt möchte eine Initiative eine Gedenktafel für die Opfer errichten, was auf starke Widerstände stößt.[5]

- Bundesweit zeigen der Missbrauch des Judensterns durch Impfgegner und die Gleichsetzung von Coronamaßnahmen mit dem Dritten Reich, wie Geschichte und Schuld geglättet, ignoriert und instrumentalisiert werden und damit Einzigartigkeit des Faschismus und die historischen Schuld Deutschlands relativiert werden. Dem muss auch durch lokale Aufklärung und Erinnerung entgegengetreten werden.

Vorweg möchte ich feststellen, dass es in Georgsmarienhütte etwa seit Anfang der 2000er-Jahre eine intensive und kontinuierliche Erinnerungsarbeit in Form von Büchern, Broschüren, Veranstaltungen, Analysen und pädagogischer Arbeit gibt, die belegen, dass von Verdrängung, Tabuisierung oder Ignorierung in der Öffentlichkeit und im politischen Raum keine Rede sein kann.

Ich beginne mit einer Bestandsaufnahme der Erinnerungsgeschichte und -kultur in der Stadt Georgsmarienhütte und beschreibe, in welcher Form und in welchem Umfang mit der nationalsozialistischen Geschichte seit der Stadtgründung 1970 umgegangen wurde. Anschließend erläutere ich knapp, was über den Nationalsozialismus, die Täter und die Opfer in Vorläufergemeinden der Stadt Georgsmarienhütte bekannt, analysiert und veröffentlicht ist. Daran schließt sich die Bestandsaufnahme der Erinnerungsorte und -kultur bezogen auf die Soldaten und Kriegsopfer aus Georgsmarienhütte in Form von „Kriegsgräberstätten" und „Kriegerdenkmälern" an. Die Erinnerungsorte der Soldaten der beiden Weltkriege stelle ich den Erinnerungsorten der Opfer des Nationalsozialismus gegenüber, um eine Bewertung zu den Erinnerungsorten vorzunehmen. Abschließend mache ich einige Vorschläge für die weitere Erinnerungsarbeit in Georgsmarienhütte.

> „Das Höchste, was man erreichen kann, ist zu wissen und auszuhalten, dass es so und
> nicht anders gewesen ist, und dann zu sehen, was sich daraus – für heute – ergibt."
> (Hannah Arendt)[6]

Die Stadt Georgsmarienhütte wurde 1970 aus sechs Gemeinden gegründet und hat damit die historische Verantwortung nicht nur für ihre eigene 52-jährige Geschichte, sondern auch für die der vormaligen Gemeinden Georgsmarienhütte, Harderberg, Holzhausen, Holsten-Mündrup, Kloster Oesede, Oesede sowie Dröper und Malbergen. Letztere wurden in den 1930er-Jahren mit den damaligen Gemeinden Georgsmarienhütte und Oesede zusammengelegt.

Gedenkstein-Diskussion 1980–1982

Etwa zehn Jahre nach der Stadtgründung gab es von 1980 bis 1982 eine intensive und kontroverse Debatte über den Antrag der Jungsozialisten in der SPD zur Errichtung einer Gedenktafel „mit den Namen aller durch das Nazi-Regime ermordeten Personen, die aus dem Bereich der heutigen Stadt Georgsmarienhütte kamen".[7] Der Kulturausschuss im Stadtrat befasste sich mehrmals mit dem Anliegen und sprach sich mehrheitlich für die Errichtung eines Gedenksteins aus. Die CDU-Mehrheit im Stadtrat sprach sich schließlich gegen die Stimmen der SPD gegen die Errichtung eines Gedenksteins aus, da sich mit der Krypta in der Hl.-Geist-Kirche schon eine Gedenkstätte am Ort befinde.

Im Umfeld der Debatte über eine Gedenkstätte gab der damalige Leiter der Volkshochschule Georgsmarienhütte im Auftrag der Stadt eine Broschüre „Widerstand und Verfolgung im Dritten Reich" heraus, die anhand von Straßennamen Persönlichkeiten vorstellte, „die im Dritten Reich Verfolgung und Widerstand auf sich nahmen".[8] In der Einleitung der Broschüre ordneten Bürgermeister Siepelmeyer und Stadtdirektor Rolfes die Broschüre in die damalige aktuelle Auseinandersetzung ein:

„Die Stadt Georgsmarienhütte läßt die Auseinandersetzung mit unserer Vergangenheit mit der Herausgabe dieser Broschüre nicht auf sich beruhen:
- Die o. g. Straßenschilder erhalten als Zusatz einige Angaben zur Person.
- Der Stadtfilm wird um eine Passage über die Krypta der Heilig-Geist-Kirche ergänzt.
- In unserer Volkshochschule wird ein Kurs unter dem Titel ‚Das Dritte Reich in der Region Osnabrück und in Georgsmarienhütte' veranstaltet."[9]

Damit wurde klargestellt, dass es eine lokale Erinnerungsstätte an den Nationalsozialismus in Georgsmarienhütte nicht geben würde. Lokale Opfer und Täter blieben damals namenlos, das Gedenken in der Krypta der Heilig-Geist-Kirche und der Broschüre zu den Widerstandskämpfern erinnert an Opfer und Verfolgte, die fern von Georgsmarienhütte angesiedelt waren und mit unserer Stadt nichts zu tun hatten. Damit war das Thema kommunalpolitisch erledigt und kam erst Anfang der 1990er-Jahre wieder auf der Tagesordnung.

Im Zusammenhang mit Gedenksteinen für „gefallene und vermißte Kriegsteilnehmer des 2. Weltkriegs" (so in der Vorlage für die Kulturausschuss-Sitzung am 14.4.1994 formuliert) beschloss der Kulturausschuss 1994 mit acht zu einer Stimme: „Eine Gestattung zur Aufstellung weiterer Gedenkanlagen, -steine auf städtischem Grund und unter Beteiligung der Stadt Georgsmarienhütte wird nicht erteilt".

Im Widerspruch zu dieser Festlegung – die sich allerdings auf den Zweiten Weltkrieg bezog – entschied der Stadtrat wenige Jahre später mehrheitlich, vor einer Sporthalle in Georgsmarienhütte ein 3,5 Meter hohes und 2,5 Tonnen schweres Mauerstück aus der DDR-Mauer „Zum Gedenken an den Fall der Mauer am 9.11.1989" (Inschrift auf der Tafel) aufzustellen, das 1997 errichtet wurde.[10] Diese Gedenkanlage hat keinen Bezug zur lokalen Geschichte und führt zu der Frage, welche Erinnerungsorte die Stadt Georgsmarienhütte in ihrer Erinnerungskultur zulässt.

Buchprojekt „Georgsmarienhütte während der NS-Zeit"

Ein Weckruf war sicherlich der Fund einer Hitler-Büste beim Neubau des Rathauses 1990. Die sofortige Zerstörung der Büste auf Anordnung des damaligen Verwaltungschefs führte nicht nur zur Diskussion zum Umgang mit der eigenen Geschichte, sondern lässt angesichts des engen zeitlichen Zusammenhangs vermuten, dass dieses Ereignis ein wichtiger Impuls für den Stadtrat war, sich mit der Geschichte des Nationalsozialismus in Georgsmarienhütte erneut auseinanderzusetzen. Die Verwaltung wurde 1991 beauftragt, ein Konzept zur Auseinandersetzung mit dem Nationalsozialismus zu erstellen.

Abb. 1: Titelseite des Buches „Kloster Oesede in der NS-Zeit von 1933 – 1945".

Ein erstes Ergebnis dieser Entscheidung des Stadtrates Georgsmarienhütte war 1994 die Veröffentlichung eines Quellenbands „Materialien zur Geschichte Georgsmarienhüttes und seiner Stadtteile im Dritten Reich". Damit war ein direkter Bezug zum Nationalsozialismus in Georgsmarienhütte hergestellt.

Mit dem Materialienband begannen zugleich die Vorarbeiten für ein Buch über die Zeit des Nationalsozialismus in der Stadt. Weitere neun Jahre sollte es dauern, bis das Buch „Georgsmarienhütte während der NS-Zeit […]" 2003 erschien. In 16 Texten wurden die Themenkomplexe „kommunales Geschehen", „Klöckner-Werke in Georgsmarienhütte" und ihren „Verflechtungen" sowie „kirchliches Leben" beschrieben.[11]

Das Buch wurde begleitet und ergänzt durch Vortrags- und Diskussionsveranstaltungen der damaligen Volkshochschule Georgsmarienhütte. Im Zusammenhang mit der Veröffentlichung des Buches über den Nationalsozialismus in Georgsmarienhütte fand 2003 eine Ausstellung zur Gedenkstättenarbeit in Niedersachsen im Museum Villa Stahmer statt: „Spuren suchen – Zeichen setzen. Gedenkstättenarbeit in Niedersachsen".

Das Buch der Stadt Georgsmarienhütte war ein Meilenstein der Erinnerungsgeschichte der Stadt, da es einen ersten systematischen und für die damalige Situation erschöpfenden Überblick bot.

Augustaschacht

Mitte der 1990er-Jahre intensivierten sich auch die Diskussion und das Engagement über und für das Arbeitslager Augustaschacht, das im Dritten Reich jenseits der heutigen westlichen Stadtgrenze angesiedelt war und einen engen Bezug zum damaligen und heutigen Stahlwerk hatte. Die Geschichte des Arbeitslagers und die Verquickung mit Georgsmarienhütte ist an anderer Stelle ausführlich beschrieben und dokumentiert worden.[12]

Für die Erinnerungsgeschichte ist bedeutsam, dass insbesondere einige SPD-Politikerinnen und Politiker aus Georgsmarienhütte sich ab Anfang der 1990er-Jahre dafür einsetzten, am Augustaschacht eine Gedenkstätte zu errichten und vom CDU-Bürgermeister dabei unterstützt wurden.

1995 beschloss der Stadtrat Georgsmarienhütte einhellig, das Gedenkprojekt Augustaschacht ideell und finanziell zu unterstützen, was schließlich mit gemeinsamer finanzieller Unterstützung der Gemeinden Hagen, Hasbergen, Osnabrück und Landkreis Osnabrück 2008 zur Eröffnung der Gedenkstätte führte.

Buchprojekt Heimatverein Kloster Oesede

Besonders intensiv war die Auseinandersetzung mit dem lokalen Nationalsozialismus zwischen 2012 und 2014. Der Heimatverein Kloster Oesede veröffentlichte 2013 ein Buch über „Kloster Oesede in der NS-Zeit von 1933 bis 1945 – und die Nachkriegszeit" und betitelte diese als „Eine Dokumentation gegen das Vergessen". Bemerkenswert an dem Buch und neu für Georgsmarienhütte war, dass unter der Überschrift „Strukturen und Hierarchie in Kloster Oesede" (gemeint ist die NSDAP) ca. 130 Namen mit Geburtstag und Anschrift aufgeführt waren, die in der NSDAP in Kloster Oesede eine Rolle spielten: Gelistet wurden Ortsgruppenleiter, Blockwarte und „einfache" Parteimitglieder. Zudem wurden Opfer des Nationalsozialismus aus Kloster Oesede und anderen Stadtteilen von Georgsmarienhütte benannt, was diese aus der Vergessenheit holte.

Das Buch – zusammengestellt von Bernhard Grolms – war für Georgsmarienhütte bahnbrechend, weil Opfer und Täter erstmalig in diesem Umfang benannt und aufgelistet wurden. Das war mutig und wegweisend und insofern weitergehend und konkreter als das von der Stadt 2003 herausgegebene Buch, das allerdings angesichts des damaligen Status des Schutzes des Persönlichkeitsrechts noch stärkeren Einschränkungen unterworfen war.

Hinzu kommt, dass ein derartiges Buch bzw. eine derartige Konkretisierung von Erinnerung für keinen anderen Stadtteil der Stadt vorliegt. Das ist ein bleibender Verdienst von Bernhard Grolms, der sich gegen Widerstände in Kloster Oesede durchgesetzt hatte und einen Meilenstein in der Erinnerungsgeschichte der Stadt setzte.

Geschichte des TV Gut Heil 2021

Bei der historischen Aufarbeitung des lokalen Nationalsozialismus stellt das Buch von Burkhard Hahn über den Sportverein TV Gut Heil in Alt-Georgsmarienhütte (2021) ebenfalls einen Meilenstein dar, da meines Wissens erstmalig die Verquickung des Lokalsports mit dem Nationalsozialismus ausführlich beschrieben und dokumentiert wird, und damit zumindest für diesen Verein und für Alt-Georgsmarienhütte eine Leerstelle gefüllt wurde. Auf 30 Seiten wird der „Sport unter dem Einfluss der Nationalsozialisten" in Georgsmarienhütte detailliert für die Jahre 1933 bis 1945 beschrieben und mit bislang nicht zugänglichen Fotos und Dokumenten unterlegt.

Die Schilderung der Entwicklung des Vereins im Dritten Reich auf Grundlage zahlreicher recherchierter Originaldokumente und -zitate setzt für Befassung mit der eigenen Geschichte für den Bereich des Sports Maßstäbe, da diese für Georgsmarienhütte einzigartig und schonungslos ist. Da das damalige Georgsmarienhütte für den Sport und für den nationalsozialistischen Sport das Zentrum im Kreis Osnabrück war, wird damit auch die Verquickung des Sports mit dem Nationalsozialismus in den Gemeinden der heutigen Stadt Georgsmarienhütte nachvollziehbar. Die konkrete Aufarbeitung der Geschichte anderer Sportvereine im Nationalsozialismus steht noch aus.

Stolpersteine 2014

Ein zentrales Projekt der Stadt-Erinnerung sind die Stolpersteine, mit denen die Opfer des Nationalsozialismus nicht nur einen Namen im Stadtbild erhielten, sondern erstmalig lokale Erinnerungsorte geschaffen wurden. In der Ausgabe vom 24. November 2013 war in den Osnabrücker Nachrichten (eine Werbezeitung mit redaktionellen Texten) folgende Ankündigung zu finden:

„Am 3. 12. (Di., 18 Uhr) findet im Rahmen des stadtgeschichtlichen Stammtisches ein öffentlicher Vortrag im Rathaus, Saal Osnabrück, über die Opfer des Nationalsozialismus statt. Auf Anregung des Rates der Stadt Georgsmarienhütte ist im Sommer 2012 das Projekt „Stolpersteine" des Kölner Künstlers Gunter Demnig gestartet. In den vergangenen 18 Monaten ist Museumsleiterin und Historikerin Inge Becher etwa 20 Hinweisen aus der Bevölkerung nachgegangen. Fünf Menschen aus dem heutigen Stadtgebiet sind Opfer der NS-Diktatur geworden und haben ihr Leben in der Zeit zwischen 1933 und 1945 verloren. Für sie werden im Frühjahr 2014 Stolpersteine verlegt. Der Vortrag handelt von den Opfern sowie über weitere Arbeitsergebnisse aus den vergangenen 18 Monaten. Der Vortrag ist öffentlich und der Eintritt ist frei."

Fünf[13] Stolpersteine wurden 2014 verlegt und sind bislang die einzigen „materiellen" Erinnerungsorte an den Nationalsozialismus in Georgsmarienhütte. So bedeutsam die Würdigung der Opfer – auch durch die zur Verlegung der Stolpersteine erschienene sehr gelungene Broschüre – ist, bleiben sie als Erinnerungsorte letztlich verborgen. D. h., sie sind nicht zu sehen, wenn man nicht weiß, wo sie sind. So musste ich als interessierter Bürger einigen Suchaufwand betreiben, um die Steine zu finden – trotz der Hinweise und Adressangaben in der Broschüre, an denen ich mich orientieren konnte. Ich fand schließlich Stolpersteine an Stellen, die ich seit 2014 häufig zu Fuß oder per Rad passiert hatte, ohne dass mir diese aufgefallen waren.

Abb. 2: Stolperstein vor dem Haus Oeseder Straße 44 für Bernhardine Mönkedieck, die in der „Kinderfachabteilung" der Landes- Heil- und Pflegeanstalt Lüneburg ermordet wurde. (Foto: R. Korte)

Die letzte Bemerkung ist nicht als Kritik am Konzept der Stolpersteine zu verstehen, sondern soll deutlich machen, dass Erinnerungsorte Aufmerksamkeit und Interesse auf eine deutlichere und intensivere, eben öffentliche Art und Weise, gewinnen sollten. Erinnerung bedarf einer erkenn- und sichtbaren Markierung im öffentlichen Raum.

Georg-Elser-Straße 2012–2015

Straßennamen als Teil der Erinnerungskultur habe ich oben bereits angesprochen im Zusammenhang mit der Gedenkstein-Diskussion Anfang der 1980er-Jahre. In dieses Umfeld gehört auch die Diskussion über die Benennung einer neuen Straße im Zentrum nach dem Hitler-Attentäter Georg Elser. Bestand gute 30 Jahre vorher bei der Verwendung der Namen der Widerstandskämpfer des 20. Juli noch Konsens, war dieser nicht mehr gegeben bei Georg Elser: Die SPD-Fraktion im Stadtrat wollte 2012 die Georg-Elser-Straße benannt haben, die CDU war dagegen. Nach jahrelanger Verzögerung konnte sich die SPD im Stadtrat 2015 schließlich mit einer Stimme Mehrheit durchsetzen, sodass neben dem bürgerlichen und christlichen Widerstand der linke Widerstand erstmalig zumindest teilweise eine Würdigung erfuhr. Die ca. 200 m lange Straße verbindet zwei Kreisel und eine Kreuzung und ist anlieger- bzw. anwohnerfrei.

Das ändert allerdings nichts daran, dass die Lübecker Kapläne (Krypta der Hl.-Geist-Kirche), die Widerständler des 20. Juli und Georg Elser keine Beziehung zum Nationalsozialismus in Georgsmarienhütte haben.

Hindenburgstraße 2014–2018

Sozusagen umgekehrt lief die Diskussion über den Namen „Hindenburgstraße". Nachdem die Jusos bereits 1979 die Umbenennung der Hindenburgstraße in Kurt-Tucholsky-Str. vorgeschlagen hatten[14] - was auf keinerlei Resonanz gestoßen war - bemühte sich ab 2014 eine Initiative, den Straßennamen angesichts der Rolle Hindenburgs bei der Wegbereitung für die Nazis und seiner antidemokratischen Positionierung vor und in der

Weimarer Republik zu tilgen. Etwa vier Jahre wurde in Georgsmarienhütte diskutiert, wurden Leserbriefe geschrieben und Unterschriften gesammelt.

Die Neue Osnabrücker Zeitung berichtete am 28. Juni 2017, dass knapp 1.000 Unterschriften für die Beibehaltung des Straßennamens an den Bürgermeister übergeben wurden, der selbst unterschrieben habe, und fragt: „Ist eine Umbenennung notwendig in Abwägung zu den Interessen der Anwohner der Hindenburgstraße?" Ein CDU-Sprecher wird zitiert, „dass der Name Hindenburgstraße für viele GMHütter eine ‚identitätsstiftende Verortung' bedeute."[15]

Abb. 3: Infotafel an der Hindenburgstraße. (Foto: R. Korte)

Für die Auseinandersetzung mit der Erinnerung, für die Pflege der Erinnerungskultur unserer Stadt sind diese Begründungen, einen Straßennamen an den Interessen der Anwohner auszurichten und ihm eine „identitätsstiftende Verortung" zu verleihen, Beleg dafür, dass persönliche Interessen und individuelle Befindlichkeiten Vorrang vor der Auseinandersetzung mit der Geschichte haben.

Die abschließende Lösung, statt Umbenennung Informationstafeln zu Hindenburg an der Straße aufzustellen, die über die Rolle Hindenburgs als Mitverantwortlicher für Millionen von Toten im Ersten Weltkrieg und

Abb. 4: Straßenschild an der Otto-Brackel-Straße. (Foto: R. Korte)

als Wegbereiter des Nationalsozialismus informieren, ändert nichts daran, dass in Georgsmarienhütte ein Antidemokrat weiterhin mit einem Straßennamen gewürdigt wird.

Insgesamt bleibt festzustellen, dass von ca. 80 Straßennamen mit Personenbezug in Georgsmarienhütte nur eine einen Bezug zu Opfern des Nationalsozialismus in Georgsmarienhütte hat: Otto-Brackel-Weg.[16]

Erinnerungsarbeit an den Schulen

Die Erinnerungsarbeit an den Georgsmarienhütter Schulen kann ich angesichts fehlender Informationen und Dokumente nur bruchstückhaft darstellen.

Nach Erscheinen des Buches über den Nationalsozialismus in Georgsmarienhütte 2003 gab und gibt es bis heute insbesondere an der Realschule[17] Georgsmarienhütte dank engagierter Lehrerinnen und Lehrer schulische Projekte, die sich intensiv mit dem „Dritten Reich" vor Ort, Zeitzeugen der damaligen Zeit und Ausstellungen befassen:

- 2005 fand in der Realschule die Ausstellung „Erinnerung und Verantwortung - Kriegsende vor 60 Jahren im Osnabrücker Land" statt. Die Wanderausstellung enthielt unter anderem Material, das in einem Projekt an der Realschule erarbeitet worden war.

- Eine eigene Ausstellung „GMHütte zur Zeit des Nationalsozialismus" erarbeiteten 2013 Schülerinnen und Schüler des Wahlpflichtkurses Geschichte/Politik der 10. Jahrgangsstufe der Realschule, nachdem sie sich einige Monate intensiv mit der NS-Zeit in Georgsmarienhütte auseinandergesetzt hatten.

- Als eine von sieben Städten bundesweit nahmen Georgsmarienhütte bzw. die Realschule und das Gymnasium Oesede 2014 am Projekt Zeitzeugen („70 Jahre danach – Generationen im Dialog") teil. 20 Schülerinnen und Schüler bereiteten Gespräche mit zehn Zeitzeugen vor. Die Interviews – jeder Zeitzeuge wurde von jeweils drei Jugendlichen nach seinen Erlebnissen während der Zeit des Nationalsozialismus und des Krieges befragt – wurden per Video aufgezeichnet.

- Schülerinnen und Schüler der Realschule gestalteten 2014 die Gedenkveranstaltung zur Verlegung der Stolpersteine in Georgsmarienhütte.

- Der Film über die Interviews und die Auswertung der Interviews durch die Schülerinnen und Schüler des oben erwähnten Projektes „Zeitzeugen" hatte schließlich 2015 Premiere und wurde in den Schulen der Stadt gezeigt.

- Zum 30-jährigen Bestehen des erst 1996 begründeten Gedenktags an die Opfer des Nationalsozialismus griff die Realschule 2016 das Thema in mehreren Jahrgängen auf, wobei beispielsweise die Orte der Stolpersteine vorgestellt und der Film über die Zeitzeugen gezeigt wurden.

Zu den pädagogischen Bemühungen ist auch das Jugendbuch von Inge Becher zu zählen, das in Romanform den Alltag im „Dritten Reich" am Beispiel einer Familie schildert und dabei den Bezug zum Euthanasie-Programm der Nazis herstellt. Inge Becher hat das Buch im Umfeld des Zeitzeugenprojektes geschrieben, um „die vielen kleinen Episoden aus den Zeitzeugengesprächen nicht in Vergessenheit geraten zu lassen".[18]

Nationalsozialistische Lager in Georgsmarienhütte

Neben dem Augustschacht jenseits der Stadtgrenze hat es in Georgsmarienhütte während des Zweiten Weltkriegs verschiedene Lager gegeben, die im Stadtgedächtnis nicht mehr vorhanden und nicht als Erinnerungsorte präsent sind. In einer Bestandsaufnahme von 1986[19] werden für Georgsmarienhütte je ein „Zivilarbeiterlager" für Zwangsarbeiterinnen und Zwangsarbeiter für das damalige Georgsmarienhütte und Oesede erwähnt. Laut dieser Quelle soll sich in Kloster Oesede „eine Kriegsgräberstätte für deutsche Soldaten, Bombenopfer und ausländische Opfer des Faschismus"[20] befinden. Gemeint ist damit das Gräberfeld auf dem Waldfriedhof (s. u.); dass dort auch Opfer des Faschismus bestattet sein sollen, kann ich nach mehrmaligen Ortsbesichtigungen nicht bestätigen. Interessant ist in diesem Zusammenhang, dass in der Bestandsaufnahme erwähnt wird, dass aus Georgsmarienhütte „über zwanzig dort beerdigte Tote aus der Sowjetunion" nach Meyerhöfen umgebettet worden seien;[21] „[...] mindestens ein sowjetischer Toter [sei] von Kloster Oesede nach Meyerhöfen (Bohmte) umgebettet" worden.[22]

Kessler bildet im Materialienband zu Georgsmarienhütte 1993 ein Dokument ab, das für die damaligen Gemeinden Georgsmarienhütte, Oesede und Kloster Oesede insgesamt zwölf „Lager ausländischer Zivilarbeiter" auflistet. Mit Zivilarbeitern waren gemeint „Ostarbeiter", Ungarn, Slowaken, Flamen, Holländer, Franzosen und Lothringer. Vermutlich waren es nur zehn Lager oder elf Lager, da die Systematik in dem o. g. Dokument nicht eindeutig ist. Ein Lager für russische Zwangsarbeiterinnen mitten in Oesede ca. 50 m südlich des heutigen Rathauses in der damaligen Gaststätte Völler fehlt in der Liste; Zeitzeugen, die in der Nähe wohnten, berichten über das Lager und die „Insassinnen". Die Lager waren durchweg bei lokalen Firmen angesiedelt oder wurden in deren Namen (z. B. Klöckner) betrieben.

Wo genau diese Lager waren, wissen nur noch Zeitzeugen, irgendwelche Markierungen oder Erinnerungstafeln sind im Stadtbild nicht zu finden. Der vermutlich letzte Erinnerungsort, eine Baracke an der Glückaufstraße, im Dritten Reich das Gemeinschaftslager I mit angeblich bis zu 500 ausländischen Zwangsarbeiterinnen, in den 1990er-Jahren Standort des Familienzentrums „Maries Hütte", wurde 1999 zusammen mit der „Alten Seilerei" abgerissen. Heute befindet sich dort ein Parkplatz und kein Erinnerungsort. Die Zwangsarbeit im Dritten Reich war nicht nur vor unserer Haustür wie am Augustaschacht, sondern sie war in unserem Haus, die Zwangsarbeiter*innen erst recht. In unserem Haus gibt es nicht einen einzigen Ort, an dem ihrer gedacht wird.

Der Wellendorf-Prozess und keine Gedenktafel

Am 16. April 1945 wurden in Wellendorf – Nachbargemeinde von Kloster Oesede – ein polnischer Fremdarbeiter und ein russischer Kriegsgefangener getötet.[23] Die damaligen Umstände und die späteren Prozesse sind bis heute Gegenstand von Erinnerung, Diskussionen und Versuchen, in Wellendorf einen Erinnerungsort zu schaffen.[24]

Die Tatumstände und der oder die Täter sowie eine vermeintliche Hinweisgeberin bezogen sich auf Kloster Oesede bzw. kamen aus Kloster Oesede, sodass das Geschehen und dessen Aufarbeitung Teil der lokalen Erinnerungskultur sind. Zurzeit versucht eine Historiker-Gruppe, im Umfeld der Augustaschacht-Gedenkstätte das damalige Geschehen aufzuarbeiten.

2019 informierte der Historiker Volker Issmer bei einer Senioren-Wanderung über die oben kurz beschriebenen Vorkommnisse. Daraus entsteht wenig später eine Initiative zur Errichtung einer Gedenktafel an die Ermordung[25] der beiden jungen Männer.

2022 erscheint in der Neuen Osnabrücker Zeitung erneut ein Bericht[26] über die Hinrichtung der beiden Männer und über die Bemühungen zur Errichtung einer Gedenktafel, die bis heute nicht aufgestellt wurde.

Info-Tafeln und „Der besondere Ort"

Die Stadt Georgsmarienhütte stellt seit 2011 in der Reihe „Der besondere Ort"[27] in Form zweiseitiger Informationsblätter lokal hervorragende und historisch interessante Orte vor, die „Alleinstellungsmerkmale" von Georgsmarienhütte sind. Orte, die im Nationalsozialismus eine Rolle spielten, werden in der Reihe nicht vorgestellt. Bei den vorgestellten Orten, z. B. „Das Werk Stahmer", „Die Georgsmarienhütte Eisenbahn" oder „Rittergut und Hüttenstadt", die zwischen 1933 und

Abb. 5: Infotafel an der Hindenburgstraße.
(Foto: R. Korte)

1945 in unterschiedlicher Weise mit dem Nationalsozialismus in Berührung waren, wird diese Zeit ausgeblendet, obgleich sie Teil der Geschichte der „besonderen Orte" war. Die Orte der Zwangsarbeiter-Lager oder die Stolpersteine werden bei den „besonderen Orten" nicht erwähnt.

Im Kasinopark in Alt-Georgsmarienhütte ist eine Info-Tafel „Heißes Eisen: Georgsmarienhütte während der NS-Zeit" aufgestellt, die mit Text und einigen Fotos über die NSDAP in Georgsmarienhütte (heute Alt-Georgsmarienhütte) und die Rolle des Stahlwerks als „Wehrwirtschaftsbetrieb" informiert.

Erinnerungsorte zu den beiden Weltkriegen

Der Beschreibung des Umgangs mit der nationalsozialistischen Vergangenheit in unserer Stadt stelle ich gegenüber die Erinnerungsorte bezogen auf die beiden Weltkriege.

In Georgsmarienhütte sind zu den Weltkriegen zu finden:
- 7 Gedenkstätten (davon 3 auf Friedhöfen),
- 4 Kriegsgräberfelder auf Friedhöfen,
- 5 Gedenktafeln, davon 3 in Kirchen und je eine im Sportlerheim in Holzhausen und im Schützenhaus Malbergen.

Gedenkstätten und Kriegsgräberfelder weisen insgesamt eine Fläche von ca. 1.800 qm auf und haben damit einen deutlichen Platz in der Stadt.

In Alt-Georgsmarienhütte einschließlich Malbergen sind zwei Gedenkstätten, zwei Gräberfelder und zwei Gedenktafeln zu finden. In Oesede einschließlich Dröper befinden sich drei Gedenkstätten, ein Gräberfeld und eine Gedenktafel, am Harderberg und in Holsten-Mündrup jeweils eine Gedenkstätte und in Holzhausen nur eine Gedenktafel im Sportlerheim.

Eine Besonderheit gibt es in Kloster Oesede: Neben dem Gräberfeld auf dem Waldfriedhof hängt in der ca. 400 m entfernten Klosterkirche eine Tafel mit der Inschrift „Sonntag, den 7. Mai 1944 10^{00} – 600 engl. Bomben auf Kloster Oesede – 14 Tote".

Bei den Inschriften der Gedenkstätten und Gräberfelder sind neben Angaben von Jahreszahlen u. a. folgende Formulierungen erkennbar:

- Es starben den Heldentod fürs Vaterland
- Unseren gefallenen Kriegern zum Gedächtnis
- Aus unserer Gemeinde starben fürs Vaterland
- UNSEREN KÄMPFERN ZUR EHRUNG DEN GEFALLENEN ZUM GEDÄCHTNIS
- DER ABER HAT DIE GRÖSSERE LIEBE DER SEIN LEBEN GIBT FÜR SEINE BRÜDER
- UNSEREN LIEBEN TOTEN DER BEIDEN WELTKRIEGE
- Den gefallenen Kriegern. Die dankbare Gemeinde
- SIE STARBEN FÜR UNS

Weitere Gedenktafeln von Vereinen sind in Vereinslokalen vorhanden – beispielsweise beim Kirchenchor Cäcilia Kloster Oesede.

In der Stadt Georgsmarienhütte gibt es mindestens 16 Erinnerungsorte bezogen auf Gefallene und Vermisste der beiden Weltkriege mit insgesamt etwa 2.000 Namen. Die „Kriegerdenkmäler" sind meistens verziert mit dem Eisernen Kreuz.

Fazit

In Georgsmarienhütte besteht eine ausgeprägte Erinnerungskultur mit flächendeckenden Erinnerungsorten – Schwerpunkt Alt-Georgsmarienhütte – bezogen auf die deutschen Opfer der Weltkriege, die keine Problematisierung und kritische Aufarbeitung der Rolle Deutschlands in den Weltkriegen beinhalten. Die Erinnerungsorte lassen die Erkenntnis, dass insbesondere die Toten des Zweiten Weltkriegs für einen verbrecherischen, rassistischen Angriffskrieg starben, nicht zu. Im Gegenteil, die vielen Gedenkstätten, ihre jeweiligen zentralen Lagen, die Inschriften, die bauliche und symbolische Darstellung sowie die Präsentationsformen der Namen der Toten führen mich zu der Bewertung, von Heldenverehrung ohne kritische Distanz zu sprechen.

Abb. 6: Gedenktafel zur Erinnerung an den Bombenangriff vom 7. Mai 1944 in der Klosterkirche in Kloster Oesede. (Foto: R. Korte)

Namen von und Zahlen zu den Opfern des Nationalsozialismus in Georgsmarienhütte liegen kaum vor: Bernhard Grolms und die Broschüre zu den Stolpersteinen nennen acht Personen, die Jusos haben in den 1980er-Jahren Namen von vier bis sechs politisch Verfolgten recherchiert, die jedoch nicht verifiziert werden konnten und meines Wissens nirgendwo dokumentiert sind. Nach derzeitigem Wissen hat es in Georgsmarienhütte keine Menschen jüdischen Glaubens gegeben, sodass es lokal auch keine Judenverfolgungen gab.

Die nach Georgsmarienhütte verschleppten Zwangsarbeiterinnen und Zwangsarbeiter sowie Kriegsgefangenen sind bis heute namenlos und eine Leerstelle der Erinnerung. Die Erinnerungsorte zu den beiden Weltkriegen sind Erinnern aus der Opferperspektive, was der Erinnerungs-

Abb. 7: Tafel mit Namen von Gefallenen beider Weltkriege in der Gedenkkapelle in Dröper. Fragwürdig in Hinblick auf den Sinn des Krieges und der Schuld und Verantwortung dafür ist das aus dem Zusammenhang gerissene Zitat aus dem Johannesevangelium.

kultur der 1960er- und 1970er-Jahre verhaftet bleibt. Die Deutschen bzw. die Georgsmarienhütter sind die Opfer; dass diese Opfer vielleicht (auch) Täter oder Täterhelfer waren, wird an den Erinnerungsorten in unserer Stadt nicht angesprochen.

Die aktuelle Bewertung von Achim Doerfer gilt auch für die Erinnerungsorte in Georgsmarienhütte: „Die deutsche Erinnerungskultur trägt nicht die Handschrift der Opfer des Nationalsozialismus. Sie ist ein eigennütziges Produkt der Mehrheitsgesellschaft, zirkelförmig sich wiederholende Selbstbestätigung nicht betroffenen Erinnerns."[28]

Vorschläge

In Ergänzung zur intensiven **Erinnerungsarbeit** zum Nationalsozialismus wie sie in Georgsmarienhütte seit über 20 Jahren praktiziert wird, möchte ich folgende Anregungen zu den **Erinnerungsorten** geben:

1. Die Stadt Georgsmarienhütte errichtet ein (zentrales) Mahnmal für Opfer des Nationalsozialismus in unserer Stadt.

2. An den ehemaligen Standorten der Lager von Zwangsarbeiter*innen werden Informationstafeln angebracht.

3. Die Stolpersteine werden in die Informationsreihe der „besonderen Orte" aufgenommen und beschrieben oder in das System der Info-Tafeln eingefügt.

4. An den Straßenschildern Felix-Nussbaum-Weg und Georg-Elser-Straße werden Erläuterungstexte angebracht.

5. An allen Kriegsgräberstätten sind Informationstafeln anzubringen, die über die Rolle der Wehrmacht, deren Opfer und den verbrecherischen Krieg informieren.

6. Bei der Neuvergabe von Straßennamen sind namentlich bekannte Opfer des Nationalsozialismus aus Georgsmarienhütte zu verwenden.

Für die Unterstützung bei den Recherchen zu diesem Aufsatz, die Bereitstellung von Dokumenten und kritische Rückmeldungen danke ich Inge Becher und Johannes Börger.

Literatur

- Adomeit, Stefanie: Die vergessenen toten Kinder von Bohmte und Bad Rothenfelde, Neue Osnabrücker Zeitung, 26.01.2018.
- Becher, Inge: Die Aushandlung von Raum. Die Gründung der Stadt Georgsmarienhütte und ihre Vorgeschichte, 2020.

- Becher, Inge: Lautlose Stufen, Hildesheim 2016.

- Becher, Inge: Stolpersteine, Eigenverlag Stadt Georgsmarienhütte 2014.

- Beermann, Werner; Görbing, Dieter: Die Hütte, Georgsmarienhütte 1988.

- Doerfer, Achim: Irgendjemand musste die Täter ja bestrafen. Die Rache der Juden, das Versagen der deutschen Justiz und das Märchen deutsch-jüdischer Versöhnung, Köln 2021.

- Dudek, Peter: „Vergangenheitsbewältigung". Zur Problematik eines umstrittenen Begriffs, in: Aus Politik und Zeitgeschichte, B 1-2/92.

- Gander, Michael: Vergessene Geschichte. Zur Aufarbeitung der Geschichte des Arbeitserziehungslagers Ohrbeck, in: Korte/Weisleder (Hrsg.), Erinnerungen an bewegte Zeiten, Georgsmarienhütte 2021, S. 237 – 239.

- Georgsmarienhütte während der NS-Zeit. Sechs Gemeinden im Spannungsfeld zwischen Partei, Werk und Kirche, Band 1, hrsg. von der Kulturabteilung der Stadt Georgsmarienhütte, Georgsmarienhütte 2003.

- Hahn, Burkhard: 1933 bis zum Ende des II. Weltkriegs – Sport unter dem Einfluss der Nationalsozialisten, in: 150 Jahre TV „Gut Heil" von 1870, Georgsmarienhütte 2021, S. 54 – 83.

- Heimatgeschichtlicher Wegweiser zu Stätten des Widerstands und der Verfolgung 1933 - 1945, Band 3 - Niedersachsen II - Regierungsbezirke Hannover und Weser-Ems, Hannover 1986.

- Heimatverein Kloster Oesede: Kloster Oesede in der NS-Zeit von 1933 bis 1945 – und die Nachkriegszeit. „Eine Dokumentation gegen das Vergessen", zusammengestellt von Bernhard Grolms, Kloster Oesede 2013.

- Issmer, Volker: Das Arbeitserziehungslager Ohrbeck bei Osnabrück. Eine Dokumentation, Osnabrück 2000.

- Issmer, Volker: Wahrnehmung des Lagers und Geschichte seiner Erforschung, in: Issmer, Das Arbeitserziehungslager, S. 474 – 485.

- Issmer, Volker: Zwangsarbeit während des Zweiten Weltkriegs im Raum Georgsmarienhütte, in: Georgsmarienhütte während der NS-Zeit, Osnabrück 2003, S. 140 – 167.

- Kessler, Alexander: Materialien zur Geschichte Georgsmarienhüttes und seiner Stadtteile im Dritten Reich, Teil 2: Quellen, Georgsmarienhütte 1993.

- Kessler, Alexander: Möglichkeiten und Grenzen lokalen Widerstandes im Dritten Reich. Das Beispiel des Kaplans Otto Brackel (Kloster Oesede), in: Georgsmarienhütte während der NS-Zeit, 2003, S. 251 – 260.

- Korte, Rainer: Die Aufarbeitung eines Versäumnisses. Das Buch „Georgsmarienhütte während der NS-Zeit", in: Korte/Weisleder (Hrsg.), Erinnerungen an bewegte Zeiten, Georgsmarienhütte 2021, S. 134.

- Korte, Rainer: Ein Versuch, das Schweigen zu brechen. Die Debatte um einen Gedenkstein für die Opfer des Nationalsozialismus, in: Korte/Weisleder (Hrsg.), Erinnerungen an bewegte Zeiten, S. 132 – 133.

- Korte, Rainer: Über die Schwierigkeiten, den Nationalsozialismus in Georgsmarienhütte als Teil der Ortsgeschichte zu sehen und zu akzeptieren, in: Georgsmarienhütte während der NS-Zeit, Osnabrück 2003, S. 13 – 18.

- Korte, Rainer/Weisleder, Hans-Georg (Hrsg.), Erinnerungen an bewegte Zeiten. Mobilisierung und politischer Aufbruch in Georgsmarienhütte 1970 bis 1990. Georgsmarienhütte 2021.

- Materialien zur Geschichte Georgsmarienhüttes und seiner Stadtteile im Dritten Reich, Teil 2: Quellen, bearbeitet von Alexander Kessler, Georgsmarienhütte 1993.

- Meißner, Horst-Alfons: Staatsdiener im Dritten Reich – Die Landräte des heutigen Landkreises Osnabrück während der Hitler-Diktatur 1933 – 1945, Münster 2014.

- Mohrmann, Wolf-Dieter: Die politische Geschichte des Osnabrücker Landes im Überblick, in: Meyer u. a., Das Osnabrücker Land, Hannover 1988, S. 63 – 101.

- Przygode, Dieter: Die verschwundenen Kinder von Bramsche, in: Heimat-Jahrbuch Osnabrücker Land 2020, Georgsmarienhütte/Bersenbrück 2019, S. 214 – 220.

- Roth, Harald (Hrsg.): Was hat der Holocaust mit mir zu tun? 35 Antworten, Bonn 2015.

- Stadt Georgsmarienhütte (Hrsg.): Widerstand und Verfolgung im Dritten Reich. Straßennamen in Georgsmarienhütte, Georgsmarienhütte 1981.

- Zwangsarbeit in Osnabrück. SS-Baubrigade, Kriegsgefangenen- und „Arbeitserziehungslager", Antifaschistische Beiträge aus Osnabrück, Heft 6, 1982.

- http://www.denkmalprojekt.org/2008/georgsmarienhuette-oesede_frdh_wk1u2_ns.htm (Friedhofsbuch Oesede).

1   Dudek, S. 44–53.

2   Max Mannheimer in: Roth, S. 276.

3   Über die Schwierigkeiten, den Nationalsozialismus in Georgsmarienhütte als Teil der Ortsgeschichte zu sehen und zu akzeptieren, in: Georgsmarienhütte während der NS-Zeit.

4   Siehe Blickpunkt Georgsmarienhütte 10.2022: „Fremdenhass hat keinen Platz in unserer Gesellschaft." Dagmar Bahlo gedachte der Opfer des Holocaust in Osnabrück.

5   Neue Osnabrücker Zeitung 29.01.2022: Wer weiß mehr über die Untat? Nazis erschossen im April 1945 in Kloster Oesede zwei Zwangsarbeiter / Jetzt soll ein Gedenkmal an die Opfer erinnern.
    Und: Blickpunkt Georgsmarienhütte 10.02.2022: Emotionale Debatte um einen Gedenktag. Im April 1945 wurden in Kloster Oesede zwei Zwangsarbeiter erschossen – Bürger sollen sich an Aufklärungsprozessen beteiligen.

6   Hannah Arendt, zitiert von H. Roth in: Roth, S. 9.

7   Bericht zur damaligen Auseinandersetzung: Rainer Korte: Ein Versuch das Schweigen zu brechen. In: Korte/Weisleder (2021): S. 132-133.

8   Stadt Georgsmarienhütte (Hrsg.): Widerstand und Verfolgung im Dritten Reich, Georgsmarienhütte 1981, S. 1.

9   A.a.O.

10 Blickpunkt Georgsmarienhütte vom 27.01.2022: Ein Mahnmal für Frieden und Freiheit. Vor 25 Jahren wurde ein Mauerstück an der Freiherr-vom-Stein-Sporthalle errichtet.

11 Siehe Einführung durch Inge Becher in: Georgsmarienhütte während der NS-Zeit, S. 11.

12 Issmer 2000.

13 Zwei Stolpersteine in Oesede, zwei in Alt-Georgsmarienhütte und einer in Holzhausen

14 „Straßennamen: Tucholsky statt Hindenburg", in: Zeitung der Jungsozialisten Nr. 9, September 1979, S. 7.

15 Neue Osnabrücker Zeitung 28.06.2017.

16 Alexander Kessler über Otto Brackel in: Georgsmarienhütte während der NS-Zeit

17 Ob und inwieweit andere Schulen Georgsmarienhütte die Thematik bearbeiten, kann ich nicht beurteilen.

18 Becher 2016, S. 108.

19 Heimatgeschichtlicher Wegweiser zu Stätten des Widerstands, S. 179.

20 A.a.O.

21 A.a.O.

22 Zu Meyerhöfen ist sehr zu empfehlen die bewegende Reportage von Stefanie Adomeit: Die vergessenen toten Kinder von Bohmte und Bad Rothenfelde.

23 Siehe Artikel in der Neuen Tagespost vom 29.08.1964: Nach fast 20 Jahren: Unbewältigte Vergangenheit? Mit den Erschießungen von Wellendorf wird sich das Schwurgericht befassen.

24 Neue Osnabrücker Zeitung 12.04.2001: Wochenlang kümmerte sich keiner um die Leichen. Neue Osnabrücker Zeitung 29.01.2022: Wer weiß mehr über die Untat. Nazis erschossen 1945 in Kloster Oesede zwei Zwangsarbeiter.

25 1964 wurde die Tat vom Schwurgericht als Totschlag bewertet, der zum Prozesszeitpunkt verjährt war, sodass der Täter freigesprochen wurde und die Tat ungesühnt blieb.

26 Neue Osnabrücker Zeitung 29.01.2022: Wer weiß mehr über die Untat? – Blickpunkt Georgsmarienhütte 10.02.2022: Emotionale Debatte um einen Gedenktag.

27 https://www.georgsmarienhuette.de/seiten/epaper/der_besondere_ort/index.html (Stand: 06.04.2022).

28 Doerfer, S. 288.

Die Kapitularinnen Charlotte und Emmy von Dincklage zu Campe – zwei weit gereiste Börsteler Stiftsdamen

Kapitularin Johanna Pointke und Kapitularin Ute Müller

Einleitung: Freiheit und Freiheiten

Wer in früheren Jahrhunderten frei sein wollte, hatte nur begrenzte Möglichkeiten. Insbesondere den Frauen blieben viele Rechte verwehrt. Umso beeindruckender sind deshalb heute Geschichten von Frauen, die anders als die meisten Frauen, Freiheiten genießen und in die Welt ziehen konnten, die dabei jedoch stets auch bodenständig in die Gesellschaft integriert waren. Wie konnte so etwas gelingen – und was waren dafür die Hintergründe?

Dazu zunächst eine kurze Erklärung, was ein Kapitel und was ein Freiweltliches Stift ist.

Das Stift bildet in dem Zusammenhang das Vermögen einer Gemeinschaft (Kapitel), das die Erfüllung seiner Aufgaben ermöglicht. So sind für den Gottesdienst eine Kirche, für andere Zusammenkünfte Häuser usw. nötig. Diese Gebäude müssen unterhalten werden, die Mittel dazu erwirtschaftet werden. Da ein Stift in früheren Jahrhunderten auch politische Rechte, wie z. B. die Grundherrschaft, die Gerichtsbarkeit oder die Zugehörigkeit zum Landtag hatte, war das Stift in seiner Position eigenständig (exemt), und die zugehörigen Kapitularinnen hatten dadurch auch rechtlich herausgehobene Stellungen innerhalb der Gesellschaft.

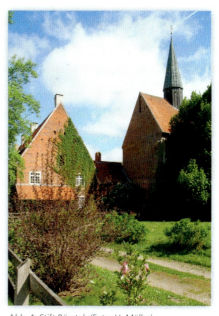

Abb. 1: Stift Börstel. (Foto: U. Müller)

Das Kapitel hingegen ist eine geistliche Gemeinschaft, welche die eigenständige Verantwortung für dieses Vermögen trägt. Es hat durch verschiedene Aufgaben dafür Sorge zu tragen, dass die Gelder zur Unterhaltung der Gebäude (Kirchen, Häuser, Landwirtschaft, etc.) erwirtschaftet werden. Gleichzeitig ist die Aufgabe der Gemeinschaft auch das Lob Gottes.

Als Kapitularin (=Stiftsdame) eines Freiweltlichen Stifts genossen Frauen durch die Jahrhunderte Rechte und Freiheiten, die anderen verwehrt blieben. Ein Privileg war die Reisemöglichkeit. Um zwei Biografien dieser Art soll es hier gehen. Charlotte und Emmy von Dincklage gehörten beide im 19. Jahrhundert dem Kapitel des Stifts Börstel an, zu einer Zeit, in der des durch das Handeln Napoleons nur noch wenige Freiweltliche Stifte gab. Sie nutzten ihre persönlichen Freiheiten, die sie als Kapitularinnen genossen. Doch sie waren sich auch ihrer Stellung und Verantwortung bewusst.

Eine kurze Anmerkung zum verwandtschaftlichen Verhältnis der beiden Kapitularinnen:

Die Verbindungen der Familie von Dincklage zu Campe zum Kapitel des Stifts Börstel waren bis in das letzte Jahrhundert sehr intensiv. Und sie haben eine über Jahrhunderte dauernde Vorgeschichte, sie lässt sich bis in das frühe 15. Jahrhundert zurückverfolgen. Aber dies ist ein anderer Aspekt der Geschichte des Kapitels. Kapitularin Freiin Charlotte von Dincklage zu Campe war eine Cousine des Freiherrn Herrmann Eberhard Friedrich von Dincklage zu Campe, dem Vater der Kapitularin Freiin Emmy von Dinklage zu Campe. Er wurde geboren und getauft im Stift Börstel. Ein Cousin von Emmy von Dincklage, Freiherr Ferdinand von Dincklage zu Campe, war der Vater der späteren Äbtissin Freifrau Therese von Dincklage zu Campe und der Freiin Agnes von Dincklage zu Campe, die bis zu ihrem Tod im Jahr 1962 Kapitularin im Stift Börstel war.

Kommen Sie nun mit auf die Reise in das Leben der Kapitularinnen Charlotte und Emmy von Dincklage.

Die „mannhafte deutsche Nonne"

Kapitularin Freiin Charlotte Friederike Dorothea von Dincklage zu Campe

Kapitularin Johanna Pointke

Sie wurde am 3. August 1800 als zweite Tochter des Freiherrn Alexander Christian von Dincklage zu Campe und seiner Ehefrau Juliane von Püchler zu Dorfmark in Nienburg an der Weser geboren. Ihre zwei Jahre ältere Schwester Lewine erhielt 1800 eine Expektanz

für das Kapitel des Stifts Börstel und wurde 1818 aufgenommen. Für seine Tochter Charlotte bat Alexander Christian von Dincklage zu Campe um eine Expektanz für das Kapitel des Stifts Fischbeck, die aber wegen der nicht anerkannten Adelsnachweise seiner Frau, Juliane von Püchler, abgelehnt wurde.[1] Dagegen klagte der Vater erfolglos beim Hofgericht in Kassel.

So stellte er auch für Charlotte ein Gesuch an das Kapitel zu Börstel. 1817 erhielt sie die Expektanz und nach der Vermählung ihrer Schwester mit dem Freiherrn von Rössing wurde sie 1822 in das Kapitel aufgenommen. Sie scheint anschließend ihr Schuljahr bei der Äbtissin im Stift verbracht zu haben. Zuvor hatte sie durch den Vater eine umfangreiche Bildung erhalten, ihre Mutter war schon 1803 verstorben.

Ihre erste Reise unternahm sie im Alter von 17 Jahren mit Vater und Schwester nach Holland. Ihre finanziellen

Abb. 2: Charlotte von Dincklage auf einem Reisekoffer sitzend. „Welche Lust gewährt das reisen. 1839". (Archiv Stift Börstel)

Möglichkeiten, gepaart mit der Stellung als Kapitularin des Stifts Börstel, erlaubten ihr ein unabhängiges Leben mit Reisen, wie sie sonst für Frauen in dieser Zeit kaum möglich waren. Sie sprach fließend Italienisch, aber auch recht gut Französisch und Englisch, aber nur bruchstückhaft Griechisch.

Kapitularin Freiin Charlotte von Dincklage wurde als mutig beschrieben und sie besaß die Kraft, hemmende und widersinnige Fesseln des gesellschaftlichen Lebens abzustreifen. Bei aller Freundlichkeit und Herzensgüte scheute sie nicht zurück, auch unliebsame Wahrheiten zu sagen und bei Ungerechtigkeit und Unterdrückung aufbrausend zu werden. Dabei verlor sie aber nie ihren Humor.

1823, ein Jahr nach ihrer Aufnahme, begann sie ihre umfangreiche Reisetätigkeit. Reisen gehörte im Adel zur Lebensführung, jedoch waren längere Auslandsaufenthalte im Allgemeinen Männern vorbehalten, Frauen fuhren zu Verwandten oder auf eine Bädertour.[2] Anders Charlotte von Dincklage: Ihre erste größere Reise führte sie in die Schweiz, für längere Zeit nach Dresden, Wien und München. Von Genf aus fuhr sie das erste Mal nach Paris. Ihr Stand und ihre Abstammung öffneten ihr viele Türen, sodass sie viele Menschen kennenlernte und mit bekannten Männern und Frauen intensivere Beziehungen einging. Dazu schrieb sie selbst, „daß es für ein einzelnes Fräulein, wenn sie gleich durch Ihre Chanoissenschaft einen geistlichen Anstrich […] hat, ein ziemlich kühnes, geniales Unternehmen ist", allein zu reisen.[3]

Doch einen „heimischen und gemüthlichen Rastort während der Pausen zwischen ihren Reisen fand sie in ihrem Kloster".[4] Ihre Cousine, Freifrau Charlotte Dorothea Ehrengarde von Dincklage zu Campe (1768–1855), war seit 1818 Äbtissin des Stifts Börstel. Zeitweise lebte sie auch bei ihrer Schwester und deren Familie. So ist ein längerer Aufenthalt von 1834 bis 1835 auf Gut Rössing bekannt.[5] Von dort beschrieb sie Professor Burdach ihr Er-

Abb. 3: Die dritte Abtei des Stifts Börstel, 1763-1855. (Archiv Stift Börstel)

lebnis im Zisterzienserkloster bei Wien. „In Heiligen=Kreuz hatten die geistlichen Herren die Güte, ihre geistliche Schwester ins Kloster einzulassen."[6]

Die nächste große Reise ging 1835 nach Italien und Sizilien mit den Städten Florenz, Neapel, Palermo und für längere Zeit nach Rom. Dort erweiterte sich ihr Bekanntenkreis und damit der Kreis ihrer Interessen.

Dort lernte sie den dänischen Künstler Bertel Thorvaldsen (1770–1844) kennen, der als Protestant große Kunstwerke für den Petersdom schuf. Ebenso auch den Bildhauer und Modelleur Johann Joseph Imhoff (1796–1880), der sich 1835/1836 in Italien aufhielt. Als dieser einem Ruf nach Athen folgte, lud er Kapitularin Freiin Charlotte von Dincklage dorthin ein.

Ebenso lernte sie den in Rom lebenden Maler Johann Friedrich Overbeck (1789–1869) der „Nazarener Kunst"[7] kennen. Auch Ernst Joachim Förster (1800–1885) gehörte dieser Gruppe an. Er hielt sich ebenfalls in den 1830er-Jahren in Rom auf.

Doch auch Künstlerinnen anderer Richtungen lernte Kapitularin von Dincklage in Italien kennen und freundete sich mit diesen an. So zum Beispiel mit der Sängerin Caroline Maria Unger (1803–1877), der eine große Karriere in Italien gelang und die sich in Florenz niederließ.

Der Einladung des Bildhauers Johann Joseph Imhoff folgend, reiste sie zuerst nach Athen, wo sie ihrem Stand entsprechend beim Königshof eingeführt wurde. Hier lernte sie den Historiker Adolf E. Ellissen (1815–1872) und den Archäologen Dr. Arthur Kochen (1813–1839) kennen, mit denen sie von Oktober 1837 bis Juni 1838 durch Griechenland reiste.

Abb. 4: Titelseite von: Adolf Ellissen: Lebensumriss Charlottens von Dincklage, weiland Stiftsdame zu Börstel..

Ihr Interesse an den Altertümern führte die kleine Gruppe nach Attika, durch die Peloponnes und Inseln des Ägäischen Meeres.

> „Auf dieser Reise hatte sie vorzugsweise Gelegenheit, männlichen Muth [...] und einen noch bewundernswürdigern Stoizismus im Verzichten auf alle gewohnten Lebensbequemlichkeiten zu bewähren, wovon nur wenige ihrer Landsmänninnen sich einen Begriff machen und worin noch weniger es ihr gleich thun dürften. Einen seltsamen Anblick mochte es gewähren, wenn die drei Reisenden [...] das Fräulein in der Regel an der Spitze der kleinen Karavane, über die Ziegenpfade der Berge und Thäler Arkadiens zogen."[8]

Auf der Suche nach Tempel- und Städteruinen übernachteten sie im Zelt oder bei Schäferfamilien in deren kleinen, einräumigen Häusern. Auch das Vieh lebte mit in diesen kaminlosen Räumen.

> „All' diesen, für eine hannover'schen Stiftsdame gewiß nicht alltäglichen Szenerien wußte Fräulein von Dincklage mit unverwüstlicher Laune die heiterste Seite abzuge-

winnen und dadurch auch die Geduld ihrer Reisegefährten, wenn es damit etwas auf die Neige ging, stets zu beleben."[9]

Es entstanden Bekanntschaften in Nauplia, Tripolitá, Sparta und in Kalamata, wo man sie nach ihrem Stand die „mannhafte deutsche Nonne" nannte. Immer wieder war die „kleine, lebhafte, blonde und blauaugige Nordländerin" schnell der Mittelpunkt der Gesellschaft.

Auch die Mönche des Heiligen Basilios im Zypressenkloster auf dem Ithom, die ehrwürdigen Väter Megaspiläons des Felsennestes im Krathisgebirge besuchte sie. Den gastfreien Mönchen wird die „fremde geistliche Schwester", die so sehr gegen die „aszetische Strenge ihrer eigenen Ordensregel abstach"[10], in Erinnerung geblieben sein.

Von Athen aus fuhr sie 1838 über Neapel, Livorno, Marseille, Lyon, Paris, Brüssel und Köln zurück in die Heimat. Nach einer schweren Krankheit im Winter 1838/39 lebte sie teilweise im Stift Börstel, teilweise bei ihrer Familie auf Gut Rössing.

Auf ihren Reisen hatte sie den Physiologen Prof. Dr. Karl-Friedrich Burdach aus Königsberg kennengelernt, den sie 1840 besuchte. Danach reiste sie durch England und Schottland, ein Jahr später über Berlin und Königsberg nach Schlesien, Sachsen und nach München. Hier entstand der Plan, die Einladung des Arztes Dr. Christian Friedrich August Schledehaus aus Osnabrück anzunehmen. Dr. Schledehaus[11] war lungenkrank und lebte wegen des Klimas in Alexandria/Ägypten. Im September 1841 schiffte sich Charlotte von Dincklage von Ancona nach Alexandria ein.

Dort lernte sie den Arzt Dr. Carl Wilhelm Schnars kennen, der als Korrespondent der Augsburger Allgemeinen Zeitung über Kleinasien, Ägypten und Nubien schrieb. Mit ihm zusammen unternahm sie eine Reise zu den Pyramiden, nach Theben und den Wasserfällen des Nils. Während der Nilfahrt nach Kairo erkrankte sie an einem Fieber. Sie starb überraschend am 11. November 1841 in Kairo und wurde auf dem orthodoxen Friedhof beerdigt.

Am 2. Januar 1842 veröffentlichten ihre Schwester und ihr Schwager eine Todesanzeige. Kapitularin Freiin Charlotte von Dincklage hinterließ ein nicht zur Veröffentlichung freigegebenes Tagebuch.

Abb. 5: Charlotte von Dincklages Wappen, Zeichnung nach dem Grabstein. (Archiv Stift Börstel)

Literatur

- Karl Friedrich Burdach: Rückblick auf mein Leben Erstdruck: Leipzig 1848, vollständige Neuausgabe, Berlin 2014.
- Ellissen, Adolf: Lebensumriss Charlottens von Dincklage, weiland Stiftsdame zu Börstel, Göttingen 1843.
- Oldermann, Renate: „Aus einem uhralten hochansehnlichen Geschlecht entsprossen …" Die adeligen Töchter im Stift Fischbeck – Herkunft, Selbstverständnis und Glaubenspraxis, Göttingen 2019, S. 156.
- Ruhlender, Margot: Die Damen vom Stift Steterburg. 1000 Jahre Steterburg, Braunschweig 2003, S. 181-182.

1   Oldermann, S.156.

2   Ruhlender, S.183.

3   Burdach, S.479.

4   Ellissen, S.7.

5   Ellissen, S.8.

6   Burdach, S.482.

7   Diese Bezeichnung erhielten die Künstler zuerst wegen ihrer Haartracht, später nannte man die ganze Kunstrichtung so.

8   Ellissen, S.10.

9   Ellissen, S.11.

10   Ellissen, S.13.

11   Dr. Schledehaus vermachte später seine Sammlung provinzialrömischer Münzen der Stadt Osnabrück.

„Ich reise nicht, ich lebe nur an verschiedenen Orten".

Aus dem Leben von Emmy von Dincklage-Campe (1825-1892)

Kapitularin Ute Müller

„Wie ich hier, an der Piazza Medina, vom Balcon herab den Leuten auf die Köpfe blicke, so steige ich von Jahr zu Jahr auf eine ruhigere Stufe der Weltanschauung und sehe Krieg und Frieden, Fürsten und Paläste, Soldaten und Mönche, Gelehrte und Lazzaroni vorüberschreiten – der Regenbogen über dem Golf hat sich in Abendroth aufgelöst und alle Farben, welche in dem Geiste der Einsamen wie Lichtströme reflectiren, werden dereinst, wenn Gott will, so herniederwallen im warmen, klaren Abendlicht, auf welchem sich die Palmen und Pinien gleich Bildern im Goldgrunde abzeichnen."[1]

Mit diesen Worten beschreibt Emmy von Dincklage ihre Gedanken in „Bilder aus Italien", einem Werk, das sie 1872 in Neapel verfasst. Gerne beschreibt die Schriftstellerin ihre Beobachtungen und Empfindungen ausführlich und in bildhaften Worten und bringt ihr Wissen in ihre Erzählungen mit ein. Sie bleibt dabei stets auf der Suche nach neuen Eindrücken.

„Ich bin nun mal ein Wandervogel und die Meinigen kennen mich dafür. Wenn ich meinen Entschluss ausspreche, in die Ferne zu ziehen, so machen sie wohl betrübte Gesichter, aber da sie wissen, dass sie mich nicht halten können, so lassen sie mich ziehen", [2] sagt sie einmal selbst über sich, bevor sie sich wieder auf den Weg macht, neue Länder zu erkunden.

Doch in der Fremde lernt sie nicht nur neue Orte kennen, sondern lernt vielmehr, ihre eigene Heimat zu schätzen, und entdeckt die Liebe zu ihr. Denn ganz bewusst führen ihr die neuen Umgebungen die Unterschiede zu ihrer eigenen Herkunft und Mentalität vor Augen. Und so beschreibt sie einmal an ihrem Geburtstag, den sie in Neapel verbringt:

> „Durch mein ganzes Leben waren stets am 13. März die Blumen rar, und jetzt sitze ich in Neapel zwischen förmlichen Blüthenpolstern und süße balsamische Wolken ziehen mit der Seeluft durch die geöffneten Balconthüren von draußen ein, wohin ich einige schwere Sträuße trug, damit der Gewitterregen sie anfeuchte.
>
> Wie sonderbar – während ich meinen Geburtstag so ganz im Süden feiern wollte, während meine Hand den compacten südlichen Blumenstrauß berührte und der Vesuv wie ein Weihrauchaltar des Herrn vor mir steht, ziehen meine Gedanken – in die Heimat. Vaterland – Muttersprache – wehe Dem, der Euch vergessen könnte! Es ist mein Stolz, äußerlich und innerlich ganz und gar das Kind meines blonden, ruhigen und – etwas grobkörnigen Volkes zu sein. Ich wäre vermuthlich ein vortreffliches Lazzaroneweib geworden, wenn ich hier in Neapel hinter irgend einem unbrauchbar gewordenen Segeltuch geboren wäre, ich zweifle nicht daran, denn ich fühle mich allüberall als ein Glied der großen Völkerkette, welche sich die mehr oder minder reingewaschenen Hände reicht, um den elektrischen Funken des Zeitgeistes weiter zu leiten."[3]

Ob also hinter dem unbrauchbaren Segeltuch oder an einem anderen Ort: Emmy fühlt sich scheinbar überall zu Hause, doch gleichzeitig spürt sie auch immer ihre eigentliche Heimat. Denn diese befindet sich im Emsland, in dem sie am 13. März 1825 in Kluse/Steinbild als Amalie Ehrengarde Sophie Wilhelmine zur Welt kommt. Sie ist die Tochter des Freiherrn Hermann Eberhard von Dincklage (1796–1886) und seiner Ehefrau, Freifrau Julie von Stoltzenberg (1803–1895) und die Älteste von fünf Kindern. Ihr Geburtsort ist das Rittergut Campe, das etwas abseits des Ortes Steinbild/Kluse im nördlichen Emsland liegt.

Bereits in ihrer Kindheit erlebt sie hier ihr erstes gedankliches Abenteuer, denn ihr Großvater August von Dincklage nimmt seine Enkelin, die er gerne „Emmy" nennt, mit in eine Welt, in die sie später gerne selbst reisen möchte: Nordamerika. Der zu dem Zeitpunkt über 80-Jährige war selbst 1776 bis 1783 mit dem hessischen Corps im Dienste Englands in Nordamerika gewesen und hatte von dort ein ausgeprägtes ethnologisches Interesse für die indianische Urbevölkerung mitgebracht.[4] So konnte er seiner Enkelin in zahlreichen Geschichten über seine Erlebnisse berichten. Gemeinsam erkunden

Abb. 7: Gut Campe. (Foto: U. Müller)

die beiden Haus, Hof und Park auf Gut Campe und Emmy lernt Indianerpfeile, Feder-
schmuck, kunstvoll geschnitzte Gegenstände oder Münzen kennen. Leider verstirbt ihr
Großvater bereits in ihren ersten Lebensjahren.

Abb. 8: Gut Campe. (Foto: U. Müller)

Während Emmys Vater, Hermann Eberhard, in seiner Tochter lange Zeit seine Nachfolge-
rin sieht und ihr Reiten, Rudern und Fischen beibringt, möchte ihre Mutter ihr die Haus-
haltsführung nahebringen, damit sie einmal einem Haushalt vorstehen könne, doch das
behagt Emmy genauso wenig wie der Schulzwang. Sie braucht lange, um hier für sich
selbst eine Art „Erleuchtung" zu erleben, wie sie selbst einmal sagt.[5]

Im Reiten hingegen findet sie eine große Leidenschaft – und wenn die Mutter Gäste
empfängt, wie die damalige gefeierte Dichterin „Katharina Busch", die die Mutter des
Dichters Levin Schücking ist, dann lauscht Emmy ganz aufmerksam.

Mit ersten schriftstellerischen Versuchen trägt sie in ihrer Familie zwar zur Unterhaltung
bei, diese unterstützt ihre Arbeit aber nicht. Im Selbststudium versucht Emmy daraufhin
die Regeln der Metrik zu erlernen und ihr Wissen durch das Lesen der Bücher aus der
Hausbibliothek, z. B. über ostfriesische Geschichte, zu vertiefen.[6]

Die Erziehung in ihrem Elternhaus ist streng und zu ihren Erziehern gehören auch Kinder-
mädchen, Hauslehrer oder der katholische Geistliche des Dorfes. Dies ist insofern eine
Besonderheit, als dass die Familie eigentlich dem evangelischen Glauben angehört. Ein
Vorfahre der Familie, Hermann von Dincklage, hatte im 16. Jahrhundert, zur Zeit der
Reformation, in Wittenberg mit Philipp Melanchthon studiert und zur Verbreitung des
Luthertums unter seinen Verwandten beigetragen. Aus diesem Grund ist die Familie von
Dincklage vermutlich sehr lange Zeit die beinahe einzige evangelische Familie im katho-

lischen Emsland. Während sie zwar einerseits auch an der katholischen Messe im Ort teilnimmt, ist sie für den evangelischen Gottesdienst, eine Taufe oder das Abendmahl auf das freiweltliche Stift Börstel im Osnabrücker Land angewiesen, in dem eine Tante Äbtissin ist und in dem es bereits über mehrere Generationen verwandtschaftliche Beziehungen der Familie von Dincklage gibt.[7] Hier wird Emmy auch getauft.

Im Jahr 1848 unternimmt Emmy die allererste größere Reise gemeinsam mit ihrer Mutter auf dem Rheindampfer nach Wiesbaden und Mainz. In Mainz lernt Emmy ihre erste große Liebe, den Offizier Karl von Wenckstern, kennen, mit dem sie sich 1849 verlobt. Da ihre Eltern diese Beziehung nicht gutheißen, löst sie diese Verlobung nach drei Jahren wieder.

Nach dieser Zeit zieht sie mit ihrer Familie nach Bückeburg (1852–1856). Die Ausbildungsmöglichkeiten für ihre Geschwister sind hier besser als auf Campe und gleichzeitig besteht hier die Möglichkeit, Emmy in die Gesellschaft einzuführen. Neben Victor von Strauß, mit dem sie später zum Deutschen Schriftstellertag fährt, lernt sie hier Mathilde Marcard oder die Dichterin Elise von Hohenhausen und deren Tochter Elise Rüdiger-Hohenhausen kennen, die auch Kontakte zu Anette von Droste-Hülshoff pflegt.

1858 bekommt Emmy die Gelegenheit, Reisebegleiterin ihrer Bückeburger Freundin Marie von Fontaine zu werden. Die Familie von Fontaine ist reich begütert und hat u. a. ein Schloss in Deutsch-Krawarn. Emmy nimmt die Gelegenheit wahr und reist mit der Familie – auf eigene Kosten – einen Sommer nach Ungarn und drei Winter nach Dresden. In Dresden erweitert sie ihren Bekanntenkreis um den zu Ottilie von Goethe, der Schwiegertochter Goethes.[8]

Das Jahr 1866 wird im Leben von Emmy von Dincklage ein besonderes. Auf der einen Seite verliert das Königreich Hannover seine Selbstständigkeit und wird preußisch, was für Emmy, die der königlichen Familie sehr nahesteht, ein trauriger Moment ist. Am 27. Juni 1866 stirbt ihr Verlobter Karl von Wenckstern bei der Schlacht von Skalitz – und am gleichen Tag wird sie selbst feierlich als Kapitularin ins Stift Börstel aufgenommen.

Auf das Leben als Kapitularin ist Emmy bereits vorbereitet, denn ihre jüngere Schwester Alma, die leider krank war, war bis zu ihrem Tod Kapitularin in Börstel und sie selbst weiß um die Vorzüge und Möglichkeiten und auch um ihre Verpflichtungen.

Sie freut sich auf diese Zeit und trifft diese Entscheidung bewusst. Denn als unverheiratete Frau aus einer adeligen Familie hat sie als Kapitularin die Möglichkeit, in der Gesellschaft den Rang „Frau" zu erhalten, wie Emmy scherzend sagt: „Bei Hofe den Oberstenrang".[9]

Da zum Zeitpunkt ihrer Aufnahme keine freien Wohnungen im Stift zur Verfügung stehen, muss sie bis zur Aufnahme vor Ort warten, bis eine der Wohnungen durch das Ausscheiden einer Kapitularin frei wird. Dass Emmy gerne zum Stiftskapitel gehört, zeigt sie sehr offen. Denn auf allen Abbildungen sieht man sie mit dem Stiftsorden, den sie immer auf der linken Körperseite, über dem Herzen, trägt. Der Vorteil für sie als Kapitularin ist, dass sie allein reisen kann, ohne ihr Ansehen zu verlieren. Zudem muss sie keinen ehelichen Pflichten nachkommen und sich nicht der Vormundschaft eines Mannes unterwerfen. Sie

Abb. 9: Emmy von Dincklage. Porträtzeichnung fotografiert auf dem Hintergrund des Stiftes Börstel. (Foto: U. Müller)

kann ihr Leben als Schriftstellerin frei gestalten und in die Welt reisen. Emmy weiß dies zu schätzen, denn niemals könnte sie dies alles als Ehefrau und Mutter tun, ohne in Verruf zu geraten.[10]

Während die Eltern im Jahr 1866 von Campe nach Lingen ziehen, ist Emmy in dieser Zeit unterwegs in Dresden, Wien, München und Italien. Mit einer Freundin verbringt sie 1872 in Dalmatien und dann den Winter nach einer ernsten Erkrankung in Venedig. Seitdem ist sie beinahe jeden Winter in Italien, wo auch ihre „Bilder aus Italien" entstehen. Im Sommer ist sie in Lingen oder Börstel.

1879, im Alter von 54 Jahren, durchwandert Emmy einen Teil Frankreichs (Savoyen, Franz. Schweiz). Auf die Frage, ob sie das viele Reisen nicht zu sehr anstrenge, gibt sie zur Antwort:

„Die Art meines Reisens ist sehr einfach. Ich komme an, sehe ein Zimmer mit hübscher Aussicht, womöglich aufs Meer, nicht zu niedrig gelegen, um mehr Ruhe zu haben, accordire mit dem Wirthe, schicke den Hausknecht um einen Blumenstrauß und packe aus. – Vor das Bouquet lege ich mein Schreibpapier. Ein alter Kunsthistoriker, der mich am Tage nach meiner Ankunft besuchte, sah sich vergnügt in meinem Zimmer um und sagte: ‚Nun verstehe ich, dass das Reisen sie nicht angreift!' ‚Ganz recht', erwiderte ich, ‚ich reise auch nicht, ich lebe nur an verschiedenen Orten'".[11]

Emmys großer Wunsch, eines Tages nach Amerika zu reisen, geht im Sommer 1880 in Erfüllung, als sie eine Einladung von Mr. Gerding aus Oliver Springs, Tennessee, erhält. Sie sagt:

„Herr Geo Gerding, der bei meinen Großeltern erzogen wurde, wollte wohl ein Mitglied unserer Familie zu Besuch haben und da meine Geschwister keine Zeit haben und ich ein Wandervogel par excellence in unserer Familie bin, so schiffte ich mich auf dem Dampfer Hohenzollern ein und kam in acht Tagen in New York an".[12]

Ehre und Bewunderung werden ihr zuteil, weil sie ohne – männliche – Begleitung die Amerikareise antritt und verkündet, dass sie zu Studienzwecken in die Neue Welt will. Emmy ist zu einer Berühmtheit geworden, u. a. auch deshalb, weil sie als Kapitularin ihr Leben frei gestalten kann.

Zwischen 1880 und 1881 durchreist sie zwölf Staaten und legt insgesamt ca. 8000 km zurück. Dabei wohnt sie u. a. auch bei ihrer Schwester Agnes, die mit William Thaule in New York verheiratet ist.

Abb. 10: Porträtzeichnung als Frontispiz eines ihrer Bücher, daneben der Stiftsorden. (Foto: U. Müller)
Auf dem Bild trägt Emmy von Dincklage den Stiftsorden auf der rechten Körperseite. Offensichtlich wurde das
Bild für die Buchausgabe gespiegelt, damit die Autorin in das Buch hinein- und nicht hinausschaut.

Da Emmy vor ihre Abreise unzählige Empfehlungsschreiben erhält, u. a. auch vom Vorstand des Deutschen Schriftstellerverbandes, wird sie in Amerika in allen Kreisen willkommen geheißen und gefeiert. So schreibt das „tägliche Cincinnati Volksblatt":

„Eine Dame von dem Rufe, der Originalität und der Liebenswürdigkeit des Fräulein von Dincklage bedurfte übrigens keiner Empfehlungen und Zeugnisse; sie ist sich selbst Empfehlung genug und hat im Sturme die Herzen derjenigen erobert, die mit ihr bekannt wurden".[13]

Emmy erlebt Sitten und Gebräuche des Kontinents, nimmt am Pionierfest der Einwanderer teil, besucht die Sekte der Shaker oder eine methodistische Trauung, erlebt das Weihnachten mit „Negerkindern",[14] bei dem weniger vom Heiland erzählt wird, als vielmehr Raketen und Knallerbsen explodieren und die Kinder „Old Kentucky" singen.

Emmy von Dincklage lässt keine Einladung aus, um Erfahrungen zu sammeln und sich gründlich und umfangreich zu informieren.

Zwischen allen Reisen kehrt Emmy von Dincklage auch immer wieder ins Stift Börstel zurück oder pflegt Briefkontakt. Zum „Groden Dag", dem Tag der Rechnungslegung, (Anm.: 29. September – Michaelistag), kommen alle Kapitularinnen im Stift zusammen. Lilian Düring, eine Nichte der damaligen Äbtissin beschreibt es einmal so:

„Mittlerweile war es Herbst geworden und in der Abtei wurde zum Empfang der Stiftsdamen gerüstet. Einem nach Jahrhunderten zählenden Brauch folgend, kamen auch in diesem Jahre die auswärtigen Damen zur Abnahme der Rechnungslage am

Tage nach Michaelis nach Börstel. Gleichzeitig fanden dann Beratungen über vorzunehmende Veränderungen personeller und wirtschaftlicher Art statt und, wenn erforderlich, erfolgten Abstimmungen über die Neubesetzung einer Stiftsstelle und sonstige vorliegende Aufgaben.

[...] Schließlich traf zu unserer aller Freude die bekannte Emslanddichterin Emmy von Dincklage ein. Mit ihrem regen Geist und goldenen Humor belebte sie den ganzen Kreis. Atemlos pflegte ich ihren Erzählungen von ihren Reisen an den Königshof nach Rumänien und zu der ebenfalls schriftstellernden Königin „Carmen Sylva" zu lauschen, oder wenn sie von ihrer Fahrt nach Amerika berichtete, wo sie sich mit Negern und Indianern unterhalten hatte. Ja, von den Negern hatte sie sogar einige ihrer schwermütigen Lieder gelernt. Abends sang sie uns diese manchmal vor und nichts Schöneres gab es für mich, wenn sie sich an Tantes altes Tafelklavier setzte, in die Tasten griff und zu den wimmernden Tönen die neuesten Schlager sang."[15]

Als Emmy im Januar 1891 die Nachricht erhält, dass sie nun Wohnrecht im Stift hat, freut sie sich und will das Reisen etwas zurückstellen und zur Ruhe kommen. Sie unterzieht sich jedoch zuvor – aufgrund einer Kehlkopfentzündung – einer Operation in Berlin. Dort stirbt sie am 28. Juni 1891 an einem Herzschlag, ohne ihre Wohnung im Stift bezogen zu haben. Ihre Grabstätte befindet sich an ihrem Geburtsort, auf Gut Campe.

In ihrem Testament schreibt sie: „Mein Leben war, obschon geprüft, dennoch ein reiches und schönes. Gott sei mir gnädig!"[16]

 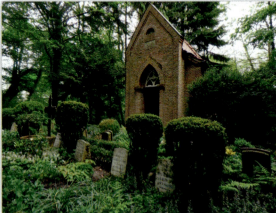

Abb. 11 und 12: Friedhof der Familie von Dincklage auf dem Gut Campe und der Grabstein für Emmy von Dincklage. (Fotos: U. Müller)

Literatur

- Emmy von Dincklage: Bilder aus Italien, Verlag Stimm-los.

- Brunhilde Grönniger: Emmy von Dincklage, in: „Uns gab es auch" – Frauen in der Geschichte des Emslandes, Verlag des Emsländischen Heimatbundes, Sögel 1993, Seite 46-81.

- Bettina Schmidt-Czaia: „Ich bitte all die Meinen, mir zu verzeihen …" – Das Testament der Emslanddichterin Emmy von Dincklage zu Campe, in: Der weite Blick des Historikers, Köln 2002, Seite 757-776.

- Lilian von Düring: „Als ich vor 70 Jahren nach Börstel kam", in: Berge, Kreis Bersenbrück, Heimatverein Berge 1954.

1   von Dincklage, S. 11.

2   Grönniger, S. 59.

3   von Dincklage, S. 11.

4   Schmidt-Czaia, S. 763.

5   Grönniger, S. 50.

6   Vgl. Grönniger.

7   Schmidt-Czaia, S. 763.

8   Vgl. Grönniger.

9   Vgl. Grönniger.

10   Vgl. Grönniger, S. 77.

11   Vgl. Grönniger, S. 58/59.

12   Vgl. Grönniger, S. 59.

13   Vgl. Grönniger, S. 60 / 61.

14   Vgl. Grönniger – Anm.: nicht diskriminierend gemeint – sondern nur zeitgemäß zitiert.

15   von Düring. Auch hier die Anmerkung: Das Wort „Neger" ist im Zeitgeist zitiert, um den Sinn nicht zu verfälschen, es ist nicht diskriminierend gemeint.

16   Schmidt-Czaia.

Dütting - eine Osnabrücker Familie prägte Kultur und Arbeitswelten

Horst Grebing

Im letzten Heimat-Jahrbuch sind wir den Linien der beiden ältesten Söhne von Caspar Wilhelm Dütting (1775-1844) gefolgt. Nun sollen der jüngste Sohn Johann Caspar Dütting (1830-1902) und einige von dessen Nachkommen vorgestellt werden.

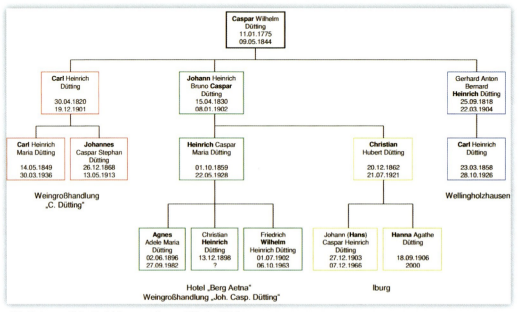

Abb. 7: Ausgewählte Nachfahren von Caspar Wilhelm Dütting.

3. Hotel „Berg Aetna" und Weingroßhandlung „Joh. Casp. Dütting"

Johann Heinrich Bruno Caspar Dütting – Inhaber des Hotels „Berg Aetna" und Gründer der Weingroßhandlung „Joh. Casp. Dütting"

Johann Heinrich Bruno Caspar Dütting[1] wurde am 15. April 1830 in Osnabrück als Sohn von Caspar Dütting geboren. Caspar erhielt seine kaufmännische Ausbildung bei der Firma Potthoff in Osnabrück, war darauf in einem Weißwarengeschäft in Bielefeld tätig und trat dann zu weiterer Ausbildung in die Firma „B. Wessendorff" in Coesfeld ein. Ab August 1852 arbeitete er zwei Jahre in der elterlichen Weingroßhandlung „C. Dütting".

1854 kaufte Caspar, zusammen mit seinem älteren Bruder Carl, das Hotel „Berg Aetna" in Osnabrück (Domhof 9). Es handelte sich um die ehemalige Domherrenkurie des Domprobstes Franz Freiherr von Weichs aus dem Hause Rösberg; von 1810 bis 1813 befand sich darin die französische Stadtkommandantur, anschließend war der Hof an den Generalleutnant Ernst Idel Jobst Freiherr Vincke zu Ostenwalde und von 1831 bis 1844 an den Justizrat Justus von Hinüber vermietet.[2] Das Hotel nutzte den vormaligen Sakralraum als Festsaal. Johann Caspar Dütting gab dem Hotel den Namen „Joh. Casp. Dütting's Hotel Berg Aetna". Er selbst übernahm die Leitung des Hotels, „[…] das er in den nächsten Jahrzehnten zu größtem Ansehen brachte und zum ersten Hotel der Stadt Osnabrück machte."[3] Die Dekoration der Innenausstattung für den Großen Festsaal erfolgte durch den Kunst- und Baumaler „G. H. Beisner jun." aus Hannover.[4] Einige Möbelstücke schuf zwischen 1865 und 1870 der Architekt Johann Heinrich Wilhelm Lüer (1834-1870).[5]

Caspars jüngere Schwester Auguste, geboren am 4. Dezember 1834, führte ihm während der ersten beiden Jahre den Haushalt. Diese heiratete am 13. August 1857 in Osnabrück den Kaufmann

Abb. 8: Dütting's Hotel, Osnabrück.

Hermann Mähler[6] und folgte diesem nach Arnhem, einer Großstadt in der späteren Provinz Gelderland (Niederlande).

Am 15. Januar 1858 heiratete Caspar Dütting Gertrud Mosler, die älteste Tochter des Kölner Hofkonditors Heinrich und Catharina Mosler. „Frau Gertrud Dütting, bei den Verwandten unter dem Namen „Tante Traudchen" bekannt, war eine außerordentlich tüchtige Hausfrau und unterstützte ihren Mann tatkräftig in der Leitung des Hotels."[7]

Im selben Jahr zahlte er die Beteiligung seines Bruders Carl aus und war nun alleiniger Besitzer des Hotels, das Gastgeber für zahlreiche kleine und große Veranstaltungen war. Die Hotelgäste wurden mit einem gelben Wagen vom Bahnhof abgeholt und nach der Beherbergung wieder mit diesem zum Bahnhof zurückgebracht.

Abb. 9: Werbung mit Ansicht Restaurant und Festsaal.

Im Jahre 1882 gründete Caspar Dütting vom Hotel aus die Weingroßhandlung „Joh. Casp. Dütting" - die Weingroßhandlung verlegte er 1907 an die Kleine Domsfreiheit 1. In diesem Gebäude, in dessen unmittelbarer Nähe zu diesem Zeitpunkt der Neubau des Osnabrücker Theaters entstand, befand sich auch die Wohnung. Die Rechnungen der Weingroßhandlung trugen, um Verwechselungen mit seinem Bruder Carl zu vermeiden, den Aufdruck: „Bei etwaigen Bestellungen bitte genau auf meinen Vornamen Joh. Casp. zu achten".

Über Johann Caspar Dütting ist in der Familienchronik zu lesen:

> „Caspar Dütting war ein kleiner, behäbiger, doch beweglicher Mann, der immer auf Ordnung hielt und in sehr energischer Weise allen denen entgegentrat, die es wagten, an den geheiligten Bräuchen und Gewohnheiten in seinem Hotelbetriebe zu rütteln. Er war in Osnabrück allseits geachtet und beliebt und außerdem ein großer Tierfreund. Im Restaurant des Hotels baute er ein großes Aquarium ein. In seiner Wohnung hatte er ein großes Vogelzimmer, in dem er eine große Anzahl heimischer Vögel hielt, die er mit größter Sorgfalt pflegte. Auch mehrere große Hunde gehörten stets zu seinem Haushalt."[8]

Das Hotel „Berg Aetna" wurde 1899 an C. Raub verpachtet und ging 1915 an den Pächter über. Auch unter C. Raub fanden im Hotel zahlreiche große und kleine Veranstaltungen statt: So fand am 17. Mai 1924 hier die erste ordentliche Hauptversammlung des Nordwestdeutschen Dampfkessel-Überwachungsverein e. V. Osnabrück statt. Vom 4. bis 7. Oktober 1937 fand in Osnabrück die letzte Generalversammlung der Görres-Gesellschaft, einer katholischen Gesellschaft zur Pflege der Wissenschaft, statt:

> „Auch für die Osnabrücker Tagung galten die inzwischen, im Juli 1937, neu formulierten Anweisungen des Hauptamtes des Sicherheitsdienstes des Reichsführers SS, die Tagungen und Maßnahmen katholischer Organisationen, […] die ‚wesentlich zur Belebung der katholischen Kulturbestrebungen' beitrügen, ständig zu überwachen. So fand auch die Generalversammlung […] ‚unter schwerem Druck der nationalsozialistischen Machthaber mit allen Vorsichtsmaßnahmen und unter Ausschluß der Öffentlichkeit' statt. Sie tagte ‚fast ganz', wie es im Jahresbericht 1937 verschleiernd heißt, in den ‚Räumen des Hotels Dütting' und habe dadurch eine ‚besondere Geschlossenheit' erreicht."[9]

Das Hotel war – vermutlich während des Zweiten Weltkriegs – Vereinslokal des Naturwissenschaftlichen Vereins Osnabrück.[10]

Später war Christian Schlüter Inhaber. Bei einem Luftangriff auf Osnabrück am 20. Juni 1942 wurde das Hotel durch Phosphorbrandbomben zerstört.[11] Später befand sich auf diesem Grundstück das Fotofachgeschäft „Foto Koltzenburg" von Emanuel Koltzenburg.

Am 8. Januar 1902 verstarb Caspar Dütting – seine Frau Gertrud folgte fast drei Monate später am 28. März 1902. Beide wurden auf dem Hasefriedhof in Osnabrück beigesetzt.

Heinrich Caspar Maria Dütting

Aus der Ehe von Caspar und Gertrud Dütting gingen zwei Söhne hervor. Der älteste Sohn Heinrich Caspar Maria Dütting[12] wurde am 1. Oktober 1859 in Osnabrück geboren. Seine Berufsausbildung erhielt er bei der Eisen-, Kurz- und Spielwaren-Großhandlung „Capelle & Braun" in Hildesheim und anschließend in dem Weingeschäft „J. Michaelsen & Comp." in Hannover. Zur Erweiterung seiner Kenntnisse bereiste er Frankreich, Spanien, die Schweiz und Italien, wo er sich längere Zeit bei führenden Weinhäusern aufhielt. 1881 kehrte Heinrich nach Deutschland zurück: In Traben-

Abb. 10: Weingroßhandlung „Joh. Casp. Dütting", Kleine Domsfreiheit 1, Osnabrück.

Trarbach an der Mosel lernte er die Bearbeitung der Moselweine kennen und ging anschließend für kurze Zeit nach Mainz am Rhein.

1882 trat er in die Weingroßhandlung „Johann Caspar Dütting" ein. Er übernahm 1902 die Weingroßhandlung und leitete diese mit großem Geschick bis zu seiner Erkrankung im Jahr 1921. Die Weingroßhandlung führte eine eigene Kellerei in Enkirch an der Mosel (heute: Traben-Trarbach). Dütting warb mit: „Grösstes Lager seltener alter Weine sowie tadelloser reiner Gebrauchsweine."[13]

Heinrich Dütting heiratete am 11. September 1890 Maria Elise Jakobine Rute, geboren am 29. September 1863 in Rüningen als Tochter des Guts- und Mühlenbesitzers Wilhelm Rute und seiner Ehefrau Louise. Aus dieser Ehe gingen acht Kinder hervor. Nach fast siebenjährigem Krankenlager verstarb er in Osnabrück am 22. Mai 1928. Maria Rute verstarb am 8. Februar 1937.

Agnes Adele Maria Dütting

Am 2. Juni 1896 wurde in Osnabrück Agnes Adele Maria, Tochter von Heinrich Caspar Maria Dütting, geboren.[14] Agnes wurde 1918 Sekretärin in der Weingroßhandlung ihres Vaters Heinrich – sie schied 1936 aus. Agnes starb am 27. September 1982 in Osnabrück.

Christian Heinrich Dütting

Christian Heinrich, Sohn von Heinrich Caspar Maria Dütting, wurde am 13. Dezember 1898[15] in Osnabrück geboren. Heinrich ging auf die Noelle'sche Handelsschule und begann 1915 bei der Osnabrücker Eisenhandlung „G. Henrici Nachf." seine kaufmännische Lehre. Nach Kriegseinzug 1917 war er Funker bei der 2. Garde-Reserve-Division. Nachdem er bei der Schlacht in Flandern beteiligt war, erlitt er im darauffolgenden Jahr vor

Arras (Frankreich) eine schwere Gasvergiftung mit einhergehender Verschüttung – seine Genesung im Harz und in Schleswig-Holstein dauerte einige Jahre. 1924 kehrte Heinrich Dütting nach Osnabrück heim und trat in die Weingroßhandlung „Joh. Casp. Dütting" ein, aus der er später wieder ausschied.

Friedrich Wilhelm Heinrich Dütting

Am 1. Juli 1902 wurde Friedrich Wilhelm Heinrich, ebenfalls ein Sohn von Heinrich Caspar Maria Dütting, geboren.[16] Auch Wilhelm besuchte die Noelle'sche Handelsschule in Osnabrück und wurde Kaufmann – seine Lehre absolvierte er in der Weinhandlung „J. Junghans & Söhne" in Plön; im Jahre 1921 erhielt er sein Küferzeugnis. Anschließend trat er, infolge der schweren Erkrankung seines Vaters, in die elterliche Weingroßhandlung ein, die er mit seinem Bruder Heinrich und seiner Schwester Agnes bis zu deren Ausscheiden 1936, gemeinsam leitete. Wilhelm Dütting war mit Hanni vor dem Esche verheiratet – das Ehepaar bekam drei Kinder. Wilhelm Dütting starb am 6. Oktober 1963. Damit endete wahrscheinlich auch die Weingroßhandlung „Joh. Casp. Dütting".

Im Mai 1995 wurde das neben dem Theater befindliche Wohnhaus, in dem sich auch die Weingroßhandlung befand, sowie ein Nebengebäude der von Beverfoerdischen Domkurie aus dem Jahr 1776 abgerissen.[17] Dort entstand 1997 das neue Betriebsgebäude des Theaters.

4. Iburg

Christian Hubert Dütting - Iburg

Am 20. Dezember 1862 wurde in Osnabrück Christian Hubert Dütting als Sohn von Johann Heinrich Bruno Caspar und seiner Ehefrau Gertrud Dütting geboren.[18] Nach dem Abitur im Jahre 1882 auf dem Gymnasium Carolinum in Osnabrück erfolgte eine bergmännische Ausbildung auf Erzbergwerken im Siegerland sowie auf fiskalischen Kohlengruben der damaligen Berginspektion zu Borgloh und der Bergwerksdirektion zu Saarbrücken.[19] Dem praktischen Jahr folgte ab 1883 ein bergbaukundliches Studium an den Universitäten in Bonn und Heidelberg sowie an der Bergakademie in Berlin. Im Jahre 1887 wurde er zum Bergreferendar und nach der weiteren technischen und geschäftlichen Ausbildung am 21. Februar 1892 zum Bergassessor ernannt.

1889 erschienen von Christian Dütting die ersten Artikel: „Geologische Aufschlüsse an der Eisenbahnlinie Osnabrück–Brackwede" im „Jahrbuch der Königlich Preussischen geologischen Landesanstalt und Bergakademie" zu Berlin sowie sein Artikel „Abbau mit Bergeversatz auf Zeche Königin Elisabeth bei Essen a. d. Ruhr" in der „Zeitschrift für das Berg-, Hütten- und Salinen-Wesen im preussischen Staate".

> „Hierin beschäftigte sich Christian Dütting mit zu jener Zeit angestellten Versuchen, den im Ruhrbergbau bis zu den 1880er Jahren vorherrschenden Pfeilerbruchbau durch die alternative Abbauart zu ersetzen. Die Erwägungen betrafen dabei sowohl die bergtechnischen Grundlagen als auch die betriebswirtschaftlichen Auswirkungen des Verfahrens."[20]

Am 21. Februar 1892 erfolgte seine 2. Staatsprüfung zum Bergassessor. Von 1892 bis 1898 arbeitete Christian Dütting als Bergassessor und Hilfsarbeiter auf der fiskalischen Saargrube König der Berginspektion Neunkirchen, unterbrochen durch eine im Jahr 1893 zum Studium des Kohlen- und Erzbergbaus unternommene sechsmonatige Reise nach Amerika. Im selben Jahr erschien seine Veröffentlichung „Beiträge zur Kenntnis der Geologie der Gegend von Borgloh und Wellingholzhausen" im „Jahrbuch der Königlich Preussischen geologischen Landesanstalt" zu Berlin; auch zahlreiche weite-

Abb. 11: Blick über die Schlossmühle hinweg auf den ehemaligen Steinbruch, das Feriendomizil und die Blockhütte auf dem Langenberg, Iburg.

re bergbaukundliche Veröffentlichungen folgten in den nächsten Jahren.

1898 wurde Dütting zum Berginspektor bei der Berginspektion König (Neunkirchen/Saar) befördert. Im selben Jahr hielt er auf dem VII. Allgemeinen deutschen Bergmannstag in München (30.08.-01.09.) den Vortrag „Über die Gebrauchsfähigkeit einiger Holzarten zum Grubenausbau", der später auch veröffentlicht wurde.

Zum 1. Juli 1899 gab er seine Beschäftigung bei der preußischen Bergverwaltung auf und übernahm an der Ruhr die Leitung des privaten Steinkohlebergwerks „Nordstern" der Aktiengesellschaft „Steinkohlenbergwerk Nordstern" in Horst-Emscher (heute: Gelsenkirchen). In einem Brief vom 22. Januar 1902 schrieb Christian Dütting an den Generaldirektor Heinrich Kost sen.:

> „Dem Drängen meines praktischen, Welt erfahrenen Vaters, der den Dienst in der fiskalischen Verwaltung nicht hoch schätzte, danke ich es in der Hauptsache, daß ich den Staatsdienst quittiert habe und nun mit Ihnen zusammen arbeiten darf."[21]

1905 wurde Dütting mit der Leitung der „Zeche Holland" in Bochum-Wattenscheid betraut. Anfang 1907 wurde Christian zum Generaldirektor und Vorstandsmitglied der „Phoenix Aktiengesellschaft für Bergbau und Hüttenbetrieb" ernannt. Die Phoenix AG war eine der größten und bedeutendsten Montankonzerne des Ruhrgebietes.

Am 28. Oktober 1899 verlobte sich Christian Dütting mit Johanna Offenberg. Christian „[…] hat aber immer schon bei seinen Verwandten drüben am Fenster gestanden, um Johanna vom Dom kommen zu sehen."[22] Bereits Jahre zuvor fanden erste Treffen, anfänglich im Beisein der Eltern und Geschwister, statt. Am 28. April 1900 heiratete Christian Dütting in Osnabrück im Saal des Hotels Dütting die am 6. August 1878 in Wickrath (heute: Mönchengladbach) geborene Johanna Maria Franziska Offenberg. Ihr Vater war der später in Osnabrück ansässige Medizinalrat und Kreisarzt Dr. Adolf Offenberg; ihr Großvater Kaspar Offenberg war 22 Jahre Oberbürgermeister von Münster und ebenso lange Mitglied des Preußischen Herrenhauses. Nach der Hochzeit zog das Ehepaar Dütting in die Kaiserstraße nach Gelsenkirchen und im April 1901 in das neue Haus in Gelsen-kirchen-Horst – ein weiterer Wohnort wurde berufsbedingt im Frühjahr 1919 Essen und „[…] das Ferienparadies in Iburg als schönen Lebensraum."[23] Aus der Ehe mit Johanna gingen zwischen 1901 und 1914 neun Kinder hervor: Gertrud, Beate, Hans, Adolf, Hanna, Juliane, Lieselotte, Hildegard („Hilde") und Franz.

1905 erwarb Christian Dütting auf dem Langenberg westlich von Iburg ein Grundstück und erbaute auf diesem im folgenden Jahr ein Haus; das Haus diente als Erholungs- und Feriendomizil. Seine Frau Johanna beteiligte sich maßgeblich an den Planungen für das Ferienhaus – insbesondere kümmerte sie sich um die Innengestaltung. Im Laufe der Jahre vergrößerten sich die Dütting'schen Besitzungen in Iburg um mehrere Waldgrundstücke und einen Obstgarten, sodass das Grundstück eine Fläche von ca. 50.000 m² einnahm.

Abb. 12: Ferienhaus auf dem Langenberg in Iburg (Aquarell von Hanna Dütting, 22.08.1923)

Während sich Christian Dütting außerhalb des Urlaubs in der Regel nur am Wochenende in Iburg aufhielt, verbrachten die Ehefrau und die Kinder bisweilen einen kompletten Sommer – oft von Ostern bis Oktober – dort. Im Falle eines Sommeraufenthaltes in Iburg wurden die Kinder dort zur Volksschule geschickt. Die Tochter Hanna Agathe[24], geboren am 18. September 1906, schrieb: „Mutter sagte oft, ohne den Sommeraufenthalt in Iburg wären wir wohl nicht so gesund durch den [Ersten Welt-] Krieg gekommen."[25] Über den Aufenthalt äußerte Hanna Dütting:

„Es war dort ein viel einfacheres Leben als in der Stadt. Milch bekamen wir zwar auch nicht und mußten sogar unsere Ziegen aus der Stadt nachkommen lassen. Ich sehe noch, wie sie in einem Holzverschlag ankamen und dann im Steinbruch das Gras abweideten. Wir wurden in Iburg auch zu allerlei häuslichen Arbeiten angehalten, mußten Holz sammeln, Besorgungen machen und dergleichen. Wir gingen viel spazieren – die kleineren Geschwister zogen wir im Bollerwagen hinter uns her – und sammelten Pilze und Beeren. Vater kam zu jedem Wochenende konnte mit dem Zug bis Oesede kommen und ging dann weiter zu Fuß; bis Herrenrest mußten wir ihm entgegengehen, und er war verstimmt, wenn wir zu spät kamen, aber sonst war er recht heiter, ging draußen viel umher, immer mit Rosenschere, um allerlei zurückzuschneiden, und mit seinem kleinen Geologenhammer, – denn im Steinbruch wurden viele Versteinerungen gefunden –, um am Gestein zu klopfen (Schere und Hammer waren bis zuletzt in Iburg vorhanden). Ein großes Ammonshorn, das auf unserem Grundstück gefunden worden war, lag auf der Terrasse, und ein ganzer Koffer aus Eichenholz mit eisernen Beschlägen voll von Versteinerungen, die Vater im Steinbruch gesammelt hatte, stand unter dem Blockhäuschen; […].“[26]

Auch Gäste wurden in Iburg empfangen: so der Maler Carl Schmitz-Pleiß (21.09.1877-1943), der auch zeitweilig dort wohnte und malte, sowie der Vikar und spätere Pfarrer Wilhelm Holtkort (gest. 24. Mai 1936) aus Gelsenkirchen-Ückendorf, der in Iburg im Blockhaus neben dem Wohnhaus wohnte.

Christian Dütting fotografierte gerne – in Iburg richtete er in der Blockhütte eine Werkstatt zum Entwickeln der Fotoplatten ein.[27] Johanna Dütting spielte – auch in Iburg – gerne Tennis: Der Tennisplatz befand sich in unmittelbarer Nähe zum „Forsthaus Freudenthal“.

Christian Dütting wurde in mehrere Ehrenämter berufen: So war er Vorstandsmitglied des Allgemeinen Knappschaftsvereins (ab 1906), des Vereins für die bergbaulichen Interessen im Oberbergamtsbezirk Dortmund (Bergbau-Verein, ab 1907), der Sektion II der Knappschafts-Berufsgenossenschaft in Bochum (ab 1909), Vorsitzender der Westfälischen Berggewerkschaftskasse in Bochum (ab 1920), Vorstandsmitglied des Zechen-Verbandes, des Dampfkessel-Überwachung-Vereins der Zechen im Oberbergamtsbezirk Dortmund sowie des Bergschul-Vereins Essen. Ferner war er Mitglied der Bezirksgruppe der Reichsarbeitsgemeinschaft, Abteilung Bergbau und der Arbeitskammer für den Kohlenbergbau des Ruhrgebietes. Nach Gründung der „Gesellschaft für Kohlentechnik“ in Dortmund war er dort ab Ende 1918 Vorsitzender des Aufsichtsrates.

Christian Dütting „[…] ließ sich nur ‚Herr Assessor‘ nennen, nie ‚Direktor‘ oder gar ‚Generaldirektor‘. Das war nicht aus übertriebener Bescheidenheit, […] – er sagte: ‚Direktor kann man auch vom Flohzirkus sein‘.“[28] In der Familienchronik ist nachzulesen:

> „Christian Dütting verstand es, durch seinen Humor und seine Redegewandtheit in jede Gesellschaft Fröhlichkeit und vergnügte Stimmung hineinzubringen. Dichterisch begabt, machte er zu den Hochzeiten der Verwandten und anderen Festlichkeiten humoristische Gedichte und Lieder, die stets größte Heiterkeit hervorriefen.“[29]

Christian Dütting hatte bereits seit jungen Jahren gesundheitliche Probleme mit dem Herzen, und so begab er sich im Sommer 1921 zur Kur nach Bad Nauheim nördlich von Frankfurt, wo er am 21. Juli 1921 an den Folgen eines Herzanfalls verstarb. Im Nachruf des Vorstands und der Verwaltung der „Sektion II der Knappschafts-Berufsgenossenschaft“ vom 22. Juli 1921 war zu lesen: „Wir werden den hervorragend tüchtigen Mann, dem wir auch wegen seiner vorzüglichen rein menschlichen Eigenschaften freundschaftliche Verehrung entgegengebracht haben, stets in treuer Erinnerung behalten.“[30] Christian Dütting wurde in Iburg beerdigt – er wurde von Bergleuten mit brennenden Grubenlampen von seinem Landhaus bis zum Alten Friedhof zu Grabe getragen:

> „Am Beerdigungstag waren wir alle in der Kirche zum Requiem. Als wir zurückkamen und den Berg heraufgingen, stand der Sarg in einer Fülle von Kränzen und Blumen unter der alten Buche beim Waschhäuschen. […] Es versammelten sich nach und nach

Abb. 13: Familie Christian Dütting (hintere Reihe: Hans, Adolf, Beate, Gertrud, Johanna und Christian Dütting, vordere Reihe: Hanna, Juliane, Liselotte, Hildegard und Franz), um 1917.

an dieser Stelle viele Menschen, die uns allen die Hand geben wollten. Viele grüßten stumm den Sarg, manche knieten im Freien nieder und sprachen ein stilles Gebet. Ich erschrak über die Menschenmenge, über so viele Persönlichkeiten, entfernte Verwandte und viele Unbekannte. [...] Dann kam der Priester und sprach die üblichen Texte. Bergknappen, in Bergmannstracht mit brennenden Grubenlampen, trugen den Sarg fort. Nur unsere Brüder gingen mit der Beerdigung; Frauen gingen früher nicht mit zum Grab. Wir sahen vom Berg aus der langen Menschenmenge nach. Eine Bergmannskapelle spielte Trauermusik. Noch nach fünfzig Jahren hat mich eine Iburger Frau gefragt, wann doch die Beerdigung unseres Vaters gewesen sei; solchen Eindruck hatte sie gemacht!"[31]

In Anerkennung seiner Leistungen wurde in Gelsenkirchen-Horst die „Düttingstraße" nach ihm benannt. Weitere Straßenbenennungen würdigten seine Frau und seine älteste Tochter: „Johannastraße" und die nach seiner Tochter Gertrud Maria Therese benannte „Gertrudstraße".

Seine Ehefrau Johanna starb am 7. Mai 1965 und wurde ebenfalls in Iburg beerdigt; sie war bis zuletzt durch ihre Tochter Beate gepflegt worden. Dort wurde auch die ehemalige Gesellschafterin von Christians Eltern, Maria Wilhelm, geboren am 19. Mai 1852, die während des Urlaubs von Johann Caspar und seiner Ehefrau Gertrud am 4. September 1908 verstarb, beerdigt. Auf dem Grabstein ist nachzulesen: „Sie war durch lange Jahre die treue Helferin meiner teuren Eltern".

Johann (Hans) Caspar Heinrich Dütting

Der älteste Sohn von Christian Dütting, Johann (Hans) Caspar Heinrich Dütting,[32] wurde am 27. Dezember 1903 in Horst-Emscher geboren, ein „[...] Prachtexemplar [...], der seines gleichen suchte."[33]

Nach dem Abitur am 4. März 1922 auf dem Helmholtz-Realgymnasium in Essen studierte er nach praktischer Ausbildung in Steinkohlegruben des Ruhrgebietes und in Erzgruben des Siegerlandes Bergbau in Clausthal und Berlin. Bei seiner ersten Grubenfahrt verletzte sich Hans schwer: Er brach sich einige Rückenwirbel.[34] Am 15. Dezember 1926 wurde er zum Diplom-Ingenieur ernannt und am 18. Januar 1927 zum Bergreferendar. Anschließend war Hans in verschiedensten Bergwerken in Gladbeck, Bleicherode, Barsinghausen, Waldenburg, Werden und Dortmund tätig. Am 12. Juni 1930 wurde Hans Dütting zum Bergassessor ernannt. Er war zunächst Grubenaufsichtsbeamter und 1933 Direktionsassistent in den Bergwerken der Vereinigten Stahlwerke in Gelsenkirchen.

Hans Dütting heiratete am 14. Februar 1932 die in Straßburg am 19. Oktober 1906 geborene Liselotte („Lilo") Albertine Missy, geborene Freiin von der Goltz. Das Ehepaar hatte vier Kinder.

Hans Dütting wurde am 1. Januar 1934 zum Betriebsinspektor der „Zeche Holland" ernannt, vier Jahre später zum Bergwerksdirektor. Am 1. April 1942 wurde er Vorstandsmitglied und Leiter der Gruppe Gelsenkirchen der Gelsenkirchener Bergwerks-AG. Damit wurde er Leiter von sieben fördernden Schachtanlagen, zwei Großkokereien und zwei chemischen Betrieben mit zusammen 27.000 Arbeitern. Aus der Gruppe Gelsenkirchen ging im Zuge der Entflechtung im Jahre 1953 die Rheinelbe Bergbau AG hervor, deren Vorstandsvorsitzender er wurde. Zu dieser Zeit wohnte er in unmittelbarer Nähe zur Zeche „Rhein-Elbe" in der Direktorenvilla in der Virchowstraße 133 in Gelsenkirchen.

Im Juli 1955 trat Hans Dütting in den Vorstand der Gelsenkirchener Bergwerks-AG ein, deren Generaldirektor er am 26. Februar 1957 wurde. Er erwartete von den Vorgesetzten nicht nur hohes fachliches Können und Wissen, sondern vor allem vorbildliche, menschliche Führungseigenschaften und viel Verständnis für die sozialen Belange der Beschäftigten.[35] Während seiner Tätigkeit als Generaldirektor führte er in dem Konzern der Gelsenkirchener Bergwerks-AG, der größten Energiegruppe in der Bundesrepublik Deutschland, die durchgreifendste Zechenstilllegung des Ruhr-Reviers durch.[36] Ebenfalls wurde Hans Dütting Aufsichtsratsvorsitzender der Ruhrgas AG und der ARAL AG.

Hans Dütting hatte sich zudem in weiteren zahlreichen Gremien für die Gemeinschaftsaufgaben des Ruhrbergbaus und der deutschen Wirtschaft eingesetzt[37]: Er war von 1955 bis 1966 Stromausschussvorsitzender der Gesellschaft für Stromwirtschaft, im Vorstand der Wirtschaftsvereinigung Bergbau, 1. stellvertretender Vorsitzender des Unternehmensverbundes Ruhrbergbau, Aufsichtsratsvorsitzender des Wasserwerks für das rheinisch-westfälische Kohlenrevier, im Vorstand bzw. aktiv mitarbeitend bei der Bergbauelektrizitätsverbundgemeinschaft, der Steinkohlen-Elektrizität AG, Steinkohlenbergbauverein, im Max-Planck-Institut für Kohlenforschung sowie Mitglied im Deutschen Rat für Landespflege.

Hans Dütting war begeisterter Bergsteiger – bei seinen Bergtouren fand er Stärkung und Erholung für Leib und Seele. Er leitete die Bergsteigergruppe der Sektion Essen und war später im Vorstand der Sektion Essen. Dieses Amt musste er niederlegen, da er die Leitung der Rheinisch-Westfälischen Sektionengemeinschaft übernahm. 1953 ernannte man ihn in den Hauptausschuss des Deutschen Alpenvereins, 1956 wurde er 3. Vorsitzender und Ende 1959 1. Vorsitzender – dieses Amt hielt er bis zu seinem Tod inne.[38]

Hans Dütting verstarb nach schwerer Krankheit nach einem Herzinfarkt am 7. Dezember 1966. Während der Gedenkfeier am 12. Dezember 1966 im „Haus der Ruhrkohle" zu Essen würdigte Bergassessor a. D. Dr. Sohl: „So nehmen wir Abschied von einem guten Kameraden und Freund, dessen schlichte und bescheidene Art wir ebenso vermissen werden wie sein nobles und ritterliches Wesen und seine aufrechte, mannhafte Haltung."[39] Neben seiner Frau Lilo hinterließ Hans Dütting vier Kinder: Wolf Dieter, Armgard, Ulrike und Sibylle.

Hanna Agathe Dütting

Hanna Agathe Dütting[40] wurde am 18. September 1906 in Gelsenkirchen geboren.
Nach dem Abitur an der Studienanstalt gymnasialer Richtung an der Viktoriaschule in Essen 1927 studierte sie Germanistik, Kunstgeschichte und Philosophie in Münster, Berlin und München. In Berlin wohnte Hanna bei ihrem Onkel Eduard Mosler (geb. 25.07.1873, gest. 22.08.1939) auf der Berliner Havelinsel Schwanenwerder.[41] 1933 promovierte sie mit der Dissertation „Die Landschaftsschilderung in der deutschen Literatur des 16. Jahrhunderts" zum Dr. phil. in Münster.

Am 19. Juli 1934 heiratete sie den am 15. April 1904 in Hofgeismar geborenen Dr. phil. Rolf Fritz. Anfänglich Assistent bei den Staatlichen Museen in Berlin war er von 1936 bis 1966 Direktor des Museums für Kunst- und Kulturgeschichte der Stadt Dortmund.[42] Während des Zweiten Weltkrieges war er zwangsweise als Dolmetscher in Dortmund tätig.

Ende März/Anfang April 1942 bekam das Sommerhaus auf dem Langenberg in Iburg Elektrizität, vorher brachten Petroleumlampen Licht ins Dunkel.[43] Die Kriegs- und ersten Nachkriegsjahre verbrachte die Familie dort, da der bisherige Wohnort Dortmund zunehmend von Fliegerangriffen bedroht wurde – auch andere Verwandte fanden zum Ende des Krieges in Iburg Zuflucht.[44] Vom 1. Oktober 1945 bis zum 1. Mai 1946 weilte der junge Dieter Falkenhagen aus Berlin im Rahmen der Hilfsaktion „Storch" der britischen Besatzungsmacht in Iburg.

Die Einrichtung datiert wahrscheinlich noch aus der ursprünglichen Ausstattung: Vom Herd in der Küche gingen Warmluftschächte in eine Sitzecke in der Diele neben dem offenen Kamin. Im sogenannten „Bauernstübchen", mit dunklen Hölzern vertäfelt, befand sich ein mit ockerfarbenen Fliesen verzierter Kachelofen. Zur Dekoration dienten bäuerliche Keramik und altes Zinngerät.[45] In einer Zisterne wurde Regenwasser gespeichert, Trinkwasser konnte mit großen Schwungrädern aus dem Brunnenhäuschen am Fuße des Langenberges heraufgepumpt werden. Ein Fahrweg zum Haus hinauf existierte noch nicht.

Am 6. Februar 1947 erfolgte bei eisiger Kälte der Umzug in das Schloss Cappenberg (Selm): „Der Umzug in so arger Zeit hatte zur Folge, daß damit die bislang vorhandenen Beziehungen, besonders zu den lebenswichtigen ‚Fleischtöpfen', sprich zu der Hilfe befreundeter Bauern, aufgegeben werden mußten."[46] Auf Schloss Cappenberg befand sich bereits die ausgelagerte Sammlung des Museums für Kunst und Kulturgeschichte Dortmund, die nach dem Krieg dort auch ausgestellt wurde. Auch nach dem Umzug erfolgten in Iburg Aufenthalte.[47]

Aus der Ehe von Rolf und Hanna Fritz gingen Johann Michael Fritz, geboren am 30. Januar 1936 in Essen, und Andrea Gabriele Fritz, geboren am 20. Juli 1945 in Erpen (heute: Dissen) hervor. Prof. Dr. Michael Fritz ist ein deutscher Kunsthistoriker und Hochschullehrer – seine Forschungsschwerpunkte waren das Mittelalter und das Kunsthandwerk, besonders mitteleuropäische Emaille- und Goldschmiedekunst.

1964 erwarb der Iburger Hotelier Bernhard Hellmann Haus und Grundstück.

Dank

Für die Bereitstellung von zahlreichen Informationen und der Überlassung von familienkundlichen Unterlagen danke ich Prof. Dr. Michael Fritz, Münster, ganz herzlich!

1   Hildegard Rapp-Dütting (Hrsg.): Chronik der Familie Dütting, 2. Ausgabe, Gelsenkirchen 1952.

2   Rudolf von Bruch: Die Rittersitze des Fürstentums Osnabrück, Osnabrück 1930, S. 462.

3   Rapp-Dütting (wie Anm. 1), S. 73.

4   Karl Emil Otto Fritsch: Deutsche Bauzeitung, Jahrgang III, No. 26, Berlin 24. Juni 1869, S. 316.

5   Museumslandschaft Hessen Kassel: Osnabrück, Hotel Dütting (?). 2017. https://architekturzeichnungen. museum-kassel.de/27875/ - (Letzter Zugriff: 22.12.2020).

6   Rapp-Dütting (wie Anm. 1), S. 92.

7   Rapp-Dütting (wie Anm. 1), S. 74.

8   Rapp-Dütting (wie Anm. 1), S. 73.

9   Rudolf Morsey: Görres-Gesellschaft und NS-Diktatur. Die Geschichte der Görres-Gesellschaft 1932/33 bis zum Verbot 1941, Paderborn 2002, S. 174.

10 Karl Koch: 80 Jahre Naturwissenschaftlicher Verein, in: Veröffentlichungen des Naturwissenschaftlichen Vereins zu Osnabrück, Band 25, Osnabrück 1950, S. 23-38, hier: S. 35.

11 Hauke-Tim Haubrock: 13. Luftangriff auf Osnabrück. 2020. https://www.osnabruecker- - bunkerwelten.de/ osnabrueck-im-2-weltkrieg/ereignis.13-luftangriff-auf-osnabrueck.html - (Letzter Zugriff: 14.12.2020).

12 Rapp-Dütting (wie Anm. 1), S. 74.

13   Gustav Elstermann (Hrsg.): Adreß-Buch für die Stadt und Feldmark Osnabrück 1905, Osnabrück 1905.

14   Rapp-Dütting (wie Anm. 1), S. 76.

15   Rapp-Dütting (wie Anm. 1), S. 76.

16   Rapp-Dütting (wie Anm. 1), S. 77.

17   Gerd-Ulrich Piesch: Osnabrück, in: Heimatbund Osnabrücker Land e.V. und Kreisheimatbund Bersenbrück e.V. (Hrsg.): Osnabrücker Land 1996 Heimat-Jahrbuch, Ankum 1995, S. 394.

18   Rapp-Dütting (wie Anm. 1), S. 78.

19   Horst Grebing: Christian Dütting (1862-1921). 2020. http://www.geo-iburg.de/Duetting.html - (Letzter Zugriff: 15.12.2020).

20   Michael Farrenkopf: Bergassessor Christian Dütting. Zur Biographie eines angestellten Bergbau-Unternehmers, in: Stiftung Rheinisch-Westfälisches Wirtschaftsarchiv zu Köln (Hg.), Bewegen - Verbinden - Gestalten. Unternehmer vom 17. bis zum 20. Jahrhundert, Köln 2003, S. 265-286, hier: S. 270.

21   Michael Farrenkopf (wie Anm. 20), S. 271.

22   Adolf Offenberg: Erinnerungen von Berta Offenberg, geb. Schulte, Breslau 1931, S. 1-142, hier: S. 95.

23   Hanna Fritz: Erinnerungen an Vater, Münster 1978, S. 1-53, hier: S. 12.

24   Siehe Absatz "Hanna Agathe Dütting"

25   Hanna Fritz (wie Anm. 23), S. 34.

26   Hanna Fritz (wie Anm. 23), S. 34.

27   Hanna Fritz (wie Anm. 23), S. 32.

28   Hanna Fritz (wie Anm. 23), S. 6.

29   Rapp-Dütting (wie Anm. 1), S. 78.

30   Sektion II der Knappschafts-Berufsgenossenschaft, Nachruf Herr Bergassessor Christian Dütting, in: Der Kompaß, 36. Jahrgang, Nr. 15, Berlin 5. August 1921, S. 134.

31   Hanna Fritz (wie Anm. 23), S. 43.

32   Rapp-Dütting (wie Anm. 1), S. 80.

33   Adolf Offenberg (wie Anm. 22), S. 105.

34   Hanna Fritz (wie Anm. 23), S. 41.

35   Heinrich Beckmann: Hans Dütting, in: Gelsenkirchener Bergwerks-AG (Hg.), In memoriam Hans Dütting, Essen 1966, S. 15-17, hier: S. 16.

36   DER SPIEGEL, 51/1966, Hamburg 1966, S. 174.

37   Friedrich Funcke: Hans Dütting, in: Gelsenkirchener Bergwerks-AG (Hg.), In memoriam Hans Dütting, Essen 1966, S. 29-33, hier: S. 32.

38   Ulrich Mann: Hans Dütting, in: Gelsenkirchener Bergwerks-AG (Hg.), In memoriam Hans Dütting, Essen 1966, S. 23-25, hier: S. 24.

39   Hans-Günther Sohl: Hans Dütting, in: Gelsenkirchener Bergwerks-AG (Hg.), In memoriam Hans Dütting, Essen 1966, S. 5-9, hier: S. 8.

40   Rapp-Dütting (wie Anm. 1), S. 82.

41   Hanna Fritz (wie Anm. 23), S. 53.

42   Rolf und Hanna Fritz: Winter auf Schloß Cappenberg. Briefe nach Schweden von Oktober 1947 bis März 1948, Münster 2004, hier: S. 4.

43   Johann Michael Fritz, Hanna Fritz – Aufzeichnungen aus dem Leben in Iburg 1942 bis 1945, in: Heimatbund Osnabrücker Land e.V. & Kreisheimatbund Bersenbrück e.V. (Hg.), Heimat-Jahruch Osnabrücker Land 2012, Alfhausen 2011, S. 167-184, hier: S. 176.

44   Johann Michael Fritz (wie Anm. 61), S. 167.

45   Johann Michael Fritz (wie Anm. 61), S. 171. In dieser Veröffentlichung werden Aquarelle aus dem Innern des Hauses gezeigt, die Johanna Dütting Ende August und Anfang September 1923 gezeichnet hat.

46   Rolf und Hanna Fritz (wie Anm. 60), S. 5

47   Rolf und Hanna Fritz (wie Anm. 60), S. 9.

Die Pfeife des Großvaters
Erinnerung an Pastor i. R. Enno Eilers im Stift Börstel
Hans-Neithardt Hansch

Es waren nur ein paar kurze Jahre, die der Großvater im Stift Börstel von 1943 bis 1945 verbrachte, aber doch prägend für die Familie und die Enkel. In der schweren Zeit des Kriegsendes kam meine Mutter mit uns beiden Jungen auf der Flucht vor den Russen in das stille Klosterdorf Börstel im Osnabrücker Nordland zu den Großeltern, die dort ihren Ruhesitz in der alten Propstei gefunden hatten mit genügend Platz für die Geflüchteten. Im letzten Jahr seines Lebens hat der alte Herr seinen Enkeln aus dem großen Schatz seines Wissens und Glaubens viel mitgegeben.

Geboren im ostfriesischen Pfarrhaus und Pastor in Collinghorst und Lemgo.

Großvater Enno Eilers, gebürtiger Ostfriese (* 1874) im denkmalgeschützten Pfarrhaus zu Engerhafe, danach in Backemoor, wurde wegen der besseren Bildung zusammen mit seinem älteren Bruder in das weit entfernte Alumnat des Evangelisch Stiftischen Gymnasiums nach Gütersloh geschickt. Die Eltern ließen sich die Ausbildung ihrer Kinder was kosten. Mit dem Abitur konnten beide Theologie in Erlangen und Göttingen studieren und wurden Pastoren – schon in der vierten Generation. Nach bestandenen Examina wurde Enno im Jahr 1900 mit der Versehung der Pfarrstelle im ostfriesischen Kirchdorf

Collinghorst beauftragt. Er war noch nicht verheiratet. Da fügte es sich, dass ein junges Mädchen von Adel ihre Tante in seiner Gemeinde besuchte. Ohne erkennbare Absicht lud sie den Pastoren zum Abendessen in den Garten ein und der wurde mehr und mehr entzückt von den literarischen und theatralischen Künsten der jungen Dame, dass er ihr am nächsten Tag auf dem Weg zum Schiff nach Borkum nachfolgte und ihr an der Reling einen Brief übergab. Darin stand sein Heiratsantrag. Vier sehnsüchtige Wochen musste er auf die Antwort warten. Zum Glück, sie sagte: „Ja". Ohne dass sie sich zuvor geküsst oder miteinander getanzt hätten! Aus der Verbindung erwuchs bald eine Familie mit drei Töchtern und einem Sohn in einem Haus voller Musik und Leben im Dienst der Kirche.

Von Collinghorst nach Lemgo

Auf Dauer konnte Collinghorst den pastoralen und kulturellen Ansprüchen des Pastors und seiner diakonisch engagierten Pfarrfrau nicht genügen. Das ferne Lemgo mit seiner – heute 700-jährigen – St.-Marien-Kirche, darin

Abb. 1: Das junge Paar in Collinghorst.

*Abb. 2: Die Schwalbennestorgel von 1612 in der Marien-
kirche in Lemgo.*

Abb. 4: Ölgemälde von St. Marien mit der Abtei.

viel Kunst, zwei historischen Orgeln, dazu das Damenstift in Nachfolge eines Augustinerinnenklosters hieß
den ostfriesischen Lutheraner herzlich willkommen.
Hier konnte der Pastor seine theologischen und mu-
sikalischen Begabungen weiter entfalten und Frau
Luise ihre Liebestätigkeit an den armen Menschen.
Er schrieb die Festschrift zur Wiedereinweihung der
renovierten Kirche im Jahre 1910 und nahm mit Dr.
Christian Mahrenholz die notwendige Überholung der
wertvollen Schwalbennestorgel in Angriff, die 1933
als Denkmal für die Gefallenen des Ersten Weltkrieges
wieder erklang.

32 Jahre blieb das Ehepaar dort, beide leiteten ihre
musikliebenden Kinder durch Schule, Berufsbildung
und Studium, drei von ihnen auch zum Traualtar in St.
Marien. Sie führten einen Kindergarten, richteten eine
Armenküche ein, förderten die Kirchenmusik, musi-
zierten und hielten guten Kontakt zum Damenstift.
Zwei seiner Schriften, die eine über die wechselvolle
Geschichte der Marienkirche zur Einweihung nach der
großen Renovierung 1912 und die andere zum Wie-
dererklingen der Schwalbennestorgel 1933 zeugen
von seiner Liebe zu Kirche und Gemeinde.

Wohl auf Anraten des Sohnes Eberhard, dem ange-
henden Gymnasiallehrer, schafften sich Vater und
Sohn zwei Motorräder an, 250er Zündapp. Sie fuhren mit ihnen durchs Lipperland, sogar nach Südtirol,
durch den Vinschgau und hinauf ins Eggental. Auch
die Welt ist schön und die erlebte Freiheit.

Als gegen Ende der 1930er-Jahre die Naziherrschaft
trotz großer Widerstände der Gemeinde den Kindergarten entriss, war die Kraft des bald 70-Jährigen
gebrochen. Er sehnte nach 40 Dienstjahren den Ruhestand herbei, ohne seinen Verkündigungsauftrag aufgeben zu wollen. Zu seiner feierlichen Verabschiedung
schenkte ihm die Äbtissin des Stiftes, Prinzessin Carola
zur Lippe, zum Dank ein wunderschönes Ölgemälde
mit dem Bild der rosenumwachsenen Abtei und des
hochragenden Turms der St.-Marien-Kirche. Es hängt
nun bei seinem Enkel in der Studierstube und weckt
viele Erinnerungen.

Zum Ruhestand nach Börstel

Aber wohin in den Ruhestand? Es schien wie eine Fügung, dass die Stiftsgemeinde Börstel nach dem Tod ihres Pastors Godlieb Riese einen Nachfolger suchte. Offenbar kam dies dem aus Lemgo scheidenden Ehepaar zu Ohren. Der Emeritus sollte den sonntäglichen Gottesdienst halten und die Stiftsdamen mit ihren Gehilfen und den 11 Pächterfamilien als Seelsorger dienen. Dafür bot ihm das Stift in der alten Propstei freie Wohnung mit Plumpsklo, Holz und Torf, täglich einen Liter Voll- und Magermilch und zu Weihnachten 2 Karpfen.

Großvater brachte seinen schweren Schreibtisch mit, den großen Flügel, viele Bücher und Atlanten, Waldhorn und Flöte, das schöne Ölgemälde, seinen Korbsessel und die lange Tabakpfeife mit dem porzellanenen Kopf. Die nahm er sich in seinen Mußestunden zu Hand, säuberte sie, griff aus dem hölzernen Topf die getrockneten Tabakblätter, zerrieb sie und stopfte sie mit immer wiederkehrender Genugtuung in den Pfeifenkopf.

Abb. 5: Das alte Ehepaar vor der Abtei in Börstel.

Die Tabakblätter wurden im eigenen Garten gepflanzt, geerntet und auf dem Boden getrocknet. Dann faltete er aus zuvor geschnittenem Zeitungspapier den Fidibus, öffnete die Ofenklappe und holte sich vom brennenden Holz das Feuer, das den Tabak zum Glühen brachte und den Rauch aufsteigen ließ. Dieser Vorgang in aller Ruhe durchgeführt bereitete ihm ein entspanntes Vergnügen, das er sich genüsslich schmauchend in seinen Mußestunden und Predigtvorbereitungen gönnte.

Die sonntäglichen Predigten wurden auch von den Stiftsdamen gehört. Die saßen auf der hohen Empore und sahen durch ein hölzernes Gitter auf den Altar und die Gemeinde. Die Äbtissin Therese Agnes von Dincklage saß in der Mitte und hatte noch einen Vorhang, den sie zuziehen konnte, wenn sie nicht gesehen werden wollte. Das hat sich inzwischen alles geändert.

Abb. 6: Enno Eilers mit Pfeife.

Abb. 7: Die Propstei in Börstel (1945) mit zwei Fachwerkhäuschen für Vieh, Heu, Holz und Torf.

Mein Bruder Rüdiger, damals 11 Jahre, und ich (9) haben den Großvater erst zum Kriegsende richtig kennen- und schätzen gelernt, als wir aus Mecklenburg vor den Russen flohen und Aufnahme bei den Großeltern in Börstel, in der alten Propstei fanden. Obwohl er damals schon stark durch die Gicht behindert war, hat er seinen kirchlichen Dienst getreu versehen. Nach den sonntäglichen Gottesdiensten lud er auch die Kinder des Stiftes zum Kindergottesdienst ein, sang, betete mit ihnen und erzählte die biblische Geschichte in der auch im Sommer kalten Kirche. Durch ihn lernte ich ein Wort, das ich bislang nicht kannte. Er sagte zu mir: „Neithardt, hör auf zu gähnen!" Seitdem weiß ich, dass mein weites Mundaufsperren (aus Müdigkeit oder Langeweile) ein Gähnen ist. Unvergessen.

Unterricht und biblische Geschichte

Da zu dieser Zeit kein Schulunterricht stattfand, begann der Großvater seine Enkel zu unterrichten. In seinem Studierzimmer saßen wir um den Tisch herum, übten uns im Rechtschreiben, Lesen, Rechnen. Wir lernten Gedichte, sangen Lieder und, wenn Großvater den großen Diercke-Atlas aufschlug, dann konnte er uns Länder zeigen mit Ihren Grenzen, Hauptstädten, Flüssen und Gebirgen. Auch das große, weite Russland erklärte er uns, wies auf die Krim, wo der Vater die Festung verließ. Ob er noch lebt?

Einmal waren wir richtig ungezogen. Wir haben gealbert und nicht auf ihn gehört. Da ist er zornig geworden und hat uns mit dem Stock schlagen wollen. Aber wir sind unter den Tisch gekrochen, da war er machtlos. Die Eltern sagten danach: Ihr müsst euch bei ihm entschuldigen. Das haben wir dann auch getan – schweren Herzens. Aber danach, als er uns vergab und seine Hand auf unseren Kopf legte, da fühlten wir uns wieder frei, konnten lachen und mit ihm scherzen. Und er paffte friedlich seine Pfeife.

Der schönste Tag war immer der Sonnabend. Da erzählte er uns die biblische Geschichte. Die eine ist mir unvergessen. Der Bericht des Lukas aus der Apostelgeschichte Kapitel 8, V.26 ff. vom Kämmerer aus dem Morgenland. Er hat sie so erzählt, dass mir das Herz aufging. Ja, so einer wie der Philippus, der dem königlichen Schatzmeister aus Äthiopien die Schrift auslegt und ihm Jesu Leben, Tod und Auferstehung als Gottes Heilsgeschichte verkündet und der den Wunsch des Kämmerers, Christ zu werden, erfüllt durch die Taufe im Wasser am Wegesrand – ja so einer wollte ich auch werden. Dazu der begeisterte Schluss: „Er zog seine Straße fröhlich". Diesen Schub, auch selbst das Evangelium zu verkündigen, hat mir mein Großvater damals ins Herz gegeben und dafür bin ich ihm mein Leben lang dankbar. Zur Schulstunde lud er später auch noch die anderen Kinder vom Stift ein und hinterließ bei manchen einen bleibenden Eindruck.

Seine letzte Ruhe

Leider musste er gegen Jahresende seinen Unterricht beenden, weil eine schwere Erkrankung ihn ans Krankenbett fesselte. Kurz vor dem Weihnachtsfest wurde er nach Löningen ins Krankenhaus gebracht. Dort hat er am 18. Dezember seine Augen zugemacht. In der Stiftskirche wurde sein Sarg aufgebahrt. Wir gingen alle hin, schauten in sein friedliches Gesicht und nahmen dankbar und mit Tränen von ihm Abschied. Zur Trauerfeier spielte seine älteste Tochter auf der Orgel am Ende den Schlusschoral aus der Matthäuspassion von J. S. Bach: „Wie setzen uns mit Tränen nieder". Auf seinem Grabstein auf dem Börsteler Friedhof steht der Bibelvers:

Abb. 8: Die Pfeife mit Tabaktopf.

„Haltet mich nicht auf, denn der Herr hat Gnade zu meiner Reise gegeben. Lasst mich, dass ich zu meinem Herrn ziehe."
(1. Mose 24,56)

Wir Enkel haben den Großvater als alten, von der Gicht geplagten, aber im Geist lebendigen und begabten Menschen erlebt. Wir haben von ihm viel gelernt und erfahren, auch was Alt- und Kranksein bedeutet und dennoch für andere da zu sein. Möge vielen Enkeln lange in Erinnerung bleiben, was sie an ihren Großeltern und ihrem Leben mit Verständnis, Güte und Liebe gehabt haben.

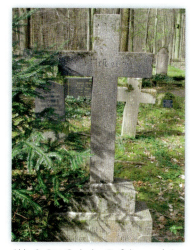

Abb. 9: Das Grab der Großeltern auf dem Börsteler Friedhof.

(Alle Bilder aus dem Privatbesitz des Autors.)

Archäologische Ausgrabungen und Ausstellungen 2021

Judith Franzen, Axel Friederichs, Sara Snowadsky

Bereits im letztjährigen Heimatjahrbuch Osnabrücker Land (2022, S. 289) wurde die Suche mit dem Metalldetektor nach Bodenfunden und der sich daraus ergebende Nutzen für die archäologische Forschung, aber auch die damit verbundene Problematik thematisiert. Im aktuellen Berichtsjahr 2021 gingen allein bei der Stadt- und Kreisarchäologie Osnabrück 120 Fundmeldungen von Sondengängern und Sondengängerinnen ein. Hinter einer einzelnen Meldung verbergen sich meist mehrere Fundobjekte, gelegentlich in zwei- oder dreistelliger Anzahl, einmal sogar in vierstelliger. Zum Vergleich: Für 2008 wurden gerade einmal zwei Sondengänger-Fundmeldungen mit insgesamt zwei Fundstücken in die archäologische Funddatenbank der kommunalen Bodendenkmalpflege eingearbeitet (bei diesem Vergleich bleiben die Funde des Varusschlacht-Museums in Kalkriese unberücksichtigt). Einerseits überfordert dieses exponentielle Wachstum die Kapazitäten der Fundbearbeitung aller archäologischen Dienststellen in Niedersachsen inzwischen deutlich. Andererseits ist festzuhalten, dass jeder gemeldete Bodenfund eine archäologische Fundstelle darstellt, die für die Arbeit der Stadt- und Kreisarchäologie als Träger öffentlicher Belange bei Raum- sowie Bauleitplanungsverfahren und darüber hinaus für die (Vor-) Geschichte unserer Region von wesentlicher Bedeutung sein kann.

Aus gegebenem Anlass sei erneut darauf hingewiesen, dass das sogenannte Sondeln in Niedersachsen seit 2011 denkmalrechtlich genehmigungspflichtig ist und eine durchaus gefahrengeneigte Tätigkeit darstellt, weil sie häufig zu „unerwünschten Beifunden" führen kann. Die bei der Suche nach archäologischen Bodenfunden eingesetzten Metalldetektoren tun ganz nebenbei genau das, wofür sie während und nach kriegerischen Konflikten eingesetzt werden: Sie spüren mit trügerischer Sicherheit unbeirrt Kampfmittel wie kleinere Munition, aber auch größere Geschosse bzw. deren Reste auf, wie sie vor allem im Verlauf des Zweiten Weltkriegs in großer Zahl in den Boden gelangt und dort teils noch zündfähig verblieben sind. Mitte August 2021 entdeckte ein lizenzierter Sondengänger in Rieste auf einem Acker in der Pflugschicht sogar eine nicht detonierte 250-Kilo-Bombe britischer Herkunft. Dank der obligatorischen Fortbildung für Sondengängerinnen und Sondengänger beim Niedersächsischen Landesamt für Denkmalpflege wusste er, was nun zu tun ist und setzte sofort die entsprechende Meldekette in Gang. Letztendlich konnte der Kampfmittelbeseitigungsdienst des Landes Niedersachsen nach Evakuierung aller Anwohnerinnen und Anwohner aus einem Ein-Kilometer-Radius, Sperrung des Straßenverkehrs sowie der nahe gelegenen Bahnlinie und des Luftraums über dem Fundort den Blindgänger aus dem Zweiten Weltkrieg erfolgreich entschärfen. Vor diesem Hintergrund löst es zumindest ein gewisses Unbehagen aus, wenn manche Eltern ihren minderjährigen Kindern zu Weihnachten ausgerechnet Metallsonden unter den Tannenbaum legen…

Eine umfangreiche Auswahl an archäologischen Sondengängerfunden wird alljährlich in der Fundchronik der Fachzeitschrift „Nachrichten aus Niedersachsens Urgeschichte" vorgestellt. Im Heimatjahrbuch fokussiert sich die Berichterstattung auf die größeren archäologischen und öffentlichkeitswirksamen Maßnahmen. Deren Reihenfolge verläuft alphabetisch nach dem an zweiter Stelle genannten Gemarkungsnamen. Sind Gemeinde- und Gemarkungsbezeichnung identisch, so erfolgt nur eine einfache Nennung.

Ausgrabungen

Eggermühlen-Bockraden: Was sind Eschgräben?
Gleich zu Beginn sei aus Gründen der Aktualität der Berichterstattung ein Vorgriff auf die im Januar 2022 durchgeführte Sondagegrabung in Bockraden nördlich und nordwestlich des Friedhofs von Eggermühlen gestattet. Hier, auf einer landwirtschaftlichen Nutzfläche, soll ein Neubaugebiet erweitert werden. Aus dem Umfeld sind verschiedene archäologische Fundstellen bekannt und die Bodenkarte weist für das Areal Plaggeneschböden aus. Dieser Boden ist durch jahrhundertelange Plaggendüngung mit Auftragshöhen von letztendlich etwa 4 bis 10 Dezimetern entstanden. Im Osnabrücker Land setzte die Entstehung in Einzelfällen im 11., vornehmlich aber erst im 12. oder gar 13. Jahrhundert ein und endete zu Beginn des 20. Jahrhunderts mit dem Aufkommen des Mineraldüngers. Unter diesen mittelalterlichen bis neuzeitlichen Auftragsböden können ältere archäologische Fundstellen wie Siedlungen und Gräber (-felder) gut konserviert erhalten sein.

Abb. 1: Bockraden. Suchschnitt 1 mit den Bodenverfärbungen von Eschgräben darin. Norden ist oben. (Luftbild: G. Geers, Eggermühlen)

Abb. 2: Bockraden. Dunkel-humoser Eschgraben im Profil. Offenbar wurde hier der Graben vom unteren Bereich des Eschhorizontes aus eingetieft. (Foto: A. Friederichs, Stadt- und Kreisarchäologie)

Derartige Bodendenkmale zeigten sich in Bockraden allerdings nicht, vielmehr wurden unterhalb bzw. im unteren Bereich des Eschauftrags Spuren der frühen landwirtschaftlichen Nutzung der Flächen aufgedeckt. Diese Eschgräben (Abb. 1) konnten im ehemaligen Regierungsbezirk Weser-Ems und den benachbarten Niederlanden des Öfteren von der Bodendenkmalpflege dokumentiert werden, im Osnabrücker Land allerdings zuvor lediglich einmal auf der Nöschkenheide in Bersenbrück-Hertmann (siehe Heimatjahrbuch Osnabrücker Land 2004, S. 22) und in Westfalen Ende 2020 überhaupt zum ersten Mal. In Bockraden zogen sich mehrere Reihen von 3–5 m langen, etwa 30–50 cm breiten, parallel verlaufenden Gräben in Ost-West-Richtung durch die Untersuchungsfläche. Sie bildeten ein regelrechtes Eschgrabensystem und hoben sich dunkel-humos vom sandigen anstehenden Boden ab (Abb. 2). Teils lagen sie unmittelbar unter dem Esch, waren also direkt vor dem ersten Eschauftrag angelegt worden, teils durchschnitten sie den untersten Bereich des Esches, waren somit in diesen Fällen kurz nach den ersten Plaggenaufträgen eingetieft worden. Ursprünglich verfüllt mit humosen Abfällen wie Mist, Dung oder Rodungsgut (dieses ggf. von der Vorbereitung der Fläche für einen ersten Eschauftrag) und dann mit einer Eschlage bedeckt, dienten sie zur Verbesserung der Bodenfruchtbarkeit, wobei die von unten wirkende Verrottungswärme ihren Anteil dazu beitrug. Man möchte die Bockradener Gräben trotz fehlender eindeutiger archäologischer oder naturwissenschaftlicher Belege am ehesten als hoch- bis spätmittelalterlich, allenfalls als frühneuzeitlich ansprechen.

Axel Friederichs

Osnabrück: Hinter Kloster- und Gefängnismauern

Die Ausgrabungen im Vorfeld der Errichtung des neuen Justizzentrums am Neumarkt schlossen Anfang September 2021 mit einem überraschenden Fund ab. Das Trinkgefäßfragment einer sogenannten Siegburger Schnelle datiert in die zweite Hälfte des 16. Jahr-

Abb. 3: Osnabrück, Neumarkt. Fragment einer sog. Siegburger Schnelle, eines hohen zylindrischen Trinkgefäßes der zweiten Hälfte des 16. Jahrhunderts. Dargestellt sind vermutlich die drei Göttinnen Hera, Athene und Aphrodite. Letztere bekommt von Paris einen goldenen Apfel als Siegeszeichen gereicht (links). Höhe des Gefäßrestes 11 cm. (Foto: U. Haug, Stadt- und Kreisarchäologie)

Abb. 4: Osnabrück, Neumarkt. Blick von Osten vom Dachgeschoss des Justizhochhauses auf Schnitt 1. Den westlichen (im Bild oberen) Rand des Grabungsschnittes bildet das Fundamentgewölbe des Gefängnisses aus dem 19. Jahrhundert, das diagonal verlaufende Mauerwerk davor trennte den Bereich des Zuchthauses des 18. Jahrhunderts von den angrenzenden Gärten. (Foto: A. Friederichs, Stadt- und Kreisarchäologie)

hunderts und zeigt als Bildmotiv vermutlich das „Urteil des Paris" aus der griechischen Mythologie (Abb. 3). Das älteste Fundstück der Grabung stammt aus der Zeit nach Aufgabe des Augustinerklosters, das unter dem heutigen Landgericht und dem Neumarkt bis ins 16. Jahrhundert hinein bestand. Baustrukturen aus dieser Zeit fanden sich auf der weiter östlich liegenden Grabungsfläche jedoch nicht.

An der Stelle des Klosters wurde ab 1752 ein Zuchthaus eingerichtet. Einige der während der Ausgrabungsarbeiten aufgedeckten Grundmauern des 18. und 19. Jahrhunderts können dieser Anlage zugeordnet werden, die meisten sind jedoch in den Kontext des jüngeren „Gefangenenhauses" zu setzen (Abb. 4). Während das Landgericht seit den 1870er-Jahren die Stelle der früheren Klosterkirche und des nachfolgenden Zuchthauses einnahm, musste das zugehörige Gefangenenhaus südöstlich davon auf dem instabilen Boden der ehemaligen Haseniederung und der späteren Gartenanlagen gegründet werden. Dieser Herausforderung begegnete man mit einer aufwendigen und massiven Konstruktion aus steinernen Pfeilern und Bögen, die im Grabungsschnitt wieder zum Vorschein kamen. Östlich des Gefangenenhauses schloss sich der Gefangenenhof an. Südlich lag ein Areal mit kleineren Wirtschaftsgebäuden.

Das Fundament der Trennmauer zwischen beiden Bereichen wurde im Grabungsschnitt aufgedeckt. Im südlichen Schnitt konnten darüber hinaus Mauerreste eines der Wirtschaftsgebäude freigelegt werden.

Der nördliche Trakt des Gefangenenhauses wurde in den späten 1960er-Jahren abgebrochen; es entstanden der zum Kollegienwall ausgerichtete Erweiterungsbau und das rechtwinklig nach Süden daran anschließende elfstöckige „Hochhaus" mit Räumen für Amts- und Landgericht. Am südlichen Ende des Gefangenenhauses wurde ein Trakt angebaut. Der „Gefängnishof" befand sich weiterhin auf der Ostseite des Gebäudes. Nach dem Abbruch des obertägigen Mauerwerks des Gefängnisses wurden ab Herbst 2021 dessen massive Fundamente entfernt. Dabei trat deren zusätzliche Gründung auf Holzpfählen zutage. Weitere Fundamente von Nebengebäuden konnten während der tiefbaubegleitenden archäologischen Maßnahmen zu Beginn des Jahres 2022 dokumentiert werden. Die aufgedeckten Befunde und Funde lassen sich in den Nutzungszeitraum des 18. und 19. Jahrhunderts einordnen.

Sara Snowadsky

Abb. 5: Osnabrück, An der Katharinenkirche. Blick von Osten in den ehemaligen Innenbereich der Klosterkirche mit Grabungsschnitt 1 oberhalb des mit modernem Bauschutt verfüllten Gartenpools. Im Hintergrund links die Katharinenkirche. (Foto: S. Snowadsky, Stadt- und Kreisarchäologie)

Osnabrück: Barfüßer hinter der Katharinenkirche

Im September 2021 führten Mitarbeitende der Stadt- und Kreisarchäologie archäologische Untersuchungen im Bereich des ehemaligen Franziskaner-Minoriten-Klosters an der Nordseite der Katharinenkirche durch. Anlass für die Maßnahme war der geplante Neubau mehrerer Wohneinheiten. Die zu untersuchende Fläche innerhalb der bestehenden Bebauung befand sich im Bereich der Klosterkirche, die um 1250 errichtet wurde. Beim Anlegen von drei kleinräumigen Sondageschnitten mittels eines Kleinbaggers wurde schnell deutlich, dass die Kirche 1681 planmäßig und nahezu vollständig niedergelegt worden war (Abb. 5).

Der dabei anfallende kleinteilige Schutt, der nicht weiterverwendet werden konnte, wurde an Ort und Stelle ausplaniert. Auf diese Weise entstand eine bis zu 1,1 m starke durchgängige Schuttlage, die heute unter dem modernen Gartenhorizont liegt. Aus dieser mächtigen Schuttschicht konnten einige Ausstattungsbestandteile der Kirche geborgen werden, darunter unverzierte Ziegelbodenplatten, ein Steinkreuz (Abb. 6),

Abb. 6: Osnabrück, An der Katharinenkirche. Fragment eines Steinkreuzes aus dem Bauschutt der ehemaligen Klosterkirche. (Foto: S. Snowadsky, Stadt- und Kreisarchäologie)

mehrere Fragmente einer Grabplatte sowie Teilstücke von Fensterlaibungen. Als einziger Baubefund in situ trat in Schnitt 2 ein mindestens 0,60 m breites, sehr qualitätvoll gemauertes Fundament zu Tage, das mit großer Wahrscheinlichkeit als Spannfundament zwischen Mittelschiff und südlichem Seitenschiff angesprochen werden kann. Wie die auf diesem Fundament stehenden Stützen aussahen, ist bisher unklar. Die Abrissarbeiten der Altbebauung und die Anlage einer Fundamentplatte oberhalb der erhaltenen Befunde werden nach Erteilung der Baugenehmigung archäologisch begleitet.

Sara Snowadsky

Quakenbrück: Kleine Mühle

Von April bis Juli 2021 fanden am Schiphorst in Quakenbrück umfangreiche Grabungen statt. Sie warfen ein Schlaglicht auf die jüngere Mühlengeschichte und lieferten einen wichtigen „Mosaikstein" zur Wirtschaftsgeschichte Quakenbrücks. Im Umfeld des ehemaligen Standortes der 1981 abgebrannten Sägemühle gegenüber von Möllers Mühle konnten zahlreiche Relikte dieses erstmals 1235 erwähnten Mühlenstandortes freigelegt werden (Abb. 7). Zutage kamen bauliche und wasserbauliche Überreste früherer Bauphasen (Abb. 8), zum Beispiel Uferrandbefestigungen des längst verfüllten Mühlenkolkes aus Holz bzw. Flechtwerk (evtl. mit Anlegestelle für kleinere Boote oder flachbodige Kähne), zwei hölzerne Wassergerinne (eines mit Schieber zum Verschluss dieser Rinne) und Grundmauern aus Backsteinen des Vorgängerbaus der abgebrannten Sägemühle. Aufgrund der stratigrafischen Abfolge der Boden- bzw. Auffüllschichten und des Formates der zum Bau verwendeten Backsteine/Ziegel sowie anhand des Abgleichs mit historischen Karten lassen sich alle freigelegten Funde und Befunde in den Zeitraum des 18. und

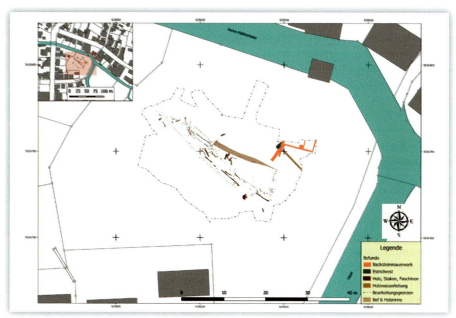

Abb. 7: Quakenbrück. Vorläufiger Grabungsplan (Bearbeitungsstand: Oktober 2021) mit den wesentlichen archäologischen Befunden zur Kleinen Mühle. (Grafik: W. Remme, Stadt- und Kreisarchäologie)

vor allem des 19. Jahrhunderts datieren. Auch die Bodenfunde, darunter zahlreiche (Bier-) Flaschen (siehe den Beitrag von Simon Haupt in diesem Band auf S. 52 f.), weisen in dieselbe Zeit beziehungsweise stammen aus Verfüllschichten des frühen 20. Jahrhunderts. Ältere Funde und Befunde traten nicht auf.

Verschiedene Archivalien geben Auskunft darüber, dass die Kleine Mühle im 18. und 19. Jahrhundert aus zwei den Hasearm einfassenden Gebäuden bestand, die verschiedentlich neu errichtet oder saniert wurden. Nutzungen als Getreide-, Öl- und Sägemühle sind bekannt, darüber hinaus solche als Bokemühle zum Flachs- bzw. Hanfbrechen, als Walkemühle zum Tuchwalken oder als Lohmühle zum Herstellen von Gerberlohe aus Eichenrinde für das Gerben von Leder.

Axel Friederichs

Ausstellungen & Öffentlichkeitsarbeit

Bersenbrück: 800 Jahre Bersenbrücker Geschichte
Bersenbrück und Umgebung waren deutlich vor der urkundlichen Ersterwähnung 1221 besiedelt. So zum Beispiel datiert das Brandgräberfeld auf der Nöschkenheide in Hertmann in das 1. Jahrtausend vor Christi Geburt. Westlich der Lohbecker Straße, beidseits der heutigen Albert-Einstein-Straße, wurden von 2002 bis 2005 mehrere Bestattungen und Grabhügel untersucht.

Im Rahmen der Jubiläumsausstellung des Kreisheimatbundes Bersenbrück, die vom 17. September bis zum 31. Oktober 2021 im Museum im Kloster zu sehen war (Abb. 9), nahm die

Abb. 8: Quakenbrück. Blick auf die Grabungsfläche mit Uferrandbefestigungen des ehemaligen Mühlenkolkes und einem hölzernen Gerinne, das möglicherweise als eine Art Umflut (sog. „Wildwasser") zur Ableitung von Wasser aus dem Hauptzufluss zum Mühlrad gedient hat. (Foto: W. Remme, Stadt- und Kreisarchäologie)

Stadt- und Kreisarchäologie hingegen Fundstellen in den Blick, die in der Nähe des ehemaligen Klosters liegen. Eine 1960 an der Bramscher Straße gefundene Randscherbe mit Fingertupfenverzierung stammt aus der älteren römischen Kaiserzeit (1. Jh. n. Chr.). Bei Bauarbeiten an der Lindenstraße wurden mittelalterliche Kugeltopfscherben aus dem 9. bis 11. Jahrhundert geborgen. Im Bereich der Flur „Im alten Dorfe" fanden sich neben Keramik des 8./9. bis 12./13. Jahrhunderts auch Pfosten- und Grubenverfärbungen einer Siedlung. Auf dem Gelände des ehemaligen Klosters haben mehrfach baubegleitende Untersuchungen stattgefunden, unter anderem wurde dabei Kugeltopfkeramik des 9. bis 12. Jahrhunderts entdeckt. 1999 gab der Fußboden der ehemaligen Klosterküche 775 Silbermünzen aus dem 17. Jahrhundert preis.

Judith Franzen

Berge-Börstel: Ein Nachtrag zum Münzschatzfund Börstel

Im Frühjahr 1940 wurden im Börsteler Wald zwei Tongefäße aus Siegburger Steinzeug geborgen, die Silbermünzen enthielten (siehe Heimatjahrbuch Osnabrücker Land 2021, S. 222 f.). Der Münzfund besteht aus 3311 Pfennigen und Vierlingen, die in die Jahre zwischen 1297 und 1408 datieren. 201 Exemplare davon gehören dem Landkreis Osnabrück und wurden 2019 von einer Studentin im Rahmen ihrer Bachelorarbeit untersucht. Ihren Recherchen sowie einem Kooperationsprojekt vom Kulturbüro des Landkreises Osnabrück, der Stadt- und Kreisarchäologie, der Universität Osnabrück und des Niedersächsischen Landesarchivs – Abteilung Osnabrück ist es zu verdanken, dass es viele spannende Geschichten rund um den Münzfund von Börstel zu erzählen gibt. Die Sonderausstellung „vergraben & geborgen – Münzfund Börstel" wurde im Sommer 2020 zunächst im Museum im Kloster in Bersenbrück präsentiert und war vom 27. Juni bis zum 26. September 2021 im Museum MeyerHaus in Berge zu sehen. Die nächste Station von April bis Juni

Abb. 9: Bersenbrück. Der archäologische Teil der Sonderausstellung „800 Jahre Bersenbrück" im Museum im Kloster während des Aufbaus. (Foto: J. Franzen, Stadt- und Kreisarchäologie)

2022 war im Kreishaus am Schölerberg in Osnabrück anlässlich des 50-jährigen Bestehens des Landkreises Osnabrück.

Begleitheft zur Sonderausstellung: https://www.museum-im-kloster.de/publikationen Museum im Kloster > Publikationen > Begleitheft zur Sonderausstellung

Judith Franzen

Georgsmarienhütte-Oesede: Kulturdenkmal Bardenburg

In der Nähe von Oesede befinden sich mitten im Wald die Überreste einer Wallanlage, die auf den ersten Blick nicht als bedeutendes Kulturdenkmal zu erkennen sind. Die Bardenburg liegt auf einem Sporn am Nordwesthang des Reremberges und ist durch steil abfallende Hänge natürlich geschützt. Die innere Aufteilung in Haupt- und Vorburg ist noch gut wahrnehmbar. Ebenfalls erhalten sind der lang gestreckte ovalförmige Burgwall von 260 x 100 m Ausmaß mit vorgelagerten Gräben sowie die Tordurchbrüche. Wall und Graben sind mehrfach untersucht worden. Die Grabungen 1891, 1909 und 1984 erbrachten zwar keine datierbaren Funde, allerdings konnte die Konstruktionsweise geklärt werden: Die erste Ausbaustufe erfolgte im Frühmittelalter, vermutlich sogar erst um 1000, die jüngere Phase steht eventuell im Zusammenhang mit der urkundlichen Ersterwähnung im Jahr 1184.

Im Laufe der Zeit sind die Wälle der denkmalgeschützten Anlage immer wieder beschädigt worden. Um dem weiteren Verfall entgegenzuwirken, wurden im November 2021 die Spitzgräben freigeräumt und Wall und Graben an der Nordostseite der Anlage wieder rekonstruiert. Mit Unterstützung seitens der Stadt Georgsmarienhütte, des Heimat- und Verschönerungsvereins Georgsmarienhütte, des Natur- und Geoparks TERRA.vita sowie der Stadt- und Kreisarchäologie Osnabrück und der Deutschen Initiative Mountainbike e. V./ Interessengemeinschaft Osnabrück (DIMB IG) konnten im Frühjahr 2022 die Ausschilderungen und Informationseinheiten erneuert werden, ebenso lädt eine neue Sitzgruppe für Wandernde zum Verweilen ein. Nach Abschluss dieser Maßnahmen wünschen sich alle Projektbeteiligten einen pfleglichen Umgang mit der Anlage, damit das Kulturdenkmal auch weiterhin erhalten bleibt.

Judith Franzen

Hasbergen-Ohrbeck: Archäologie an der Gedenkstätte Augustaschacht

Der Augustaschacht in Hasbergen weist eine wechselvolle Geschichte auf: 1876 als Pumpenstation für das Stahlwerk Georgsmarienhütte eingerichtet, wurde das Schachtgebäude mit Beginn des Zweiten Weltkriegs zum Lager für französische Kriegsgefangene und ab Januar 1944 auch als „Arbeitserziehungslager" genutzt. Von 2009 bis 2019 fanden Ausgrabungen auf dem Gelände statt. Dank der Jugendgruppen ASF, SCI und CAJ mit über 300 Teilnehmenden aus 23 Ländern konnten in jeweils mehrwöchigen Workshops wichtige Erkenntnisse über die Strukturen des ehemaligen „Arbeitserziehungslagers" gewonnen werden. Zum Beispiel wurden die Latrinen, das alte Kesselhaus und die Pflasterzufahrt zum Lager freigelegt. Neben Gegenständen des persönlichen Bedarfs (Besteck, [Uniform-] Knöpfe, Taschenmesser, Spielzeug) wurden auch massenhaft andere Objektgruppe wie Glasscherben, Metallfunde, Porzellan, Keramik, Steinzeug, Dachziegel, Fliesen usw. geborgen. Die fachgerechte Dokumentation aller Fundstücke war während der Grabungsarbeiten personell nicht zu leisten. Ein von März bis August 2021 angelegtes Archäologie-FSJ-Projekt begann mit der technischen Aufbereitung des Fundmaterials. Der Absolvent des Freiwilligen Sozialen Jahres bearbeitete exemplarisch mehrere ausgewählte Fundkomplexe, bevor Teile davon in die neue Dauerausstellung im Augustaschacht Eingang fanden.

Judith Franzen

Literatur

- Brandt, Jochen; Nösler, Daniel: Mit der Metallsonde unterwegs in Niedersachsen. Sondengänger als Helfer der Archäologie, Hannover 2019.
- Franzen, Judith; Jans, Mareike; Schöpper, Anna Philine: Vergraben und geborgen. Spannende Geschichten rund um den Münzschatzfund von Börstel, in: Archäologie in Niedersachsen 24, 2021, S. 155–158.
- Fries, Jana Esther: Gruben, Gruben und noch mehr Gruben. Die mesolithische Fundstelle Eversten 3, Stadt Oldenburg (Oldenburg), in: Die Kunde N. F. 61, 2010, S. 21–37 (zu Eschgräben S. 26 f.).
- Igel, Karsten: Osnabrück – Minoriten und Osnabrück – Augustiner-Eremiten, in: Josef Dölle (Hrsg.), Niedersächsisches Klosterbuch. Verzeichnis der Klöster, Stifte, Kommenden und Beginenhäuser in Niedersachsen und Bremen von den Anfängen bis 1810. Teil 3: Marienthal bis Zeven, Bielefeld 2012, S. 1183–1192.
- Issmer, Volker: Das Arbeitserziehungslager Ohrbeck bei Osnabrück. Eine Dokumentation. Kulturregion Osnabrück, Band 13, Osnabrück 2000.
- Jans, Mareike: Der Münzfund von Börstel. Ein spätmittelalterlicher Schatzfund neu entdeckt, in: Geldgeschichtliche Nachrichten Heft 317, 56. Jahrgang September 2021, S. 258–263.
- Middelschulte, Elisabeth: 800 Jahre Bersenbrücker Geschichte 1221–2021. Begleitheft zur Sonderausstellung vom 17. September bis zum 31. Oktober 2021, Bersenbrück 2021 (zur Archäologie S. 6).
- Pieper, Roland: Die Kirchen der Bettelorden in Westfalen. Baukunst im Spannungsfeld zwischen Landespolitik, Stadt und Orden im 13. und frühen 14. Jahrhundert, Werl/Westfalen 1993 (zur Franziskaner-Minoritenkirche Osnabrück S. 117–124).
- Piesch, Gerd-Ulrich: Ein geplantes Stadttor am Neumarkt in Osnabrück aus dem Jahre 1812, in: Heimat-Jahrbuch für das Osnabrücker Land 1999 (1998), S. 56–63.
- Schlüter, Wolfgang: Die Bardenburg auf dem Reremberg in Oesede, Stadt Georgsmarienhütte, Landkreis Osnabrück, in: Burgen und Befestigungen. Schriften zur Archäologie des Osnabrücker Landes II, Bramsche 2000, S. 97–101.
- Soetebeer, Friederike: Gräber der späten Bronze- und frühen Eisenzeit auf der „Nöschkenheide" in Bersenbrück-Hertmann(-Lohbeck), Ldkr. Osnabrück, in: Neue Ausgrabungen und Forschungen in Niedersachsen 28, 2018, S. 145–220.
- Spek, Theo: Het Drentse esdorpenlandschap. Een historisch-geografische Studie, Utrecht 2004 (zu Eschgräben S. 848).
- Wormuth, Rüdiger: Mühlen in Niedersachsen. Mühlen im Osnabrücker Land. Arbeitshefte zur Denkmalpflege in Niedersachsen 47, Petersberg 2017 (zur Kleinen Mühle Quakenbrück S. 390 f.).
- Zehm, Bodo: Der Plaggenesch – ein archäologischer Archivboden wird „Boden des Jahres 2013", in: Archäologie in Niedersachsen 16, 2013, S. 154–159.

Steinzeitliche Fundgeschichten aus dem Landkreis Osnabrück

Daniel Lau und Lara Helsberg

Die entwickelte Trichterbecher-Kultur (TBK) im Landkreis Osnabrück datiert in einen Zeitraum von ca. 3500–2800 v. Chr. Sie gehört der sogenannten Westgruppe der Trichterbecherkultur an, die in den östlichen Niederlanden und in Nordwestdeutschland verbreitet war und sich in den verwendeten Keramikformen, Steinwerkzeugen, ihren Hausgrundrissen und Bestattungssitten sehr ähnelte.[1] Im Osnabrücker Raum ist die Trichterbecherkultur die älteste sesshafte, bäuerliche Kultur, die sich durch den Bau der heute noch 41[2] obertägig erhaltenen Großsteingräber (Megalithgräber) auszeichnet.

Zerstörte Großsteingräber

Die Verfasser sind bereits seit einigen Jahren bemüht, verschwundene oder stark zerstörte steinzeitliche Megalithgräber in Osnabrück und Umgebung aufzudecken und zu erforschen.[3]

Abb. 1: Großsteingrab FStNr. Haaren 14 (Foto und Bearbeitung: D. Lau).

Ursachen für die Zerstörung von Großsteingräbern liegen meist im Rohstoffbedarf an Felsgestein, der insbesondere im 18./19. Jahrhundert für den Bau von Straßen und Eisenbahntrassen aufkam.[4] Allerdings sind auch später, bis in die 1950er-Jahre, Großsteingräber immer wieder zerstört worden, weil sie beispielsweise einen störenden Faktor als zu umpflügendes Hindernis für die Bewirtschaftung von Ackerflächen darstellten. Häufig sprengte man die aus Findlingen errichteten Großsteingräber, teilweise vergrub man die

Findlinge aber auch im Boden. In Ostercappeln-Haaren wird beispielsweise ein zerstörtes Megalithgrab westlich des bekannten und obertägig gut erhaltenen Grabes Osthaar-Süd (Abb. 4) auf landwirtschaftlicher Fläche vermutet.[5] Hier sind Funde von Keramik und Steinwerkzeugen aber vor allem auch Bruchstücke von Findlingen gemacht worden. Die Findlingsbruchstücke weisen Reste von Bohrkanälen für Sprengsätze auf (Abb. 2) und lagen am südlich an die Ackerfläche angrenzenden Waldrand.

Abb. 2: Vier Findlingsbruchstücke aus Ostercappeln-Haaren, die eindeutige Bohrkanäle aufweisen und mit der Sprengung größerer Granitfindlinge in Zusammenhang stehen (Foto und Bearbeitung: D. Lau).

Eine nahe gelegene weitere Verdachtsfläche ist durch eine geophysikalische Prospektion untersucht worden. Dabei konnten südlich, neben der Steineinfassung des bestehenden Grabes Osthaar-Nord[6], Veränderungen im Erdreich (Anomalien) ausgemacht werden, die auf ein zerstörtes Grab hinweisen könnten (Abb. 3). Auch hier deuten eine Reihe von Oberflächenfunden (mehrere Steinbeile, Keramik) eine zerstörte Fundstelle an.

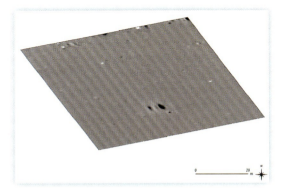

Abb. 3: Magnetogramm mit Anomalien, die auf ein zerstörtes Großsteingrab in Ostercappeln-Haaren hinweisen (L. Helsberg).

Neben diesen beiden Beispielen gibt es noch weitere zerstörte Gräber, deren Standorte dank der Arbeit von Gerd-Ulrich Piesch[7] bekannt geworden sind. Insgesamt konnten neben dem geophysikalisch nachgewiesenen, zerstörten Großsteingrab in Haaren sieben weitere Verdachtsflächen untersucht werden, wovon drei eine positive Befundlage versprechen.[8]

Wiederentdecktes Megalithgrab

Im Oktober 2019 fand eine Sondage an einem zerstörten Großsteingrab in Krevinghausen, Gemeinde Bissendorf, statt.[9] Anlass war eine vorausgegangene geophysikalische Untersuchung mit positiver Befundlage. Laut Johann Karl Wächter[10] befanden sich in Krevinghausen sieben Großsteinanlagen, von denen seinerzeit bereits drei zerstört waren. Im 20. Jahrhundert konnte Ernst Sprockhoff nur noch eine Anlage feststellen.[11] Demnach handelt es sich in Krevinghausen um sechs zerstörte Großsteingräber.[12]

Die Verdachtsfläche befindet sich auf einem bewirtschafteten Feld. Das Gelände ist in Nordwest-Richtung leicht abschüssig und wird zudem in selber Richtung durch dichten Bewuchs, in dem sich große Steine befinden, abgeschlossen. Die Befundsituation ist als stark gestört zu beschreiben. Ein zusammenhängendes Bodenpflaster, das in Zusammenhang mit dem zerstörten Grab stand, konnte nicht mehr festgestellt werden (solche Pflasterungen fanden sich aber beispielsweise bei den Gräbern in Haaren und Schwagstorf). Anhand der vorgefundenen Situation kann vermutet werden, dass das Großsteingrab vollkommen zerstört und abgetragen worden ist. Größere Steinpakete, die die Anomalien in der geophysikalischen Prospektion erklären würden, scheinen die Reste des Bodenpflasters und Trockenmauerwerks zu sein. Die Steine zeichnen sich dadurch aus, dass sie besonders flach sind. Die Fundsituation ist ebenfalls als dürftig zu beschreiben. Dennoch weisen einzelne Keramikfragmente und Feuersteinartefakte auf die Trichterbecherkultur hin. Dank einiger Gespräche mit älteren Anwohnern konnte herausgefunden werden, dass das Großsteingrab in den 1950er-Jahren zerstört und die Steine verteilt wurden. Ein Anwohner hat nach eigener Aussage im Winter 2018 erst die letzten Reste eines großen Decksteines weiterverarbeitet.

Eine weitere Sondage fand auch am bereits besprochenen zerstörten Großsteingrab in Haaren (FStNr. 49) statt. Geomagnetische Prospektionen der Universität Hamburg zeigten mehrere Anomalien, die anhand ihrer Lage zueinander versenkte Steine vermuten ließen. Das Ergebnis der Sondage konnte diese Annahme nicht bestätigen. Es handelte sich bei den Anomalien dennoch um Gruben, deren wenige Funde auf eine weitaus jüngere Zeitstellung schließen lassen.[13]

5000 Jahre alte Knochen

Dank einer großzügigen Spende der Gemeinde Ostercappeln, durch Bürgermeister Ellermann, konnte die Gesellschaft für Steinzeitforschung zwischen Ems und Weser, in Absprache mit der Stadt- und Kreisarchäologie Osnabrück, drei naturwissenschaftliche AMS-Datierungen von Knochenfragmenten, die in Zusammenhang mit Großsteingräbern gefunden wurden, in Auftrag geben. Die Daten liegen mittlerweile einem Fachpublikum vor[14] und sollen an dieser Stelle der breiten Öffentlichkeit zugänglich gemacht werden.

Das erste Fragment stammt aus den Untersuchungen, die 1891 von Dr. Hartmann, Dr. Hildebrandt und Dr. Bölsche, im selben Jahr fortgesetzt durch Dr. Brandi, unter dem nordwestlichen Joch an dem Großsteingrab Osthaar-Nord (Haaren FStNr. 15) durchgeführt worden sind.[15] Es handelt sich um das Fragment einer menschlichen Schädelkalotte, die durch Hildebrand als solche bestimmt wurde.[16] Aus Brandis Grabungsbericht geht hervor, dass das Fragment zwischen Keramikscherben, die der Trichterbecherkultur zugewiesen werden können, gefunden wurde.[17] Das Ergebnis der AMS-Datierung im Poznan Radiocarbon Laboratory datiert den Zeitpunkt des Todes des Menschen in die Zeit von 3092–2918 v. Chr.[18]

Die Untersuchung zweier Knochenfragmente aus einem obertägig nahezu vollständig zerstörten Großsteingrab in der Flur Felsen, südlich von Schwagstorf (Schwagstorf FStNr. 5) blieben ohne Ergebnis, da in den Knochen nicht genügend Collagen für eine Untersuchung erhalten war. Das Grab war im Rahmen einer archäologischen Sondage 2014 durch den Verfasser untersucht worden.[19]

Kurzerhand wurde daher ein weiteres modern ergrabenes Großsteingrab aus der Gemeinde Ostercappeln in den Fokus des Interesses gerückt. Aus dem zerstörten Grab am Caldenhof (Hitzhausen FStNr. 1), das 2009 durch Sebastian Möllers untersucht wurde[20], stammt eine Reihe von Knochenfunden. Zwei Fragmente wurden ausgewählt und zur Datierung eingeschickt. Auch hier lässt sich der Zeitpunkt des Todes der Person oder Personen auf die Zeit zwischen 3029–2894[21] und 3025–2888[22] v. Chr. eingrenzen.[23]

Sämtliche Knochenfragmente, die zur AMS-Datierung untersucht wurden, waren dem Feuer ausgesetzt gewesen. Es muss daher angenommen werden, dass sie in Zusammenhang mit einer Brandbestattungssitte stehen, die erstmals im frühen 3. Jahrtausend v. Chr. in Nordwestdeutschland nachgewiesen werden kann.[24] Neben Körperbestattungen kam es nachweislich auch zu Brandbestattungen in Großsteingräbern des Osnabrücker Stadt- und Landkreises.

Keramik in feinen Scheibchen

Das bereits erwähnte 2014 untersuchte Großsteingrab in Schwagstorf (FstNr. 5) steht weiter im Fokus der Forschung.[25] Durch eine Kooperation mit dem schwedischen Archäologen Ole Stilborg wurden 17 steinzeitliche Keramikscherben petrografisch untersucht. Das bedeutet, dass sie hinsichtlich ihrer mineralogischen Zusammensetzung und Herstellungsweise geprüft wurden. Dazu mussten aus dem Probenmaterial sogenannte Dünnschliffe angefertigt werden.[26] Die hauchdünnen Scheiben lassen sich in einem Durchlichtmikroskop genauer auf ihre Zusammensetzung und technologischen (herstellungsbedingten) Eigenschaften untersuchen.

Bei den 17 untersuchten Proben handelt es sich meist um feinen Ton mit einem hohen Anteil an Schluff und etwas feinem Sand. In einigen Proben kann auch die Nutzung von gröberem Ton nachgewiesen werden. Die Magerung besteht überwiegend aus Quarz und Feldspat. Es kann vermutet werden, dass sowohl die Magerungsbestandteile als auch der verwendete Ton aus derselben Umgebung stammen und lokal sind. Die geringfügigen Unterschiede hinsichtlich der Tonqualität können auf den individuellen Töpfernden zurückgeführt werden.

Frische Funde

Bei Begehungen verschiedener Großsteingräber können immer wieder Keramikfunde ausgemacht werden. In seltenen Fällen auch verzierte Fragmente, wie das Beispiel der Sundermannsteine zeigt (Abb. 4). Das aufgefundene Material kann Fachleuten helfen, die Großsteingräber des Osnabrücker Landkreises in eine chronologische Abfolge zu setzen und damit zeitlich einzugrenzen. Funde sollten daher immer den Denkmalämtern gemeldet werden.

Abb. 4: Keramikfunde am Großsteingrab Sundermannsteine (Foto: L. Helsberg, Bearbeitung: D. Lau).

Netzwerkanalysen

Im Rahmen einer Dissertation sind Steinbeile aus ausgewählten Großsteingräbern hinsichtlich ihres Ausgangsgesteins hin untersucht worden. Bei den Flintartefakten handelt es sich um Flint aus dem dänischen Raum.

Schlussfolgerung

Trotz vieler Bemühungen, die Trichterbecherkultur besser zu verstehen, gibt es nach wie vor Forschungslücken, die es zu schließen gilt. Neben Fragen zur Bestattungssitte, die nicht als einheitlich zu beschreiben ist, sind auch die Gruben um Großsteingräber herum unverstanden. Weiterführende Keramikanalysen können unterstützen, die Herstellung spätneolithischer Keramik zu verstehen. Naturwissenschaftliche Forschungsmethoden stellen einen Anreiz dar, diese Fragestellungen zu bearbeiten, um in Zukunft ein deutlicheres Bild der ersten vollsesshaften archäologischen Kultur des Osnabrücker Landkreises zeichnen zu können.

Literatur

- `Bärenfänger 2021 = Rolf Bärenfänger: Katalog der neolithischen Brandbestattungen im Leeraner Wester-hammrich, Stadt Leer, Ostfriesland. Nachrichten aus Niedersachsens Urgeschichte 89, 2020, S. 17–54.

- `Bakker 1979 = J. A. Bakker: The TRB West Group. Studies in the Chronology and Geography of the Makers of Hunebeds and Tiefstich Pottery, Amsterdam 1979.

- `Brandi 1891 = Karl Brandi: Vorgeschichtliche Grabstätten im Osnabrückischen. Osnabrücker Mitteilungen 16, 1891, S. 238–255.

- `Helsberg 2019= Lara Helsberg: Untersuchungen zu zerstörten Großsteingräbern im Lkr. Osnabrück unter Einsatz geophysikalischer Prospektionsmethoden. Masterarbeit, 2019 eingereicht an der Universität zu Köln.

- `Helsberg 2021a = Lara Helsberg: Krevinghausen FStNr. 12. Fundchronik Niedersachsen 2019. Nachrichten aus Niedersachsens Urgeschichte Beiheft 24, Darmstadt 2021, Kat.-Nr. 334.

- `Helsberg 2021b= Lara Helsberg: Bissendorf-Krevinghausen: Das vergessene Großsteingrab. Heimat-Jahrbuch Osnabrücker Land 2021, 2020, S. 227–229.

- `Helsberg 2022 = Lara Helsberg: Hitz-Jöstinghausen FStNr. 1. Fundchronik Niedersachsen 2020. Nachrichten aus Niedersachsens Urgeschichte Beiheft 25, Darmstadt 2022, Kat.-Nr. 325.

- `Lau 2015 = Daniel Lau: Vorbericht über eine Sondage am Megalithgrab Felsener Esch II, Gde. Ostercappeln, Ldkr. Osnabrück. Nachrichten aus Niedersachsens Urgeschichte 84, 2015, S. 11–24.

- `Lau/Groneik 2016 = Daniel Lau, Guido Groneik: Neues aus der Steinzeit – Archäologische Forschung im Raum Ostercappeln. Heimat-Jahrbuch Osnabrücker Land 2017, Alfhausen 2016, S. 221–228.

- `Lau/Groneik 2017 = Daniel Lau, Guido Groneik: Neues aus der Steinzeit II – Archäologische Forschung im Raum Ostercappeln. Heimat-Jahrbuch Osnabrücker Land 2018, Alfhausen 2017, S. 206–213.

- `Lau et al. 2017 = Daniel Lau, Christina Schmidt, Stefan Berckhan, Jana Esch, Anna-Lena Räder, Sophie Rotermund: Neue Forschungsergebnisse zum Megalithgrab Felsener Esch 2, Gde. Ostercappeln, Ldkr. Osnabrück. Nachrichten aus Niedersachsens Urgeschichte 86, 2017, S. 197–208.

- `Lau 2018 = Daniel Lau: Auf der Suche nach verschollenen Gräbern. Megalithgrabanlagen im Landkreis Osnabrück. In: Frank Nikulka, Daniela Hofmann, Robert Schumann (Hrsg.): Menschen – Dinge – Orte. Aktuelle Forschungen des Instituts für Vor- und Frühgeschichtliche Archäologie der Universität Hamburg, Hamburg 2018, S. 33–40.

- `Lau/Helsberg 2019 = Daniel Lau, Lara Helsberg: Haaren FStNr. 49, Fundchronik Niedersachsen 2017. Nachrichten aus Niedersachsens Urgeschichte Beiheft 22, Darmstadt 2019, Kat.-Nr. 251.

- `Lau 2021 = Daniel Lau: Haaren FStNr. 15. Fundchronik Niedersachsen 2019. Nachrichten aus Niedersachsens Urgeschichte Beiheft 24, Darmstadt 2021, Kat.-Nr. 312.

- `Lau/Schmidt/Berckhan/Esch/Räder/Rotermund 2017 = Daniel Lau, Christina Schmidt, Stefan Berckhan, Jana Esch, Anna-Lena Räder, Sophie Rotermund: Neue Forschungsergebnisse zum Megalithgrab Felsener Esch 2, Gde. Ostercappeln, Ldkr. Osnabrück. Nachrichten aus Niedersachsens Urgeschichte 86, 2017, S. 197–208.

- `Möllers 2010 = Sebastian Möllers: Ostercappeln-Hitz-Jöstinghausen: Großsteingrab? Großsteingrab! Heimat-Jahrbuch Osnabrücker Land 2011, Alfhausen 2010, S. 45–49.

- `Piesch 1997 = Gerd-Ulrich Piesch: Verschwundene Großsteingräber im Osnabrücker Land. Archäologische Mitteilungen aus Nordwestdeutschland 20, 1997, S. 5–27.

- `Sprockhoff 1975 = Ernst Sprockhoff: Atlas der Megalithgräber Deutschlands. Teil 3: Niedersachsen–Westfalen, Bonn 1975.

- `Wächter 1841 = Johann Karl Wächter: Statistik der im Königreiche Hannover vorhandenen heidnischen Denkmäler, Hannover 1841.

1   Bakker 1979.

2   In ihrer Lage sind insgesamt rund 70 bekannt.

3   Helsberg 2019; Helsberg 2021a; Lau 2015; Lau 2018; Lau/Groneik 2016; Lau/Groneik 2017; Lau et al 2017.

4   Lau 2018, S. 34.

5   Lau/Groneik 2016, S. 226–228, Abb. 7.

6   Haaren FStNr. 15.

7   Piesch 1997.

8   Helsberg 2019.

9   Helsberg 2021b.

10   Wächter 1841, S. 103.

11   Sprockhoff 1975, Sprockhoff-Nr. 918)

12   Piesch 1997.

13   Lau/Helsberg 2019.

14   Lau 2021; Helsberg 2022.

15   Brandi 1891.

16   Brandi 1891, S. 254, Anm. 1.

17   Brandi 1891, S. 254.

18   Poz-15482/19; vgl. Lau 2021.

19   Lau 2015.

20   Möllers 2010.

21   Poz-128391.

22   Poz-128392.

23   Helsberg 2022.

24   Bärenfänger 2020.

25   Lau et al. 2017.

26   Diese Arbeiten wurden vom Geologisch-mineralogischen Institut der Universität Hamburg übernommen.

Burganlagen als Gründungsorte von Klöstern im Osnabrücker Land[1]

Simon Haupt

Einleitung

Praktisch im gesamten christlichen Abendland lassen sich Beispiele für die Tradition finden, nach der ein adeliger Burgherr – sei es als Frömmigkeitsstiftung, aus pragmatischen Gründen oder im Zusammenhang mit einem von der Kirche auferlegten Bußakt – seinen Wohn- und Wehrbau aufgab und anschließend in ein Kloster umwandeln ließ.

Der Umstand, dass vor allem in der Epoche des Hochmittelalters zahlreiche, mit einem gewissen Grundvermögen ausgestattete Klöster errichtet wurden, deren Historien fortan eng mit der jeweiligen Landesgeschichte ihres Standortes verknüpft waren, zeigt, dass diese Burgumwandlungen beziehungsweise Klostergründungen kein zufälliges Faktum darstellen.

Wie genau die greifbare, bauliche Verbindung zwischen einer Burg und der nachfolgenden monastischen Anlage gewesen sein könnte, ist im Einzelfall und unter Bezugnahme archäologischer sowie historischer Quellen zu überprüfen. Auf dem Gebiet des einstigen Hochstifts Osnabrück offenbaren sich mit Bersenbrück, Börstel, Kloster Oesede, Malgarten und Rulle mindestens fünf Örtlichkeiten, an denen das jeweilige Kloster an die Stelle eines profanen Wohn- und Wehrbaus gesetzt wurde. Mit Quakenbrück kommt ein weiterer, im Bereich einer einstigen Burg gegründeter neuzeitlicher Klosterstandort hinzu. Allerdings waren die hiesigen eher kleinräumigen Niederungsburgen nur schwer mit den an exponierter Lage bergiger Regionen anzutreffenden Höhenburgen vergleichbar, und auch die an ihre Stellen gesetzten Frauenklöster sowie das Quakenbrücker Franziskaner-Bettelordenkloster entsprachen kaum den typischen Dimensionen einer kontemplativen monastischen Einrichtung für Männer.

Rulle

In Rulle kann die Existenz eines aus mehreren Wohn- und Wirtschaftsbauten bestehenden und im Besitz der Grafen von Tecklenburg befindlichen Haupthofs, auf den das Zisterzienserinnenkloster spätestens 1247 verlegt wurde, durch die urkundliche Bezeichnung „curia maior"[2] vorausgesetzt werden.[3] Des Weiteren heißt es in derselben Quelle, dass sich dieser Meyerhof „prope ecclesiam"[4], also nahe einer bereits vor dem Bau der monastischen Anlage bestehenden Kirche befand. Nun ist von der Bausubstanz des ab der Mitte des 13. Jahrhunderts mitsamt der Schwesternkirche von Südwesten her um die ältere Pfarrkirche gruppierten und 1803 wieder aufgelösten Klosters jedoch selbst kaum noch etwas übrig. Ebenso hat unter anderem die ab 1924 erfolgte Zusammenfassung beider Kirchenräume sowie des westlich angrenzenden Kapitelsaals unter einem Dach dazu geführt, zumindest auf den ersten Blick von außen gar nicht erst auf die Idee zu kommen, dass es sich hier überhaupt um einen ehemaligen Klosterstandort handelt (Abb. 1). Tatsächliche Hinweise auf die nach der Überlieferung im Umfeld der Ulrichskirche zu erwartende, vorklösterliche Besiedlung finden sich in der Befundlage einer in dem Gotteshaus durchgeführten, für die Beantwortung der Frage nach dem baulichen Verhältnis zwischen dem Meyerhof und der monastischen Anlage jedoch viel zu kleinflächigen Sondagegrabung. Selbst das an dieser Stelle nachgewiesene, nachträglich entstandene Steinwerk lässt sich im Prinzip nur dahingehend interpretieren, dass es der fortifikatorischen sowie repräsentativen Aufwertung des gräflichen Haupthofs diente. Dadurch, dass das mutmaßlich über einen reinen Speicher hinausgehende und als Turmburg anzusprechende Gebäude jedoch zwecks Errichtung der vorklösterlichen Pfarrkirche offensichtlich bereits wieder fast vollständig niedergelegt wurde, war es faktisch ohne Bezug zur nachfolgenden, monastischen Anlage.

Abb. 1 Die katholische Kirche St. Johannes in Rulle aus nordöstlicher Blickrichtung (Foto: Simon Haupt).

Bersenbrück

Bei dem archäologisch bisher kaum erforschten, etwas mehr als 31 Kilometer nördlich von Osnabrück gelegenen Zisterzienserinnenkloster Bersenbrück könnte zumindest ein aus der Mitte des 18. Jahrhunderts stammender Lageplan darauf hindeuten, dass diese Einrichtung innerhalb eines für eine Niederungsburg typischen Wassergrabens gegründet wurde.[5] Weitere Hinweise auf die konkrete Bebauung des 1231 umgewandelten und wenigstens mit einer Eigen- beziehungsweise Pfarrkirche, einer Mühle und weiteren Wirtschaftsbauten ausgestatteten ersten Stammsitzes der Grafen von Ravensberg gibt es allerdings nicht.[6] Die deutliche Parallelität zu Rulle zeigt sich wiederum in dem Umstand, dass auch in Bersenbrück die Klosterkirche und die Konventsbauten eben direkt an eine bereits bestehende Pfarrkirche angebaut wurden. Trotz mehrerer Brände und hieraus resultierender Baumaßnahmen ist dies bis heute durch den noch aus dem späten 13. Jahrhundert stammenden östlichen Kreuzgangflügel sowie den beiden erst kurz vor der Aufhebung des Klosters 1787 neu errichteten westlichen und südlichen Kreuzgangflügeln der insgesamt dreiflügeligen Klausuranlage deutlich nachvollziehbar; und auch die um 1500 erfolgte Zusammenfassung der nördlichen Pfarrkirche und der südlichen Schwesternkirche unter ein gemeinsames Satteldach zeichnet sich bereits in der Steinsetzung auf beiden Giebelseiten ab (Abb. 2).

Abb. 2 Das Klausurgeviert des ehemaligen Zisterzienserinnenklosters Bersenbrück schließt südlich an die heutige katholische Pfarrkirche St. Vincentius an (Foto: Simon Haupt).

Kloster Oesede

In Kloster Oesede lassen die Grabungsbefunde und das archäologische Fundmaterial zwar auf deutlich vor der Errichtung der monastischen Anlage begonnene Siedlungsaktivitäten schließen, zwingende, mit dem Stammsitz der Edelherren von Oesede in Verbindung zu bringende Hinweise liefern sie jedoch nicht.[7] Fast alle im Zusammenhang mit dem abgegangenen Wohn- und Wehrbau stehenden Überlegungen müssen zum jetzigen Zeitpunkt spekulativ bleiben. Völlig unklar bleibt, um was für eine Art von Niederungsburg es sich überhaupt gehandelt hat – Turmburg oder Motte – wie diese konkret ausgesehen haben könnte und in welchem baulichen Verhältnis sie zum nachfolgenden Kloster stand (Abb. 3).[8]

Für das 1803 aufgelöste Benediktinerinnenkloster selbst deutet eine Grundrisskarte von 1786 auf eine zumindest im ersten Moment ungewöhnlich erscheinende Lage der Klau-

Abb. 3 In Kloster Oesede hat sich von der mittelalterlichen Bausubstanz des Benediktinerinnenklosters allein die heutige katholische Kirche St. Johann erhalten.

sur hin.[9] Entgegen einer – wie in den meisten Fällen – zu erwartenden Position nördlich oder südlich des Kirchenschiffs, grenzte der rund um einen Kreuzgang angeordnete Lebensbereich der Ordensschwestern mit seiner nordöstlichen Ecke an das südwestliche Ende des Gotteshauses. Größtenteils nach 1790 abgerissen, ist von den mittelalterlichen Klausurbauten, die einen direkten Anschluss an die Klosterkirche hatten, heute jedoch nichts mehr vorhanden.

Malgarten

In Malgarten befindet sich das durch Graf Simon von Tecklenburg gestiftete und ebenfalls bis 1803 bestehende Benediktinerinnenkloster dagegen eindeutig im Bereich der einstigen Kernburg. Das Burgareal wird auch heute noch durch den Flusslauf der Hase und das erhaltene Gräftensystem umrissen (Abb. 4).

Die Frage nach der Verbindung zwischen dem früheren Kloster und der als Alterssitz für seine Mutter gedachten Burg des Grafen gipfelt in der Beantwortung der Frage nach dem baulichen Verhältnis zwischen dem Kirchenschiff und dem Glockenturm. Auffällig ist diese Verbindung in zweierlei Hinsicht. Zum einen steht der deutlich gedrungen wirkende Glockenturm nicht in einer Flucht mit dem geosteten Kirchenschiff. Zum anderen stammt der Sandstein des Turmes und der Kirchenwestwand nachweislich von einem anderen Abbaugebiet als der Sandstein des übrigen Kirchenschiffs. Diese bauliche Anomalie ist insofern erklärbar, als dass davon auszugehen ist, dass der Ursprung des heute

Abb. 4 Aus der Vogelperspektive ist das Burgareal, auf dem das Benediktinerinnenkloster Malgarten (links im Bild) gegründet wurde, noch deutlich zu erkennen (Foto: Simon Haupt).

gut 75 Quadratmeter großen Kirchturms in einem deutlich mächtigeren Turm aus der Zeit vor der Klostergründung liegt.[10] Die jetzige Turmnordseite verdeckt nicht nur einen Teil eines Portals in der Kirchenwestfassade, auch beschränkt sich die Anbindung dieser Turmseite zum Kirchenschiff auf die für die Statik benötigte Verzahnung der Mauern. Die Turmnordseite kann somit nicht ursprünglich sein und hängt mit einer später getroffenen Baumaßnahme zusammen, als die Klosterkirche bereits errichtet war. Anfänglich dürfte der mit der Turmburg des bedeutenden Tecklenburger Grafengeschlechts gleichzusetzende Bau eine Grundfläche von etwa 137 Quadratmetern gehabt und sich bis auf Höhe der nördlichen Langhauswand der Klosterkirche erstreckt haben. Als zusätzlichen Hinweis hierauf kann man eine recht deutliche an der nördlichen Ecke der Kirchenwestwand direkt unterhalb des Dachgiebels ansetzende vertikale Abbruchkante erkennen. Bis um 1300 könnte diese Turmburg sodann in ihren ursprünglichen Dimensionen erhalten geblieben sein und – fast schon wie ein symbolischer Eckstein – als verbindendes Bauglied zwischen der Klosterkirche und dem südlichen Schwesternflügel gedient haben (Abb. 5).

Tatsächlich nachgewiesen ist, dass das Turmobergeschoss zumindest seit Ende des 15. Jahrhunderts als Verbindungsbau nach Süden zum Dormitorium der Schwestern und nach Osten zur Kirchenempore genutzt wurde. Gleichsam kann die Benutzung des Turmobergeschosses als Kapitelsaal für die Zeit nach dem Klosterbrand von 1490 und dem darauf folgenden Einbau eines spätgotischen Maßwerkfensters in die Turmnordwand als wahrscheinlich angenommen werden.

Abb. 5 Rekonstruktionsversuch/Gittermodel zum baulichen Verhältnis (vor 1300) zwischen der Turmburg und dem Kloster Malgarten (Foto: Simon Haupt).

Im Übrigen konnte die Archäologie bisher kaum Erkenntnisse zur vorklösterlichen Bebauung und den in der Wohn- und Wehranlage lebenden Menschen liefern.[11] Gleichsam spekulativ bleibt, dass der spätere Schwesternkonvent durch den bewussten Einbezug der Turmburg in das zu errichtende Kloster so seine Verbundenheit mit dem Grafen, der ohnehin später innerhalb der Klosterkirche bestattet wurde, zum Ausdruck bringen wollte.

Börstel

Für die zisterziensische Klosterkirche in Börstel ergibt sich eine Befundsituation, bei der der Gewölbekeller unterhalb des Chores mit den gleichen Ziegeln verkleidet ist, wie sie auch als Mauerwerk der gesamten Kirche benutzt wurden.[12] Hinter der Ziegelverschalung in dem Keller verbirgt sich ein Kern aus verschiedenen teilweise bearbeiteten Natursteinen. Die durch die Ziegelverschalung geschnittenen, sich nach innen trichterförmig erweiternden Fensternischen lassen jedoch daran zweifeln, dass es sich bei dem inneren Kern um das Füllmauerwerk einer zusammen mit der Klosterkirche in der zweiten Hälfte des 13. Jahrhunderts erbauten Krypta handelt. Überhaupt ist es schwierig, diesen Bereich als Krypta anzusprechen, da Cîteaux – genau wie die benediktinischen Reformklöster Hirsau und Cluny – einen solch bedeutsamen Sakralraum in der Architektur seiner Gotteshäuser nicht vorsah.

Dafür, dass der Keller des heutigen Stifts Börstel älter als die Klosterkirche ist und in Verbindung mit der Burg der Oldenburger Grafen steht, spricht zudem, dass dieser Raum nicht nur nachträglich von innen verkleidet, sondern gleichzeitig von drei Außenwänden der Kirche umschlossen wurde. Bereits auf Höhe des Fußbodenniveaus des Hochchores ist eine Verjüngung der Mauerstärken um bis zu 80 Zentimeter feststellbar. Der Keller selbst hat eine Wandstärke von etwa zwei Metern, eine Grundfläche von 95 Quadratmetern, und wenn jetzt noch davon auszugehen ist, dass ein in der östlichen Ecke der nördlichen Kellerwand vorzufindender Durchgang von 1,25 Metern Breite ursprünglich war, so ist der Keller durchaus einer bis zu 15 Meter hohen mittelgroßen Turmburg mit einem ebenerdigen Zugang zum Untergeschoss zuzuordnen.

Ähnlich wie in Malgarten wird es zu einem bewussten Einbezug des Hauptgebäudes der von Graf Otto I. von Oldenburg gestifteten Niederungsburg in die neu entstandene Klosteranlage gekommen sein (Abb. 6).

Abb. 6 Blick auf den Kreuzganginnenhof, den südlichen Kreuzgangflügel und die Kirche des einstigen Zisterzienserinnenklosters Börstel (Foto: Simon Haupt).

Quakenbrück

In Quakenbrück beschränkt sich die Vergleichbarkeit mit den aus dem Mittelalter stammenden Klöstern dagegen auf die Integration des auf das 13. Jahrhundert zurückgehenden mutmaßlichen Wohn- und Wehrturms in die Kirche des neuzeitlichen Franziskanerklosters (1650-Anfang 19. Jahrhundert).[13] Ähnlich wie beim Wiederaufbau nach der durch die im Zweiten Weltkrieg erlittenen Zerstörung, bezog man den erhaltenen Burgturm in den Neubau der monastischen Anlage mit ein. Als über die südliche Kirchenschiffwand hinausragender Annex bildete er die südöstliche Ecke zwischen der einschiffigen Saalkirche und dem eingezogenen, zweijochigen Rechteckchor. Während die Jahreszahl 1657 zusammen mit einem Steinmetzzeichen und einem nachträglich erweiterten Schallloch an der Südseite des Wehrturms auf seine neue Funktion als Glockenturm hinweist, wird das Erdgeschoss desselben, in dem sich heute eine kleine Seitenkapelle befindet, dem Standort entsprechend zuvor wohl als Sakristei fungiert haben.

Darüber hinaus war Quakenbrück keine gezielte Stiftung. Die Franziskanerbrüder, die nach den Wirren des Dreißigjährigen Krieges (1618–1648) den Auftrag hatten, den verbliebenen Katholiken vor Ort seelsorgerisch zur Seite zu stehen, hatten selbst unter dem Problem der Capitulatio Perpetua Osnabrugensis zu leiden. Praktisch mussten sie das brachliegende Grundstück selbst kaufen, und der Mangel an Mitteln führte sogar dazu, dass man für die Feier der heiligen Messe anfangs gar in ein Privathaus ausweichen musste.

Fazit

Allein durch bauhistorische Untersuchungen und die in Bezug auf das Verhältnis vom Wohn- und Wehrbau zur nachfolgenden, monastischen Anlage verwertbaren Ergebnisse einer großflächig angelegten Grabungskampagne ist es überhaupt möglich, eine solche bereits durch Schriftquellen belegte, besondere Stiftungsform konkret nachvollziehen zu können. Das Problem, dass, je kleiner eine Ausgrabungsfläche angelegt wird oder je weniger Bausubstanz von der monastischen Anlage selbst noch vorhanden ist, es umso schwieriger wird, überhaupt noch Rückschlüsse auf die zum Zeitpunkt

Abb. 7 Als südlicher Annex an der katholischen Kirche St. Marien hat sich ein ehemaliger Wohn- und Wehrturm der bischöflichen Landesburg in Quakenbrück erhalten.

der Umwandlung gegebene Besiedlung gewinnen zu können, zeigt sich an den oben behandelten Beispielen mit aller Deutlichkeit.

Die bisherigen Untersuchungen der aus dem früheren Hochstift Osnabrück stammenden Burg- und Klosterplätze liefern teils vergleichbare teils unterschiedliche Ergebnisse. Speziell die drei durchaus repräsentativen Beispiele von Kloster Oesede, Malgarten und Börstel zeigen, wie pragmatisch-funktional eine Burg, die eigentlich eher für die Errichtung eines ohne Klausuranlage auskommenden Kollegiatstifts oder freiweltlichen Damenstifts geeignet war, bei ihrer Umwandlung zumindest in ein kleineres Frauenkloster integriert worden sein konnte.

Gleichzeitig ist es gar nicht verwunderlich, dass sich am Standort einer umgewandelten Burg kaum Fundmaterial finden lässt, dass eindeutig dem Umfeld eines solchen Wohn- und Wehrbaus, den vor Ort lebenden Bewohnern oder den adeligen Besitzern zuzuordnen wäre. Entsprechende Funde kann es in der Regel nur dann geben, wenn die Burg plötzlich aufgegeben oder zerstört wurde, nicht jedoch, wenn bei einer geplanten Auflassung und Übereignung an eine klösterliche Gemeinschaft diese Dinge einfach mitgenommen wurden.

Die berechtigte Frage, wie sich die Burgumwandlungen im ehemaligen Hochstift Osnabrück ereignisgeschichtlich einordnen lassen, kann – in Ermangelung von entsprechenden Schriftquellen – nicht mit abschließender Sicherheit beantwortet werden. Beispielsweise zählten die Edelherren von Oesede zu den typischen Vertretern eines Niederadelsgeschlechts, dessen regional-lokale Verwurzelung durch den Aufbau eines zeitlich stabilen Herrschaftsbereichs mit Ansätzen zu einer eigenen Landesherrschaft entstand. Spätestens mit der Wahl Bernhards III. von Oesede (1223) zum Bischof von Münster 1204 könnte das Adelsgeschlecht jedoch seinen Einfluss auf das Osnabrücker Nachbarbistum verlagert und aus diesem Grunde ihre Stammburg abgestoßen haben. Dagegen erstreckte sich das Herrschaftsgebiet der in direkter Konkurrenz zum Hause Ravensberg stehenden und zwischenzeitlich die Vogtei über die beiden Hochstifte Münster und Osnabrück besitzenden Tecklenburger Grafen zwischen Hunte und Ems. Mehr zufällig könnte sich Graf Simon von Tecklenburg daher dazu entschlossen haben, den kleineren Wohn- und Wehrbau in Malgarten in ein Kloster umzuwandeln. Als Hauskloster fanden hier – neben dem Grafen selbst – sowohl seine Mutter als auch seine Frau und drei seiner Kinder ihre letzte Ruhestätte.

1   Der Aufsatz beinhaltet eine grobe Zusammenfassung wichtiger Kernaspekte der im Dezember 2020 an der Universität Osnabrück im Fach Kunstgeschichte vorgelegten Dissertation des Autors.

2   („Herrscherhof"). Verein für Geschichte und Landeskunde von Osnabrück (Hrsg.), Osnabrücker Urkundenbuch II. Die Urkunde der Jahre 1201–1250, Osnabrück 1896. Nr. 304.

3   Die ursprüngliche Gründung der monastischen Anlage war bereits 1230 auf einem noch etwas weiter südlich in Richtung der Domstadt Osnabrück gelegenen Meyerhof in Haste erfolgt. Vgl. Delbanco, Werner: Zisterzienserinnenkloster Rulle, in: Dolle, Josef (Hrsg.): Niedersächsisches Klosterbuch. Verzeichnis der Klöster, Stifte, Kommenden und Beginenhäuser in Niedersachsen und Bremen von den Anfängen bis 1810, Teil 3, Bielefeld 2012, S. 1329–1337, hier S. 1329.

4   Verein für Geschichte und Landeskunde von Osnabrück (Hrsg.): Osnabrücker Urkundenbuch II. Die Urkunden der Jahre 1201–1250, Osnabrück 1896. Nr. 304.

5   Vgl. NLA OS, K 22, Nr. 1.

6   Vgl. Verein für Geschichte und Landeskunde von Osnabrück (Hrsg.): Osnabrücker Urkundenbuch II. Die Urkunden der Jahre 1201–1250, Osnabrück 1896. Nr. 270.

7   Die Grabungsunterlagen zur Untersuchung im Bereich der Klosterkirche in Kloster Oesede liegen unter der Fundstellennummer 18/4/11 bei der Stadt- und Kreisarchäologie Osnabrück vor.

8   Vgl. Haupt, Simon: Die norddeutsche Niederungsburg – Architektur, Herrschaft und Struktur eines Idealtypus fester Plätze in Hoch- und Spätmittelalter (HJB 2012, S. 61-72), hier S. 61-63.

9   Vgl. Grundrisskarte des Benediktinerinnenklosters Kloster Oesede von 1786, in: Staatliches Baumanagement Osnabrück-Emsland.

10   Vgl. Busch-Sperveslage: Neue Baubefunde an der Klosterkirche in Malgarten (Ber. Denkmalpfl. Niedersachsen 3, 1996, 83–87), hier S. 86 f.

11   Sämtliche Grabungsunterlagen, die zeichnerischen Aufmaße der Malgartener Klosterkirche und die Ergebnisse der bauhistorischen Untersuchungen liegen unter der Fundstellennummer 13/5/3 bei der Stadt- und Kreisarchäologie Osnabrück vor.

12   Berichte und Ergebnisse der Untersuchungen in dem Kellerraum unterhalb des Chores der ehemaligen Zisterzienserinnenkirche in Börstel liegen bei der Stadt- und Kreisarchäologie unter der Fundstellennummer 8/3/45 vor.

13   Vgl. Göcking, Dominikus: Franziskanerkloster Quakenbrück, in: Dolle, Josef (Hrsg.): Niedersächsisches Klosterbuch, Verzeichnis der Klöster, Stifte, Kommenden und Beginenhäuser in Niedersachsen und Bremen von den Anfängen bis 1810, Teil 3, Bielefeld 2012, S. 1268–1270, hier S. 1268 f.

Laersche Steine am Dom zu Osnabrück

Karl-Heinz Neufeld

Vor ein paar Jahren erschien eine Übersicht über „Die Ausgrabungen im Dom zu Osnabrück".[1] Im Geleitwort dazu weisen der Bischof und der Domdechant darauf hin: „Die Domkirche St. Petrus ist die Keimzelle der Stadt Osnabrück, das Zentrum unseres Bistums und eines der herausragenden Baudenkmäler Niedersachsens".[2] Hier sei „mit der wohl 786 geweihten Missionskirche ein steinernes Gotteshaus" errichtet worden. Da die schriftlichen Quellen nur wenig von der frühen Geschichte überliefern, müsse „vor allem die Archäologie Licht in das Dunkel unserer Historie zur Zeit Karls des Großen und seiner Nachfolger bringen".

Zwischen 1866 und 2003 sind belegte archäologische Nachforschungen je nach Gelegenheit im und am Dom zu Osnabrück vorgenommen worden. Darüber ist hier nicht zu referieren. In seiner Zusammenfassung der Grabungsberichte[3] spricht der Verfasser Uwe Lobbedey jedoch schon in der Vorstellung der verwendeten Materialien zum Bau – wenn auch nur in zwei knappen Zeilen – von „Kalksinterstein, wohl ‚Piepstein' aus Bad Laer"[4], der in Befund Nr. 232 zweitverwendet sei. Das ist eine aufschlussreiche Nachricht, weil neben dem Ortsnamen auch die genauere Art des Steines weitere Bestimmungen erlaubt. Neben dem allgemeinen Osning-Sandstein, dem Schilfsandstein aus Melle oder vom

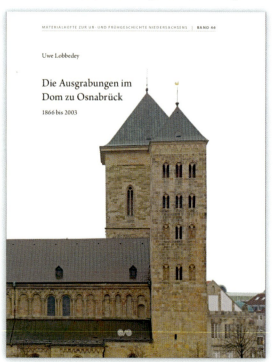

Schinkelberg bzw. aus Lüstringen, dem Piesberger Stein (?), dem kieseligen Schluffstein vom Gertrudenberg und dem Westerberger Wellenkalk ist der Weg von Steinen aus Laer bis zur Dombaustelle in Osnabrück allerdings bei Weitem der längste und der Transport über den Teutoburger Wald der mühsamste. Dafür muss es schon besondere Gründe gegeben haben, diesen Stein hier trotzdem zu verwenden. Doch über den ursprünglichen Einsatz ist aus den erwähnten Funden leider kaum etwas zu entnehmen, außer dass dieser Stein noch einmal wieder benutzt wurde. Dazu sagt der Katalog Nr. 232: Es handle sich um „Reste einer Fundamentierung, bestehend aus einer Packlage von Steinen mit Mörtelverguss. […] In der Packlage 232 befinden sich auch sekundär verwendete Kalksintersteine mit anhaftendem Putz".[5]

Abb. 1: Titel des Berichts über die archäologischen Forschungen im Osnabrücker Dom von Uwe Lobbedey.

Dieser Befund gehört zum Grabungsbereich 7 im Westteil des Domes und zeugt von einem flachen Fundament für eine Stufe oder Schranke. Die Ausgrabungen sind der Bauperiode III c zugeordnet, die Kalksintersteine aber sind schon in einer früheren Periode zuerst verwandt worden, und zwar – wie die anhaftenden Putzreste belegen – für ein aufgehendes Mauerwerk oder eine Wand. Dazu Näheres zu erfahren, wäre zweifellos reizvoll, doch das geben die Reste so nicht her.

Die Periode III c betrifft den Bau des bis heute bestehenden Mittelschiffs[6] des Domes. Die Funde aber gehören als Teil zu Nr. 223. Das ist ein älterer Fußboden, der tiefer lag und als Lauf- bzw. Bauniveau diente[7], d. h. nicht verputzt war. Mit diesem Befund Nr. 203 scheint Nr. 232 verbunden, denn einheitlich mit dem Fußboden Nr. 223 sind die Packlagen Nr. 232 ausgeführt.[8] Der Sinterstein muss also in einer sehr frühen Bauphase in Osnabrück zum Einsatz gekommen sein. Mehr lässt sich im Augenblick dazu nicht sagen, weil nur spärliche Reste übrig sind.

Doch diese Fragmente sind nicht alles. Weiterer Stein aus Laer hat sich erhalten. Ein „Gemauertes Grab mit Kopfnische" nach Periode III, das 1966 freigelegt und vergleichsweise gut dokumentiert wurde, ist 2001 noch einmal geöffnet und eingemessen worden. Es war von einer Kalksinterplatte Länge 2,15 m, Breite 0,80 – 0,82 m, Dicke 0,10-0,12 m abgedeckt, die unversehrt ist.[9] Dazu bemerkt der Verfasser in einer Fußnote: „Nach Feldwisch-Drentrup Kalksinter aus Bad Laer; Befundskizze vom 14.10.1966 im Dombauarchiv (BAOS)".[10] „Die Deckplatte des Grabes war nicht vermörtelt, sondern in Sand gelegt worden".[11] Auch in diesem Fall ist eine Zweitverwendung nicht auszuschließen, da aber die Platte unversehrt ist und nicht eingemauert war, dürfte sie leichter weiteren Aufschluss erlauben. Allgemein handelt es sich um Material, das schon früher verbaut war und bei Errichtung des bestehenden Domes zu Osnabrück wieder verwendet wurde. Wenig wahrscheinlich ist es, dass man es erst damals nach Osnabrück brachte. Viel näher liegt es, dass dieses Material an der gleichen Stelle von Vorgängerbauten stammt.

Die ursprüngliche Verwendung dürfte demnach mit älteren Steinkonstruktionen vor Ort zusammenhängen, d. h. mit Bau I oder Bau II, die um 780 bzw. in die erste Hälfte des 9. Jahrhunderts datiert werden, also in die Zeit Karls des Großen und seines unmittelbaren Nachfolgers. Die Ausgräber meinen freilich, es sei eventuell noch eine Periode O anzunehmen, die dann zu einer Differenzierung der bisherigen Periode I zwingen würde.

Gegen Ende des Berichts findet sich in der Behandlung von Bau V, d. h. des bestehenden Westbaus, die Bemerkung: „Im Übrigen ist das Mauerwerk aus lagerhaft gemauerten Schichten von Kleinquaderwerk aus dunkelgrauem, an der Oberfläche braun patiniertem Kalksinterstein, ‚Piepstein' und Schluffstein aufgeführt, so wie es im Inneren des Turmes sichtbar ist".[12] Vereinzelt seien auch Tuffsteine verwendet. Ein Herkunftsort ist hier nicht erwähnt. Zu tun haben wir es jedoch mit aufgehendem Mauerwerk und das ist auch an der Nordwand des Querhauses der Fall, wo sich ebenfalls Kalksintersteine entdecken lassen, deren Herkunft aus Laer naheliegt.

Die Verwendung von Laerschem Stein in diesen frühen Zeiten beim Bau der Vorgänger des heutigen Osnabrücker Doms verdient Aufmerksamkeit, selbst wenn sich herausstellen sollte, dass genauerer Aufschluss im Einzelnen nicht zu erreichen ist. Auf die Eigenheiten des Laerschen Piepsteins geht später seine Verwendung nachweislich zurück. Er war nicht allzu schwer zu bearbeiten und relativ leicht; er bot sich vor allem dann für Gewölbekonstruktionen direkt an, die indes in den ersten Baumaßnahmen kaum zu erwarten sind.

Im 19. Jahrhundert lieferte man den Stein zum Kirchbau von Füchtorf und dann auch zum Kirchbau von Greffen, während die Hilfe beim Bau der inzwischen beseitigten katholischen Kirche in Versmold nicht ganz klar scheint. Im Spätmittelalter diente er zu großen Teilen beim Kirchbau in Everswinkel oder früher schon für den Turm der Kirche zu Milte. Auch im Vorgängerbau der Laurentiuskirche von Warendorf scheint er zum Einsatz gekommen zu sein. Nach schriftlichen Unterlagen erwarb um 1500 das Stift Freckenhorst Steine in Laer und schon 1315 hatte der Freiherr von Korff ihn beim Bau der alten Burg Harkotten genutzt, ohne dass gesagt ist, wozu der Stein im Einzelnen diesen Bauherren besonders geeignet erschien. Zwar erklärt das Fehlen von Steinvorkommen in der Münsterländischen Heide einiges, doch der nötige Transport von Laer oder Beckum im Süden dürfte etwa gleiche Mühen erfordert haben.

Es muss auch vorher schon in der Umgebung eine bekannte Qualität für Laer den Ausschlag gegeben haben. Dabei war es nicht nur um Sinterstein zu tun. Die Brücke über die Bever beim Kloster Rengering könnte mit Material aus Laer erstellt sein, ähnlich die in Harkotten, wenn auch denkbar ist, dass dazu Stein aus dem Laerer Berg verwandt wurde. Es gab hier ja recht unterschiedliche Steinvorkommen und z. B. auch Kalkstein, der zum Kalkbrennen genutzt wurde, wie ebenfalls in der Korffschen Urkunde von 1315 bezeugt ist.

Der Piepstein oder Kalksinterstein stand in Laer allerdings nicht gleichmäßig an. Bekannt ist, dass er auf dem Steinbrink in Hardensetten und Winkelsetten eher in Form von Grutt vorkam, der beim Straßenbau in neuerer Zeit besonders geschätzt war. Nach Prof. Dr. H. Hiltermann hat der Laersche Sinterstein seine größte Dicke und Festigkeit unter der Kirche und westlich des Thie gehabt, wo er noch im 20. Jahrhundert in ganzen Blöcken abgebaut wurde. Auf dem Thie selbst hatte man ihn schon ein Jahrhundert vorher herausgehauen, und beim Neubau des Kirchenschiffs von Laer ist er auch dort abgebaut worden.

Doch kommen wir auf die Osnabrücker Ausgrabungen zurück, selbst wenn es an dieser Stelle nicht um eine auch nur erste Nachzeichnung der komplizierten Entdeckungen und archäologischen Auswertungen gehen kann und soll. Mit dem Blick auf Laer fällt in der Zusammenfassung von Periode I des Osnabrücker Dombaus auf, dass es um einen Bau geht, der nicht sehr groß war und noch keine Eigentümlichkeiten einer Kathedrale (Bischofskirche) erkennen lässt: dass es eine einfache Missionskirche in der Form eines Saales gewesen sein muss, die schon vor Errichtung der Diözese als Mittelpunkt der Christianisierung der Umgebung diente. Das machen Vergleiche mit ähnlichen Bauten der Zeit wahrscheinlich. Genannt werden dafür Herzfeld, Enger und Geseke, wo fast gleiche Verhältnisse vorliegen und nachgewiesen wurden. Da gibt es ähnlich große Grundflächen bzw. Längen- und Breitenverhältnisse, die sich mehr oder weniger in vielen Kirchspielkirchen nachher weiter gehalten haben. So hat die im 19. Jahrhundert abgebrochene Kirche von Laer Maße gehabt, die zu diesem Befund passen.

Man ist deshalb versucht, in Osnabrück an einen Modellbau zu denken, der bei der Errichtung anderer Kirchen als Vorbild diente und erst nachher zur Kathedrale ausgebaut wurde. Eine einschiffige, lang gestreckte Saalkirche dieses Typs ist zum Beispiel unter der alten Alexanderkirche in Wallenhorst als Steinbau nachgewiesen.[13] Das war vor über einem halben Jahrhundert ein aufsehenerregendes Ergebnis, nahm man doch bis dahin allgemein noch an, die frühesten Kirchen seien in der Umgebung alle Holzbauten gewesen.

Nun wäre es wirklich merkwürdig, hätte man dort, von wo man sehr früh schon Steine für einen Kirchbau in Osnabrück bezogen hat, zuerst eine Holzkirche errichtet. Insofern legen die Osnabrücker Baubefunde einige Folgerungen nahe, die sich zwar jetzt nicht näher und genauer ausmalen lassen, die jedoch als solche gut begründet sind. Natürlich bleiben auch dann noch Fragen, vor allem, da es um Zeiten zu tun ist, für die sich anders kaum Aufschluss gewinnen lässt. Fragt man nach den Baumeistern in Osnabrück, so wird an Leute zu denken sein, die im fränkischen Raum gelernt und Erfahrungen gesammelt hatten, die aber wegen der sich ergebenden Nachfrage bald auch daran interessiert waren, möglichst rasch weitere Bautrupps auszubilden, die an anderen Orten ebenfalls solche Gotteshäuser errichten konnten. Dazu waren einige besondere Kenntnisse nötig, die beim traditionellen Hausbau für die Menschen vor Ort damals und auch später nicht erforderlich waren.

Bedauerlicherweise sind dazu Informationen nicht überliefert. Man wird jedoch davon ausgehen können, dass für dann rechtlich als bischöfliche Kirchen geltende Bauten Fachleute aus Osnabrück tätig wurden, die wohl auch – so weit möglich – von den Bauherren der Eigenkirchen in der näheren Umgebung herangezogen sind, was sich auf die Anlage der dann üblichen Steinwerke bzw. Türme ausgewirkt haben könnte, die mit Fachwerkbauten kombiniert wurden – nicht nur in der Stadt Osnabrück, sondern vorher auf dem Lande schon als Speicher, aber auch bei den festen Ansitzen der Geschlechter von Burgmännern und Ministerialen.

Da beim Kalkbrennen oft Reste der Holzkohle in den Mörtel gerieten, könnten mit der dendrochronologischen Methode für manchen Bau genauere zeitliche Nachweise erbracht werden, ganz abgesehen von möglichen neuen Auswertungsmethoden, die noch entwickelt werden. Die bisherigen Ergebnisse tragen dazu bei, dem offen und aufmerksam zu begegnen. Dann wird sich manches an Unsicherheiten verlieren, sei es, dass sich Vermutungen bestätigen, sei dass sie als unzutreffend fallen gelassen werden müssen. Eine weitere Methode zur besseren Erkenntnis könnte sich im Vergleich mit späterer Bautätigkeit bieten, etwa jene, die auf Bischof Benno II. zurückgeht, der als Erbauer der Harzburgen und der Ausgestaltung des Domes zu Speyer bekannt ist. Auf ihn gehen die Anlagen auf dem Burgberg von Iburg zurück. Er belegt, dass für solche Unternehmungen Kenntnisse und Erfahrungen nötig waren, die damals noch nicht allgemein als verbreitet gelten können, dass aber unter Anleitung solcher Fachleute die Verwirklichung selbst an Orten möglich war, wo so etwas bis dahin unbekannt war.

Wer den Osnabrücker Dom heute besucht, hat es mit einer Kathedrale zu tun, die im Wesentlichen ihre Gestalt im 13. Jahrhundert erhielt und dann durch die Versuche in den weiteren Jahrhunderten zu Gotisierungen ergänzt wurde.[14]

Dabei hat man eine 400-jährige Baugeschichte weiterentwickelt, die nicht nur für den Kirchbau im Osnabrücker Land, sondern für das Bauwesen der Gegend überhaupt wichtig wurde. Die älteren Anlagen haben die genaue Lage des Kreuzganges bestimmt, der sich nicht ganz so an den Dom anschließt, wie das eigentlich zu erwarten wäre, aber Hinweise gibt, wie sich die Ausrichtung der früheren Bauten dargestellt hat. Und durch diese Anlage ist auch schon eine Verbindung zwischen Osnabrück und Laer belegt, die sich bis in die heutigen Landesgrenzen durchgehalten hat.

Abb. 2: Süd- und Westflügel des Kreuzganges am Osnabrücker Dom. Foto: J. Brand

1   Uwe Lobbedey: Die Ausgrabungen im Dom zu Osnabrück: 1866 bis 2003; Materialhefte zur Ur- und Frühgeschichte Niedersachsens Bd. 46. Rahden, 2016.

2   Ebd. S. V.

3   Ebd.

4   Ebd. S. 18.

5   Ebd. S. 196 f.

6   Ebd. S. 20.

7   Ebd. S. 182.

8   Ebd. S. 183.

9   Ebd. S. 27.

10 Ebd. Anm. 43.

11 Ebd. S. 28.

12 Ebd. S. 396.

13 Kaspar Müller: Die alte St. Alexanderkirche zu Wallenhorst, Wallenhorst 1976, S. 82 f.

14 Einbau der Gewölbe, Fenster in den Querschiffen, Umgang um den Chor, Rosette und Eingang im Westwerk.

Mythbusting – ein Vorschlag zur Beschilderung der Grabhügel in der Gemeinde Berge

Martin Bruns

Vorbemerkung

Beim Besuch von vorgeschichtlichen Gräberfeldern im Gemeindegebiet von Berge, aber auch anderenorts, stößt man häufig auf den Begriff Dreihügelheiligtum. So auch an den Informationstafeln in Hekese am Großsteingrab und an der Straße Neustadt bei den drei Grabhügeln. Aber was ist ein Dreihügelheiligtum? Warum sind die Hügel heilig? Diese Fragen gaben letztlich den Anstoß zu einer grundlegenden Überarbeitung der Texte auf den Hinweistafeln in dieser Gegend. Meine Recherchen führten mich nämlich in die Abgründe völkischer Geschichtsschreibung aus der Nazizeit.

Abb.1 . Hinweistafel in Berge, Neustadt, bei einem Hügelgräberfeld. Hier taucht neben der Hinweistafel in Hekese auch der Begriff des Dreihügelheiligtums in Form der Bezeichnung Dreihügelgräberheiligtum. Foto: M. Bruns.

Der stark verwitterte Text auf der Informationstafel (Abb. 1) lautet.

> „Drei HÜGELGRÄBER wahrscheinlich aus der Bronzezeit oder den Anfängen der Eisenzeit (1700 v.Chr. Geburt.) Das Grab rechts dieser Hinweistafel ist noch stark beschädigt und wurde erst an einer Seite wieder restauriert. Besonders auffällig ist die Größe der anderen beiden gut erhaltenen Gräber. Da es sich außerdem um eine Dreiergruppe handelt, ist es möglich, daß wir mit diesen Grabstätten zugleich eine alte Kultstätte vor

uns haben (Dreihügelgräberheiligtum). Nach mündlicher Überlieferung wurde hier ein „HEIDENKÖNIG" bestattet. Es ist also zu vermuten, daß eines dieser Hügel die Grabstätte eines Stammeshäuptlings oder Sippenführers ist."

In der Fachliteratur in der Form von aktuellen Ausstellungskatalogen zur Bronzezeit und Jungsteinzeit wird der Begriff Dreihügelheiligtum gar nicht genannt. Bereits das ist verdächtig, denn diese Kataloge sind normalerweise auf dem aktuellen Stand der archäologischen Erkenntnisse. Handelt es sich also vielleicht um eine veraltete Bezeichnung?

Abb. 2: Wilhelm Teudt um 1938. (Aus Wikipedia, Stichwort Wilhelm Teudt)

Eine Suche im Internet nach dem Begriff Dreihügelheiligtum führt schließlich zu einem vermeintlich archäologischen Fachbuch des Autors Wilhelm Teudt mit dem Titel „Germanische Heiligtümer". Es fällt sofort auf, dass der Autor sehr unwissenschaftlich vorgeht. Er erläutert beispielsweise bronzezeitliche Kulthandlungen bei Begräbnissen ohne jegliche Belege. Auch vergleicht er sie mit christlichen Begräbnisritualen aus dem 19. Jahrhundert. Hier berücksichtigt er nicht, dass sich Begräbnisriten in 3000 Jahren nachweislich verändert haben. Dieses Buch wurde 1931 erstmals herausgegeben. Wer war also dieser Wilhelm Teudt?

Auf der Suche nach Informationen über den Autor stellte sich heraus, dass er evangelischer Theologe und kein Archäologe war, damit also Laienforscher. Zudem war er ein Mitglied in dem antisemitischen Deutschbund und außerdem bekannt für seine antidarwinistischen Veröffentlichungen. Entsprechend ist sein oben genanntes Buch, sein Hauptwerk, ein Buch der „völkischen Germanenkunde". Das Buch fand nach der Machtergreifung durch die Nazis wohlwollendes Interesse. Es wurde auch bis 1936 viermal aufgelegt. Es war offenbar recht verbreitet in deutschen Bücherregalen. Das könnte erklären, warum auf alten Hinweistafeln in der gesamten Region von Dreihügelheiligtümern die Rede ist. Selber wurde W. Teudt durch seinen zeitweiligen Förderer Heinrich Himmler zum Abteilungsleiter der Forschungsgemeinschaft Deutsches Ahnenerbe e. V., einer Forschungseinrichtung der SS. In der Fachwissenschaft Archäologie stießen die Thesen von W. Teudt dagegen von Anfang an auf Ablehnung.

Da der Begriff Dreihügelheiligtum nur auf W. Teudts Buch zurückgeht, handelt es sich also offenbar nicht um eine veraltete Bezeichnung, sondern um einen Begriff der völkischen Nazi-Ideologie. W. Teudt hat in seinem Buch Ansammlungen von drei Hügelgräbern pauschal als Kultzentrum bezeichnet. Dies tat er aber, ohne das belegen zu können. Es erscheint daher sinnvoll, die älteren Hinweistafeln für Hügelgräber in dieser Gegend noch einmal grundlegend neu und wissenschaftlich zu schreiben. Daher finden sich hier neue Texte für die entsprechenden Hinweistafeln. Zudem ein allgemeiner Informationstext zu Hügelgräbern mit lokalem Bezug. Diese Texte basieren auf archäologischen Forschungsergebnissen.

Vorschlag für einen Hinweistafeltext (Zusammenfassung)

Grabhügel aus Erde, welche in unserer Region noch relativ häufig zu finden sind, wurden lange Zeit als Grabstätten verwendet. Daher kann man einen solchen Hügel, wenn man ihn nicht durch eine archäologische Grabung untersucht und damit zerstört, nur sehr ungenau datieren. Derartige Grabmäler werden ab 2800 v.Chr. (Ende der Jungsteinzeit) in unserer Gegend aufgeschüttet und stellen die Hauptgrabform bis 1400 v.Chr. (Mitte der Bronzezeit) dar. Auch in jüngeren, nachfolgenden Epochen werden diese Grabhügel noch als Grabstätten wiederverwendet, aber in der Regel nicht mehr neu errichtet. Deswegen kann ein Grabhügel der Jungsteinzeit beispielsweise auch eine Urne von einer Brandbestattung aus der ausgehenden Bronze- oder Eisenzeit bis hin zum Mittelalter aufweisen.

Relative Häufigkeit von Grabhügeln

Hügelgräber sind heute relativ selten. Aber war das immer so? Wir wissen aufgrund einer Karte von G. O. C. von Estorff über „Heidnische Alterthümer der Gegend von Uelzen im ehemaligen Bardengaue" aus dem Jahre 1846 die damalige Anzahl der Großsteingräber. Von diesen Großsteingräbern sind aber heute nicht einmal 10 % erhalten. Für die Grabhügel aus Erde ist die Verlustrate wohl ähnlich hoch anzusetzen.[1] Dies hat im Wesentlichen zwei Ursachen:

- Zum Ersten sind große Verluste durch fortwährendes Überpflügen von Grabhügeln entstanden. Die manchmal durch Erosion nur Dezimeter hohen Grabhügel sind durch dieses Pflügen weiter eingeebnet und daher nur schwer identifizierbar. So haben sich heute oft nur einzelne Grabhügel, selten größere Grabhügelgruppen erhalten. Typischerweise sind Grabhügel heute dort zu finden, wo der Boden als Acker ungeeignet ist: in Wäldern oder in Heidelandschaften mit trockenen Böden.[2]
- Zum Zweiten wurden Grabhügel auch zur Steingewinnung für Haus- und Kirchenfundamente, später auch zum Straßenbau geplündert. Grabhügel hatten in unserer an Findlingen reichen Gegend oft einen Steinkranz, welcher unter anderem das oben beschriebene Auseinanderfließen verhindern konnte. Auf diese Weise ist der Bestand an Grabhügeln wahrscheinlich genauso unwiederbringlich zerstört worden wie die Zahl der Großsteingräber.[3]

Von der Kollektivgrabkultur der Trichterbecherkultur zur Einzelgrabkultur

Ab 2850 v. Chr.[4] kam es zu einer einschneidenden Änderung der Begräbnissitten. Vorher wurden die Toten in den aus Findlingen gebauten Großsteingräbern gebracht. Selten wurden die Leichen zuvor eingeäschert. Diese Großsteingräber dienten als Kollektivgräber einer Siedlung. Hier wurden also in der Regel die Toten einer Siedlungsgemeinschaft in einer begehbaren Gruft beigesetzt. Hierbei wurde den Toten ihr persönlicher Besitz mit in die Gruft gegeben. Unter anderem auch die sogenannten Trichterbecher. Nun aber wurden die Toten einzeln als unverbrannte Körper beerdigt. Jedoch nicht mehr in einer begehbaren Gruft, sondern unter einem Grabhügel aus Erde. Hierbei wurden relativ einheitlich als Beigaben schnurverzierte Becher und steinerne Streitäxte den Toten mit in den Grabhügel gegeben. Nach diesen Beigaben wurde diese Kultur als Schnurkeramik- oder früher als Streitaxtkultur bezeichnet.[5]

Genetische Untersuchungen der Knochen dieser Schnurkeramiker und der Toten der Trichterbecherkultur durch das Forscher-Team um Kristian Kristiansen von der Universität Göteborg, Schweden[6], ergaben, dass diese Kulturänderung auf einen weitgehenden Bevölkerungsaustausch zurückzuführen ist. Hierbei verschwanden besonders die genetischen Merkmale der männlichen Mitglieder der Träger der Trichterbecherkultur.[7]

Die Träger der Schnurkeramikkultur sind nachweislich Einwanderer aus der eurasischen Steppe (Jamnaja-Kultur[8], auch als Grubengrab-Kultur bekannt[9]). Diese mit heller Hautfarbe und indoeuropäischen (veraltet: indogermanischen) Sprachen gekennzeichneten Einwanderer haben die Kultur, das Erscheinungsbild und das Erbgut der heutigen Europäer geprägt.[10]

Weiterführende genetische Untersuchungen deuten darauf hin, dass dieser Bevölkerungsaustausch durch das bisher früheste Auftreten der Pest in Europa ermöglicht wurde. Hierbei soll die Bevölkerung, welche Träger der Trichterbecherkultur war, weitgehend ausgelöscht worden sein. Die Steppenbewohner, welche Träger der Jamnaja-Kultur waren, hatten aber nachweislich schon früher Kontakt mit dem Pest-Erreger und haben deswegen vermutlich eine gewisse Resistenz gegenüber der Pest gehabt. Die Hypothese, dass die Pest den Bevölkerungsaustausch ermöglicht hat, wird in Fachkreisen noch kontrovers diskutiert.[11]

Kennzeichen von Grabhügeln

Umfassungsmauern, Palisaden oder Gräben als Grenze zwischen den Toten und Lebenden

Die Begräbnissitte, Hügelgräber zu errichten, wird bis in die mittlere Bronzezeit beibehalten.[12] Ein Grabhügel war ursprünglich mit Steinringen eingefasst.[13] Nur in Regionen, wo Steine fehlen, wurden die Grabhügel von Plaggenmauern aus abgestochenen Rasenplatten oder mit Palisaden eingefasst.[14] Auch die oben genannten Kreisgräben kommen hier vereinzelt vor.[15] Wenn die Steineinfassung eines Grabhügels lückenlos ist, spricht diese Bauweise auch für eine Stützfunktion, welche der Erosion entgegenwirken sollte. Da diese Bauart aber nicht überall auftritt, dienen diese Umfassungen wohl auch zur Abgrenzung des Bereichs des Toten von den Lebenden.[16] Für diese Hypothese spricht, dass bei einer Wiederbenutzung eines alten Grabhügels dieser auch vergrößert (überhügelt) wurde und einen weiteren, neuen Steinkranz erhielt, ohne dass die Steine des alten Steinkranzes dafür abgeräumt und an anderer, weiter außen liegender Stelle verwendet wurden. Man findet also Grabhügel in dem mehrere Steinkränze ineinander geschachtelt auftreten, die nachweislich aus zwei verschiedenen Zeitabschnitten stammen.[17]

Abb. 3: Ein frei rekonstruierter Grabhügel in Berge Dalvers. Grabhügel waren im nördlichen Osnabrücker Land in der Regel mit einer steinernen Einfassung in Trockenbauweise versehen. In der Gemeinde Berge wird diese Einfassung wohl mit Findlingen erstellt worden sein. Der Stein auf dem Grabhügel ist ein Näpfchenstein oder Schalenstein. Diese Steine können auf oder vor Grabhügeln vorkommen. (Foto: M. Bruns)

Abb. 4: Einer der Grabhügel beim Gräberfeld in Berge Neustadt. Dieser Hügel ist deutlich über 1,5m hoch. Dies lässt vermuten, dass hier Nachbestattungen vorgenommen wurden. Von der zu erwartenden früheren Findlings-einfassung ist heute nichts mehr zu sehen. (Foto: M. Bruns)

Größe und Material eines Grabhügels

Typischerweise ist ein Grabhügel rund oder oval. Der Durchmesser des Hügels beträgt zwischen 10 und 20 m. Seine Höhe überschreitet heute selten 1,5 m. Abweichungen von diesen Maßen sind in den meisten Fällen auf die oben beschriebenen Nachbestattungen in einem alten Grabhügel zurückzuführen.[18]

Das Aufschüttungsmaterial für Grabhügel wurde entweder großflächig in der nächsten Umgebung abgetragen oder an einer besonderen Entnahmestelle gewonnen.[19]

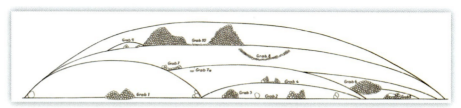

Abb. 5: Beispiel für eine Fülle von Nachbestattungen in einem Grabhügel. Durch die wiederholte Überhügelung der zwei ursprünglichen Grabhügel (Grab 1 und Grab 2) ist ein sehr viel größerer Hügel entstanden. Itzehoe, Kr. Steinburg. Schematischer Schnitt durch den „Galgenberg". Entnommen aus: U. Schoknecht, J. Möller, D. Nösler, J.-P. Schmidt: VLA – Handbuch der Grabungstechnik Aktualisierung von 2011, Norddeutschland, Kapitel 11.2 Seite 55

Lage von Grabhügeln

Die Grabhügel bilden fast immer größere oder kleinere Gruppen, sehr viel seltener finden sich dagegen Einzelhügel. Wahrscheinlich war bei der der Wahl des Begräbnisplatzes die räumliche Nähe der zugehörenden Siedlung ausschlaggebend. Denn die meisten Grabhügelgruppen findet man in Gebieten oberhalb von Gewässern.[20] Gewässernähe zeichnet allgemein gute Siedlungsplätze aus, da man leicht das Vieh tränken konnte oder sonstiges Brauchwasser leicht beschaffbar war.

Aus Grabungen im benachbarten Westfalen ist weiterhin bekannt, dass Gräberfelder mit Grabhügeln, die um 2800 v. Chr. angelegt wurden, bis in die Eisenzeit (bis mindestens 800 v. Chr.) genutzt wurden.[21] Hierbei ist aber unklar, ob diese kontinuierlich genutzt oder als Grablegeorte wiederentdeckt und wiederbenutzt wurden. Auch dies spricht dafür, dass die Grabhügel in Siedlungsnähe lagen, denn gute Siedlungsplätze verändern nur selten ihre Lage.

Genauere Bestimmung des Alters eines Grabhügels

Ergräbt man Grabhügel mit archäologischen Methoden, kann man das Alter eines Grabhügels genauer angeben, weil sich die Begräbnissitten um die Errichtung des Grabhügels ändern. Diese Änderungen kann man durch die Untersuchung der Funde ermitteln:

Ab 2500 bis 2400 v. Chr. traten neben den Gräbern der Schnurkeramiker auch Gräber der sogenannten Glockenbecherkultur auf. Auch diese wurden als Einzelbestattung in Grabhügeln beigesetzt, die Beigaben des Toten und die Grablegung unterscheidet sich aber von denen der Schnurkeramiker.[22]

Die frühbronzezeitliche Kultur (etwa ab 1900 v. Chr.) entwickelte sich in Mitteleuropa auf der kulturellen Grundlage dieser beiden Kulturen.[23] In der frühen Bronzezeit werden die Verstorbenen – von wenigen Ausnahmen abgesehen – körperbestattet.[24] Der Leichnam wurde überwiegend in Baumsärgen (ein in zwei Teile gespaltener und dann ausgehöhlter Baumstamm) bestattet. Dieser Sarg wurde nach der Grablegung überhügelt. Gelegentlich findet man solche Baumsärge aber auch in Flachgräbern, also ohne Hügel.[25]

Auf dieser frühbronzezeitlichen Grundlage entstehen während der mittleren Bronzezeit (ab 1400 v. Chr.) eine ganze Reihe von regionalen Begräbnissitten. Diese werden aufgrund ihres Bestattungsritus, der Bestattung unter Hügeln, zur Hügelgräberkultur zusammengefasst.[26]

In unserer Gegend, dem westlichen Niedersachsen, aber auch in anderen Regionen des Bundeslandes (Hannoversches Bergland, Leinetal, mittlere Weser, Aller-Mündung, Elbe-Weser-Dreieck, Stader Geest) kommt auf einen Schlag die Sitte der Leichenverbrennung auf. Körperbestattungen sind in diesem Gebieten nicht mehr nachweisbar. Zuvor traten solche Brandbestattungen nur vereinzelt auf. In anderen Landesteilen Niedersachsens findet dieser Wandel nur allmählich statt.[27]

Abb. 6: Grabhügel in Berge Hekese. Ohne fachkundige archäologische Grabung ist das genaue Alter eines Grabhügels nicht bestimmbar.(Foto: M. Bruns)

Die Beisetzung des Leichenbrandes, (die vom Scheiterhaufen gesammelten Knochenreste der verbrannten Toten) fand dann in der Regel in Grabhügeln in Urnen (z B. Tongefäßen) statt. In der Spätphase der mittleren Bronzezeit (ca. 1100 v. Chr.) kommt es möglicherweise auch zu Bestattungen in Flachgräbern.[28]

In jeden Fall kommt in dieser jüngeren Bronzezeit (ca. 1020 v. Chr.) dann auch allgemein die Sitte auf, den Leichenbrand in Urnen zu sammeln und zumeist in kleineren und größeren Flachgräber-Friedhöfen beizusetzen. Diese Sitte hält sich in unserer Gegend bis zur Christianisierung. Da die Urnensetzungen in diesen Gräberfeldern oft relativ weite Abstände zueinander haben, ist es denkbar, dass ursprünglich flache Grabhügel über diesen Urnensetzungen existierten. Tatsächlich gibt es Befunde von neuen, aber wesentlich kleineren und flacheren Grabhügeln. Insbesondere im westlichen Niedersachsen kommt es bei diesen neuen kleinen Grabhügeln zu Umrandungen des Hügels mit einem flach eingegrabenen Kreis oder einem Graben in Schlüssellochform. Neben der Bestattung in neu angelegten Gräberfeldern kommt es auch zu Nachbestattungen des Leichenbrandes in schon älteren Grabhügeln.[29]

Ab dem 8. Jahrhundert v. Chr. tritt in Mitteleuropa Eisen als neuer Werkstoff auf. Ähnlich wie die Bronze seinerzeit Stein als Werkstoff bei gewissen Gegenständen abgelöst hat, ersetzt das Eisen in einem mehrere hundert Jahre andauernden Prozess allmählich die Bronze als vorherrschenden metallischen Werkstoff. Die Verwendung des Eisens führt aber nicht zu einem kulturellen Bruch. Die bestehenden Traditionen der Bestattung bleiben bestehen.[30]

Literatur

- Willroth, Karl-Heinz: Bronzezeit als historische Epoche, in: Günter Wegner (Hrsg.): Leben-Glauben-Sterben vor 3000 Jahren. Bronzezeit in Niedersachsen. Eine niedersächsische Ausstellung zur Bronzezeit-Kampagne des Europarates. 1996.

- Laux, Friedrich: Tod und Bestattung, in: Günter Wegner (Hrsg.): Leben-Glauben-Sterben vor 3000 Jahren. Bronzezeit in Niedersachsen. Eine niedersächsische Ausstellung zur Bronzezeit-Kampagne des Europarates. 1996.

- Pollmann, Hans-Otto; Schierhold, Kerstin: Vom Umgang mit den Toten. Das Bestattungswesen in der Jungsteinzeit, in: Thomas Otten, Jürgen Kunow, Michael M. Rind, Marcus Trier (Hrsg.): Revolution Jungsteinzeit. 2015.

- Frank, Klaus; Gaffrey, Jürgen, Stapel, Bernhard: Wandel und Kontinuität. Endneolithische Grabhügel in Westfalen und im Rheinland, in: Thomas Otten, Jürgen Kunow, Michael M. Rind, Marcus Trier (Hrsg.): Revolution Jungsteinzeit. 2015.

- Close, James P.: Wie Seuchen die Welt formen, in: Spektrum der Wissenschaft 4.21.

- Internetpräsenz der University of Gothenburg (Universität Göteborg) in Schweden, Mitarbeiterpräsentation von Kristian Kristiansen: https://www.gu.se/en/about/find-staff/kristiankristiansen - Daten abgerufen am 06.11.2021.

- Müller, Johannes: Die Jungsteinzeit, in: Siegmar von Schnurbein (Hrsg.): Atlas der Vorgeschichte. Europa von den ersten Menschen bis Christi Geburt. 3. Auflage, 2014.

1	Willroth 1996 und Laux 1996.	16	Ebd.
2	Ebd.	17	Ebd.
3	Willroth 1996.	18	Ebd.
4	Pollmann/Schierhold 2015 und Frank/Gaffrey/Stapel 2015.	19	Ebd.
5	Pollmann/Schierhold 2015.	20	Ebd.
6	Internetpräsenz der University of Gothenburg.	21	Pollmann/Schierhold 2015.
7	Close.	22	Ebd.
8	Ebd.	23	Willroth 1996.
9	Müller 2014.	24	Laux 1996.
10	Close.	25	Ebd.
11	Ebd.	26	Willroth 1996.
12	Frank/Gaffrey/Stapel 2015	27	Laux 1996.
13	Laux 1996 und Pollmann/Schierhold 2015.	28	Ebd.
14	Laux 1996.	29	Ebd.
15	Ebd.	30	Willroth 1996

Die Fensterrose des Osnabrücker Domes und die „Große Rose" der Königskathedrale von Reims

Ferdinand Joseph Gösmann

Der Werdeprozess der Osnabrücker Domarchitektur, wie sie sich heute darstellt, umfasst verschiedene massive Eingriffe in die bautechnische Grundstruktur des Domes. Der massivste Eingriff war wohl die Niederlegung des romanischen Südturmes der Westfassade um 1510 und die Aufführung des im Grundriss viermal größeren spätgotischen Turmes an der gleichen Stelle. Er erhielt zunächst einen schlanken Spitzhelm, wie das in jener Epoche der Gotik üblich war, während dem romanischen Nordturm zum Ausgleich der Proportionen 1605 eine füllige, jedoch in der Form sehr harmonische Renaissancehaube aufgesetzt wurde.

Der die beiden Türme verbindende gegiebelte romanische Mittelbau weist eine gotische Fensterrose über dem Hauptportal auf, was allenfalls den Stilinteressierten zu Fragen veranlasst (ein gotisches Rosenfenster in einer romanischen Fassade?). Die architektonische Harmonie jedenfalls wurde gewahrt. Die alten Baumeister verstanden es, im Goldenen Schnitt und mit Augenmaß Vorgegebenes gültig in der nunmehr gültigen Formensprache zu ergänzen.

Die Domliteratur weiß zu berichten, dass die Fensterrose 1305 in die romanische, zwei Meter starke Westwand eingefügt wurde. Diese doch recht komplizierte und schwierige

Abb. 1: Die Westfassade der Kathedrale von Reims (Foto: Wikipedia).

Abb. 2: Westportal und Fensterrose des Osnabrücker Doms (Foto: Martin Gösmann).

Abb. 3 und 4: Die Fensterrosen von Reims oben (Foto. F. J. Gösmann), und Osnabrück unten (Foto: Sibylle Kühn, Forum am Dom) im Größenvergleich.

bautechnische Ingenieurarbeit ist bewundernswert, vor allem auch, wenn man die handwerkliche Sauberkeit des Eingriffs beachtet.

Warum der Dom nachträglich dieses Rosenfenster erhielt, darüber kann man spekulieren. Ein Hinweis könnte die geometrische Aufteilung des Maßwerks im Fenster sein, denn sie entspricht derjenigen der großen Rose der Königskathedrale von Reims, die um 1250 entstand. Im Durchmesser ist diese Fensterrose allerdings ziemlich genau doppelt so groß wie jene des Osnabrücker Domes, nämlich zwölf Meter etwa.

Man kann nicht ausschließen, dass Osnabrücker Domherren oder Dombaumeister von Reims inspiriert wurden und sich auch für den heimischen Dom ein damals in Mode gekommenes Rosenfenster wünschten. Offensichtlich ist das Osnabrücker Fenster eine Nachbildung der monumentalen Rose von Reims. Da kleiner, liegen in den Details des Osnabrücker Maßwerks leichte Vereinfachungen vor. Denkwürdig auch, dass Reims und ein Reimser Erzbischof in der frühen Osnabrücker Bistumsgeschichte Erwähnung finden.

Unter den vier romanischen Fenstern des die Türme verbindenden Mittelbaues erscheint die Fensterrose in vollkommener architektonischer Harmonie und keineswegs als Fremdkörper, obwohl sie viel später und in einer anderen Stilepoche eingefügt wurde.

Wie in Reims weist die Osnabrücker Rose zwölf Segmente auf. Dazu schreibt Painton Cowen in seinem Werk „Die Rosenfenster der Kathedralen":

> „Jedes Rosenfenster ist ein Ausdruck von Zahl und Geometrie, von Licht in vollkommener Form. In Chartres sind alle Rosen in 12 Segmente aufgeteilt, die Zahl der Vollkommenheit, des Universums und des Logos. Die Gelehrten von Chartres waren ganz fasziniert von der Zahl und der davon abgeleiteten Geometrie, die sie nicht als Selbstzweck studierten, sondern als Schlüssel zum Verständnis der Natur […]."

Die Westfassade des Domes erhielt ihre organisch gewordene Vollendung mit der einzigartigen Barockhaube auf dem Südturm um 1770. Das Ebenmaß der Dom-Westfront wurde im September 1944 durch Brandbomben zerstört – ein domarchitektonisch unschätzbarer Verlust. Der Städtebauhistoriker Prof. Dr. Wolfgang Braunfels würdigte die Westfassade des Osnabrücker Domes vor der Zerstörung gemäß einer Aussage des damaligen Heimatbund-Vorsitzenden Kaspar Müller mit einem Superlativ. Er sprach von der schönsten Turmfassade in Deutschland.

150 Jahre Neubau Sankt-Lambertus-Kirche Ostercappeln

Rudolf Loheide

Abb. 1: Alte Kirche bis 1872 (Bild: Bernhard Brickwedde[1])

Die erste Kirche in Ostercappeln wurde im 13. Jahrhundert im romanischen Stil errichtet. Später erfolgte eine Erweiterung um ein Querhaus mit Chor. Sie hatte dann eine Länge ohne Turm von 28 Metern und eine Breite von 10 Metern. Die beiden Kreuzarme ragten 7,70 Meter vor.[2]

Anbau und Umbau der Kirche

1869 hat Pfarrer Friedrich Wilhelm Caesmann (1862-1904) den erbärmlichen Zustand der Kirche in Ostercappeln dem Bischof Johannes Heinrich Beckmann (1866-1878) geschildert und darauf hingewiesen, dass die Kirche nicht nur viel zu klein sei, sondern so viele Mängel habe, dass eine Restaurierung in keiner Weise die Übel beseitigen würde. Auf 32 handgeschriebenen Seiten hat er alle Einzelheiten und Vorschläge, einschließlich der Finanzierung, für eine Erweiterung der Kirche dargelegt.

Als besonders wichtig werden folgende Aussagen daraus angesehen:

„In der Gemeinde wohnen 225 kirchenpflichtige Kinder, die keine eigenen Sitzmöglichkeiten haben. Durch die weiten Wege in der großen Gemeinde mit den entsprechenden längeren Witterungseinflüssen sind viele Kinder krank; besonders in den Wintermonaten.[3] Aus Raummangel sind in der Kirche viel zu wenige und unbequeme

Sitzplätze vorhanden. Besonders die zahlreichen Heuerleute, die dazu noch die weitesten Wege haben, müssen stehen. Die Colonen [größere Bauern] haben von alters her Sitzplätze. Um Raum zu gewinnen, sind schon mehrere Altäre aus der Kirche entfernt worden. Alle Wände sind mit Bühnen von Adeligen ausgefüllt und durch deren Wappentafeln entstellt.[4]

Nicht wenige Leute besuchen die Gottesdienste in Bohmte und Schledehausen. Aus Platzmangel sind auch Sitze im Altarraum vorhanden, obwohl dieser nach kirchlichen Vorschriften davon frei sein soll. Besondere Kulthandlungen können deshalb nicht vollzogen werden. Die Liturgie vom Gründonnerstag bis Ostersonntag kann nicht in der vorgeschriebenen Weise gefeiert werden bzw. muss ganz unterbleiben. Die Kirche ist so erbärmlich und armselig wie in keiner anderen Dorfkirche in der Diözese. Die enorme Feuchtigkeit der Kirche und der engen Sakristei ist auch darauf zurückzuführen, dass durch den früheren angrenzenden Friedhof der Kirchplatz so erhöht ist, dass die Kirche im ,Loch' liegt.

Der innere Zustand der Kirche mit den defekten, vielfach geflickten Bänken, die unebenen Wände des Langschiffes mit rohem Gewölbe, die Fenster mit schlechtem Glas, die farblos gewordenen Altäre und die Kanzel haben ein wüstes Aussehen. Viele Wohnhäuser, ja die Tennen in der Gemeinde haben eine bessere Ausstattung. Eine Restaurierung oder Renovierung der Kirche muss abgelehnt werden, da sie den Übelstand nicht beseitigen würde."

Pfarrer Caesmann berichtet weiter, dass eine Erweiterung der Kirche aus wirtschaftlichen und finanziellen Gründen in den nächsten Jahren besonders günstig sei. Es habe gute

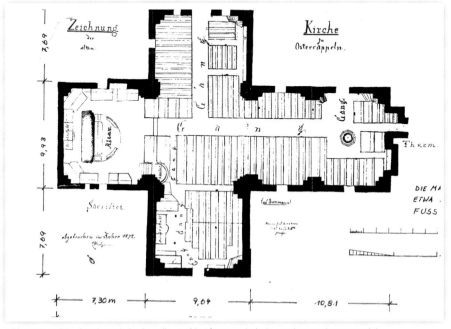

Abb. 2: Grundriss der alten Kirche (Quelle: Archiv Pfarrgemeinde St. Lambertus, Ostercappeln)

Abb. 3: Pfarrer Friedrich Caesmann. (Foto: F. Heiler, Osnabrück 1875)

Erntejahre gegeben. Durch den Bau der Eisenbahnlinie Osnabrück-Bremen bekommen Colonen Expropriationsentschädigungen[5] und Heuerleute, Handwerker und Kaufleute können Geld verdienen.

Zum Schluss seines umfangreichen Briefes erinnert Pfarrer Caesmann daran, dass Bischof Beckmann für seine Heimatgemeinde sicher einen besonderen Zuschuss geben würde. Die Timmermannsche Schule, genannt nach dem Lehrer Theodor Timmermann (1824-1874), eine katholische Knabenschule in Fachwerkbauweise an der Ostseite der Kirche, müsste abgerissen und dort ein neuer Chor gebaut werden. Die Seitenflügel der Kirche sollten nach Osten hin vergrößert werden. Sinnvoll wäre auch eine Deckenerhöhung des Mittelschiffs und den Eingang durch den Turm als Haupttür auszubauen. Dadurch könne der Fraueneingang an der Nordseite aufgegeben werden. Er rechnet für eine Erweiterung mit Kosten von 14.000 Talern. Die Einnahmen werden dann zunächst von ihm wie folgt kalkuliert:

1. Schenkungen, die durch Hauskollekten der Landdrostei gewöhnlich einbringen	Taler	3.000
2. Gabe einer Einzelperson	Taler	1.000
3. Beihilfe des Bischofs	Taler	2.000
4. Spenden (Kollekten)	Taler	4.000
5. Darlehen	Taler	4.000
		14.000

Weitere Einnahmen durch Spenden von Unverheirateten mit Vermögen erwartete Pfarrer Caesmann und Entlastungen durch Hand- und Spanndienste.

Die abgebildete Zeichnung aus den Dokumenten der Kirchengemeinde kann sicher als Planungsentwurf für einen Umbau und Anbau der Kirche angesehen werden. Er entsprach allerdings nicht den seelsorglichen Erfordernissen der großen Gemeinde und wurde, auch der geringen Größe wegen, vom Bischof nicht genehmigt.

Planung der neuen Kirche

Die neue Kirche wurde von dem Osnabrücker Kirchen- und Dombaumeister Johann Bernhard Hensen (*1828, +1870), im neogotischen Stil geplant. Er starb vor Beginn der Bauarbeiten. Die weitere Planung und die Bauleitung erfolgten durch seinen Nachfolger Architekt Franz Xaver Lütz (*1840, +1898), der sich 1871 in Osnabrück niedergelassen hatte. Er kam aus Opladen, heute Stadtteil von Leverkusen.[6]

Die Planung einer neuen und größeren Kirche am bisherigen Standort war mit erheblichen Schwierigkeiten verbunden. In der Ostwestachse war der Raum sehr begrenzt. Bei einer Verlängerung nach Osten musste die Knabenschule abgebrochen werden. Eine Verlängerung nach Westen scheiterte an den enormen Kosten. Das dort stehende Ackerbürgerhaus war anzukaufen und abzubrechen, um einen neuen Turm versetzt nach Westen zu bauen. Nach dem Entwurf sollte der Turm eine Höhe von 45 Metern bekommen.

Für die Kirche waren folgende Maße vorgegeben:

Breite im Querschiff	25,00 m
Länge bis Pfeiler am Chorbeginn	26,80 m
Länge mit Chor	37,00 m
Höhe bis Schlussstein	16,30 m
Höhe des alten Kirchturms	37,00 m

Der Plan, die Kirche nach Osten zu verlängern, war möglich, da die Knabenschule in einem sehr schlechten Zustand und viel zu klein war. Darauf hatte Pfarrer Caesmann als Ortsschulinspektor schon seit Jahren hingewiesen. Als Schulträger konnte die Kirchengemeinde die Fachwerkschule von 1820 erwerben. Der Kaufmann Wilhelm Lübbers, der

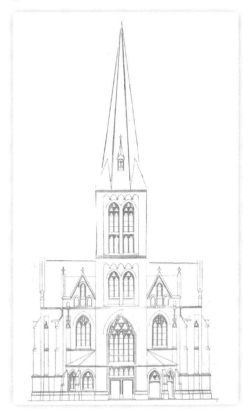

Abb. 4: Plan für einen Turmneubau (Quelle: Archiv Pfarrgemeinde St. Lambertus, Ostercappeln)

Abb. 5: Ackerbürgerhaus am Aufgang zur Kirche (Quelle: Archiv Pfarrgemeinde St. Lambertus, Ostercappeln)

von 1849-1868 Lehrer an der Schule gewesen war, erhielt für einen Teil seines Bauplatzes und für die neue Schule 1.400 Taler aus der Kirchenbaukasse, da Lübbers sich verpflichtet hatte, die neue Schule an der Venner Straße zu bauen. Er errichtete daneben ein Kolonialwarengeschäft (Tante-Emma-Laden) und verkaufte Textilien, Lebensmittel und Kurzwaren.

Am 31. Mai 1871 beschloss der Kirchenvorstand den Neubau der Kirche an alter Stelle, während vorher immer von einem Anbau die Rede gewesen war. Dabei berief er sich auf den Wunsch des Bischofs Johannes Heinrich Beckmann und dessen Spende von 5.000 Talern. An anderer Stelle werden 10.000 Taler genannt, die als Finanzierungsanteil des Bistums angesehen werden können. Eine Standortdiskussion mit der Alternative eines Grundstücks „up Kösters Kamp" muss wohl schon längere Zeit zuvor beendet worden sein.

Ein Rechtsstreit entstand über die Kirchenbänke. Viele Familien waren schon über Generationen Besitzer einer Bank oder eines Sitzes gewesen. Sie gingen natürlich davon aus, dass dieses Recht auch wieder in der neuen Kirche Gültigkeit hätte. Auch einige evangelische Familien machten alte vorreformatorische Ansprüche geltend. Sie wollten keine Bank in der neuen Kirche, aber eine finanzielle Entschädigung. Da eine Aufstellung über die Kirchensitze nicht vorhanden war, wurde an zwei Sonntagen vor dem Abbruch der Kirche in einer Kanzelverkündigung um Anmeldung der Rechte gebeten. Diese Bekanntmachung erfolgte auch in der evangelischen Johanniskirche in Arenshorst mit ihrer Zuständigkeit für Ostercappeln. Eine Kommission mit den Mitgliedern Colon Rustim, Wördner Steinkamp und Pastor Möllering aus Bohmte stellte die Sitzungsberechtigten fest und das Protokoll wurde mit „großer Mehrheit" (Kirchenbesucher, Kirchenvorstand?) angenommen. Die Angelegenheit wurde 1871 und noch 1878 dem Generalvikariat mit der Bitte um Weisung vorgelegt. Dort war man nicht abgeneigt, das Wagnis eines Rechtsstreits einzugehen, befürwortete aber auch einen Vergleich.[7]

Bau der Kirche

Der Bauunternehmer von Kintzel aus Paderborn erhielt den Auftrag zum Bau einer neuen Kirche an alter Stelle zum Preis von 21.900 Talern. Die Kirchengemeinde hatte Sand, Ziegelsteine und Bruchsteine zulasten ihrer Baukasse zu liefern.

Am 26. Oktober 1871 begann der Abbau der Knabenschule am Marktplatz und am 15. Januar 1872 fing die Baufirma an, die aus dem 12. Jahrhundert stammende romanische Kreuzkirche niederzulegen. „Die alten Leute jammerten, dass die alte Kirche abgerissen wurde."[8] Für die Feier der Gottesdienste während der Bauzeit konnte das Lokal der Leinenlegge angemietet werden.[9]

Ein großer Vorteil für das Bauvorhaben war der angrenzende Kirchplatz, bis 1808 Friedhof des Kirchspiels Ostercappeln, ohne bauliche Anlagen und Baumbepflanzung[10] Er wurde von den Schulkindern als Spielplatz genutzt. Auch wurde dort die jährliche Kirmes am zweiten Sonntag im September abgehalten. Hier konnte ohne große Schwierigkeiten die

Baustelle für den Neubau der Kirche angelegt werden, zumal die Kirchengemeinde Eigentümerin war. Eine ansteigende Plattform für den Materialtransport konnte der Geländeform wegen vom jetzigen Parkplatz vor der Gastwirtschaft Wortmann und dem Bioladen Pusteblume bis zur Kirche errichtet werden.

Am 28. April 1872 wurde im Beisein der Kirchengemeinde der Grundstein gelegt, worin nach alter Sitte eine versiegelte Flasche mit einem Dokument vermauert wurde, und zwar hinter dem Hochaltar. Das Dokument hat folgenden Text:

„Im Jahre des Heils wurde die alte dem heiligen Märtyrer und Bischof Lambertus geweihte Kirche hier selbst niedergebrochen unter der glorreichen Regierung Papst Pius IX., als Johannes Heinrich von dem Colonate Beckmann zu Haaren auf dem bischöflichen Stuhle zu Osnabrück saß, unter der Leitung des Architekten Lütz zu Osnabrück und des Bauunternehmers Hugo von Kintzel aus Paderborn, als

> Friedrich Wilhelm Caesmann Pastor hier war,
> Carl Francksmann, Caplan,
> Clemens Gormann Vikar
> und die Colonen
> Huntemann zu Felsen,
> Wilker zu Herringhausen,
> Kleine Honbrink zu Nordhausen
> und der Bürger und Wördener Steinkamp zu Ostercappeln,
> Kirchen Provisoren waren,

ist dieser Bau zur Ehre Gottes angefangen und ist das Dokument von den genannten Personen unterschrieben."

Dann traten Ereignisse ein, die den Bau erheblich verteuerten. Aus dem Abbruch der Schule und der alten Kirche fiel kaum verwertbares Baumaterial an. Die Ziegelei Haaren ging in Konkurs und 150.000 Ziegelsteine mussten nun von der Ziegelei Damme geholt werden und kosteten 900 Taler. Sie waren auch für das Gewölbe bestimmt. Dort wurden sie von oben ohne Gerüst eingemauert.

Der Preis für die Sandsteine verdoppelte sich, da die „Bogensteine" der Fenster und Türen von Iburg (heute Bad Iburg) abzuholen waren. Es handelte sich um die im Bennosteinbruch abgebauten Osning-Sandsteine (Jura-Kalkstein), die an Ort und Stelle zu Maßwerken und Pfeilern verarbeitet wurden. Dadurch verminderte sich der Aufwand für den Transport. Es stellte sich aber heraus, dass die Ackerwagen der Colonen[11] für die Beförderung zu leicht gebaut waren und dadurch die vorgesehene Eigenleistung entfiel.

Aus den hiesigen Steinbrüchen konnte kein geeignetes Material gewonnen werden. Zur Vermeidung von zukünftigen Feuchtigkeitsschäden wurde die Kirche mit erheblichen Mehrkosten um 1,50 Meter höher gelegt. Die Pfeiler in behauenem Sandsteinen – sie waren zunächst in Ziegelsteinen geplant – verteuerten sich erheblich. Das Schieferdach kostete doppelt so viel wie veranschlagt. Für die Zumauerung der Gerüstlöcher verwendete man den weißen Meller Sandstein.

Das Bürgervorsteher-Collegium des Wiegbolds Ostercappeln hat, so das Protokollbuch, dreimal über den Kirchbau beraten. In der Niederschrift vom 14. März 1871 ist Folgendes vermerkt:

> „Dem Kirchenvorstande hierselbst ist vom Magistrat die Erlaubnis ertheilt, Steine bei der Pumpe auf dem Gemeindeplatz zu lagern behuf des Kirchenbaues. Wird eine Vergütung dafür beansprucht, evt. wie viel?
> Beschluss: Wenn die Steine nicht länger als 3 Monate dort lagern, soll eine Vergütung nicht verlangt werden."

Es konnte noch nicht eindeutig festgestellt werden, wo der Gemeindeplatz bei der Pumpe war. Ein tiefer Brunnen befand sich auf der südlichen Seite des Kirchplatzes, von der nördlichen Wand der Gebäude Bremer Straße 17 und 19 etwa sechs bis sieben Meter entfernt.

Um die Wasserversorgung beim Kirchbau ging es in der Beratung am 30. Oktober 1871. Dem Bauunternehmer von Kintzel wurde genehmigt, Wasser aus dem Gemeindebrunnen bis auf 10 Fuß zu entnehmen, aber nur durch ein eigenes Rohr.

Ein weiterer Beschluss der Gemeindevertretung vom 22. Februar 1872 hat folgenden Wortlaut:

> „Wird von Seiten der Gemeinde genehmigt, dass die Straße durch den projektierten Kirchenbau beim Mehring-Pieperschen Hause beengt wird?
> Beschluss: Es wird unter der Bedingung nur genehmigt, dass zwischen den Mehring-Pieperschen Wohnhause auf der engsten Stelle eine freie Durchfahrt von 11 Fuß [ca. 3,30 m] bleibt, und zwar so, dass die Wagen auf keiner Weise vor und hinter der Durchfahrt beengt werden, also den Dreh bequem machen können."

Während der Bauzeit haben die Bürgervorsteher auf Antrag des Kaufmanns Gerhard Veltmann beschlossen, den hiesigen Kirchenvorstand zu veranlassen, dass der Weg zwischen der früheren katholischen Schule und dem Mehringschen Haus von Bauschutt gereinigt würde, um die notwendige Passage freizustellen.

Altäre - Fenster - Figuren[12]

Pfarrer Caesmann machte während der Bauzeit am 13. März 1873 Vorschläge für die Ausgestaltung der Kirche. In der Einleitung schreibt er:

> „Die neue Kirche wird in größter Mehrzahl von einfachen Landleuten besucht werden. Daher muß die Glasmalerei nach Inhalt und Darstellungsweise deren Bildung und Bedürfnissen angepasst werden. So sind, um eins hervorzuheben, vorbildliche und symbolische (statuarische) Darstellungen nur sparsam und von ihnen nur leicht verständliche zu verwenden."

Er war der Ansicht, dass die Fenster, sobald das Geld dafür vorhanden war, mit Heiligenfiguren in einer Größe von 1,50 bis 1,80 Meter gestaltet werden sollten, die man dann von allen Plätzen in der Kirche sehen könne. Für den Chor schlug er Fenster mit den Abbildungen des Kirchenpatrons St. Lambertus, des hl. Kaisers Heinrich und des hl. Friedrich vor, da die letztgenannten Heiligen deutschen Namens sind und viele in der Gemeinde deren Namen trugen. In den Seitenwänden sollten in den farbig gestalteten Fenstern weitere Bilder von Heiligen sichtbar werden. Er nannte dabei die hl. Mutter Anna, Elisabeth von Thüringen als Vorbild einer deutschen Ehefrau, Regina, Agnes, Franz von Assisi, Hermann, Wilhelm, Isidor und die Magd Nothburga.

Das Glasbild oberhalb des südlichen Eingangs wurde vom damaligen „Comitee zur Förderung des Andenkens an Dr. Ludwig Windthorst" gestiftet. Es wurde ein Preis von 5.000 Mark genannt. Die ersten Entwürfe „Jüngstes Gericht" und „Michael mit dem Drachen" wurden vom Generalvikariat nicht genehmigt. Dann fertigte die Firma Henning und Andres, Hannover, Atelier für Glasmalerei und Kunstverglasungen, das jetzige Fenster „Sturm auf dem Meere" nach dem Entwurf des Kunstmalers F. Baumhauer, München. In Niedersachsen haben sich in mehr als 90 Kirchen Verglasungen von Henning und Andres erhalten. Für das Fenster mit der Darstellung „Ich bin der gute Hirt (Joh. 10,11)" wurden vom Markkötter Heinrich Seeger 500 Mark gestiftet. Ein weiteres Fenster stiftete Gertrud Hülsebusch (* 23.10.1830, +20.10.1910).[13]

Die Kirche erhielt drei Eingänge. Dabei konnte die Planung eines Haupteingangs durch den Turm aus Platzmangel und wegen der neuen Höhendifferenz nicht verwirklicht werden. Wahrscheinlich wurde auch der Eingang von Norden sofort oder später zugemauert. Eine Öffnung erfolgte erst vor einigen Jahrzehnten als stufenloser Behinderteneingang. Der in der alten Kirche vorhandene Fraueneingang wurde ersatzlos aufgegeben, wie schon von Pfarrer Caesmann in der Vorplanung gefordert.

Einweihung der Kirche

Eingeweiht wurde die neue Sankt-Lambertus-Kirche am 11. Dezember 1873 durch den damaligen Bischof von Osnabrück, Johannes Heinrich Beckmann. Er wurde am 23. Juli 1803 in Haaren geboren und in der alten Kirche getauft. Er besuchte das Gymnasium Carolinum in Osnabrück und wurde 1828 zum Priester geweiht. Nach seiner Tätigkeit als Dompfarrer übte er von 1856 bis 1866 das Amt des Generalvikars aus. Seine Ernennung zum Bischof von Osnabrück erfolgte 1866. Bischof Paulus Ludolf Melchers (1858-1868), sein Vorgänger, war zum Erzbischof von Köln berufen worden. Beckmann starb am 30. Juli 1878.

Abb. 6: Kirche St. Lambertus 1985 (Foto: Benedikt Loheide)

Über die Einweihung der Kirche hat der damalige Pfarrer Caesmann folgenden Bericht verfasst:

„Am 11. Dezember 1873 ist die neue Kirche in Ostercappeln durch unseren hochwürdigen Bischof Johannes Heinrich Beckmann feierlichst eingeweiht. Tags vorher wurde derselbe mit 5 Wagen aus Osnabrück abgeholt, er selbst mit einem 4-spännigen Wagen mit Colon Klecker in Haaren. Außerdem waren noch mit Wagen da Colon Beckmann zu Schwagstorf, Colon Kottmann und Colon Kleine Honebrink mit den Kirchenvorständen Steinkamp, Kleine Honebrink und Borchard. Auf dem Kuhofe an der Cappler Grenze [Haaren] waren noch etwa 10 Wagen und 50 Reiter versammelt, um ihn daselbst abzuholen. Herr Sanitätsrat Dr. Wagner hielt daselbst eine Ansprache, welche der hochwürdige Bischof erwiderte. Alsdann ging der Zug weiter bis zum Uhlenbrocken [Gut Uhlenbrock], wo selbst die ganze Gemeinde mit den Geistlichen sich aufgestellt hatte. Hier stieg der hochwürdige Herr aus und die Gemeinde begleitete ihn in einer Prozession zur Notkirche [Legge], wo selbst der hochwürdige Herr eine Ansprache hielt und den Segen erteilte. Darauf geleitete man ihn unter Böllerschüssen und Glockengeläute zum Pastorat.

Am anderen Morgen begann die Einweihung um 8 Uhr. Danach hielt der hochwürdige Bischof eine treffende Predigt über die Bedeutung des Gotteshauses und über die Worte der Heiligen Schrift – Ziehe deine Schuhe aus, denn der Ort, wo du stehst, ist heilig. – Darauf zelebrierte der hochwürdige Bischof ein feierliches Pontifikalamt, dem der Caplan C. A. Francksmann [1871-1887] und Vikar Clemens Gormann [1871-1883]

Abb. 7: Bischof Johannes Heinrich Beckmann
(Quelle: Diözesanarchiv Osnabrück)

Abb. 8: Das Pastorat bis 1906 (Quelle: Archiv Pfarrgemeinde St. Lambertus, Ostercappeln).

ministrierten. Die ganze Feier dauerte bis gegen ½ 1 Uhr. Während des Hochamtes spielte vom südlichen Chor-Prichen [Empore] ein Musik-Corps und begleitete den Choral.

Am Nachmittag war gemeinschaftliches Festessen im Broermannschen Saal, wozu etwa 150 Teilnehmer versammelt waren. Den ersten Toast brachte der hochwürdige Bischof auf unseren Heiligen Vater Papst Pius IX. [1846-1878] aus. Darauf wurde von unserem Pastor [Friedrich Wilhelm Caesmann] der Toast ausgebracht auf unseren hochwürdigen Bischof als den geborenen Ostercappeler, der durch seine freiwillige Gabe uns eine schöne Kirche geschenkt habe. Kaufmann Gerhard Veltmann brachte ein Hoch dem Kirchenvorstand."

Abb. 9: Innenansicht der Kirche um 1880 (Quelle: Archiv Pfarrgemeinde St. Lambertus, Ostercappeln).

Einnahmen und Ausgaben beim Bau der Kirche

Es sind nur wenige Finanzunterlagen über den Bau der Kirche vorhanden. Am 29. April 1875 berichtete Pfarrer Caesmann an das Generalvikariat, dass die Kirchengemeinde für den Neubau der Kirche, einschließlich des Honorars für den Architekten Lütz, insgesamt 31.000 Taler als Darlehn mit einer Verzinsung bis 4,5 % auf-

Abb. 10: Hotel Broermann (Repro Druck: Hubert Zalewski).

nehmen musste. Nach seiner ersten Aufstellung (An- und Umbau) eine Erhöhung um 17.000 Taler. Es ist auch zu vermuten, dass die Einnahmen aus Spenden und Kollekten erheblich hinter den Erwartungen zurückgeblieben sind und, wie schon angeführt, die Eigenleistungen bei dem großen Bauwerk nur teilweise erbracht werden konnten.

In der Familienchronik des Vollerbenhofes Borchard in Herringhausen wird berichtet, dass der Eigentümer und Kirchenvorsteher Colon Heinrich Borchard (*25.10.1835) 130 Taler gespendet hat. Auch ist hier notiert, dass Bischof Beckmann 10.000 Taler gegeben hat und dadurch überhaupt der Neubau der Kirche verwirklicht werden konnte. Der ehemalige Lehrer Bernhard Kleine aus Hitzhausen, der nach Amerika ausgewandert war, schickte eine Spende in Höhe von 100 Mark. Pfarrer Caesmann stiftete 130 Taler.

Ehemalige Einwohner des Kirchspiels Ostercappeln, die zwischen 1830 und 1850 in die Vereinigten Staaten ausgewandert waren und in Cincinnati eine neue Heimat gefunden hatten, stifteten 425 Mark für die Kronleuchter. B. Trentmann schrieb dazu am 18.

Juni 1894 aus Price Hill, Cincinnati (Ohio) an Lehrer Ernst Kißling, Ostercappeln (*1846, +1912), dass er das Geld überwiesen habe. „Wir wünschen, das alles Geld, daß wir schicken, für die Kronleuchter verwendet wird." Die Spender sind auf der nachstehenden Namensliste aufgeführt:

> „Glandorf ut den Schnütenbühl, Math. Glandorf, Bruder von Franz Glandorf, Lehrer Bührmanns, B(H)öckelmanns ut Bartels Kotten, Herringhausen, Heidacker vom Kaldenhof, sein Vater war der erste der nach Amerika ging (Zimmermann Adam Heinrich Heidacker, Auswanderung 12.09.1932), Heinrich Trentmann, der früher bei meinem Bruder Heinrich war, er hat ein schönes Geschäft, Wirth und Krämer, Sanders aus der Horst mit einem der aus Linkemeyers Kotten kommt, Lücke aus der Horst, hat die schönste Wirtschaft in Corington, Eyke von Driehausen, Wilshaus von Hitzhausen, Clara Wilker ut den Kuckuck, Räuwer ut Cappeln, M. Böllner ut de Horst, Holtgrewe ut Herringhausen, Wellinghoff aus Herringhausen, Franz Koch Feldkamp, Anna Renzmann, Kappeln."

Der dem St. Josef gewidmete Seitenaltar unterhalb der rechten Empore wurde von Dr. Ludwig Windthorst (1812-1891) mit 450 Mark gesponsert. Eine weitere Spende von 300 Mark kam vom Kaufmann Mathias Bäcker aus St. Louis, Nordamerika, der vom Hof Bäcker in Hitzhausen stammte. Aufgrund der Stifterbedingungen verblieb der Altar im Besitz der Vikarie, wie der vorherige Vikar Clemens Gormann in einem Brief aus Spelle vom 21. Januar 1884 mitteilte.[14] Die Altarfigur mit dem Jesuskind, nach einer Zeichnung von 1874, musste von dem Bildhauer Heinrich Seling[15] nach einem Modell zweimal angefertigt werden, da die erste schadhaft war und zurückgewiesen wurde. Durch freiwillige Beiträge wurde auch der Marienaltar unterhalb der linken Empore aus Baumberger Sandstein finanziert. Auf einen Holzaltar hatte man, der schlechten Erfahrung im Bistum wegen, verzichtet und stellte auch fest, dass die Kosteneinsparung gering war.

Drei ehemalige Nebenaltäre wurden nicht mehr errichtet. Davon genannt wurde noch der Enneckersche Altar. Es könnte eine Stiftung der Hofbesitzerfamilie Ennecker, Nordhausen, aus der Zeit vor der Reformation gewesen sein. Ein möglicher Inhaber ist noch 1672 im Mitgliederverzeichnis der Mariengilde eingetragen. Ein weiterer Altar soll nach Ansicht von Pfarrer Caesmann der hl. Anna gewidmet gewesen sein.

In den Jahren 1885 bis 1890 fertigte Seling die großen Apostelfiguren und die Skulptur St. Isidor. Caesmann berichtete am 25. November 1890, dass zehn Figuren schon stehen, die durch „Geber" finanziert wurden. Seling schuf auch die Kanzel. Auch hier gingen erhebliche Spenden ein.

Eine neue Schleifladenorgel unter Verwendung von alten Teilen fertigte durch Vertrag vom 18. April 1876 die in Ostercappeln ansässige Orgelbaufirma Carl Haupt und Sohn Rudolf zum Preis von 6.358 Mark. Die Orgel wurde an der Turmwand eingebaut, „wie es fast die gesamte Gemeinde wünscht". Der Plan, die Orgel auf der linken Empore aufzubauen, um bei einem Neubau des Turms nicht doppelte Kosten zu haben, wurde damit aufgegeben.[16]

Die neuen Kirchenbänke waren für 2.500 Taler angeschafft worden. Je Sitz wurden eine Breite von 50 cm und eine Tiefe von 75 cm festgesetzt. Eine Einnahme zur Tilgung der Kirchenschulden war die Vermietung der Kirchenbänke jeweils für vier Jahre in einer öffentlichen Versammlung. Kaufleute und Bauern boten bis zu 40 Mark je Bank. Die meisten Kirchenbesucher waren dazu nicht in der Lage. Sie waren auch nicht bereit, die kostenlosen „Armenplätze" zu benutzen, die Bischof Beckmann gewünscht hatte. Die Vermietung war deshalb auch nicht unumstritten. Der Heuerling F. Holtmeyer aus Schwagstorf teilte dem Generalvikar am 4. September 1902 Folgendes mit: „Als die Kirche gebaut

Abb. 11: Orgel von 1877 (Quelle: Archiv Pfarrgemeinde St. Lambertus, Ostercappeln)

wurde da wurde von der Kanzel aus verkündet, ein jeder sollte sein Schärflein was möglich wäre bei tragen helfen. Dann sollten die neuen Kirchen Plätze nachher frei sein." Er schilderte dann die Vorgänge bei der letzten Versteigerung aus der Sicht der „kleinen Leute", die nicht in der Lage seien, die Mieten für Kirchensitze aufzubringen. Pfarrer Caesmann berichtete darauf, dass der Kirchenvorstand aus sieben älteren, verständigen, milde und religiös veranlagten Männern bestehe. Sie würden die Vermietung durchführen. Er rechnete mit einer Einnahme von 900 Talern bei jeder Vermietung.[17]

Über die Malerarbeiten ist nur bekannt, dass die Kirche 1884 durch Wilhelm Clausing aus Osnabrück eine neugotische Ausmalung erhielt. Er bekam für die Arbeiten im Gewölbe bis zu den Kapitellen 2005 Mark. Der Chor war schon vorher farbig gestaltet worden.

Obwohl der Kirchturm nicht gebaut wurde, hat der Wördener Karl Grewe noch 1907, also 34 Jahre nach Errichtung der Kirche, einen Teil seines Nachlasses in Höhe von 2.000 Mark für einen neuen Turm gespendet. Dadurch kann festgestellt werden, dass der Wunsch nach einem neuen Turm, passend zur Kirche, noch vorhanden war. Der alte Turm mit den historischen Glocken von 1500 ist inzwischen ein kostbares Baudenkmal geworden. Als durch die Münzgesetzgebung von 1871/1873[18] die Mark im Verhältnis von 3 zu 1 zum Taler eingeführt wurde, hatte die Kirchengemeinde 93.000 Mark abzuzahlen und konnte bis 1904 davon einen Betrag von 43.000 Mark tilgen. Pfarrer Caesmann teilte dies dem Generalvikariat am 19. Januar 1904 mit.

Es ist also davon auszugehen, dass seit 1874 jährlich für die Zinsen und Tilgung ca. 1.400 Mark abgezahlt worden waren und das Darlehn bei gleichen Bedingungen hätte erst 1934 gelöscht werden können. Durch die Inflation des Ersten Weltkriegs und des Krisenjahrs 1923 konnte das Restdarlehen von ca. 20.000 Mark vorzeitig getilgt werden.

1 Bernhard Brickwedde *12.04.1895, +08.02.1971. Siehe: Hehemann, Rainer (Bearb.): Biographisches Handbuch zur Geschichte der Region Osnabrück, Bramsche 1990, S. 43.

2 Nöldeke, Arnold: Die Kunstdenkmäler der Provinz Hannover, die Kreise Wittlage und Bersenbrück, Hannover 1915.

3 Die kaum befestigten Kirchwege waren aus dem nördlichen Bereich des Kirchspiels mit den Ortsteilen Horst in Schwagstorf und Feldkamp in Herringhausen bis zu 8 km lang, und das Wiehengebirge, ca. 150 m ü. NN, war zu überwinden.

4 Die Adelshäuser Caldenhof, Krebsburg und Kuhof nahmen ihre Rechte auf eigene Emporen noch bis zum Abbruch der alten Kirche in Anspruch. Die genannte Ostercappelner Bühne kann einem Adelsgeschlecht nicht zugeordnet werden. Die Güter Arenshorst und Langelage, die evangelisch geworden waren, hatten die Benutzung ihrer Emporen mit den Kirchensitzen nach der Reformation aufgegeben. Die Bestattungen von Toten aus den Adelsfamilien in der Kirche wurden, trotz historischer Rechte, im 18. Jahrhundert allgemein verboten. Siehe auch: Riepe, Franz: „Erinnerungen an die Heimat meiner Kindheit", hrsg. v. Dagmar Langhorst, Rönnekers Hof 26, 2841 Lembruch 1991.

5 Der Bau der Eisenbahn von Osnabrück über Ostercappeln nach Bremen, zunächst eingleisig, erfolgte 1872/1873 und die Erweiterung um ein zweites Gleis in den 80er-Jahren des 19. Jh. Einige Grundstückseigentümer mussten dafür Ackerland, Wiese und Wald abgeben und bekamen die entsprechende Entschädigung. Besonders betroffen war das Gut Krebsburg, welches von dem Eigentümer Freiherr William von Morsey (*13.01.1822, +16.04.1906) wegen der am Gutshaus vorbeiführenden neuen Eisenbahn verkauft wurde. Dabei soll auch der Untergang des Königreichs Hannover eine Rolle gespielt haben. Neuer Eigentümer wurde der Freiherr Conrad von Romberg zu Bladenhorst.

6 Zu Johann Bernhard Hensen siehe: Hehemann: Biographisches Handbuch, S. 129; sowie: Kirchenbote Nr. 44 / 01.11.2020, S. 15: Der Baumeister vom Hümmling; zu Franz Xaver Lütz siehe: https://de.wikipedia.org/wiki/Franz-Xaver (eingesehen 28.12.2021).

7 Generalvikariat 15.12.1871 Nr. 1859 und 29.03.1878 Nr. 445.

8 Riepe: Erinnerungen.

9 Die Genehmigungsurkunde mit sieben Seiten für die Zeit vom 01.01.1872 bis 01.10.1873 erteilte die Königliche Landdrostei am 25.11.1871 (Nr. 5525). Für den Betrieb der Legge mietete die Kirchengemeinde den „Stoltmannschen Saal" und ein Dienstzimmer für den Leggemeister an. Sie musste also die Miete und alle Nebenkosten für den Saal in der Leinenlegge und für die Ausweichräume bezahlen. Der nicht unerhebliche finanzielle Aufwand war dem Kirchenbau zuzurechnen.

10 Loheide, Rudolf: Der Friedhof Ostercappeln, in: Heimat-Jahrbuch Osnabrücker Land 2013, S. 47-55.

11 Es handelte sich um die Inhaber von Vollerben- und Halberbenstätten.

12 Bistumsarchiv Osnabrück (BAOS) Pfarramt Akt. Ost. L140, u. a.

13 Vgl.: Klauke, Angela: Glasmalerei-Werkstätten im 19. Jahrhundert in Niedersachsen. Einblicke in das Forschungsprojekt „Kirchliche Glasmalerei zwischen 1800 und 1914 in Niedersachsen"; in: Das Münster, Zeitschrift für christliche Kunst und Kunstwissenschaft 2/2009, S. 95.

14 Der Domvikar Georg Klecker hat 1722 eine Wordstätte mit Ländereien in Ostercappeln erworben und sie als Vikarie der Kirchengemeinde mit Kapitalien übertragen. Aus Zinsen und Pachten war der Lebensunterhalt eines Vikars sichergestellt. Vgl.: Loheide, Rudolf, Katholische Mädchenschule in Ostercappeln, in: Heimat-Jahrbuch Osnabrücker Land 2014, S. 153-167.

15 Zu H. Seling siehe: Hehemann: Biographisches Handbuch, S. 270.

16 Der Orgelbauvertrag vom 18.04.1876 wurde vom Pfarrer Caesmann und den Mitgliedern des Kirchenvorstandes Borchard, Freibüter, Honebrink, Huntemann, Kottmann, Menze, Steinkamp und Varwig unterschrieben. Der Orgelbauer Wilhelm Haupt hat 1830 schon in Ostercappeln gelebt und sein Bruder Carl Friedrich Haupt in den Jahren danach. Sie hatten ihre Werkstatt seit etwa 1837 in Ostercappeln Nr. 88. Nach einem Konkurs der Firma 1859 trennten sich die Brüder. Wilhelm Haupt zog nach Meppen. Seit 1875 führte Carl Haupt das Unternehmen, gemeinsam mit seinem Sohn Rudolf Wilhelm. Rudolf Loheide/Franz-Josef Rahe: St. Lambertus und seine Orgeln, 1994. W. Schlepphorst: Der Orgelbau im westlichen Niedersachsen, Band I, 1975.

17 BAOS T. B. Nr. 181. BAOS Pfarramt Akt. Ostercappeln C 100/130, Lat. 0-20, Nr. 445.

18 Reichsgesetzblatt 1873, Nr. 22, S. 233-240.

Ecclesia und Synagoge
Auseinandersetzung mit den Figuren auf dem Gellenbecker Hochaltar

Johannes Brand

1. Einleitung

„1700 Jahre jüdisches Leben in Deutschland" – unter diesem Motto wurde 2021 an ein Dekret des römischen Kaisers Konstantin aus dem Jahr 321 erinnert, das die Berufung von Juden in den Stadtrat von Köln erlaubte. Es ist das älteste Dokument, das einen Hinweis auf die Anwesenheit von Juden im Territorium unseres Landes gibt. Dazu einige Klarstellungen: Im Jahr 321 gab es noch kein Deutschland, davon kann man frühestens erst im Zusammenhang mit der Entwicklung des Ostfränkischen Reiches zum Heiligen Römischen Reich unter der Dynastie der Ottonen (10. Jahrhundert) sprechen. Es handelt sich unbedingt um einen Erlass des römischen Kaisers für eine Stadt in seinem Imperium Romanum. Wenn man schon Deutschland mit diesem Jubiläum in Verbindung bringen will, ist es also besser, von „1700 Jahre jüdischem Leben im Gebiet des heutigen Deutschlands" zu sprechen. – Und zweitens bedeutete dieses Dekret Konstantins keineswegs schon eine Gleichberechtigung der Juden mit den Römern. Es ging nicht um das Recht Mitglied im Stadtrat sein zu dürfen, sondern eher um eine Pflicht: „Für die Mitgliedschaft im Stadtrat musste man eigene Mittel und Zeit aufwenden, daher war es in der Spätantike kein beliebtes Amt."[1] Juden sollten also nicht das Privileg haben, von der Mitgliedschaft im Rat befreit zu sein, sondern dieselben Pflichten haben wie andere Stadtbürger.

An vielen Orten und in vielfältigsten Formen gab es 2021 Veranstaltungen zu diesem Jubiläum. Mancherorts wurden auch erstmals oder erneut die Beziehungen zwischen Nichtjuden und Juden einer kritischen Betrachtung unterzogen. So auch in Hagen am Teutoburger Wald, wo – soweit bekannt – in der Vergangenheit nie Juden gelebt haben. Aber hier gab es in der Gellenbecker Kirche in der Bilderwand des alten Hochaltars von 1923 das Figurenpaar Ecclesia und Synagoge, eine mittelalterliche Allegorie des Verhältnisses von christlicher Kirche und Judentum, das nun in den kritischen Fokus kam. Der Verfasser hat sich bereits vor zwei Jahrzehnten in seinem Aufsatz „Der Gellenbecker Hochaltar" eindringlich damit beschäftigt.[2] Bei vielen Kirchenführungen hat er immer wieder die Problematik angesprochen. Zu Beginn des Jahres 2021 aber machte der Pfarrer der katholischen Pfarreiengemeinschaft in Hagen a.T.W, Hermann Hülsmann, die Anregung, sich nicht mit dieser verletzenden Darstellung des Judentums abzufinden, sich intensiv damit auseinanderzusetzen und neue Lösungen zu suchen. Kirchenvorstand und Pfarrgemeinderat luden daher am 12. Juli 2021 zu einer gemeinsamen und zugleich öffentlichen Sitzung in den Raum der Kirche ein. Bevor die versammelten Gremien- und Gemeindemitglieder mit Blick auf die Bilderwand in die Diskussion einstiegen, durfte der Verfasser die Problematik dieser Figuren darstellen. Der Vortragstext findet sich – für diesen Aufsatz leicht bearbeitet – in den folgenden Abschnitten 2. bis 5.

Abb. 1: Der Hochaltar von 1923 im Chorraum der Kirche Mariä Himmelfahrt im Hagener Ortsteil Gellenbeck (Foto: Karl Große Kracht, 05.11.2021)

2. Der Gellenbecker Hochaltar: „Ein Haus voll Glorie schauet"

Es soll zunächst der gesamte Hochaltar (Abb. 1) in den Blick genommen werden. Der Verfasser hat in seinem Aufsatz „Der Gellenbecker Hochaltar" unterstellt, dass dem Werk ein Bildprogramm zugrunde liegt, das uns unbekannt ist. Möglicherweise hat es der aus der Stifterfamilie stammende Vikar Theodor Gretzmann entworfen; aber ein schriftlicher Text oder eine mündliche Überlieferung sind nicht bekannt. Der Autor hat nun aus seinen Beobachtungen geschlossen, dass das Bildprogramm eine Allegorie der römisch-katholischen Kirche darstellt, wie sie sich seit dem I. Vatikanischen Konzil von 1870 verstand. Das sei in einem kurzen Durchgang durch die Bilderwand von unten nach oben dargestellt.

- In der Predella sind die sieben Sakramente dargestellt, die vor 100 Jahren verstanden wurden als „eine histor. Greifbarkeit [der Heilstaten Gottes am Menschen] innerhalb der Kirche u. durch sie: die Kirche handelt im Auftrag Christi am einzelnen Menschen [...]."[3]

- Die Bilder im Untergeschoss werden traditionell als „Marienleben" bezeichnet. Mittelalterliche Marienleben-Zyklen stellen allerdings viele Lebensereignisse der Mutter Jesu nach Legenden und Evangelien zusammen, während hier nur die Geburt Jesu, der Tod Marias, ihre Himmelfahrt und die Krönung im Himmel dargestellt werden. Gerade im letzten Bild, auf das die Bilderreihe hinzielt, wird in mittelalterlichen Darstellungen Maria als Urbild der Kirche verstanden, „der sich Christus [...] mystisch vermählt".[4]

- Die Reihe der Heiligen im Obergeschoss, die um Christus versammelt sind, kann man als Referenz an die Stifterfamilie Gretzmann verstehen, deren damalige Namenspatronen stehen dort. Nach alter kirchlicher Lehre ist die „Gemeinschaft der Heiligen" des Apostolischen Glaubensbekenntnisses „die geistige Vereinigung der Christgläubigen auf Erden, der armen Seelen im Fegefeuer und der Seligen im Himmel", die man auch „streitende, leidende und triumphierende Kirche" nennt.[5] Die Heiligen sind also die „triumphierende Kirche"!

- An den Seitenwänden des Altars finden wir vier weitere „Heilige", die mit der Gründung von Kirche zu tun haben: oben links der Apostel Petrus, oben rechts der Apostel Paulus, unten links Wiho, der erste Bischof von Osnabrück und unten rechts Karl der Große, der Begründer des Bistums Osnabrück.

- In der Mitte der sogenannten Bekrönung steht die Kreuzigungsszene nach dem Johannesevangelium. Jesus wendet sich seiner Mutter zu, die mit dem Apostel Johannes unter dem Kreuz steht. Vielfach wird diese Szene als Akt der Kirchengründung gedeutet, wobei Maria als die Mutter der Kirche gesehen wird. Verstärkt wird dieser Gedanke noch, wenn man den griechischen Urtext von Joh 19, 30 philologisch exakt so übersetzt: „Als nun Jesus den Essig nahm, sprach er: Es ist vollendet, und neigend den Kopf, übergab er den Geist."[6] Johannes schildert Jesus als einen bis in den Tod hinein souverän Handelnden. Er neigt seinen Kopf den unter dem Kreuz Stehenden zu und übergibt ihnen seinen Geist, damit sie ihn weitertragen. Das ist Kirchengründung!

- Diese Szene ist außen begleitet von den beiden allegorischen Frauengestalten Ekklesia und Synagoge, mit denen wir uns ausführlicher beschäftigen wollen.

Das bekannte Kirchenlied „Ein Haus voll Glorie schauet" illustriert sehr schön die Vorstellung von Kirche in der katholischen Kirche seit dem I. Vatikanischen Konzil. Der Jesuit Joseph Mohr[7] dichtete das Lied im Jahr 1875. Es sollte damals zur Zeit von Bismarcks Kampf gegen die katholische Kirche „die katholische Identität stärken und nach außen wahrnehmbar machen"[8] und ein neues Selbstbewusstsein der katholischen Kirche formulieren.

Daraus einige Verse:

1. „Ein Haus voll Glorie schauet weit über alle Land',
Aus ew'gem Stein erbauet von Gottes Meisterhand.

2. Gar herrlich ist's bekränzet mit starker Thürme Wehr,
Und oben hoch erglänzet des Kreuzes Zeichen hehr.

3. Wohl tobet um die Mauern der Sturm in wilder Wuth;
Das Haus wird's überdauern, auf festem Grund es ruht.

4. Ob auch der Feind ihm dräue, anstürmt der Hölle Macht:
Des Heilands Lieb' und Treue auf seinen Zinnen wacht.

5. Dem Sohne steht zur Seite die reinste der Jungfrau'n;
Um sie drängt sich zum Streite die Kriegsschar voll Vertraun."[9]

Mit Papst Johannes XXIII. und dem II. Vatikanischen Konzil war dieses Kirchenbild überholt. Der Theologe Jan-Heiner Tück nennt drei Merkmale für das neue Kirchenbild[10]:

1. Christus allein ist das Licht der Völker, die Kirche schaut auf ihn und „beschreibt sich als Heilsmittel für alle – und nicht nur für eine kleine katholische Elite".

2. Die Kirche ist das pilgernde Volk Gottes, das „geschichtlich unterwegs ist". In ihr ist das Reich Gottes noch nicht verwirklicht, sondern dieses ist ihr Ziel. „Das ist wichtig, um triumphalistische Beschreibungen von Kirche abzuwehren […]."

3. Kirche wird nun als „Communio" verstanden, als die Gemeinschaft der Gläubigen, womit eigentlich das hierarchische Kirchenbild überwunden sein sollte. Sie sollte in ihrer Struktur verstanden werden „als ein Netz von bischöflich verfassten Kirchen", in dem der Bischof von Rom der „sichtbare Garant der Einheit in der Vielfalt der Ortskirchen" ist.

Dazu passt nun ganz und gar nicht mehr das Bildprogramm des Gellenbecker Hochaltars. Damit stellt sich aber auch die Frage, ob dieser Hochaltar überhaupt noch in die Gellenbecker Kirche gehört; aber dazu später.

3. Ekklesia und Synagoge

Wenden wir uns nun den beiden Frauenfiguren zu, die in der Bekrönung des Hochaltars die Kreuzigungsszene außen begleiten (Abb. 2 und 3). Es sind die allegorischen Figuren Ecclesia und Synagoge. Ecclesia ist die Kirche und Synagoge steht für das Judentum. Sie bilden ein untrennbares Paar und man muss sie immer im Zusammenhang sehen. Ihren Ursprung hat das Paar wohl in karolingischen Darstellungen, also im frühen Mittelalter, wo sie dem gekreuzigten Jesus zugeordnet sind. Ecclesia fängt in diesen Darstellungen in einem Kelch das Blut Jesu – Blut des Neuen Bundes – auf, während Synagoge sich abwendet. Später tritt dieses Paar auch alleinstehend auf, wie zum Beispiel am Bamberger Dom oder Straßburger Münster; oder auch in Zusammenhang mit den klugen und törichten Jungfrauen aus dem Gleichnis Jesu (Mt 25, 1-13), wie zum Beispiel am Brautportal der Osnabrücker Marienkirche (Abb. 4). Dann stehen auch die klugen Jungfrauen für die Kirche und die törichten für das Judentum.

„Die selbständige Zweiergruppe der sich gegnerisch gegenüberstehenden E. und S. ist erst eine Schöpfung des hohen MA."[11] – „Die beiden Figuren […] zeigen das mittelalterliche Verständnis des Verhältnisses von Christentum und Judentum, das von starkem Überlegenheitsgefühl der christlichen Kirche gegenüber dem Judentum geprägt war."[12]

Interessant ist auch die schon im Mittelalter festgelegte Zuordnung der Figuren zum Kreuz: Maria steht immer auf der rechten, der bevorzugten Seite des Gekreuzigten, Johannes auf der linken. Die rechte Seite ist aber auch die Seite des Guten, des Neuen Testaments und damit der Ecclesia, die linke Seite entsprechend die des Bösen, des Alten Testaments und damit der Synagoge.

Abb. 2 und 3: Ecclesia und Synagoge auf dem Gellenbecker Hochaltar (Fotos: Karl Große Kracht, 05.11.2021)

Zu den Merkmalen und Attributen der Ecclesia gehören das stolz erhobene Haupt, Krone, Kreuzstab mit Fahne und der Kelch (des Neuen Bundes). Synagoge ist gekennzeichnet durch gesenktes Haupt, abgewandte Körperhaltung, Augenbinde (blind für den wahren Glauben), gebrochene Lanze (vergangene Macht und Bedeutung), aus der Hand gleitende Gesetzestafeln als Zeichen des Alten Bundes. Zumindest nach der mittelalterlichen Deutung wird Christus am Ende der Zeiten der Synagoge die Binde von den Augen nehmen und das Judentum wird Christus anerkennen und so zum Heil kommen.

Oft aber hat sie – wie auch in der Gellenbecker Kirche – als Attribut den gehörnten Kopf eines Ziegenbocks. Und dann wird es böse! Im Wörterbuch der christlichen Ikonographie heißt es dazu, dass der Ziegenbock ein aus der Antike in das Christentum übernommenes Symbol der Wollust sei und auch den Teufel selbst meine.[13] Schon den mittelalterlichen Kirchenschriftstellern galt der Bock als Symbol der Sünde. Die Scheidung der Böcke von den Schafen in Mt 25, 31-46 meint die Scheidung in Selige und Verdammte im Jüngsten Gericht durch Christus als Weltenrichter.

Und Albert Marx schreibt in seiner *Geschichte der Juden in Niedersachsen*:

> „Dem zeitgenössischen frommen Betrachter wurde somit auf drastische Weise an heiliger Stätte vor Augen geführt, wie weit es – aus christlicher Sicht – mit dem Judentum gekommen war, […]: Eine entthronte Königin, deren Macht von der triumphierenden Kirche besiegt worden war. Der Bockskopf symbolisierte Unkeuschheit und Unglauben und sollte Assoziationen an den Teufel wecken."[14]

Zu den Folgen solchen Denkens schreibt Hans Peter Föhrding in spiegel.de: „Da ist zunächst der historische Judenhass, den die katholische Kirche predigte, in Verbindung mit dem Vorwurf von »Gottesmördern«, auch mit der virulenten Verdächtigung, bei Ritualmorden christliche Kinder zu töten, um aus deren Blut Matze, ein ungesäuertes Brot, herzustellen."[15]

4. Katholischer Blick auf das Judentum: Die Karfreitagsfürbitte

Wie die katholische Kirche seit dem Mittelalter das Judentum sah, lässt sich sehr gut an der Entwicklung der Karfreitagsfürbitte für die Juden darstellen. Im Gebet- und Gesangbuch für das Bistum Münster von 1954 lautet die Übersetzung aus dem Lateinischen so:

> „Lasset uns auch beten für die ungläubigen Juden, daß Gott, unser Herr, den Schleier von ihren Herzen hinwegnehme, auf daß auch sie unsern Herrn Jesus Christus erkennen."[16]

Diese Fürbitte geht zurück auf das 1570 von Papst Pius V. autorisierte Missale Romanum. Dort steht sie an achter Stelle zwischen den Fürbitten für die Häretiker (Ketzer, Irrlehrer) und die Heiden und suggeriert damit bereits Unglauben oder Nähe dazu. Im lateinischen Text ist den Juden das Adjektiv „perfidus" zugeordnet. In ersten Übersetzungen der lateinischen Messtexte im 19. Jahrhundert übersetzte man das Wort perfidus mit treulos.[17] Und das war die bekannte deutsche Fassung der Fürbitte, als die Gellenbecker Kirche gebaut wurde. Erst nach Holocaust und Kriegsende dachte man in Rom neu über die Übersetzung der Judenfürbitte nach und 1948 durfte dann *perfidus* im Sinne von *infidelis* mit *ungläubig* übersetzt werden[18], wie im obigen Zitat. Aber das ist nicht weniger verletzend, verleumdend und bösartig!

Die bei den anderen Fürbitten übliche Kniebeuge wurde bei der Fürbitte für die Juden weggelassen, weil angeblich die Juden Jesus durch eine Kniebeuge verhöhnt hatten. Das bezieht sich auf die Leidensgeschichten in den Evangelien von Markus (Mk 15, 19) und Matthäus (Mt 27, 29). Beide erzählen aber, dass die Soldaten Jesus verspottet haben und in beiden Evangelien ist ganz deutlich, dass es die Soldaten des Pilatus, also römische Soldaten, und keine Juden waren. Offensichtlich waren die Schöpfer des Missale Romanum und ihre Nachfolger bis ins 20. Jahrhundert hinein diejenigen mit den Binden vor den Augen, die nicht einmal ihre Bibel richtig lesen konnten.

Eine wirkliche Neuorientierung brachten dann erst Papst Johannes XXIII. und das von ihm einberufene II. Vatikanische Konzil. Zunächst ließ der Papst einfach das Wort perfidus weg. Nachdem das Konzil in seiner großen Konstitution „Nostra Aetate" das Verhältnis zu den anderen Religionen und ausdrücklich auch zum Judentum neu vermessen hatte, gilt seit 1974 folgende Neuformulierung der Karfreitagsbitte:

> „Lasst uns auch beten für die Juden, zu denen Gott, unser Herr, zuerst gesprochen hat: Er bewahre sie in der Treue zu seinem Bund und in der Liebe zu seinem Namen, damit sie das Ziel erreichen, zu dem sein Ratschluss sie führen will."[19]

In dieser Denkweise haben endgültig die Figuren *Ecclesia und Synagoge* keinen Platz mehr.

Und doch gab es 2008 einen Rückschlag. Papst Benedikt XVI. wollte die katholischen Gruppen, die das II. Vatikanische Konzil nicht anerkennen wollten und sich danach von der römischen Kirche getrennt hatten, für eine Rückkehr gewinnen. So erlaubte er ihnen die lateinische Messe nach dem Missale Romanum in der Fassung von 1962. Der Bitte vieler katholischer Gremien, in diesem Zusammenhang aber die Karfreitagsfürbitte in der Fassung von 1974 vorzuschreiben, kam der Papst nicht nach, sondern verfasste eine eigene Version:

> „Lasset uns auch beten für die Juden: Dass unser Gott und Herr ihre Herzen erleuchte, damit sie Jesus Christus als den Heiland aller Menschen anerkennen."[20]

Die damit kaum verborgene Aufforderung zur Judenmission wird noch verstärkt durch die Überschrift: „Pro conversione Iudaeorum" (zu Deutsch: Für die Umkehr/Bekehrung der Juden). Hans Hermann Henrix stellt dazu fest:

> „Die Fürbitte von 2008 vollzieht nicht mit, was im Zweiten Vatikanum grundgelegt wurde und was eine respektvolle Haltung gegenüber Judentum und jüdischem Volk beinhaltet. Die Karfreitagsfürbitte von 1974 dagegen ist Ausdruck einer Wertschätzung des jüdischen Volkes und damit einer theologischen Dignität [Würde] Israels."[21]

Zwar sind die Irritationen seitens des Judentums inzwischen – vor allem durch die Bemühungen und Klarstellungen von Kardinal Walter Kasper – beigelegt, aber sie kochen bei mancherlei Anlässen wieder hoch. Vor allem die größte der wiedereingegliederten Gruppen, die Priesterbruderschaft St. Pius X., tritt auch heute immer noch mit antijüdischen Äußerungen, vor allem der Notwendigkeit der Judenmission, an die Öffentlichkeit.[22]

5. Was tun?

Den regelmäßigen Besuchern der Gellenbecker Kirche ist der Hochaltar in seiner Gesamtheit ein vertrautes Ausstattungsstück, das für sie zur Kirche einfach dazugehört. Bei Kirchenführungen konnte man feststellen, dass ihnen das Bildprogramm kaum bekannt, schon gar nicht vertraut war. Und am wenigsten konnten sie mit dem allegorischen Paar Ecclesia und Synagoge anfangen. Das heißt, dass die Problematik und das Ärgernis mit der Synagoge weithin gar nicht bewusst sind. Das allerdings ist kein Zustand, mit dem man sich zufriedengeben kann, denn das Ärgernis besteht, ob die Menschen, die die Kirche besuchen, sich dessen bewusst sind oder nicht.

Die Gemeinde muss sich also mit der Frage auseinandersetzen, wie sie mit einer höchst anstößigen Darstellung des Judentums in der Gellenbecker Kirche umgehen will. Das Einfachste wäre, Ecclesia und Synagoge zu beseitigen nach dem Motto „Aus den Augen aus dem Sinn". Das aber wäre keine offene Auseinandersetzung mit der Geschichte der Gemeinde.

In Konfrontationen um anstößige Objekte aus der Vergangenheit – zu denken ist auch an die mittelalterlichen Judensau-Darstellungen an etlichen Kirchen[23] oder die Kirchenglocken mit Hakenkreuzen[24] aus der jüngeren Geschichte – gibt es zwei konträre Positionen:

- Nach dem Holocaust ist es unerträglich, diese Darstellungen noch in der Öffentlichkeit sehen zu müssen. Sie gehören entfernt und mit didaktischer Aufbereitung ins Museum.

- Es ist wünschenswert, dass das Bild weiterhin an seinem Ort „verstörend" wirkt und den Betrachter zum Nachdenken anregt. Dazu ist Aufklärung und Information vor Ort nötig.

Entfernen und informieren oder *belassen und informieren* – das sind die beiden Positionen, um die es hier geht.

Die Synagoge war zunächst nur als Negativfolie der Ecclesia verstanden worden, die Letztere heller strahlen lassen sollte. Das gilt mit Einschränkungen zum Beispiel auch noch für die Darstellungen am Straßburger Münster oder an der Osnabrücker Marienkirche. Einen verleumderischen Charakter bekommt die Figur der Synagoge dann, wenn ihr der Kopf eines Ziegenbocks zugeordnet wird und dieser als Symbol von Teufel, Sünde, Unzucht, Unglauben verstanden wird. Das ist in Gellenbeck der Fall.

Sowohl Ecclesia und Synagoge als auch der ganze Altar sind kein Ausdruck von katholischem Glauben in unserer Zeit und an diesem Ort. Und sie sind aus liturgischer Sicht entbehrlich. Wenn sie aus der Kirche entfernt werden, stellen sich in allerdings zwei Fragen:

1. Wenn man sie nicht zu Brennholz verarbeiten will: Wo ist das Museum, in dem man sie aufstellen und erläutern könnte?
2. Was soll an ihre Stelle treten? Für Ecclesia und Synagoge ist ein Ersatz auf dem Hochaltar nicht möglich, da es ja dort insgesamt um ein vorkonziliares triumphalistisches Kirchenbild geht.

6. Diskussion – Beratung – Entscheidung

Am 12. Juli 2021 ging es in der sich an den Vortrag anschließenden lebhaften Diskussion nicht um die gegensätzlichen Positionen, alles zu belassen oder die Figuren zu beseitigen. Es gab zwar auch Äußerungen, dass man den Hochaltar belassen möge, wie er seit einem Jahrhundert vertraut sei, zugleich aber wurde nach Möglichkeiten der kritischen Information gesucht. Überwiegend aber bestand unter den Anwesenden Konsens, dass Veränderungen nötig seien. Unter den vorgeschlagenen Lösungsmöglichkeiten schälten sich schließlich zwei Anregungen heraus:

- Eine zeitweilige Verhüllung der beiden Figuren könnte als Provokation zur Auseinandersetzung mit dem Thema führen.

- Durch die Herunternahme der beiden Figuren und ihre Aufstellung im Kirchenraum mit einer Informationstafel könnte einerseits erreicht werden, dass der Hochaltar in

Gänze im Kirchenraum erhalten bleibt, andererseits aber sich die Gemeinde ihrer Verantwortung für die judenfeindliche Darstellung während eines Jahrhunderts stellen würde.

In den Beratungen von Pfarrgemeinderat und Kirchenvorstand setzte sich schließlich der zweite Vorschlag durch. Ecclesia und Synagoge wurden im November 2021 vom Hochaltar heruntergenommen und mit einer Infotafel „hinten" in der Kirche aufgestellt. Begründet wird die Maßnahme so:

> „Diese Darstellungen sind nicht angemessen: Das II. Vatikanische Konzil spricht 1965 vom ‚gemeinsamen Erbe' und verwirft jegliche ‚Verfolgung und Manifestationen des Antisemitismus' (Nostra aetate 4). Papst Johannes Paul II. bezeichnet die Juden bei seinem Besuch in der Synagoge von Rom 1986 als ‚unsere bevorzugten Brüder und, so könnte man gewissermaßen sagen, unsere älteren Brüder'. Und Papst Franziskus formuliert in Erinnerung an den hl. Paulus: ‚Die Kirche, die mit dem Judentum einen wichtigen Teil der Heiligen Schrift gemeinsam hat, betrachtet das Volk des Bundes und seinen Glauben als eine heilige Wurzel der eigenen christlichen Identität' (Evangelii gaudium 247)."[25]

Die Lücken auf dem Hochaltar ließ man zunächst bestehen.

Eine kleine dörfliche Kirchengemeinde hat gezeigt, wie sie sich im Rahmen des Jubiläums „1700 Jahre jüdischen Lebens in Deutschland" der problematischen Vergangenheit stellt und verantwortungsbewusst Lösungen findet.

Abb. 4: Ecclesia und Synagoge an ihrem neuen Standort. Die Tür zum nördlichen Seitenschiff der Kirche hinter den Figuren ist schon seit einigen Jahren ständig geschlossen (Foto: J. Brand)

1 Sebastian Ristow: Hintergründe zum Brief von 321. 1700 Jahre jüdische Geschichte in Deutschland oder länger, in: Welt und Umwelt der Bibel Nr. 101, 26. Jg., Stuttgart 2021, S. 62.

2 Johannes Brand (Text), Helmut Tecklenburg (Fotos): Der Gellenbecker Hochaltar, o. O. u. J. (Hagen a.T.W. 2001); S. 13 f.

3 Der Große Herder, Freiburg 1956, 8. Band, Sp. 22, Stichwort „Sakrament".

4 Ernst Günther Grimme: Deutsche Madonnen, Köln 1966, S. 8.

5 Zit. nach einem alten zerlesenen Schulkatechismus, dem u. a. Titelseite und Impressum fehlen, darin Seite 40. – Eine handschriftliche Notiz auf der Umschlaginnenseite datiert das Buch: „Elisabeth Westerkamp, Düngstrup, 8. Mai 1910". – Vgl. auch: Katholischer Katechismus der Bistümer Deutschlands, Osnabrück 1956, S. 108.

6 Münchener Neues Testament. Studienübersetzung, Düsseldorf 21989, S. 222. Auch die überarbeitete Einheitsübersetzung von 2016 formuliert inzwischen so: „Und er neigte das Haupt und übergab den Geist."

7 Der Dichter ist nicht identisch mit dem Dichter des Liedes „Stille Nacht"; der auch Joseph Mohr (1792-1848) hieß.

8 Wikipedia: Stichwort „Ein Haus voll Glorie schauet" (08.06.2021).

9 Die 6. Strophe wurde nach dem Zweiten Weltkrieg nicht mehr in die kirchlichen Liederbücher aufgenommen. „In der Zeit des Nationalsozialismus bestand eine textliche Parallele zwischen Mohrs Strophe 6, die von den Märtyrern und der ecclesia militans handelt, und der ersten Strophe des Horst-Wessel-Lieds, insbesondere in der Formulierung von den fest geschlossenen Reihen." (Wikipedia Stichwort „Ein Haus voll Glorie schauet")

10 Nach: https://www.deutschlandfunk.de/katholische-kirche-das-neue-kirchenbild-des-konzils.886. de.html?dram:article_id=304151 (24.03.2021)

11 Hannelore Sachs, Ernst Badstüber, Helga Neumann: Wörterbuch der christlichen Ikonographie, Regensburg 82004, Stichwort „Ekklesia und Synagoge", S. 114.

12 Wikipedia, Stichwort „Ecclesia und Synagoge" (08.06.2014)

13 Vgl. Sachs/Badstüber/Neumann, S. 114.

14 Albert Marx: Geschichte der Juden in Niedersachsen, Hannover 1995, S. 28.

15 Hans-Peter Föhrding: Das alarmierende Signal von Kielce. In: www.spiegel.de vom 04.07.2021

16 Laudate – Gebetbuch und Gesangbuch für das Bistum Münster. Münster 1954, S. 329.

17 Zu bedenken ist nun, dass seit dem frühen Mittelalter das Wort perfidus einen Bedeutungswandel durchgemacht hat, bis hin zu unserem Fremdwort perfide, das laut Duden verschlagen, hinterhältig und niederträchtig, in besonders übler Weise gemein bedeutet – und gleichbedeutend ist mit bösartig, böse, boshaft, gemein. Vgl.: https://www.duden.de/rechtschreibung/perfide (08.06.2021).

18 Vgl.: Wikipedia Stichwort „Karfreitagsfürbitte für die Juden" (08.06.2021).

19 Deutsche Übersetzung nach: https://www.erzabtei-beuron.de/schott/schott_anz/index.html?datum=2021-04-02 (01.04.2021).

20 Deutsche Übersetzung zitiert nach: Hanspeter Heinz: Eine neue Karfreitagsfürbitte im alten Geist: So darf die Kirche nicht beten! In: Herder Korrespondenz 5/2008, zitiert nach: https://www.herder.de/hk/hefte/ archiv/2008/5-2008/so-darf-die-kirche-nicht-beten-eine-neue-karfreitagsfuerbitte-im-alten-geist/.

21 „Hans Hermann Henrix über eine neu entbrannte Diskussion. Knackpunkt Karfreitagsfürbitte", in: https:// www.katholisch.de/artikel/5583-knackpunkt-karfreitagsfuerbitte.

22 Vgl. dazu die Zitate in Wikipedia, Stichwort „Priesterbruderschaft Pius X.", Abschnitt 5.3. (15.06.2021).

23 Die heftigsten Auseinandersetzungen werden um die Judensau-Darstellung an der Stadtkirche in Wittenberg geführt. Siehe dazu die breite Diskussion in der Presse um das OLG-Urteil vom 04.02.2022 und das BGH-Urteil vom 14.06.2022, die im Internet nachzulesen ist.

24 Siehe dazu u. a.: Thomas Klatt: NS-Symbole auf Glocken. Das Hakenkreuz schwingt mit; in: https://www. deutschlandfunk.de/ns-symbole-auf-glocken-das-hakenkreuz-schwingt-mit.886.de.html?dram:article_id=425408.

25 Auszug aus dem Text der Infotafel, verfasst von Pfarrer Hermann Hülsmann.

Kröten und Unken unserer Heimat

Rainer Drewes (Text), Friedel Zöpfgen (Fotos)

In Niedersachsen gibt es 19 Amphibien – oder Lurcharten (Kröten, Frösche, Unken und Molche). Amphibium aus dem Griechischen bedeutet beidleibig und beschreibt die Fähigkeit dieser Tiere, zu Beginn im Wasser zu leben, später dann auf dem Land. Aus Kiemenatmer werden Lungenatmer. Lurche sind wechselwarme Wirbeltiere mit nackter, drüsenreicher Haut. Das Wort Lurch stammt von dem niederländisch/plattdeutschen Lork (= Kröte) und wurde im 17. Jahrhundert in die hochdeutsche Sprache übernommen. Für die Wanderung zum Laichgewässer bevorzugen die Amphibien feuchte Witterung. Man nennt sie auch Feuchtlufttiere.

Erdkröte (Bufo vulgaris)

Wenn Sommers eine feuchte Nacht,
ist ein Gesindel aufgewacht
von Würmern und von Schnecken,
die sich am Tag verstecken.

Das geht auf Raub aus rücksichtslos,
und mancher junge Blütenschoß
muß elendig verderben,
viel zart Gemüse sterben.

Doch sieh, ein braver Polizist
in Busch und Heck' auf Wache ist,
ob sich ein Fang ihm böte,
es ist die große Kröte.

Die gute Kröte ekelt dich,
sie scheint dir grauslich-widerlich
mit ihren Warzentupfen
und ihrem plumpen Hupfen?

Oh, schlag sie mir nur ja nicht tot!
Der ganze Garten litte Not
und wär bald kahl geworden
ohn' ihr ersprießlich Morden.

Abb. 1: Erdkröte

So hat der Dichter Otto Nebelthau die Erdkröte als „guten Räuber" und Nützling beschrieben. Die größte heimische Krötenart hat von alters her unter dem Abscheu der Menschen gelitten. Dabei ist sie der wichtigste Helfer des Gärtners, denn auf ihren nächtlichen Beutezügen frisst sie Gartenschädlinge wie Regenwürmer, Nacktschnecken, Asseln, Käfer, Raupen und Spinnen. Dabei erkennt die Kröte nur in Bewegung befindliche Beuteobjekte als solche. Ihr schlechter Ruf mag auch damit zusammenhängen, dass sie zum Schutz vor Feinden einen weißlichen Saft von unangenehmem Geruch und geringer

Giftigkeit aus den Drüsen am Rücken ausscheidet. In Wäldern, Wiesen und Gebüschen ist sie zu finden. Den Winter verbringt sie in selbstgegrabenen, trockenen Erdhöhlen. Die dunkle, graubraune Färbung lässt das Tier einem Erdklumpen ähnlich erscheinen, zumal der ganze Körper mit warzenartigen Erhebungen bedeckt ist. Sie kann 40 Jahre alt werden. Die Art gilt noch als ungefährdet, sie ist aber besonders geschützt.

Abb. 2: Kreuzkröte

Kreuzkröte (Bufo calamita)

In ihrer Lebens- und Entwicklungsweise hat sich die Kreuzkröte eng an den ständigen Wechsel ihres Lebensraumes angepasst. So eroberte sie als Ersatzbiotope Sand- und Kiesgruben. Auch in den Dünengebieten der Nordsee ist sie zu finden. Über dem Rücken, dem sogenannten „Kreuz", zieht sich ein schwefelgelber Längsstreifen auf olivfarbenem, verschwommen dunkel geflecktem Grund entlang. Besonders auffallend an der Kreuzkröte ist ihre ungewöhnliche Fortbewegungsweise. Da sie sehr kurze Hinterbeine hat, die es ihr nicht ermöglichen, hüpfend ihren Fressfeinden zu entkommen, hat sie sich zu einem wahren Renner entwickelt. Wegen dieser Fortbewegungsweise kann man eine nachts über den Boden huschende Kreuzkröte leicht mit einer Maus verwechseln. Sie ist vom Aussterben bedroht.

Abb. 3: Wechselkröte

Wechselkröte (Bufo viridis)

Die Wechselkröte, auch Grüne Kröte, Dorf- oder Buntkröte genannt, ist der Lurch des Jahres 2022. Aufgrund der markanten Farbzeichnung kann sie nicht verwechselt werden. In Mitteleuropa besiedelt die Wechselkröte meist trocken-warme Gebiete, gewöhnlich im Flachland und oft auf sandigen Böden. Der Färbung ihrer Umgebung passt sie sich erstaunlich schnell an – eine Eigenschaft, der sie ihren deutschen Namen verdankt. Die Rufe des Männchens erinnern ein wenig an das „Trillern eines Kanarienvogels". Auch sie ist vom Aussterben bedroht und ist streng geschützt.

Rotbauchunke (Bombina variegata)

Die Rotbauch- oder Tieflandunke wie auch ihre Verwandte, die Gelbbauchunke, ist vorwiegend tagaktiv. Bei Störungen legen sich die Unken auf den Rücken, sodass die grelle Warnfärbung der Unterseite dem Angreifer förmlich entgegenspringt (Schreckstellung). Er wird sich an böse Erfahrungen erinnern, die er mit dem Hautsekret einer Unke gemacht hat. Die Rotbauchunke ist eine der gefährdetsten Amphibienarten in Mitteleuropa. Da sie ehemals in den Überschwemmungsbereichen der natürlichen Flussauen lebte, sind heute nach den überall durchgeführten Flussregulierungen nur kärgliche Restpopulationen übrig geblieben. Friedel Zöpfgen, der Fotograf unserer Aufnahmen, hat diese überwiegend im Artländer Raum/Quakenbrück gemacht. Alle Amphibien stehen unter strengem Schutz und dürfen der Natur nicht entnommen werden.

Abb. 4: Rotbauchunke

Literatur

- Otto Nebelthau: Die guten Räuber. Wiesbaden: Jos. Scholz Mainz Verlag 1939.
- Blab, Josef/Hannelore Vogel: Amphibien und Reptilien. Kennzeichen, Biologie, Gefährdung. München: BLV 1989.
- Engelhardt, Wolfgang: Was lebt in Tümpel, Bach und Weiher? Pflanzen und Tiere unserer Gewässer. Stuttgart: Kosmos 1996.
- NABU-Niedersachsen: Frösche, Kröten und Molche. Leben im Wasser und an Land. (Zu bestellen gegen Einsendung von vier 80 – Cent – Briefmarken beim NABU Niedersachsen, Stichwort 'Frösche, Kröten und Molche', Alleestr. 36, 30167 Hannover)

Trilobiten – marine Gliederfüßer des Erdaltertums aus Geschieben der Laerheide

Heinrich Schöning

Der Reiz naturkundlicher Heimatforschung liegt für den engagierten Kenner sicherlich auch darin, unmittelbar vor Ort unerwartete Funde zu machen, die für die Region – manchmal sogar darüber hinaus – von Bedeutung sind. Zu solchen außergewöhnlichen Fundstücken gehören Reste einer der „erfolgreichsten" Tiergruppen des Erdaltertums, der Trilobiten, deren Panzerreste sich in eiszeitlichen Geschieben der Laerheide bei Bad Laer fanden.

Weitgereiste Boten

Sie liegen quasi vor der Haustür und sind doch weit gereiste Boten: die Trilobiten führenden Kalk- und Sandsteingeschiebe. Wie viele andere Lockergesteine auch sind sie durch gewaltige Gletscher aus dem Gesteinsverbund ihrer skandinavischen Heimat, des Ostseeraums und des Baltikums herausgelöst und abgetragen worden und mit den Eismassen der Saale-Kaltzeit bis ins Münsterland gelangt. Als die Gletscher vor ca. 200.000 Jahren, nach dem sogenannten drenthezeitlichen Hauptvorstoß aufgrund einer Klima-Erwärmung abschmolzen, blieben sie in der Laerheide[1] zurück. Durch den dortigen Sand- und Kiesabbau wurden sie wieder zugänglich.

Insgesamt gesehen sind Reste von Trilobiten in den nordischen Sedimentgeschieben dieses Abbaugebiets allerdings relativ selten. Um sie zu finden, muss man die Gesteinsbrocken in der Regel aufschlagen, und auch dann kommt häufig nur der winzige Teil eines Panzers zum Vorschein. Will man das ganze Fundstück sehen, ist bei der weiteren Präparation Fingerspitzengefühl gefragt: Mit feinen Nadeln und Messerchen wird unter dem Binokular das Sediment über den Panzerresten vorsichtig entfernt. Seit Anfang der 1970er-Jahre habe ich zahllose Geschiebe aufgeschlagen und Trilobitenreste freigelegt. Panzerteile aus etwa 950 Geschieben konnten schließlich bestimmt und ausgewertet werden.

Die Trilobiten

Die Trilobiten sind marine Gliederfüßer[2] (Arthropoden), deren fossile Reste in den Ablagerungen der frühen Meere des Erdaltertums relativ plötzlich auftauchen und die schon seit 250 Millionen (Mio.) Jahren ausgestorben sind. Ihre Blütezeit hatten sie bereits im Kambrium (vor ca. 520-492 Mio. Jahren). Im Ordovizium (vor 491-444 Mio. Jahren) entwickelten sie vielgestaltige, zum Teil fantastische Panzerformen. Am Ende dieses Zeitalters und im darauffolgenden Silur (vor 443-417 Mio. Jahren) verringerte sich diese Formenvielfalt. Im unteren Devon (vor ca. 416-392 Mio. Jahren) erlebten die Trilobiten nochmals eine kurzzeitige Blüte, bevor die Zahl ihrer Gattungen deutlich zurückging. In den Meeren der Steinkohlenzeit (Karbon) überlebten sie als relativ kleine Gruppe, bevor ihre letzten Vertreter am Ende des Perms ausstarben.

Wie der Name *Trilobit* (deutsch: Dreilapper) schon andeutet, lässt sich der aus Kalzium und Kalziumphosphat bestehende Panzer dieser Tiere sowohl der Länge als auch der Breite nach in drei Teile gliedern (s. Abb. 1): Dem vorderen Kopfschild (Cephalon) folgt ein segmentierter Rumpf (Thorax) und ein Schwanzschild (Pygidium). Das Cephalon gliedert sich in den Mittelkopf (Cranidium), dessen Zentrum die leicht erhöhte Glabella bildet, und die seitlichen, meistens mit Facettenaugen versehenen Freiwangen; Letztere sind durch eine Gesichtsnaht vom Mittelkopf getrennt. Am Rumpf und am Schwanz

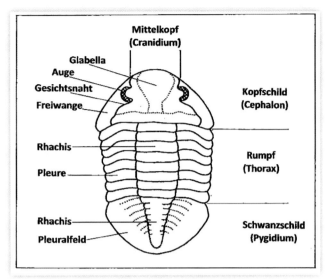

Abb. 1: Bau und Gliederung des Trilobitenpanzers.

schild lässt sich die mittig liegende, aufgewölbte Rhachis beiderseits von den Pleuren bzw. Pleuralfeldern abgrenzen. Die Panzergröße ausgewachsener Trilobiten variiert zwischen 1,5 mm bei Kleinst- und 70 cm bei Riesenformen.

Aufgrund seltener, durch Phosphatisierung oder Pyritisierung in sehr feinkörnigen Sedimenten erhaltener Gliedmaßen sind auch Einzelheiten des unter dem Panzer liegenden Weichkörpers der Trilobiten bekannt. Die Tiere besaßen neben einem Paar mehrgliedriger Antennen im Kopfbereich viele paarig angeordnete ‚Spaltbeine' beiderseits der Rhachis, jeweils gegliedert in ein ‚Lauf-Bein' (Endopodit) und ein ‚Kiemen-Bein' (Exopodit). Der Mund- und Magenbereich unter der Glabella wurde von einer kalzitischen Platte, dem Hypostom geschützt.

Im Laufe ihrer stammesgeschichtlichen Entwicklung besetzten die Trilobiten nahezu alle marinen Lebensräume: Flach- und Tiefwasserzonen, schlammige Meeresgründe und Riff-Areale. Es gab Formen, die auf dem Meeresboden lebten oder im Boden wühlten; es gab schwimmende Trilobiten mit großen Augen und kleinere, bestachelte Formen, die in der Wassersäule lebten. Sogar auf ein Leben in untermeerischen Höhlen scheint sich eine Gruppe von Kleintrilobiten[3] spezialisiert zu haben. Der Großteil der Trilobiten dürfte sich von organischem Detritus sowohl im Schlamm als auch im bodennahen Wasser ernährt haben. Ähnlich wie manche Insekten und Asseln vermochten sich die Trilobiten – vermutlich bei Störungen der gewohnten Lebensaktivitäten – einzurollen. Schwimmenden Tieren ermöglichte die Einrollung ein rasches Zu-Boden-Sinken, z. B. um Fressfeinde zu entgehen.

Um zu wachsen, mussten sich die Trilobiten – wie alle Arthropoden – häuten. Entlang der sich öffnenden Gesichtsnaht oder der Trennlinie zwischen Kopf und Rumpf konnte sich das größer gewordene Tier aus dem alten Panzer herauswinden. Man kann deshalb davon ausgehen, dass eine größere Anzahl aufgefundener Panzer(teile) nicht von toten Individuen stammt, sondern als Häutungsreste anzusehen sind. Aufgrund dieses von Häutungen begleiteten Wachstums sind auch viele Larval- und Jugendstadien einzelner Gattungen und Arten bekannt geworden, anhand derer Paläontologen Entwicklungsreihen in der Individualentwicklung rekonstruieren konnten.

Die Fundstücke aus der Laerheide

Wie nun sind die Trilobiten in der Laerheide erhalten? Anders als die Abbildungen vermuten lassen, sind ganze, zusammenhängende Panzer in den Geschieben außerordentlich rar. Meistens freut man sich schon, wenn einzelne Panzerteile wie Kopfschilde, Cranidien, Freiwangen, Pygidien oder auch Hypostomata (hier nicht abgebildet) vollständig geborgen werden können. Die Mehrzahl der Fundstücke ist zwischen 3 mm und 3,5 cm groß. Panzerelemente von Jugendformen oder kleinwüchsigen Trilobiten kommen häufiger vor als solche von großwüchsigen Arten.

Im Rahmen der inzwischen weitgehend abgeschlossenen Bestimmung und Dokumentation der Trilobiten dieses Fundorts sind neben seltenen, erstmals in Geschieben nachgewiesenen Formen auch Panzerreste von vier neuen Arten beschrieben worden: *Heliomera parvulobata, Phorocephala teilhardi, Atractopyge laerensis* (Abb. 3J) *und Proetus leprosus.*

Nur ganz sporadisch trifft man auf Trilobiten aus dem Kambrium[4]. Sie treten in dunklen, schwärzlichen Kalkgeschieben oder grau-bräunlichen Sandsteingeschieben des mittleren Kambriums auf, die mit großer Sicherheit aus den Gesteinsfolgen des südlichen Schweden stammen. Die meisten Trilobitenreste in diesen Geschieben gehören zur Ordnung der Agnostida, kleinwüchsigen, blinden Formen, die zwischen ihren etwa gleichgroßen Kopf- und Schwanzschilden nur 2 Thoraxsegmente besitzen. Abb. 3H zeigt ein Cephalon der Gattung *Gratagnostus*, Länge 1,4 mm. Eine größere Formenvielfalt findet sich in bituminösen, sogenannten Stinkkalken des oberen Kambriums, die gelegentlich aus Massenansammlungen von Panzerteilen der Gattungen *Agnostus, Olenus, Sphaerophthalmus* und *Peltura* bestehen.

Fast 2/3 aller ausgewerteten Trilobiten führenden Geschiebe – mit mehr als 80(!) verschiedenen Gattungen – stammen aus dem Ordovizium[5]. Ihr Herkunftsgebiet ist, von wenigen Ausnahmen abgesehen, ebenfalls in Schweden zu vermuten. Einige nahezu vollständige Trilobitenpanzer wurden in Kalksteinen des mittleren und oberen Ordoviziums freigelegt. In Abb. 2A-B ist ein juveniler Panzer von *Pseudoasaphus* cf. *globifrons* aus der Kunda-Stufe (ca. 465 Mio. Jahre alt) zu sehen. Das Fundstück erinnert mit seiner fehlenden rechten Freiwange, dem durchgedrückten Thorax und den leicht gegeneinander verschobenen Segmenten an verlassene Panzerhemden gehäuteter Tiere. Ganz eingerollt ist ein Trilobit der Gattung *Remopleurides* aus dem oberen Ordovizium mit einem nach hinten gerichteten Stachel auf dem 8.Thoraxsegment (Abb. 3C); hingegen zeigt ein Panzer von *Neoasaphus ornatus* (Abb. 2C-E) aus einem Geschiebe des Oberen Grauen Orthocerenkalks eine nur unvollständige Einrollung. Die letztgenannte Trilobitenart gehört zur Familie der Asaphidae, einer Gruppe, deren meist glattschaligen Reste relativ häufig in der Laerheide anzutreffen sind.

Abb. 2:
2A-B: *Pseudoasaphus cf. globifrons*, unvollständiger juveniler Panzer; L: 26 mm; **2A**: Aufsicht, **2B**: Seitenansicht; Mittleres Ordovizium (SgS 2136).

2C-E: *Neoasaphus ornatus*, ganzes, unvollständig eingerolltes Exemplar; L (Cephalon mit vorderen 6 Thoraxsegmenten): 22 mm; **2C**: Aufsicht; **2D**: Seitenansicht; **2E**: Aufsicht aufs Pygidium; Mittleres Ordovizium (SgS 86).

2F: *Sculptaspis cf. erratica*, unvollständiges Cephalon mit 3 Thoraxfragmenten; L: 9 mm; Seitenansicht mit Auge und Wangenstachel; Mittleres Ordovizium (SgS 2699).

2G-H: *Scopelochasmops wrangeli*, unvollständiger, eingerollter Panzer; L (Cephalon): 17 mm; **2G**: Aufsicht; **2H**: Seitenansicht; Oberes Ordovizium (SgS 2034).

2I-J: *Pulcherproetus cf. pulcher*; unvollständiges Cephalon; L: 5,5 mm; **2I**: Aufsicht; **2J**: Seitenansicht; Obersilur (SgS 2522).

2K: *Pulcherproetus pulcher*, Pygidium; L: 4,5 mm; Aufsicht; Obersilur (SgS 2185).

2L: *Toxochasmops cf. macrourus*, Auge mit heraus gewitterten Linsen; B: ~ 4 mm; Seitenansicht; Oberes Ordovizium (SgS 82).

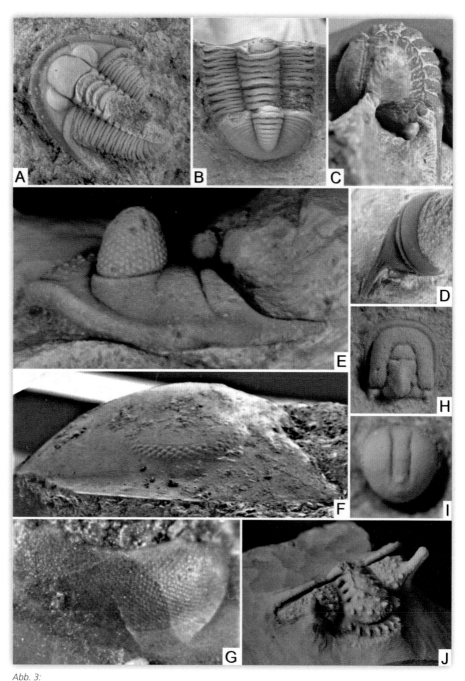

Abb. 3:

3A: *Decoroproetus furubergensis, ganzer, beschädigter, juveniler Panzer; L: 5,5 mm; Aufsicht; Oberes Ordovizium (SgS 2710).*

3B: *Proetus signatus, Thorax und Pygidium; L: 10 mm; Aufsicht; Obersilur (SgS 841).*

3C: *Remopleurides sp., ganzes, eingerolltes Exemplar mit rückwärtigem Stachel; D: 8 mm; Seitenansicht; Oberes Ordovizium (SgS 885).*

3D: *Remopleurides cf. perspicax, Freiwange mit Auge; L: 4 mm; Schrägansicht; Oberes Ordovizium.*

3E: *Achatella cf. kegelensis, Cephalon; L (ohne Wangenstachel): 7,7 mm; Seitenansicht; Oberes Ordovizium (SgS 2506).*

3F: *Nileus cf. exarmatus, juveniles (meraspides) Cephalon (REM-Aufnahme); L: ~ 1,4 mm; Seitenansicht; Mittleres Ordovizium (DAG 326-4).*

3G: *Nileus cf. exarmatus, Auge (Detail); BB: ~ 2,5 mm; Seitenansicht; Mittleres Ordovizium (SgS 1672).*

3H: *Gratagnostus sp., Cephalon; L: 1,4 mm; Aufsicht; Mittleres Kambrium (SgS 2678).*

3I: *Asaphide Protaspis (frühes Larvalstadium), L: 1 mm; Aufsicht; Mittleres Ordovizium (AGH 140/1).*

3J: *Atractopyge laerensis, Cranidium; B: ~ 18 mm; Schrägansicht von vorne; Oberes Ordovizium (MfN MB.T. 4496.1).*

Aus einem teilweise verkieselten Kalkstein der Haljala-Stufe (ca. 455 Mio. Jahre alt) stammt ein eingerolltes Exemplar von *Scopelochasmops wrangeli* (Abb. 2G-H), dem das Pygidium fehlt. Charakteristisch sind für diese Art der schutenförmige Vorderrand und die hochkegelförmigen Freiwangen mit den relativ kleinen Augen. Ausgesprochen winzig ist mit einer Länge von nur 5,5 mm der gestreckte juvenile Panzer von *Decoroproetus furubergensis* (Abb. 3A) aus einem Macrouruskalk-Geschiebe.

Beim Absuchen der Gesteinsoberfläche aufgeschlagener Geschiebe mit der Lupe stößt man zuweilen auch auf Larvalschilde von Trilobiten. Abb. 3I zeigt ein halbkugeliges, 1 mm langes, sogenanntes Protaspis-Stadium eines asaphiden Trilobiten aus dem Ordovizium. Diese frühen Larven, die schon eine erste Gliederung des späteren Kopfbereichs aufweisen, drifteten als Plankton zunächst in der Wassersäule[6]. Erst mit weiterer Vergrößerung, Differenzierung und Streckung begann für die nachfolgenden Jugendstadien dieses Formenkreises ein Leben am Meeresboden.

Knapp 30 % der Trilobiten führenden Geschiebe aus der Laerheide stammen aus dem Silur[7]. Im Gegensatz zu den oben aufgeführten älteren Fundstücken dürfte ihre Heimat eher auf Gotland, im Ostseeraum und im Baltikum zu suchen sein. Drei obersilurische Trilobiten sind hier abgebildet: Das aus Thorax und Pygidium bestehende Panzerfragment der Art *Proetus signatus* (Abb. 3B) wurde in einem feinkörnigen Kalkstein entdeckt. Ein markant gegliederter, auch ästhetisch ansprechender Schwanzschild von *Pulcherproetus pulcher* ist in Abb. 2K zu sehen. Ebenfalls ins Umfeld dieser Art dürfte das als *Pulcherproetus cf. pulcher* aufgeführte unvollständige Cephalon (Abb. 2I-J) gehören. Um die feine Granulation der Schalenoberfläche sichtbar zu machen, wurden beide Stücke leicht mit Magnesiumoxyd bedampft.

Als der Schöpfung ein Licht aufging… – Die Augen der Trilobiten

Einer der faszinierendsten Aspekte ist für die Forschung die Erhaltung paariger Augen an den Trilobitenpanzern, zumal das visuelle System dieser Arthropoden[8] eines der ältesten ist, über das uns Informationen vorliegen. Die Trilobiten besaßen Facettenaugen, ähnlich jenen, die wir von heutigen Insekten und Krebsen kennen. Im Wesentlichen lassen sich zwei Augentypen unterscheiden: das holochroale und das schizochroale Auge.

Die Sehfläche des holochroalen Auges besteht aus einer Vielzahl kleiner Linsen, die von einer gemeinsamen Membran, der Cornea, überzogen sind. Diese Cornea ist bei vielen Formen glatt, sodass die darunterliegenden Einheiten nicht zu erkennen sind (Abb. 2B, 2J, 3A). Bei anderen Gattungen ist sie von unten her leicht aufgewölbt, sodass die einzelnen Linsen sichtbar sind (Abb. 3G). Das Wahrnehmen der Außenwelt geschieht durch eine Art von Mosaiksehen, wobei die Genauigkeit des Sehens von der Anzahl der Facetten abhängt. Die Augenform bestimmt zudem die Größe des Blickfeldes. Viele Augen stehen halbkreisförmig erhaben über der Glabella-Höhe (Abb. 2B, 2D), andere sind eher nierenförmig und flacher (Abb. 2J). Die Augen remopleuridider Kopfschilde (Abb. 2F, 3D) umgeben – mit Ausnahme des Frontalbereichs – nahezu die gesamte Glabella. Die oft aus mehreren Tausend einzelnen Linsen bestehenden großen Augen der Gattung *Cyclopyge* (Abb. 4B) nehmen fast den gesamten, vertikal stehenden Freiwangen-Bereich ein. Bei einigen mit *Cyclopyge* verwandten Gattungen umzieht ein Panorama-Sehfeld sogar den gesamten Kopf. Ganz anders ausgebildet sind die holochroalen Augen bei der in der Laerheide gefundenen und von H. H. Krueger, Berlin, beschriebenen neuen Art *Atractopyge laerensis*[9]. Ihr Kopfschild hat mittelhohe, leicht nach außen gerichtete Stielaugen mit relativ kleinen Sehflächen (Abb. 3J).

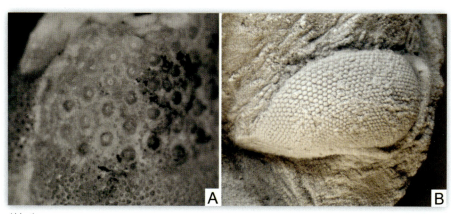

Abb. 4
4A: *Scopelochasmops wrangeli, Auge (Detail); BB: ~ 2 mm; Seitenansicht; Oberes Ordovizium (SgS 2034).*

4B: *Cyclopyge cf. umbonata, Freiwange mit Auge; L: ~ 3,5 mm; Seitenansicht; Mittleres Ordovizium (SgS 2730).*

Schizochroale Augen besitzen in der Regel größere, aber weniger zahlreiche Linsen, die voneinander getrennt angeordnet sind. Im Gegensatz zu den holochroalen Augen ist jede Linse mit einer darunter liegenden Kapsel einzeln von einer Cornea überzogen und durch eine feine Zwischenwand auch von den benachbarten Linsen abgegrenzt. In jeder dieser kleinen 'Seh-Einheiten' dürfte ein eigenes Bild entstanden sein, das durch neuronale Verknüpfungen schließlich zu einem Gesamtbild 'verarbeitet' wurde. Abb. 3E zeigt ein Cephalon von *Achatella* cf. *kegelensis* in der Seitenansicht mit seinem hohen Auge und zahlreichen senkrechten Linsenreihen. Auch der eingerollte Panzer von *Scopelochasmops wrangeli* (Abb. 2G-H) besitzt schizochroale, allerdings relativ kleine Augen mit weniger als 100 Linsen. Als Besonderheit sind an ihnen die einzelnen Linsen von sechseckig angeordneten 'interlensaren Tuberkeln' umgeben (Abb. 4A).

Schizochroale Augen sind wahrscheinlich durch Pädomorphose entstanden, d. h. durch Beibehaltung eines ursprünglich juvenilen Merkmals im Erwachsenenstadium.[10] Dass adulte Trilobiten mit holochroalen Augen am juvenilen Panzer noch schizochroale Augen besaßen, lässt sich an Kopfschilden der Gattung *Nileus* aus Geschieben des Unteren Roten Orthocerenkalks belegen. So zeigt das winzige juvenile *Nileus*-Cephalon in Abb. 3F (Länge ~ 1,4 mm) unterhalb der Gesichtsnaht vier horizontale Reihen einzeln stehender, alternierend angeordneter, fast gleich großer Linsen, die dem Merkmalsgefüge eines schizochroalen Auges entsprechen[11]. Der adulte Kopfschild dieser Gattung aber besitzt holochroale Augen (Abb. 3G).

Das Freilegen solch feiner Augenstrukturen unter dem Binokular bringt, jenseits aller systematischen Überlegungen, zuweilen auch emotionale Momente mit sich. Ein wenig geht es mir dabei wie der Gestalt des Henry Knight in Thomas Hardy's Roman „A pair of blue eyes" (1873). Von seinen Empfindungen – Auge in Auge mit einem Trilobiten – heißt es: „Es war ein einzigartiger Moment des Erfassens von allem, das lebendig gewesen war und einen Leib zu bewahren gehabt hatte […]."[12] Als ich zu Beginn meiner Sammeltätigkeit auf das heraus gewitterte Facettenauge von *Toxochasmops* cf. *macrourus* stieß (Abb. 2L), berührte mich der ganz ähnliche Gedanke, dass diese Augen schon vor ca. 450 Mio. Jahren das Licht derselben Sonne sahen wie meine eigenen heute – damals, als der Schöpfung ein Licht aufging.

Dank

Ohne vielfältige Unterstützung wäre die bildliche Dokumentation der Fundstücke nicht möglich gewesen. Raphael Schöning, Bonn, erstellte einen Großteil der Fotos. Weitere Aufnahmen steuerten bei: Dr. Stephan Schultka, Schöneiche; Dr. Brigitte Schoenemann, Köln; Dr. Markus Bertling, Münster; Hans-Hartmut Krueger, Berlin; Hans Jürgen Schmütz, Heikendorf und Antonius Schöning, Bad Iburg. Adelheid Schöning, Tübingen, danke ich für Übersetzungshilfen. Die druckreife Zusammenstellung der Bilder verdanke ich Elisabeth Jarnot, Lilienthal, und Raphael Schöning, Bonn.

Anmerkung zu den Abbildungslegenden

- Fundort aller abgebildeten Trilobiten: Laerheide bei Bad Laer. Abkürzungen: L = Länge; B = Breite; BB = Bildbreite; D = Durchmesser.

- Einige Fundstücke der Sammlung Schöning (SgS) sind mittlerweile im Archiv für Geschiebekunde, Hamburg (AGH), im Deutschen Archiv für Geschiebeforschung, Greifswald (DAG), in der Sammlung des Museums für Naturkunde, Berlin (MfN) und in der Trilobitensammlung des Forschungsinstituts und Naturmuseums Senckenberg, Frankfurt, hinterlegt.

Literatur

- Chatterton, Brian D.E. & Speyer, Stephen E. (1997): Ontogeny. – in: Kaesler, Roger L. (Hrsg.): Treatise on Invertebrate Paleontology, Part O, Arthropoda 1, Trilobita Revised, S. 173-247; University of Kansas; Boulder, Colorado & Lawrence, Kansas.

- Krueger, Hans-Hartmut (2004): Die Trilobitengattung *Atractopyge* (Ordovizium) aus baltoskandischen Geschieben. – Archiv für Geschiebekunde 3 (8-12), S. 747-766; Greifswald.

- Müller, Arno Hermann (1994): Lehrbuch der Paläozoologie, Bd. II Invertebraten, Teil 2 Mollusca 2 – Arthropoda 1. 611 S.; Gustav Fischer Verlag, Jena (4. Aufl.).

- Schoenemann, Brigitte (2011): Aus Trilobiten-Sicht. (Paläontologie aktuell – Berichte aus Forschung und Wissenschaft) – Fossilien 28 (3), S. 148-157; Verlag Quelle & Meyer, Wiebelsheim.

- Schöning, Heinrich (2000): Vom Werden und Wandel unseres Naturraumes: die Laerer Heide. – in: Sautmann, Richard & Wahlmeyer, Ludwig (Hrsg.): Die Bad Laer Geschichte, S. 19-42; Verlag für Regionalgeschichte, Bielefeld.

- Schöning, Heinrich (2002): Trilobiten aus Geschieben des Kies-Sand-Rückens in der Laerheide (Landkreis Osnabrück) – I. Kambrische Trilobiten. – Osnabrücker Naturwissenschaftliche Mitteilungen, Bd. 28, S. 71-88; Osnabrück.

- Schöning, Heinrich (2005): Ein Geschiebe des Unteren Roten Orthocerenkalkes mit Larval- und Jugendstadien von Trilobiten aus der Laerheide (Landkreis Osnabrück). – Geschiebekunde aktuell 21 (2), S. 45-54; Hamburg / Greifswald.

- Schöning, Heinrich (2017): Trilobiten aus Geschieben des Kies-Sand-Rückens in der Laerheide (Landkreis Osnabrück) – II. Ordovizische Trilobiten. – Osnabrücker Naturwissenschaftliche Mitteilungen, Bd. 42/43, S. 29-79; Osnabrück.

- Schöning, Heinrich (2022): Trilobiten aus Geschieben des Kies-Sand-Rückens in der Laerheide (Landkreis Osnabrück) – III. Silurische Trilobiten und Nachträge zu kambro-ordovizischen Fundstücken. – Osnabrücker Naturwissenschaftliche Mitteilungen, Bd. 46-48 (im Druck); Osnabrück.

- Suzuki, Yutaro & Bergström, Jan (1999): Trilobite taphonomy and ecology in Upper Ordovician carbonate buildups in Dalarna, Sweden. – Lethaia, vol. 32, S. 159-172; Oslo.

- Svojtka, Matthias (2002): Die Trilobitensammlung der Universität Wien: eine Revision mit Beiträgen zur Stammesgeschichte der Trilobiten. (Diplomarbeit); 225 S.; Wien.

1   Zur Entstehung des Kies-Sand-Rückens in der Laerheide siehe auch Schöning 2000, S. 19-42.

2   Die Ausführungen dieser Übersicht orientieren sich an Müller 1994, S. 488-508.

3   Vgl. Suzuki & Bergström 1999, S. 165-170.

4   Vgl. Schöning 2002; dort auch weitere Angaben und ergänzende Literatur.

5   Vgl. Schöning 2017; dort auch weitere Angaben und ergänzende Literatur.

6   Vgl. Chatterton & Speyer 1997, S. 196-199.

7   Vgl. Schöning 2022; dort auch weitere Angaben und ergänzende Literatur.

8   Die Ausführungen dieses Kapitels orientieren sich weitgehend an Schoenemann 2011, S. 148-153.

9   Siehe Krueger 2004, S. 762f., Taf. 1, Fig. 7-10.

10 Schoenemann 2011, S. 150.

11 Schöning 2005, S. 47.

12 Zitiert nach M. Svojtka 2002, S. 14; (eigene Übersetzung aus dem Englischen).

Der Schneekristall

Jürgen Schwarz

Abbildungen: Schneekristalle fotografiert von Wilson Bentley (1865-1931) (Quelle: Wikipedia Stichwörter Schnee und Wilson Bentley)

Unerschöpflich reiche Pracht
liegt im Schneekristall;
als des Ursprungs Widerhall
scheint er vorbedacht.

Tausendfältig seine Art,
wie ein bunter Stern.
Und die Schöpfung ist von fern
bildlich aufbewahrt.

Was verästelt uns erscheint
Fügt der Rundung sich.
Vieleck, Kreis und zarter Strich
sind darin vereint.

Aller Schöpfung reiche Welt
leuchtet durch den Bau,
wo das Einzelne genau
alles schon erhält.

Blüte, Auge, Schmetterling
scheinen vorbestimmt,
wenn in zarten Prismen glimmt
der geformte Ring.

So ist denn im Kleinsten auch
Großes eingeprägt;
Und es ahnt, wer's richtig wägt,
seines Schöpfers Hauch.

Mien Schutzengel
Helga Grzonka

In mien Öllernhus hörde Biärn to jeden Dag. Muarns, to de Maultieten und aumds wöd een lütkes Gebett spruaken.

Biet Upstauhn und no'n Berre gauhn hörde auk mein Schutzengel doato. He soll mie beschützen bie Dag und Nacht. „Leever Schutzengel mien, löt mie die befohlen sien." Dat wö een Satz, de achter jedet annere Gebett keimp. Uterdem wö een „Danke" fö den Uppasser auk woll anbrocht.

In mienen Kopp harre ik een Beld van mienen Engel. Et wö een junget Frusminke met lange helle Hoare, witte Flittkes, een wittet, wietet und langet Kleid. Ik stelle mie vö, wie de Engel üawer mie düe de Lucht flattkede. Ik hörde siene Stimme, de mie froh nooch trügge röp, wenn ik in Gefoahr keimp.

An den Dag van miene eeste hilge Kommunion kreig ik een poar Geschenke. Met eenige doavan konn ik ower nich viäl don: Sammeltassen, wat soll ik met Sammeltassen? De wö'n doamols in Mode und stonnen dann joahrelang in de besten Stuam innen Schapp.

Doa geföhl mie een Beld met güldenen Rahmen van mienen Schutzengel doch biäter. Dat harren Onkel Bernhard und Tante Martina mie metbrocht. De Engel harre zwar kein wittet Kleid an, ower sau bunt geföhl he mi auk. He was derbe graut und hölt de Hänne üawer twee Kinner, de an eenen Affgrund met iähren Ball und eenen Hulahopriepen ünnerwechens wön. De Ball van dat Wicht rulle güst up de Kante to. Düe den Schutzengel is et dann ower woll nich to een Unglücke kuamen.

Pappe häf eenen Nagel in de Wand üawer mien Berre schlaun und dat Beld uphangen. Nu wöd de Engel doaup mien Uppasser. Muarns und aumds kürde ik met em. Angest bruke ik nich mä to häppen. Ik konn olles up mie tokuamen lauten. Ik harre jä eenen gohen Beschützer met Flittkes.

Foto: H. Grzonka

(geschrieben im Platt des südlichen Osnabrücker Landes)

Laut immer eene gohe Spoar trügge

Elisabeth Benne

Dat Fröihjoahr harre düchtig lange up sick töiwen lauten. De Schnäiklöckskes un de Kie-leuskes hadden ees in de eesten Aprilhälfte iähre nüdelken Blöimkes wieset. Un een birtken blöuh keiken auk de Tulpen ut de Ärden. Os sick nu olle Sünnenstrauhlen düchtig ut de Wolkenballen quierlt hadden, kiddelden se Naubers Gerd kriermelig in de Niärsen. Dann taug he sienen Drauhtisel ut de Schoppenecke un makede nauh de langen Winter-tiet eene Radtour.

De Giergend tüsken den „Teuto" un den „Wiehen", wiet af van dat Gebälge un Gehupe woll he mol anpeilen. He fröwwede sick üörwer dat gröine Eeken- un Böikenlauf, de Poggendieke un den giärlen Raps.

Bi'n düchtig in de Kierlen triärn saig he vierle aule Fachwiärkhüser, hauge Kiärktoahns, stille Kösters Kämpe, un he hoerde van wieten dat pülskende un brusende Water in'n Mürlendieke. Gerd harre vierl Pläseer bi dat Pättkenföhden.
Wat he auk baule utmaken konne, de Tieten hadden sick ännert. Af un an künneden harunner lautene Rollos un vokleffte Schaufensterschiewen van Upgiewen un Laden-schluten. Dat was bet an't Enne van'n Duorpe to sehn. De aule Schmiehendüerden van den Schmedt Hinnerk was met eene graude Krabben to maket. Up'n Amboß glöggede kein Füe mä, un auk dat Hamerschlauhn höerde man nich mä.

Intüsken was et schwül woden, bet son paar Riärngendrüppen ut de schwatten Wolken harunner klonnerden. Gottloff wö dat blaut's Bangemaken.

Os Gerd nu eene lütke Anheuchte harup trompeln moßte, dachte he an Meggers aulen Öhm. De harre kottens rund ümme dat Radföhrden siene Schnurren un Witzkes ton Besten giewen. De luerden dann auk sau goud, dat man vierles met'n Holsken föihlen konne. Os sik de aule Öhm kottens nauh sien Kröchen un Houßen wä eeniger Maude trechte bummelt harre, mende man bi sien Grusen, dat et in'n Hiermel spokte. He was een utneggeder Sandkenpatt.

De aule Öhm harre Gerd eenen Radutflug voschlagen, sau os Ulenspeegel dat immer maket harre. De was fröher in Holsteen auk gäden Rad föhrt. Dat Sonnerbare was, Ulen-speegel harre bi't Biärgrunnerföhden immer düchtig griernen, weil he wä an dat Biärg-haugeföhden dachte. Un bi'n Biärghaugeföhden harre he lachet os son Spoaßmaker an'n Hoff van Ludwig den 14. Bi'n Trompeln dachte Gerd wä an den aulen Öhm. De sait vuller Leigheeten, os de Schaupbuck vuller Küerdel.

Os nu wä son'ne schwatte Riärngenpluortern fattwiese wat Nattes harunner laupen löit, göng he unner eene aule Eeken to Schure. Ut'n Huse kiergenan kaik eene öllere Fruw-we met flässen Hoare ut de aulen Eekensietdüerden. Se näudige Gerd harin un mende: „Wenn dat Unnerwiär vobi es, küerne gi doch wiederföhden!" Se baut em den aulen Backenstouhl an de Gierndsiete van den Disk an, un baule folde he sick bi'n Köppken

Kaffee os Tohuse. Dann frogte de Mamme, woa he liewede. Un dann föng se ganz bidi-ärwe an to votellen. „Dat was hier dat Schoulhus in'n Duorpe. Auk in de Kriegs- un Nauh-kriegstiet." Dann wiesede se up een Beld an de rechten Wandsiete. „Dat es mien Pappe, de was de Mester hier in'n Schoulhuse. He es oll lange henhiermelt. Hier votten was de Wurnung, un achtern wöhn de Schoulrüme. Os nu de „Gebietsrefuorm" 1972 sick breet makede, un de Kinner in zentrale Schoulen mössen, konnen wi düt Hus kaupen. Heimat es dat doch fo mi," mende se. Doabi strauhlde se uörwer dat ganze Gesichte. Dann baut se Gerd no eenen Schlehenlikör an. Stodde met em up Gesundheet an, bührde den Kopp in'n Nacken, un löit den gesunnen Saft in iähre Struorten laupen. Se lickmündkede no eenmol un votellde wieder. „Dat was daumols eene ganz leige Tiet. De Flüchtlingskinner hadden eenfach tovierl Leiges un Böises beliewet. Se brukenden ganz vierl Leewe. De kreigen se dann van usen Pappen. He höilt auk nix van Schlauhn un Scheelen. Leewe Woäre un goud Toküerden hölpen biärter," siär se.

„Achter de Schoule was de Schoulgoarden. Auk Appelbäume würßen an de butersten Kante. De Naut was graut, un use Pappe wüsse Raut. Doarümme kreigen de Flüchtlinge olles Tierlde ut den Schoulgoarden met no Huse. Dat wöhn Kabusköppe, Wurdeln un Petersilgen. Os de Appels in'n Hiärfste riep wöhn, halde use Pappe muorns oll frouh fo jedet Kiend eenen Appel fo de grauden Pause. Nauh dat Muorngebet säggen, annert-halw Stunne läden, konne dann jedet Kiend in de Pause eenen Appel weg knusen. Dat wöhn ees de „Weißer Klar" un dann de Glockenappels. Jau, use Pappe häff hier nauh'n Kriege vierl Gohes dauhn." Dann hurmelde se no mol sietaf in de Ohdkaam, halde son händvelken Glockenappels van lestet Joahr ut de Börde. „De giewe ick ju met up den Weg no Hus."

Os Gerd nu up de Sietdüerden tou stüerde, saig he no eenen inrahmden Sprüerke an'ne Wand hangen. De luerde: „Laut immer eene gohe Spoar trügge." Dat was de Lierbens-sprüerke van den Duorpschoulmester. Un düsse aule Sprüerke was nauh den Kaup van dat Schoulhus un de Gebietsrefuorm van Niedersassen 1972 hangen bliewen.

Gerd woll nu wieder. He bedanke sick bi de aulen Fruwwe un mende: „Wenn de Glo-ckenappels riep send, dann kuerme ick wiehe." Siär no eenmol adjüs un föhde dann achter den naichsten Knapp no Huse.

De Sprüerke. „Laut immer eene gohe Spoar trügge," harre Gerd sick achter der Oahrden un in sien Hatte schriewen.

(geschrieben im Platt des südlichen Osnabrücker Landes)

Sünnenblomen

Helga Grzonka

Dat Wunner is oll mächtig graut
Twee Meter wasst ut lütke Saut
Wekke sik glieks no buam hen stellt
Und denket, em gehöört de Welt
Und reckt den Kopp, schön und stolt
Häf blauts düe de Ünnersten Holt

Van unnern sind de Lütken graut
Van buam ut sehn ,ne annere Maut
Faaken auk de Sichtwiese tellt
Bekiek di doch mol düsset Beld
Hier is de Blomen in'n Goarden
Viäl grötter os de Kiärktoarden

Foto: H. Grzonka

De Papagei

Ewald Hein-Janke

Frau Megger hadde eenen Papagei. Dat wör een frechet Aus! He flög immer in de Kör-
ken, wat he nich scholl. Dat Fruminske woll em eens wiiher ruut bandökern. Doa flög he
öever de Pannen un löt wat runnnerfallen. De Meggerske neimt de heeten Pannen un
kloppte de em up den Kopp. De Fiädern schnöggeten weg, owwer de Vuegel öeverlewe-
de den Schlag met eene Glatze!

Eenes Dages queimt de Herr Pastor to Besök. „Goen Dag," sähr he, „Gott zum Gruße!"
He neimt siinen schwatten Hoot af, un to'n Vorschiin queimt siin kahlen Kopp. Doa rööp
dat Aus van Papagei: „Na, Kumpel! Häste auk in de Pannen schiäten?!"

(geschrieben im Bramscher Platt)

Fruslüemannel

Helga Grzonka

Dat was vanne Muarn een schöiner Sünnenupgang. Een poar witte Wulken danzen. De Doff leig no üawer Gräs und Planten in mienen Goarden. De Vüägel trällern iähr Muarn-leed in de Stille.

Nu steht de Sünnen innen Mirrag. Auk de lesste Wulken häf sik vötuagen. De Hiemel is schlüpperblau. De Goardenpatt und dat Gräs sind oll lange drüge. Blauts eene Planten häf no natte Stiehen. Up de Bliär van mienen Fruslüemannel stoht no lütke runne Water-druapen. Se blinket wie Edelsteene unner de hellen Sünnenstrauhlen.

In de nordisken Länner is de Planten de Göttin Freya wigget. Nau de Legende sall et sik bie de Druapen ümme de Traunen van de Läiwes-Göttin hanneln. Doarümme wö dat Natt und de Bliär heelsam bie de Fierdage und in de Wesseljoahrden van Fruslüe. Ik häwe mie auk oll mol eenen Tee met de Bliär upguaten.

Viäl läiwer kieke ik ower de glitzernden Waterdruapen an. Dat sind miene Diamanten.

(geschrieben im Platt des südlichen Osnabrücker Landes)

Foto: H. Grzonka

De Botterbloumen

Elisabeth Benne

Os ick gistern göng den Goardenpatt,
doa saig ick tüsken de Steene wat.
Et quierlde sick met tackerigge Bliär,
een giärlet Blöimken ut den Ärdenschmiär.

Et stönd in Nauberskup van Silaut,
un auk bi annere Goardensaut.
De Sünne scheint em in't Gesichte,
et dachte an siene Lierbensgeschichte.

Ut de Mitte sick een Blöimken schüff,
un aumds de Igel an de Knoppen schnüff.
Dat was fo em kein gohet Iärten,
he mag doch leewer Würmer friärten.

Een Augenschlag schmeit Mester Lampe,
düe'n Tuun doa achtern Klowwerkampe.
He kaik nen Augenschlag non Goarden,
non giärlen Blöimken achter de Poarden.

Manch Wierpsen kaim auk up Besöik,
wippkeden un an de Bloumen röik.
Un üorwer Nacht was ut de giärlen Bloumen,
eene witte Pustebloumen woden.

Dat saigen auk de Nauberkinner,
un fröwweden sick auk nich minner.
Se plückden se af un pußten ganz dulle,
de Schirmkes flöigen an'n Grund os Wulle.

De Kinner naimen se dann sau os Oma,
dat was auk oll fröher vo Corona.
Bi'n Pußen siär man Kaiser, König, Fürst, Major,
Edelmann, Biärdelmann, Dokter, Pastor.

Dann flöigen de Schirmkes in'n Wiend,
dat was een Juken bi Oma un Kiend
Un näichstet Joahr, dat es oll kloar,
dann schüff sick wä düchtig schwoar.

Een giärlet Blöimken met tackerigge Bliär,
ut de Steene un den Ärdenschmiär.
Dat Blöimken müge wi woll danken,
weil et sick quierlde düe de Steeneplanken.

Foto: H. Grzonka

(geschrieben im Platt des
südlichen Osnabrücker Landes)

Wat dat mit`n natten Strich up sück häff

Georg Geers

Dat Plattdütske hoch hollen un tauminsk verseuken, et wer `n bittken gesellschäftsfähiger tau moaken, dat heff sück Marcus Bruns ut Alfhusen-Thiene mit fief Musikerkollegens up de Foahnen schrewen. Siet 2014 schriewet un veröffentlicht sei unner den Noamen „Wippsteert" plattdütske Lieder, de van dat Lewen, van Liebe oawer ok van Laster un Leid vertellt. En Stück, dat mittlerwiele ok ganz veele junge Lüe in Ossenbrügger Land kennt un mitsingen könnt, heff „Wippsteert" unter den Titel „Dröff de Strich nich nat wer`n" veröffentlicht.

Dat amüsante Video dortau, hefft sei in de Wirtschaft Linnenschmidt in Venne uppnoahmen. Tobias Büscherhoff, de in de Band Gitarre und Banjo speelt, kump ut Venne un kennede de gediegene Inrichtung van de olden urigen Wirtschaft mit den Eikentresen und dat grote Glöserbuffet doarachter. Dat wör de passende Location für dat Video. Mit Elsbeth Meyer ut Neienkerken fünd Marcus Bruns ′nen Menske, dat so′ne richtige originale Wirtin vörstellen konnde. Ne blaue Kittelschötten darför – noch so meu!

De dösige Kellner in dat Video, de doch partou kein Plattdütsk konn, würd van den Wippsteert-Bassisten und Trompeter David Hausfeld speeld. Hei sülwes, de döstige Gast Marcus Bruns, den das Glas immer nich full genaug weesen konnde und ok de übrigen „Kompasengäste" hadden bie den Videodraah ne Masse Spoaß.

„Wippsteert" heff 2021 übriges den „Wilhelm-Fredemann-Pries" van den Heimatbund Ossenbrügger Land un den Kreisheimatbund Bössenbrügge för den Einsatz um ümme den Erhalt van de plattdütsken Sproake kregen.

Wecker dat Video noch nich kennt, mot sück dat bie Youtube unbedingt moal ankieken.

(geschrieben im Ankumer Platt)

Mit ehre Uptritte sörget de Junges van „Wippsteert" overal för veel Spoaß un ne Menge Pleseer. Up dat Beld rocket sei den „von-Boselager-Platz" in Eggermöhlen. Das Beld heff Georg Geers moaket.

Dröff de Strich nich natt wer`n?

Am   E7   Am
Oabens, noah Fieroamd und amanges nur äinfach nur so

                    E7   Am
häff ick nich nur Brand, doar brennt`et in mi lichterloh

     Dm   Am
ick bestell mi`n Beer und wat tau drinken dorbie

       B7   E7
dat Geräusch vön de Kühlschrankdörn is äs Musik för mi

    Am   E7   Am/ A7
düsse ieskaulde Buddel, düsse kotte Moment

           Dm   Am
wenn`t Glas immer vuller wett, nur nich so vull äs me mennt

      Dm   C
dann kiek ick fragend denn Kellner an, dat kann ick ju vertellen

   G7   C/C7
„Schuldigung, darf ich Sie mal ne Frage stellen"?

                         F   C
Dröff de Strich nich natt wer`n? watt häff ick die doarn?

                     G7   C/C7
denn mocht' ick all gistern, un' de schmeck' ock moarn!

                   F   C
Dröf de Strich nich natt wer`n? datt mott doch goarn?

          G7   C/G7/C
denn up halve Bäine, kann ick nich stoah`n

  Am   E7   Am
Ji glöw`et mi nich, wo faken mi dat oll passerde

                        E7   Am
de Kellner kömp an Disk und häi brachte mi dat verkehrde

           Dm   Am
und dann durd`et so lange, man hadd`et oll satt

      B7   E7
denn ganzen Dach, was de Strich noch nich natt

    Am   E7   Am/A7
dann frochede häi mi, und häi konn kien Platt

    Dm   Am
„was denn für`n Strich? Und was heißt eigentlich `natt'?

     Dm   C
Ick säh: "Haal mol'n Buddel, ick häff' ne Idee,

      G7   C/C7
denn Döst is noch vull schlimmer äs Heimweh!"

Dröf de Strich nich natt wer`n …

Dm   G7   C
2cl, 4cl, 6cl wör Klasse

Dm   G7   C
8cl, 10cl, is oll `ne halve Tassen

           F   Dm
ick hadde nur äine Bitte, und mehr will ick ock nich

     D7   C   C7
und wenn`et ock nur äiner is: maak ne vull bit an` Strich!

Dröf de Strich nich natt wer`n …

© Bruni/
Wippsteert 2020

Das Kreimer-Selberg-Museum in Georgsmarienhütte-Holzhausen

Ausstellungsort heimatlicher Gebrauchsgegenstände und Genealogisches Informations- und Forschungszentrum

Peter Kulgemeyer und Norbert Ortmanns

Entstehungsgeschichte

Zahlreiche Dokumente und Schriften, darunter die eigene Familienchronik, von Christoph Joseph Kreimer (*1819 in Beckerode, +1898 ebd.) aus seiner Zeit von 1854 als Vorsteher von Beckerode und von 1860-1866 als „Gesamt-Vorsteher" von Hagen a.T.W, damals noch Hagen, Kreis Iburg, sowie seiner Tätigkeit als Schulvorsteher bis 1878[1] weckten bei seiner Urenkelin Elisabeth Kreimer-Selberg mit 18 Jahren das Interesse an der Ahnenforschung. Ihre Leidenschaft für Familien- und Heimatforschung führte sie mit anderen Ahnenforschern, u. a. mit Alexander Himmermann und Rainer Rottmann zusammen und es entstand eine umfangreiche Erweiterung der bestehenden Sammlung, die sie zusammen mit ihrem Mann Wilfried Selberg um Exponate aus dem Alltagsleben verschiedener Jahrzehnte der jüngeren Geschichte ergänzte. Die genealogischen Sammlungsstücke, darunter mehr als 17.000 Totenbildchen aus dem südlichen Landkreis Osnabrück, erhielten einen erlebbaren „historischen Rahmen" und gleichzeitig entstand eine Konzeptidee für die Einrichtung eines Museums.

In der Planungs- und Entstehungsphase gründeten Elisabeth Kreimer-Selberg und ihr Mann 2019 die gemeinnützige Kreimer-Selberg-Stiftung, um Sammlung und Museum dauerhaft für die Zukunft zu erhalten. Im gleichen Jahr wurde nach langer Suche das Haus „Frenk" an der Sutthauser Str. 6 in Holzhausen durch die Stiftung gekauft. Am 9. September 2020 verstarb überraschend Wilfried Selberg und Elisabeth Kreimer-Selberg wurde Vorsitzende der Stiftung. Weitere Mitglieder im Vorstand sind Margarete Völler, Martin Duram und Peter Kulgemeyer als stellvertretender Vorsitzender. Die Entscheidung des Gründerehepaares, eine Stiftung als Träger des Museums zu gründen, erwies sich als weitsichtig und stellt die Zukünftigkeit sicher.

Mit Fördermitteln des Kulturbüros des Landkreises Osnabrück, des Landschaftsverbandes Osnabrücker Land, der Gemeinde Hagen a.T.W. sowie der Stahlwerksstiftung und der Georgsmarienhütte GmbH wurden das Museum eingerichtet und Projekte zur Ausstellungserweiterung finanziert.

Am 1. Juli 2021 wurde das Kreimer-Selberg-Museum feierlich eröffnet. Der bekannte Hagener Historiker, Ahnenforscher und Buchautor Rainer Rottmann hielt die Laudatio und überreichte, zur großen Überraschung aller Anwesenden, Elisabeth Kreimer-Selberg ein bei seinen Forschungen entdecktes Rechnungsbuch ihres Urgroßvaters aus dem Jahre 1841. Obwohl noch selbst in der Ausbildung, hatte er, nach dem frühen Tod seines Bruders 1837 dessen Schuhgeschäft im gleichen Jahr übernommen.[2]

Das Museum

Das zweistöckige Wohn- und Geschäftshaus, in einem Wohngebiet gelegen, bietet
aufgrund seiner Architektur ideale Voraussetzungen, Wohn- und Lebenskultur ver-
gangener Jahrzehnte erlebbar zu machen.
„Die Wohnungen prägen seit Jahrhunderten
das Leben der Menschen. Wir sind ein Teil
davon"[3], heißt ein Leitspruch des Museums.

So erleben Besucher im „Parkettzimmer"
wie um 1920 in gut situierten Familien feu-
dal gewohnt und festlich gespeist wurde,
eingerahmt von einem Bücherregal mit antiquarischen Büchern. Zusammen mit der eigentlichen Bibliothek im Untergeschoß oder
Zwischentrakt beherbergt das Museum mehr

Abb. 1: Kreimer-Selberg-Museum, Sutthauser Str. 6 in Georgsma-
rienhütte-Holzhausen.

als 1000 solcher wertvollen Bücher. Im Gegensatz dazu steht im ersten Stock eine „klas-
sische Küche", über viele Jahrzehnte für die Mehrzahl der Familien zentraler Wohn- und
Lebensmittelpunkt. Im Nebenraum, nur durch eine Schiebetür getrennt, befindet sich ein
für die 1970er-Jahre typisches Jugendzimmer. Spiegeln die Exponate der Küche regionale
Tradition wider, so gewährt das Jugendzimmer einen Einblick in eine unruhige Zeit mit
jugendlicher Subkultur, alles Traditionelle hinterfragend.

Lebens- und Wohnverhältnisse sind auch immer Spiegelbild regionaler Arbeits- und Wirt-
schaftsverhältnisse. So widmet sich das Museum auch dem Strukturwandel der Region
durch die Industrialisierung, die in der Hagener Bauerschaft Beckerode im Jahre 1836
mit der Gründung der „Beckeroder Eisenhütte" durch den Osnabrücker Kaufmann Johann Karl Forster[4] begann und die Region zwischen dem Schafberg in Ibbenbüren, dem
Osnabrücker Piesberg und dem Hüggel bis heute nachhaltig verändern sollte. Wie ein
roter Faden zieht sich die Darstellung dieses Wandels durch das Haus. Beginnend im
Untergeschoss mit Exponaten des bäuerlichen und handwerklichen Lebens, können im
Erdgeschoss die letzten drei Exemplare der Beckeroder Eisenöfen bestaunt werden. Die
sich anschließende Entwicklung nach dem Verkauf der Beckeroder Eisenhütte am 6. Juni
1856 an den im April desselben Jahres gegründeten „Georgs-Marien-Bergwerks- und
Hüttenverein"[5] bis in die Gegenwart wird exemplarisch im Aufgang zum oberen Stock-
werk dargestellt. Entlang dieser „Zeitleiste" im Treppenhaus sind weitere Exponate zur
Hagener, Holzhauser und Georgsmarienhütter Ortsgeschichte sowie zum Themenbereich
„Eisen und Stahl" in den Räumen des Hauses zu sehen. Auch ein Schulzimmer mit der
Ohrbecker Schulchronik und vielen Jahrgangsfotos bereichert das Museum.

Eine umfängliche Darstellung menschlicher Lebenswirklichkeiten ist auch bemüht religiöse Ausdrucksformen der jeweiligen Zeit zu erfassen. So verfügt das Museum inzwischen
über eine ansehnliche Sammlung von Wandkreuzen und über mehr als 500 Kirchen-

gesangbücher und religiöse Bücher verschiedener Konfessionen. Aktuell hinzugekommen sind über 70 neuzeitliche Ikonen, die von der Bad Rothenfelder Künstlerin Sigrid Lindemann gemalt und dem Museum geschenkt wurden. Sie sind im sogenannten „Ikonenzimmer" dauerhaft ausgestellt und ergänzen vortreffliche die Sammlung religiöser Exponate.

Genealogische Informations- und Forschungszentrum

Mit dem genealogischen Informations- und Forschungszentrum beabsichtig das Museum, regionale Familiengeschichte und Geschichten zusammenzutragen und zu Forschungszwecken zur Verfügung zu stellen. Die Auseinandersetzung mit der eigenen Familiengeschichte, ob als Chronik oder Stammbaum, soll so gefördert und erleichtert werden.

Neben der Sammlung von Totenbildchen befinden sich bereits zahlreiche schriftliche Aufzeichnungen von Alexander Himmermann über seine umfangreichen familiengeschichtlichen Forschungen, teilweise im Original, teilweise als Kopie, im Besitz des Zentrums. Zu diesem vielfältigen Fundus zählen Auszüge aus Kirchenbüchern der Gemeinden Hagen a.T.W., Oesede, St. Johann Osnabrück, Wallenhorst und Wellingholzhausen sowie viele seiner Familienstammbäume und die Ausarbeitungen zur Geschichte der Höfe im südlichen Landkreis. Darüber hinaus ist eine digitale Vernetzung mit den Kirchenbüchern des Bistums Osnabrück über das Portal „Matricula" gewährleistet.

Auf Anfrage und nach Terminvereinbarung unterstützt das Informations- und Forschungszentrum Privatpersonen, die an ihrer Familiengeschichte und an der Ahnenforschung interessiert sind. Die eingeleitete digitale Erfassung der Dokumente wird zukünftig das Aufsuchen entsprechender Informationen verbessern.

Abb. 2: Wohn- und Esszimmer um 1920 mit festlich gedeckter Tafel.

Abb. 3: Die drei „Eisenöfen Made in Beckerode"

Abb. 4: Stilecht im ehemaligen Badezimmer des Hauses, heute Gästetoilette, ein kleiner geschichtlicher Querschnitt von Gegenständen zur Körperpflege

Abb. 5: Bibliothek mit antiquarischen Büchern ab 1725 und mit einer Sammlung von über 500 Kirchengesang-büchern.

Besichtigung und Kontakt

Das Museum hat keine festen Öffnungszeiten, weil es als „Museum zum Anfassen" durch persönliche Führungen seinen Besuchern eine Erlebnisreise ermöglichen möchte. Maximal 16 Personen in zwei Gruppen können durch das Museum geführt werden. Die Führungen sind kostenlos. Spenden sind herzlich willkommen, da das Museum im Wesentlichen nur aus den Erträgen der Stiftung finanziert wird. Hierfür steht im Eingangsbereich, ganz im Stile des Museums, ein besonderes historisches Kleinod bereit: eine Ablasskasse, geschnitzt um 1978 von Stiftungs- und Museumsgründer Wilfried Selberg nach historischen Vorlagen.

Interessierte Besucher finden das Museum im Ortsteil Holzhausen in der Sutthauser Straße 6 in 49124 Georgsmarienhütte. Tel.: 0171-2403065. Aktuelle Informationen sowie alle Kontaktdaten finden sich im Internet unter:

www.kreimer-selberg-museum.com.

www.facebook.com/GMH1856/

Fotos: Elisabeth Kreimer-Selberg/Martin Duram

1 Vgl. Die Chronik der Familie Kreimer, Hagen, Kreis Iburg, in: Osnabrücker Familienforschung, Heft-Nr.78-79, 2009.

2 Vgl. ebd.

3 Informationsflyer Kreimer-Selberg Museum.

4 Vgl. R. Rottmann; Die Beckeroder Eisenhütte, Heimatverein Hagen am Teutoburger Wald e. V. (Hrsg), 2006, S. 22. Die Autoren folgen dieser Schreibweise, die sich wohl aus den Staatsarchiven ableiten lässt. In anderen, teilweise älteren Veröffentlichungen findet sich der Name „Förster" wie z. B. in: R. Rottmann: Hagen am Teutoburger Wald, Ortschronik, Gemeinde Hagen a.T.W. (Hrsg), 1997, S. 597 - 603 oder Oliver Driesen: Schwarz wie Schlacke – Rot wie Glut, Hoffman und Campe, 2006, S. 18 – 21.

5 Vgl. Oliver Driesen: Schwaz wie Schlacke Rot wie Glut, Hoffmann und Campe 2006, S. 20.

Das Plaggeneschzentrum – ein Kooperationsprojekt zur Umweltbildung zwischen dem Windmühle Lechtingen e. V. und dem Natur- und UNESCO Geopark TERRA.vita

Tobias Fischer, Sabine Böhme, Ansgar Vennemann, Klaus Mueller

Wie betreibe ich Landwirtschaft auf Böden, die trotz großer Anstrengungen nur sehr geringe Erträge erbringen? Mit dieser Frage sahen sich die Menschen des 12. Jahrhunderts konfrontiert, welche im Raum des heutigen Osnabrücker Landes lebten. Das mittelalterliche Bevölkerungswachstum und der dadurch zunehmende Nahrungsmittelbedarf zwang sie zur ackerbaulichen Nutzung der sandigen, wenig fruchtbaren Böden der in Nordwestdeutschland weitverbreiteten Geestlandschaften. Abhilfe schuf eine heute historische Form der Landnutzung, welche einen tiefen landwirtschaftlichen Umbruch bedeutete und die Landschaft für Jahrhunderte prägen sollte – die Plaggenwirtschaft[1].

Von Heideflächen, nassen Niederungen und Waldgebieten wurde die oberste Bodenlage als Soden, den sogenannten Plaggen, entnommen. Die Plaggen wurden in Tierställe eingestreut, dort über Monate mit den Tierexkrementen vermischt und anschließend mit Hausabfällen und Ascheresten vermengt. In der Regel kompostiert, wurde das Material als organischer Dünger auf die sandreichen Ackerflächen, den Eschen, ausgebracht[2]. Dadurch konnte Roggen über längere Ernteperioden angebaut werden, „Ewiger Roggenanbau" genannt. So ermöglichte die Plaggenwirtschaft indirekt auch die Verbreitung zahlreicher Mühlen im Osnabrücker Land, welche das Korn verarbeiteten. Nahezu jede Ortschaft verfügte über eine Mühle, wie die Windmühle Lechtingen in der Gemarkung Wallenhorst nordwestlich von Osnabrück.

Durch den fortwährenden Auftrag der Mineralböden wurden die Esche erhöht – rückwirkend über die Jahrhunderte betrachtet um durchschnittlich einen Millimeter pro Jahr[3]. Dadurch bildeten sich Geländekanten von bis zu 1,3 Metern, die auch heute noch das Landschaftsbild prägen. Ein gutes Beispiel für eine solche Eschkante ist der Lechtinger Esch benachbart zur Lechtinger Mühle[4].

An diesem Standort entstand im Jahr 2009 durch Initiative von Prof. Dr. Klaus Mueller, Hochschule Osnabrück, die Idee, durch ein Informations- und Erlebniszentrum auf die Plaggenwirtschaft aufmerksam zu machen. Ein erstes Konzept erstellte die damalige Studentin Sonja Ballmann im Rahmen einer Masterarbeit (2010). Der Grund und die Notwendigkeit eines solchen Zentrums sahen sie in der Tatsache, dass mit der Einführung von Mineraldüngern zu Beginn des 20. Jahrhunderts die Plaggenwirtschaft abrupt endete und das Wissen um die die Landschaft prägenden Böden und ihre Bedeutung zunehmend in Vergessenheit geriet. Die Plaggenesche werden häufig eingeebnet und überbaut, sodass sie heute nur noch Relikte einer historischen Kulturlandschaft darstellen. Dabei erfüllen die Plaggenböden auch heute noch vielfältige und bedeutende Funktionen in der Region. Sie sind wichtiger Lebensraum für die Wurzeln von Pflanzen und für Tiere, ermöglichen eine gute Wasser- und Nährstoffspeicherung, sind CO_2-Senken, wenig anfällig für Boden-erosionsereignisse, puffern Schadstoffeinträge und archivieren archäologische Funde[5].

Aufgrund dieser hohen Bedeutung als Boden und als historische Kulturlandschaft griff der Natur- und Geopark TERRA.vita (Teutoburger Wald, Wiehengebirge, Osnabrücker Bergland, Ankumer Höhen) das Konzept eines Plaggeneschzentrums wieder auf. Als einzigartiger Standort für das Plaggeneschzentrum etablierte sich die Lechtinger Windmühle des Windmühle Lechtingen e. V., da nicht nur die Plaggenwirtschaft erläutert wird, sondern mit lokalen Akteuren die Kulturgeschichte der Region, die Bedeutung der Mühlenwirtschaft sowie die Produktion lokaler, nachhaltiger und ökologischer Produkte vermittelt werden kann (Abb. 1). Zudem ist die Lechtinger Plaggeneschlandschaft als historische Kulturlandschaft von landesweiter Bedeutung einzuordnen.

Abb. 1: Das Plaggeneschzentrum ist wahrscheinlich deutschlandweit einzigartig und eine Kooperation zwischen dem Windmühle Lechtingen e. V. und dem Natur- und Geopark TERRA.vita (Foto: Ansgar Vennemann).

In enger Zusammenarbeit und mit viel Eigenarbeit der Mitglieder des Windmühle Lechtingen e. V. entstand in einem restaurierten Schweinestall und im Außenbereich die wohl einzige Dauerausstellung zur Plaggenwirtschaft in Deutschland.

Leicht verständlich und insbesondere auch für Kinder und junge Erwachsene geplant, leistet das Projekt einen Beitrag zur Bildung für nachhaltige Entwicklung. Die digitale und analoge Konzeption soll das Bewusstsein für historische Bewirtschaftungsformen und die zunehmende Bedeutung von intakten, fruchtbaren Böden für eine nachhaltige Landwirtschaft schärfen. Zudem zeigt es die Folgen der Plaggenwirtschaft für die Landschaft und damalige Gesellschaft auf: Große Flächen, auf denen Plaggen entnommen wurden, verheideten oder devastierten, sodass durch Winderosionsereignisse Wanderdünen und Wehsandflächen entstanden[6]. Oftmals benötigte der Boden zehn Jahre, bis sich eine neue abplaggbare Vegetationsdecke bildete[7]. Plaggen waren sehr gefragt. Infolgedessen blieben Zank, Streitereien und auch Plaggendiebstahl nicht aus.

Das Maskottchen „Paul Plagge" sowie Hands-on-Objekte und interaktive Elemente wie Bodendrehrollen oder eine Drehscheibe, die in fünf Phasen die Plaggenwirtschaft erläutert, begrüßen Besuchergruppen im Außenbereich des Plaggeneschzentrums. Eine Zeittafel informiert über die Formen der Ackerdüngung seit der Jungsteinzeit und eine Tafel mit Orts- und Straßennamen wie „Plaggenschale" und „Eschweg" oder der Verweis auf Familiennamen wie „Esch" und „Escher" sowie Begriffe wie die heute noch geläufige „Plackerei" stellen einen Bezug von der Plaggenwirtschaft zum heutigen Alltag her. Im Innenbereich wird in Form eines Films sowie in Dioramen und Objekten die Phasen der Plaggenwirtschaft sowie ihrer Folgen dargestellt.

Als UNESCO Global Geopark sind für TERRA.vita die Plaggenböden schutzwürdig, da sie ein einzigartiges geologisches Erbe von internationaler Bedeutung darstellen[8]. Die Plaggenwirtschaft ist weltweit vor allem in der nordwestdeutschen Tiefebene und in angrenzenden Gebieten der Niederlande, Belgiens und Dänemarks verbreitet[9]. Singuläre Vorkommen sind aus Schottland, Irland, Wales, Norwegen und Russland bekannt[10]. Dabei weist der Raum um Cloppenburg und Osnabrück die höchste Dichte an Plaggenböden auf. Aufgetragen auf den eiszeitlich entstandenen sandigen Böden, tragen sie zur Geodiversität in der Region bei und archivieren, abgesehen von ihrer eigenen Kulturgeschichte, archäologische Kulturgüter. Das bekannteste Beispiel sind die Relikte der Kriegshandlungen der Varusschlacht, welche im Oberesch bei Kalkriese gefunden wurden[11]. Dabei bilden die Plaggenböden in der 300 Millionen Jahre langen Erdgeschichte des UNESCO-Geoparks das jüngste Kapitel[12].

Abb. 2: Die Teilnehmerinnen und Teilnehmer der Exkursion in den UNESCO Global Geopark TERRA.vita im Rahmen des EGN springmeetings 2022 vor der Windmühle Lechtingen (Foto: Ansgar Vennemann).

Aufgrund der Einzigartigkeit als Landnutzungsform und der einzigartigen Zusammenarbeit zwischen dem Windmühle Lechtingen e. V. und dem Natur- und Geopark TERRA.vita wurden das Plaggeneschzentrum und die Mühle im Rahmen einer Exkursion Teilnehmenden des „EGN springmeetings 2022" vorgestellt (Abb. 2,3). An dieser Tagung des Europäischen Geoparknetzwerks (EGN), die vom 26. April bis 30. April 2022 in Zweegse in den Niederlanden tagte, nahmen ca. 160 Teilnehmende aus mehr als 20 europäischen Ländern teil. Ziel der Tagung ist neben dem fachlichen Austausch die strategische Ausrichtung der

Europäischen Geoparks zu verfeinern und im Rahmen von Exkursionen Vorzeigebeispiele aus Geoparks u. a. aus den Bereichen nachhaltige Regionalentwicklung, Umweltbildung, Bildung für nachhaltige Entwicklung und Schutz geologischen Erbes vorzustellen.

Abb. 3: Führung im Plaggeneschzentrum für die Exkursionsgruppe (Foto: Natur- und Geopark TERRA.vita).

Literatur

- Ballmann, S. (2010): Konzept für ein „Informations- und Erlebniszentrum Plaggenwirtschaft" an der Windmühle Lechtingen. Masterarbeit, Hochschule Osnabrück, 93 S.

- Dahlhaus, C.; Kniese, Y.; Mueller, K. (2018): Atlas der Böden im Natur- und Geopark TERRA.vita. Natur- und Geopark TERRA.vita Nördlicher Teutoburger Wald, Wiehengebirge, Osnabrücker Land e. V. (Hrsg.), Osnabrück, 110 S. [ISBN 978-3-88926-152-6]

- Derks, H. (2015): Kalkriese und die Varusschlacht. Geschichte – Forschung – Funde. Varusschlacht im Osnabrücker Land – Museum und Park Kalkriese (Hrsg.), Bramsche-Kalkriese, 143 S. [ISBN 978-3-00-048821-4]

- Fischer, T. (2020): Wertgebende Landschaften und Landschaftselemente im Natur- und UNESCO Geopark TERRA.vita. Natur- und Geopark TERRA.vita Nördlicher Teutoburger Wald, Wiehengebirge, Osnabrücker Land e. V. (Hrsg.), Osnabrück, 195 S. [ISBN 978-3-945096-09-3]

- Mueller, K. (2020): Die Plaggenwirtschaft. Eine einzigartige Form der Landnutzung in der nordwestdeutschen Tiefebene. Der Mühlstein, 68, 15-22.

- Mueller, K.; Giani, L.; Makowsky, L. (2013): Plaggenesch, Boden des Jahres 2013: Regionale Beispiele aus dem Oldenburger und Osnabrücker Land. Drosera, 2011, 1-10.

1	Mueller et al. 2013.	5	Mueller et al. 2013, 2020.
2	Mueller 2020.	6	Mueller 2020.
3	Dahlhaus et al. 2018.	7	Dahlhaus et al. 2018.
4	Mueller 2020.	8	Fischer 2020.

9	Mueller 2020.
10	Mueller et al. 2013.
11	Derks 2015.
12	Fischer 2020.

Jahresbericht des Kreisheimatbundes Bersenbrück (KHBB) für den Zeitraum vom 1. Juli 2021 bis zum 30. Juni 2022

Franz Buitmann

Auch der jetzt vorliegende Jahresbericht des KHBB kann nicht das volle vorgesehene Jahresprogramm wiedergeben, denn die Corona-Pandemie verhinderte die Durchführung mehrerer Veranstaltungen. Die Arbeit des Vorstandes und auch der Mitgliedsvereine brachte allerdings ehrenamtliche Tätigkeiten genug.

Kreisheimattag 2021 verbunden mit der Jahreshauptversammlung des KHBB am 30. Oktober 2021 in Bersenbrück

Gastgeber des Kreisheimattages am 30. Oktober 2021 verbunden mit der Mitgliederversammlung war anlässlich des Jubiläums „800 Jahre Bersenbrücker Geschichte" der Heimatverein Bersenbrück.

Die Teilnehmer trafen sich um 14 Uhr an der Museumsscheune. Nach einer Begrüßung durch den stellvertretenden Vorsitzenden des Heimatvereins, Manfred Kalmlage, und den Vorsitzenden des KHBB, Franz Buitmann, sowie den stellvertretenden Bürgermeister Johannes Koop erfolgte eine Ortsbegehung im Bereich des Klostergebäudes und der Kirche unter Führung von Manfred Kalmlage. Nach einer Kaffeetafel fand ab 15.30 Uhr die 71. Mitgliederversammlung des KHBB statt. Zu den Regularien gehörten der Jahresbericht des Vorsitzenden, der Kassenbericht, Wahlen und Ehrungen. Grußworte der Geschäftsführerin des Landschaftsverbandes Osnabrücker Land, Dr. Susanne Tauss, des Vorsitzenden des Heimatbundes Osnabrücker Land, Jürgen Eberhard Niewedde, und des Leiters der Stadt- und Kreisarchäologie Osnabrück, Axel Friederichs, und eine Vorstellung des Heimatvereins Bersenbrück folgten. Der KHBB informierte über aktuelle Projekte. Nach der Versammlung bestand die Möglichkeit, die Sonderausstellung „800 Jahre Bersenbrücker Geschichte" im Museum im Kloster zu besichtigen.

Abb. 1: Auf dem Kreisheimattag des Kreisheimatbundes Bersenbrück (KHBB) überreichte Dr. Susanne Tauss vom Landschaftsverband Osnabrücker Land den neuen Möser-Sammelband an die beiden Vorsitzenden der Heimatbünde Jürgen Eberhard Niewedde und Franz Buitmann. (Foto: KHBB)

Frühwanderung am 1. Mai 2022 in der Maiburg bei Bippen

Seit vielen Jahrzehnten ist es Tradition, den Mai mit einer Frühwanderung in der Maiburg zu begrüßen. Zwei Jahre konnte diese beliebte Wanderung coronabedingt nicht durchgeführt werden. Nun luden der Heimatverein Bippen und der Kreisheimatbund Bersenbrück (KHBB) zum 1. Mai alle Wanderfreundinnen und Wanderfreunde wieder zur Frühwanderung ein. Treffpunkt war in diesem Jahr bereits um 6 Uhr am Heimathaus Bippen. Hier begrüßte der Vorsitzende des KHBB, Franz Buitmann, die stattliche Wandergruppe. Er freue sich, dass endlich wieder diese traditionelle Frühwanderung durchgeführt werden könne, ohne die es eigentlich nicht Mai werden könne. Man habe sie zwei Jahre vermisst. Sein Dank ging an den Heimatverein Bippen für die Vorbereitung und Organisation der Veranstaltung. Der Vorsitzende des Heimatvereins Bippen, Kurt Freye, sagte, der Heimatverein Bippen komme gern der jahrzehntelangen Zusage nach, jeweils für die Durchführung der Frühwanderung zu sorgen. Vom Heimathaus aus startete die fast drei-

Abb. 2: Begrüßung am Heimathaus Bippen (Foto: Franz Buitmann)

stündige Wanderung unter Führung von Kurt Freye und Holger Wissmann über teils unbekannte, aber sehr interessante Wege in der Maiburg, wo auch Erläuterungen gegeben wurden. Mit dem Lied „Der Mai ist gekommen" endete die erlebnisreiche Wanderung. Anschließend bestand Gelegenheit zum Frühstück im Heimathaus Bippen.

Wandertour nach Berge am Tag des Wanderns

Jedes Jahr lädt der Deutsche Wanderverband (DWV) am 14. Mai, dem Gründungstag des Verbandes, bundesweit zum Tag des Wanderns ein. Für den Bereich des Kreisheimatbundes Bersenbrück (KHBB) hatte der Verband zusammen mit dem Heimatverein Berge und der Dorfgemeinschaft Hekese zu einer Wandertour nach Berge eingeladen.

Begrüßt wurden die Wanderinnen und Wanderer vom Vorsitzenden des KHBB, Franz Buitmann, dem KHBB-Vorstandsmitglied Hermann-Josef Bollmann, der die Tour organisiert hatte, und den Vorsitzenden des Heimatvereins Berge und der Dorfgemeinschaft Hekese. Letzterer gab Erläuterungen zum Steingrab Hekese, wo die Wanderung begann.

Abb. 3: Die Tour des Kreisheimatbundes Bersenbrück (KHBB) zusammen mit dem Heimatverein Berge und der Dorfgemeinschaft Hekese am Tag des Wanderns begann am Steingrab in Hekese (Foto: KHBB)

Die Wanderroute verlief auf einem Teilabschnitt des „Bersenbrücker-Land-Weges". Die rund neun Kilometer lange Tour führte auf sandigen Feld- und Waldwegen durch die naturbelassene Landschaft und über den Schwietertsberg und den Osterboll nach Berge.

In Berge erfolgte eine einstündige Führung durch Renate Schillingmann im Meyer-Haus-Museum mit der hier zurzeit stattfindenden Sonderausstellung zur Berger Schulgeschichte. Im Anschluss daran bestand Gelegenheit, in verschiedene Gastronomiebetriebe in Berge einzukehren.

Kurzbericht zu den weiteren Aktivitäten des KHBB im Berichtszeitraum

- Ehrenamtliche Betreuung im Museum im Kloster Bersenbrück und Unterstützung beim Aufbau der Sonderausstellungen

- Neukonzeption der Zeitungsbeilage „Am heimatlichen Herd" mit viermaligem Erscheinen im Magazin „KIEK IN"

- Weiterer Aufbau des Literatur-Archivs im Museum im Kloster Bersenbrück

- Pflege und Unterhaltung des „Bersenbrücker-Land-Weges" mit diversen Einrichtungen an der Wanderstrecke

- Teilnahme an Sitzungen und Veranstaltungen der Dachverbände Niedersächsischer Heimatbund (NHB), Wiehengebirgsverband Weser-Ems (WGV), Deutscher Wanderverband (DWV), TERRA.vita, Landschaftsverband Osnabrücker Land (LVO), Heimatkreis Greifenhagen/Pommern

- Geführte Wandertour um Rieste mit geschichtlicher Führung auf Lage zum „Tag des Wanderns" am 17. September 2021

- Teilnahme an der Vorstellung des Jubiläumsheftes „Heimatheft für Dorf und Kirchspiel Ankum" (25. Ausgabe) am 23. November

Jahresbericht des Heimatbundes Osnabrücker Land (HBOL) für den Zeitraum vom 1. Juli 2021 bis zum 30. Juni 2022

Jürgen Eberhard Niewedde

Trotz der nicht vorhersehbaren Entwicklungen im Zusammenhang mit der Corona-Pandemie kam unsere Vereinsarbeit nicht zum Erliegen. Zwar hätten wir gern unsere öffentlichen Aktivitäten wieder aufgenommen, Veranstaltungen durchgeführt und den vereinsinternen Austausch mit den Mitgliedern gepflegt. Dies sollte und konnte nicht sein – und nicht nur der Heimatbund war von diesen Einschränkungen betroffen. Doch die dem Vorstand obliegenden internen Aufgaben und Pflichten konnten sämtlich erfüllt werden, dabei half die moderne Kommunikationstechnik ungemein. Und keiner ermüdete dabei, also ein großer Dank an die Vorstandsmitglieder für ihre Engagements für den HBOL.

Die Zwangspause brachte aber auch Zeit für kreative Arbeiten am Schreibtisch. Der bereits angekündigte Bildband über „Markante Bauernhöfe im Osnabrücker Land" liegt seit Kurzem vor. Ein spannendes Thema konnte erfolgreich zum Abschluss gebracht werden, auch dank der das Vorhaben begleitenden Hofbesitzenden und der Informationen und Hinweise gebenden Heimatvereine. Die ersten Reaktionen auf diese Publikation, die am 26. Juni 2022 der Öffentlichkeit präsentiert wurde, sind erfreulicherweise sehr positiv.

Einige Veranstaltungen konnten im kleinen Rahmen stattfinden. So fand mittlerweile ein erstes Treffen der Plattdeutschfreunde, „plattfoss", statt. Unterschiedliche Ideen zur Reaktivierung der Plattdeutsch-Angebote im Osnabrücker Land fielen auf sehr fruchtbaren Boden. An der Ausgestaltung auszuarbeitender Angebote wird eifrig gefeilt. Im Frühjahr 2022 hat das OS-Radio zudem plattdeutsche Kurznachrichten in sein Programm aufgenommen: „Hässe oall hört".

Das ‚Digitale Archiv', unser kostengünstiges Angebot zur Digitalisierung von Dokumenten, Akten und Unterlagen findet immer mehr Zuspruch. Die eifrigen Nutzer bestätigen die Anwenderfreundlichkeit des Programms.

Unter den Zeitumständen litt jedoch auch das vom Landschaftsverband Osnabrücker Land initiierte Projekt ‚Saalbetriebe' im Osnabrücker Land, das wir nach wie vor immer wieder unterstützend mit Informationen und Materialien begleiten. Es ist zu hoffen, dass dieses spannende Vorhaben in den kommenden Monaten weiter vorangetrieben werden kann.

Abb. 4: Der Fotograf Hermann Pentermann und der Autor Jürgen Eberhard Niewedde bei der Präsentation des Buches „Markante Bauernhöfe im Osnabrücker Land" auf der Venner Mühleninsel am 26. Juni 2022 (Foto: Ulrich Wien)

Wir vertraten den HBOL bei:

- der Wanderung mit dem Ministerpräsidenten Stefan Weil im Großraum Ueffeln,
- der Jahresversammlung Wiehengebirgsverband,
- dem Landschaftstag des Landschaftsverbandes,
- dem Tag des offenen Denkmals im Museum im Kloster Bersenbrück,
- bei der Einweihung des Lambert-Rethmann-Denkmals in Hagen a.T.W.,
- der Jubiläumsfeier des Heimatvereins Glane,
- der Zusammenkunft der Museumsleitungen im Landkreis Osnabrück,

- der Wilhelm-Fredemann-Gedächnispreis-Verleihung an die Musikformation ‚Wippsteert',

- der Buchvorstellung ‚Wat, der kann Platt?',

- der 75-Jahr-Feier Niedersachsens im Hannoveraner Kuppelsaal,

- der Tagung zu J. C. B. Stüve im Osnabrücker Museumsquartier.

- Wir beteiligten uns auch, notfalls digital per Zoom, an den Sitzungen des Landschaftsverbandes wie auch der Naturschutzstiftung.

Gemeinsame Veranstaltungen von HBOL und KHBB im Zeitraum vom 1. Juli 2021 bis zum 30. Juni 2022
Franz Buitmann

Zentrale Eröffnungsfeier zum Tag des offenen und Neueröffnung der Heimatstube Greifenhagen in Bersenbrück

Bundesweit wird jeweils am zweiten Sonntag im September der Tag des offenen Denkmals gefeiert, organisiert von der Stiftung Denkmalschutz. Das diesjährige Motto lautet: „Sein & Schein – in Geschichte, Architektur und Denkmalpflege". Zum Motto des diesjährigen Tages des offenen Denkmals hieß es: „Der schöne Schein ist nicht erst heute ein Thema, sondern begegnet uns immer wieder in der Architekturgeschichte. Denkmale zeugen bis heute davon und beeindrucken mit optischen Täuschungen und Illusionen. Schon seit vielen Jahrhunderten, von der Antike über die Kunst und Architektur des Barocks bis heute, faszinieren uns die Tricks und Künste, die hinter solchen Illusionen stecken. Für Sinnestäuschungen in der Architektur sorgen unter anderem Wand- und Deckenmalerei wie beispielsweise Scheinkuppeln, die Räume visuell erweitern und vergrößern. In manchen Bauten sind feine Stuckarbeiten in Wirklichkeit Konstruktionen aus leichtem Pappmache. Auch Denkmale, die auf den ersten Blick nicht viel her machen, aber auf den zweiten Blick eine außergewöhnliche Erscheinung sind, können eine Facette des Mottos sein, ebenso aktuelle Debatten um Rekonstruktionen und der Umgang mit originaler und verloren gegangener Substanz an und in historischen Bauten".

Die zentrale Eröffnungsfeier für den Landkreis Osnabrück fand im und am Museum im Kloster Bersenbrück statt, organisiert vom Kreisheimatbund Bersenbrück (KHBB), die Corona-Regelungen wurden natürlich beachtet. Diese Veranstaltung wird jährlich wechselnd vom Heimatbund Osnabrücker Land (HBOL) und KHBB organisiert.

Nach der Begrüßung durch den KHBB-Vorsitzenden Franz Buitmann und weiteren Grußworten stellte Katharina Pfaff, für das kreiseigene Museum zuständige Mitarbeiterin des Landkreises Osnabrück, die Struktur und Arbeitsweise des Museums im Kloster vor. Danach bestand Gelegenheit zur individuellen Entdeckungstour im Museum. Weiter wurden Führungen im Museum, Führungen durch den Kreuzgang des ehemaligen Museums und die Kloster Innenhöfe angeboten.

Am Nachmittag wurde die neu konzipierte Heimatstube Greifenhagen im Obergeschoss des Museums wiedereröffnet. Dazu gab es einen Vortrag von Barbara Magen vom Museumsverband Niedersachsen-Bremen zum Thema „Heimatstuben heute".

Anna Kebschull nahm das erste Heimatjahrbuch 2022 entgegen

„Die kommunale Gebietsreform in Niedersachsen, die im Jahre 1972 zur Bildung des Großkreises Osnabrück führte, bildet das Schwerpunktthema des Heimatjahrbuchs Osnabrücker Land 2022. Anlass genug für die Vorstände des Heimatbundes Osnabrücker Land e. V. (HBOL) und des Kreisheimatbundes Bersenbrück e. V. (KHBB), zusammen mit Mitgliedern der Jahrbuch-Redaktion das sym-

Abb. 5: Am Tag des offenen Denkmals am und im Museum im Kloster Bersenbrück der beiden Heimatbünde KHBB und HBOL wurde auch die neu eingerichtete Heimatstube Greifenhagen/Pommern im Obergeschoss des Museums wieder eröffnet. (Von links) Vorsitzender des KHBB Franz Buitmann, Dr. Barbara Magen vom Museumsverband Niedersachsen-Bremen, Heimatkreisbearbeiter Heimatkreis Greifenhagen Günther Drewitz. (Foto: Miriam Heidemann)

bolische erste Exemplar des Sammelbandes vor dem Kreishaus am Schölerberg in Osnabrück an Landrätin Anna Kebschull zu überreichen." (www.landkreis-osnabrueck.de)

Verleihung des Wilhelm-Fredemann-Gedächtnispreises 2021 an die

Abb. 6: Statt einer öffentlichen Präsentation, die coronabedingt nicht stattfinden konnte, wurde am Kreishaus in Osnabrück das Heimatjahrbuch Osnabrücker Land 2022 an Landrätin Anna Kebschull überreicht. Von links: Burkhard Fromme (Kulturbüro), Ulrich Wienke (Stellv. Vors. HBOL). Uwe Plaß (Redaktion), Jürgen Eberhard Niewedde (Vors. HBOL), Manfred Kalmlage (Stellv. Vors. KHBB), Landrätin Anna Kebschull, Dr. Rainer Drewes (Redaktion), Jürgen Krämer (Vorstand HBOL), Johannes Brand (Redaktion), Franz Buitmann (Vors. KHBB). (Foto: Hermann Pentermann)

Musikgruppe „Wippsteert" aus Alfhausen am 22. Oktober 2021

Der Kreisheimatbund Bersenbrück (KHBB) und der Heimatbund Osnabrücker Land (HBOL) verleihen jährlich wechselnd den Wilhelm-Fredemann-Gedächtnispreis für Verdienste um die Pflege der plattdeutschen Sprache. Fredemann (1897–1984) war Lehrer und Schriftsteller in Neuenkirchen bei Melle. Bekannt wurde er durch ein umfangreiches literarisches Werk, darunter auch niederdeutsche Lyrik.

Die Auszeichnung für „Wippsteert" erfolgte im Heimathaus Alfhausen, für die musikalische Umrahmung sorgte die Band natürlich selbst. „Wippsteert", das sind Marcus Bruns, Tobias Büscherhoff, David Hausfeld, Dieter Ostendorf, Andre Stuckenberg und neu dabei ist Gerrit Achilles. Der Vorsitzende des KHBB, Franz Buitmann, führte in seiner Laudatio aus: „2014 gründete sich die Band in Alfhausen-Thiene. Bereits ein Jahr später veröffentlichten die Musiker ihr erstes Studioalbum ‚Folkplattcore' in Eigenregie. Die Band spielte bereits auf zahlreichen regionalen und überregionalen Bühnen. In der ältesten Radiosendung der Welt, dem NDR-Hamburger Hafenkonzert, oder auf Festivals traten sie auf. Songs der Plattrocker sind regelmäßig im Radio zu hören wie etwa bei NDR 1 Niedersachsen oder NDR 90,3 Hamburg. Ein weiteres Album wurde 2020 mit dem Titel ‚An un för sück' veröffentlicht, dazu zwei Digital-Singles. ‚Wippsteert' ist bodenständig, ehrlich und geradeheraus. Melodiöser Alternativrock trifft bollernde Folklore und Kneipencharme aus dem Gitarrenkoffer. Eigenkompositionen mit rustikalen Texten erzählen Alltagsgeschichten und Provinzweisheiten."

Für den HBOL erklärte Vorsitzender Jürgen-Eberhard Niewedde: „Ihre Lebendigkeit, Ihre Fröhlichkeit steckt an." Das stellte die Band dann auch gleich unter Beweis; denn als die Musiker den nächsten Song spielten, schunkelten und sangen die Gäste begeistert mit. Glückwünsche und Grußworte an die Gruppe überbrachten die SPD-Bundestagsabgeordnete Anke Hennig und der stellvertretende Landrat Werner Lager. „Ich hoffe, dass ihr mit der Arbeit so weitermacht", lobte Lager die Preisträger. Alfhausens Bürgermeisterin Agnes Droste zeigte sich stolz, dass die Musiker aus Alfhausen mit dem Preis geehrt würden. „Plattdeutsch überlebt in der Alltagssprache wohl nicht. Aber warum gerade in der Musik? Ich glaube, die Verbindung von Plattdeutsch und Musik ist Emotionalität", so die Bürgermeisterin.

Abb. 7: Marcus Bruns bei einem Liedvortrag im Rahmen der Preisverleihung. (Foto: KHBB)

Für den Preis bedankte sich „Wippsteert" ganz herzlich. „Wi fanget nu erst an!", ließ Sänger Marcus Bruns in seiner Dankesrede auf Plattdeutsch das Publikum wissen, denn die Gruppe möchte noch viele weitere Jahre mit ihren Songs überzeugen. Mit einer Urkunde beglückwünschten die beiden Vorsitzenden der Heimatbünde die Preisträger und freuten sich auf weitere plattdeutsche Lieder der Gruppe.

Hartmut Langenberg †

Jürgen Krämer

Nach einem erfüllten Leben, das auch noch im hohen Alter von einer Vielzahl an ehrenamtlichen Aktivitäten geprägt war, ist Hartmut Langenberg in den Abendstunden des 9. Februar 2022 in seinem Haus in Buer im 93. Lebensjahr verstorben.

Am 11. Dezember 1929 in Osnabrück geboren, wuchs Hartmut Langenberg in seinem Elternhaus in Wissingen auf. Dem Abitur schloss sich eine handwerkliche Lehre in der Turmuhrenfabrik Eduard Korfhage & Söhne in Buer an. Danach folgte ein Maschinenbaustudium an der Ingenieurschule in Lage/Lippe, das er als Maschinenbauingenieur abschloss.

In der Folgezeit führten Hartmut Langenberg erste berufliche Stationen zur Fichtel & Sachs Aktiengesellschaft in Schweinfurt und zur Continental AG nach Hannover. Trotzdem blieb er seiner Wahlheimat Buer eng verbunden, ging dort im Jahre 1959 mit Annemarie Uhlmann den Bund fürs Leben ein. Im Jahre 1962 vollzog Hartmut Langenberg seinen endgültigen Wohnortwechsel nach Buer, wo er zunächst fünf Jahre lang als selbstständiger Ingenieur wirkte. Im Jahre 1967 trat er in das Unternehmen DIOSNA Dierks & Söhne GmbH, Osnabrück, ein – eine verantwortungsvolle Position, die er bis zu seinem Eintritt in den Ruhestand im Jahre 1993 innehatte.

Trotz seines starken beruflichen Engagements fand Hartmut Langenberg Zeit, sich in seiner Wahlheimat ehrenamtlich einzubringen. So trat er im Jahre 1960 dem Männergesangverein „Rütli" Buer als aktives Mitglied bei, um dort die Aufgabe des Kulturwartes zu übernehmen. Im Jahre 1971 zählte Hartmut Langenberg zu den Mitbegründern des Kinder- und Jugendchores Buer, den er gut drei Dekaden lang als Schriftführer begleitete.

Im Jahre 1996 wurde Hartmut Langenberg in den Vorstand des Heimat- und Verschönerungsverein gewählt, arbeitete dort 31 Jahre lang als ehrenamtlicher Wegewart. In dieser Funktion war der Verstorbene nahezu täglich gefordert, um das rund 80 Kilometer umfassende Wanderwegenetz der Bueraner Heimatfreunde zu betreuen. Als Mitglied des Arbeitskreises Familienforschung Osnabrück e. V. widmete sich Hartmut Langenberg der Ahnenforschung. In den Stamm- und Ahnentafeln, die er für seine Verwandtschaft zeichnete, waren am Ende nicht weniger als etwa 430 Personen dargestellt.

In seiner Freizeit bestätigte sich Hartmut Langenberg auch als Autor. So verfasste er Abhandlungen für das Heimatjahrbuch Osnabrücker Land und für das Meller Jahrbuch „Der Grönegau". Außerdem schrieb er einen Kirchenführer über die St.-Martini-Kirche zu Buer und das Buch „Die Entstehung der Höfe und Dörfer im Kirchspiel Buer – Eine kurz gefasste Siedlungsgeschichte der Bauerschaften und des Kirchdorfs".

Klaus F. Rahe †

Jürgen Krämer

Der Grönegau und insbesondere sein Heimatdorf Gesmold waren ihm zeit seines Lebens ein besonders Herzensanliegen: Klaus F. Rahe ist nun kurz nach Vollendung seines 80. Lebensjahres verstorben. Nicht nur für seine große Familie ist der Tod dieser Persönlichkeit ein großer Verlust, die in vielen Bereichen des Gemeinwesens Zeichen gesetzt hat: als Lehrer, als Heimatfreund und als Gründer und Inhaber des Filmproduktionsunternehmens „Grönegau Team".

Klaus F. Rahe wurde am 18. März 1942 in Melle geboren. Nach dem Abitur zog es den jungen Mann zur Marine, wo er sich zum Berufsoffizier ausbilden ließ. Einen Teil dieser Ausbildung genoss Klaus F. Rahe auf dem Marineschulschiff „Gorch Fock" – eine Zeit, die er stets als die „schönste und erlebnisreichste in meinem Leben" bezeichnete.

Nach dem Lehramtsstudium in Osnabrück wirkte Klaus F. Rahe zunächst als Lehrer in Steinfeld und Lohne, bevor er in den 1970er-Jahren in das Elternhaus nach Gesmold zog. Von diesem Zeitpunkt an war er bis zu seiner Pensionierung an der Ratsschule in Melle-Mitte tätig.

Neben Familie und Beruf bildete ehrenamtliches Engagement eine wesentliche Säule im Leben des Verstorbenen. So zählte er im Jahre 1976 zu den Gründern des Heimatvereins Gesmold, den er bis 1988 als Vorsitzender leitete. In dieser Funktion zählte er zu den Initiatoren und Autoren des „Gessemsken Blättkens", das von Ende 1976 bis zum Frühling 2022 viermal jährlich über Vergangenheit und Gegenwart aus dem Gesmolder Raum informierte. In Rahes Amtszeit fielen darüber hinaus unter anderem der Ausbau des Bifurkationsgeländes zu einem Ausflugsziel von überregionaler Bedeutung, die Gründung einer Laienspiel- und einer Filmgruppe, der Aufbau des Gesmolder Ortsarchivs sowie die Errichtung des Dorfbrunnens auf dem Femlindeplatz. Unvergessen bleibt zudem Klaus F. Rahes Engagement anlässlich der 825-Jahr-Feier des Dorfes Gesmold im Jahre 1985, die er an maßgeblicher Stelle mitorganisierte.

In den 1980er-Jahren rief Klaus F. Rahe die Filmproduktionsfirma „Grönegau Team" ins Leben, die Image- und Werbefilme für Handel, Handwerk und Industrie sowie für namhafte Landmaschinenhersteller der Region realisierte. Von 1995 bis 2001 gab er außerdem das „Melle Magazin" heraus – eine Videoproduktion, die jährlich über herausragende Ereignisse aus dem Grönegau berichtete.

Aus gesundheitlichen Gründen zog sich Klaus F. Rahe im Jahre 2001 in sein Privatleben zurück. Sein letztes Projekt, das Buch „Zeitzeugen erzählen aus der Nachkriegszeit", in das er seit 2019 viel Zeit investiert hatte, bleibt nun unvollendet.

Buchrezensionen

Trägerverein „1200 Jahre Dissen a. V. (Hrsg):
Dissen am Teutoburger Wald. 55 spannende Quellen zur Ortsgeschichte.
Edition Bücher Beckwermert, Bad Rothenfelde, 2021. ISBN 978-3-00-070381-2. 251 Seiten, Preis 25 Euro.

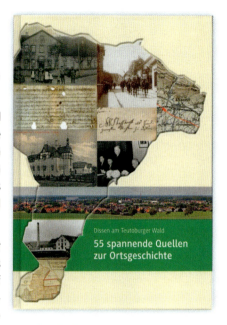

Dissen plante für 2022 das 1200-jährige Ortsjubiläum und musste nun feststellen, dass die bisher angenommene erste dokumentierte Erwähnung im Jahr 822 auf einer gefälschten Urkunde beruht. Und so beginnt das zu besprechende Buch mit einer kleinen Klarstellung von Christof Spannhoff, dass Dissen tatsächlich sogar viel älter ist und somit getrost mal ein Jubiläum feiern darf.

Da eine Darstellung der Ortsgeschichte von Dissen bisher nicht vorliegt, plante man zu diesem Anlass u. a. auch das vorliegende Buchprojekt. Allerdings verzichtete man auf eine Gesamtdarstellung u. a. wegen fehlender Detailforschungen zu einzelnen Teilthemen und setzte auf ein Konzept, das zurückgeht auf das Buch „Eine Geschichte der Welt in 100 Objekten" von Neil MacGregor aus dem Jahr 2011. Inzwischen hat auch das Landesarchiv Niedersachsen bereits zwei Bände zur Landesgeschichte nach diesem Muster herausgegeben. Nun auch Dissen – auf 55 Themen hat man sich beschränkt, streng strukturiert: Jedes Thema wird nach einer Vorstellung der Quelle auf einer Bildseite, dann auf drei weiteren Seiten abgehandelt.

Die 32 Autorinnen und Autoren beschränken sich durchgehend nicht darauf, eine Quelle erschöpfend zu beschreiben und zu interpretieren, sondern sie nehmen die Quelle immer wieder zum Anlass, einen thematischen Längsschnitt durch die Dissener Geschichte zu legen, was natürlich oft nur stichwortartig erfolgen kann. So gewinnen die Leser und Leserinnen zwar einen guten ersten Überblick über die Geschichte ihrer Stadt; aber es zeigt sich auch, wie viele interessante Themen aus der Dissener Vergangenheit es gibt, die noch gründlicher zu erforschen, sich lohnen würde. Besonders gravierend zeigt sich das Defizit der Forschung im 51. Kapitel, das sich einzig mit der Zeit des Nationalsozialismus beschäftigt und in dem die Autorin Birte Belter einleitend feststellt, dass eine Aufarbeitung der Zeit bisher nicht erfolgt ist, auf diesen vier zur Verfügung stehenden Seiten nicht zu leisten ist und deswegen nur ein Einstieg versucht werden soll. Die 13 folgenden Absätze bieten dann jeweils mindestens ein Thema, das dringend weiter zu bearbeiten wäre.

So ist nicht nur ein für alle Dissener und darüber hinaus heimatgeschichtlich interessierte Menschen ein hoch interessantes und lesenswertes Buch entstanden, sondern ein hoffentlich erfolgreicher Anstoß für intensive weitere Forschungen zur Geschichte der Stadt.

Johannes Brand

Bodo Zehm:

Landschaft erzählt Geschichte.Ein Dorf im Wiehengebirge.
800 Jahre Hustädte

204 Seiten, herausgegeben vom Heimatverein Melle e. V., Isensee Verlag Oldenburg 2022. ISBN: 978-3-7308-1917-3, Preis 19,50 EUR.

Hu- was? Wer von dem Dörfchen Hustädte noch nie etwas gehört hat, braucht sich nicht zu schämen. Gelegen am Rande des Wiehengebirges in unberührter Landschaft nahe der Hunte, handelt es sich bei Hustädte um einen Ortsteil vom Stadtteil Melle-Buer. Bodo Zehm, geboren in Engter, hat aber nun seiner Wahlheimat mit „Landschaft erzählt Geschichte. Ein Dorf im Wiehengebirge. 800 Jahre Hustädte" ein Denkmal gesetzt. Ein Blick in sein, wie er es nennt, „Heimatbuch" lohnt sich und bringt uns das Dörfchen, seine Geschichte und Land und Leute anschaulich näher.

Zehm ist es nämlich ein Anliegen, nicht nur eine Chronik zu bieten, sondern ein „Zwischenfazit" zu ziehen, inwiefern bisher Landschaft und Mensch sich gegenseitig geprägt haben, um somit das Dorf und seine Bewohner zum „Sprechen" zu bringen. Dieses gelingt ihm gleich auf mehrfache Weise. Nicht nur zahlreiche Abbildungen und Quellen, vorrangig Karten, helfen dabei, sondern auch die gekonnte Einbindung seiner detaillierten, aber nicht überladenen Ausführungen in historische und naturkundliche Gesamtzusammenhänge. Dieses soll an zwei Beispielen verdeutlicht werden. Schlägt man das Buch auf, fällt einem eine abgebildete Urkunde auf, ohne jeden weiteren Hinweis. Man denkt sofort, dass das irgendeine mittelalterliche Gründungsurkunde sein soll, welche Hustädte ins Leben gerufen habe. Aber weit gefehlt. Zehmt schaut genau hin und macht deutlich, dass darin lediglich zwei adlige Münsteraner Kirchenamtsmänner mit den Namen „de Hustede" erwähnt werden, welche 1222 einen Pachtstreit schlichteten. Er gibt sich nicht mit einer urkundlichen Ersterwähnung zufrieden, sondern hakt nach und rekonstruiert die Ausgangslage des Dorfes rund um einen Adelssitz an einer geografischen Grenzlinie. Ebenso reicht es Zehmt nicht, nur zu erwähnen, dass die durch Hustädte fließende Else einer Birfukation bei Gesmold entsprungen sei, sondern prüft dieses kritisch. Darüber hinaus werden aber auch die Landwirtschaft, Wald, Infrastruktur, Dorfglocke und das Dorfleben von Hustädte in separaten Kapiteln auf ähnliche Weise tiefschürfend thematisiert.

Wer nun nach der Lektüre vom kleinen Dörfchen am Rande des Wiehengebirges in den Bann gezogen worden ist und mehr über den Meller Raum und seine Menschen erfahren möchte, findet am Ende außerdem kompakt und übersichtlich zusammengestellte Buchtipps zum Thema.

Tim Wagemester

Rainer Korte, Hans-Georg Weisleder (Hrsg.):
Erinnerungen an bewegte Zeiten. Mobilisierung und politischer Aufbruch in Georgsmarienhütte 1970 bis 1990
Georgsmarienhütte 2021, 260 Seiten, 22 Euro.

Das Cover des Buches ist tiefrot und zeigt somit schon im Äußeren, worin es im Innern geht: Um eine politisch linke „Mobilisierung" – vor allem junger Menschen – und um den „Aufbruch" zu einem alternativen politischen Denken in einem industriell geprägten ländlichen Raum.

Viel geriet politisch in Bewegung seit der zweiten Hälfte der 1960er-Jahre. Da ist einerseits die 68er-Bewegung zu nennen, das Aufbegehren der Jugend gegen das Establishment, und auf einem ganz anderen Spielfeld aber auch das Ringen um eine Kommunalreform, um leistungsfähige Strukturen nach der Überwindung der Nachkriegsnotlagen. In beides

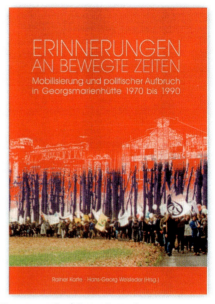

hinein spielten auch viele Jugendliche in den verschiedenen Georgsmarienhütter Ortsteilen. Vor allem die KJG (Katholische Junge Gemeinde) in Kloster Oesede entwickelte sich zu einem Hort linken Denkens.

Da ging es um Auseinandersetzung mit den neuen linken Ideen, da kämpfte man für ein Selbstbestimmtes Jugendzentrum oder gegen die Verlegung der B 51 durch ein Naturschutzgebiet oder den Bau der A 33, engagierte sich gegen eine Sondermüllverbrennungsanlage im Hüttenwerk oder für einen Gedenkstein für die Opfer des Nationalsozialismus. Auch Friedensarbeit, zum Beispiel im Friedenskotten, den man in Hilter-Hankenberge schuf, gehörte zu den Aktionsfeldern. Man reagierte auf viele kommunalpolitische Ideen mit Gegenvorschlägen, trat aber auch offensiv mit eigenen Plänen an die Öffentlichkeit. Es war ein buntes, teilweise lautes, immer lebendiges Gemenge, das sich hier entwickelte.

Alles aufzuzählen, ist hier nicht der Platz. Da lohnt es sich, das Buch zu lesen, in dem 21 Protagonisten der damaligen Aktionen, heute älter und ruhiger geworden, stolz von ihrem Engagement in der Zeit von etwa 1970 bis 1990 erzählen. Entstanden ist nicht in erster Linie „ein Buch, das nachvollzieht, wie die Alltagsrealität in den Anfängen war und welche Veränderungen sich von den 70ern bis zu den 90ern vollzogen haben", wie es in der NOZ hieß. Das ist es auch, aber in erster Linie ist es ein Erinnerungsbuch und es hat einen ganz eigenen und auch heute noch ganz subjektiven Blick auf die Entwicklung der Alltagsrealität und die Veränderungen in Georgsmarienhütte zwischen 1970 und 1990. Man war nämlich Opposition und konservative Kreise in CDU und SPD bestimmten die Richtung der Kommunalpolitik.

Wenn man so will: ein Erinnerungsbuch über eine bewegte Zeit in Georgsmarienhütte aus dem Blickwinkel der Opposition. Aber so gesehen unbedingt lesenswert!

Johannes Brand

Kreisheimatbund Bersenbrück (Hrsg):

Für das Leben gelernt. Schulen im Altkreis Bersenbrück und was aus ihnen wurde. Bd. 3 – Samtgemeinde Neuenkirchen

(Schriftenreihe des Kreisheimatbundes Bersenbrück e. V. – KHBB Nr. 38). Medienpark, Ankum 2021, 196 Seiten, ISBN 978-3-941611-71-9, Preis 19,80 Euro.

Das Projekt geht weiter. Nach den erfolgreichen beiden Bänden zu den Schulen der Samtgemeinde Bersenbrück und der Stadt Bramsche mit dem Flecken Vörden liegt nun der dritte Band von „Für das Leben gelernt" vor. Diesmal geht es um die Schulen der Samtgemeinde Neuenkirchen. Erneut zeichnet das bewährte Autorenkollektiv für das Werk verantwortlich. Auch die Systematik und Gestaltung des Buchs wurden von den Vorgängerbänden übernommen.

Nach den Grußworten folgen eine kurze Einführung „Entstehung und Entwicklung der Schulen im Altkreis Bersenbrück" und ein Abriss zu den verschiedenen früheren und heutigen Schulformen. Anschließend werden einzelne wichtige Schlaglichter der regionalen Schulgeschichte anhand von Zeitungsartikeln, Chronikauszügen und Erlassen dargestellt, bevor man zum Hauptteil – der Neuenkirchener Schulgeschichte – kommt.

Die früheren und noch bestehenden Schulen werden geordnet nach Gemeinden behandelt. Je nach Bedeutung und vorhandenen Informationen fallen die Darstellungen unterschiedlich umfangreich aus. Das Schema ist jedoch immer gleich und sehr übersichtlich. Jede Schulgeschichte beginnt zunächst mit der Adresse und einer Historie bis in unsere Zeit, wobei sowohl wichtige Ereignisse als auch Entwicklungen berücksichtigt werden. Hervorzuheben ist hierbei, dass die Darstellungen insgesamt umfangreicher sind als bei den Vorgängerbänden. Auch die reiche Bebilderung mit historischen und aktuellen Fotos ist ein Gewinn. Abgerundet werden die Berichte mit Angaben zu Schulleitern und Schülerzahlen. Bei den nicht mehr existierenden Schulen folgen noch Angaben zum weiteren Schicksal der Gebäude bzw. zu deren heutiger Nutzung. Ein Quellen- und Literaturverzeichnis wird dem Leser ebenfalls an die Hand gegeben.

Wieder ist es die Vielfalt der ländlichen Schullandschaft, die beeindruckt. Gerade in der Vergangenheit gab es hier nicht nur deutlich mehr Schulen als heute. Neben den bekannten Volksschulen existierten beispielsweise auch die staatlich anerkannte Viehpflege- und Melkerschule Rothertshausen oder die ländliche Berufsschule Merzen.

Der vorliegende Band ist natürlich von der Art der Darstellung seinen Vorgängern sehr ähnlich. Die Tatsache, dass in diesem Untersuchungsraum weniger Schulen zu behandeln waren, wird dadurch ausgeglichen, dass man dafür pro Schule umfangreicher informiert wird. Das wird viele Interessierte der Neuenkirchener Geschichte und darüber hinaus sehr freuen. Den Autoren ist es erneut gelungen, einen Gesamtüberblick über die Schullandschaft – diesmal der Samtgemeinde Neuenkirchen – zu geben. Ganz sicher, wird auch dieses Buch eine Erfolgsgeschichte werden. Man darf sich schon auf den vierten Band „Für das Leben gelernt" freuen. Man muss dem Autorenteam wirklich großen Respekt zollen für diese Arbeit, die noch weitergeführt wird.

Uwe Plaß

Alfred Renze:
Franz Hecker Maler und Grafiker. Ein Familien-, Herkunfts- und Lebensbild zu seinem 150. Geburtstag.
Oldenburg: Isensee Verlag 2021, 115 Seiten, ISBN 978-3-7308-1849-7, 20,- Euro.

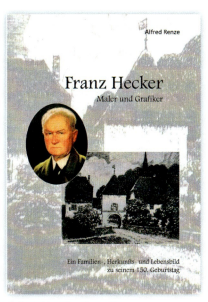

Über den Bersenbrücker und Osnabrücker Maler und Grafiker Franz Hecker sind in den letzten Jahren einige gewichtige Veröffentlichungen erschienen. Zu kurz ist dabei die Herkunfts- und Familiengeschichte dieses bedeutenden Künstlers gekommen. Alfred Renze schließt diese Lücke nun mit seinem überaus detailreichen Buch. 1870 in Bersenbrück geboren, im nahen Osnabrück aufgewachsen und hier jahrzehntelang gelebt und eingebunden in das kulturelle Leben der Stadt, um dann bei einem Bombenangriff im Sommer 1944 ums Leben zu kommen, könnte man zu der Ansicht kommen, Hecker wäre ausschließlich der Stadt und dem Nordlande verbunden gewesen. Renze zeigt nun auf, dass Heckers Lehr- und Wanderjahre ihn durch halb Europa führten. Trotzdem ist er der „Maler des Osnabrücker Landes". Schon seine Vorfahren, die aus Ostwestfalen stammten, hatten vielfältige Bindungen zu Osnabrück. Das Gut Muesenburg auf dem Westerberg, die Honeburg, vor allem Ankum spielen in der Familiengeschichte der Heckers eine wichtige Rolle. Der Verfasser listet die oft kompliziert wirkenden Linien dieser Verbindungen auf und es gelingt ihm dabei, ein vielschichtiges Bild von Heckers Vorfahren zu zeichnen. Der zweite Teil der Biografie untersucht die Schul- und Lehrzeit des Malers, seine Schaffens- und „Erntezeit" und die Einbindung Heckers in den Kulturbetrieb Osnabrücks. Die engen Freundschaftsbeziehungen zu dem Schriftsteller Ludwig Bäte und besonders zu dem Amtsrichter Bernard Wieman, zum Ehepaar Jaffé und der Fabrikantenfamilie Schoeller werden berührt. Hier lassen sich mit Sicherheit noch weitere Details auffinden wie zum Beispiel Heckers Teilhabe am sogenannten Hermann-Hesse-Kreis, der sich 1909 anlässlich einer Lesung des späteren Nobelpreisträgers in Osnabrück zusammenfand. Die letzten beiden Kapitel des Buches spüren den Geschwistern und Halbgeschwistern des Malers nach. Mit diesem Werk rundet sich unser Blick auf das Leben Franz Heckers. Hervorzuheben ist die Bebilderung mit schwer auffindbaren Dokumenten, aber auch mit Bildern und Zeichnungen des Künstlers. Insgesamt ein überaus gelungenes Werk, dass nicht nur den Kunstexperten ansprechen wird, sondern auch alle heimatgeschichtlich Interessierten.

Rainer Drewes

Lensing, Helmut/Robben, Bernd/Spannhoff, Christof (Hrsg.):
Wat, de kann Platt? Selbstzeugnisse, Geschichten und Gedichte aus dem Münsterland und dem Osnabrücker Land.
Studiengesellschaft für Emsländische Regionalgeschichte, Meppen 2021. ISBN 978-3-9821831-4-5, 370 Seiten, Preis 24,90 Euro.

Das bewährte, auch durch Beiträge in unserem Heimatjahrbuch bekannte, Herausgeberteam hat ein umfangreiches Kompendium zur plattdeutschen Sprache vorgelegt. Gut 90 Autoren bringen ihre Erfahrungen mit der niederdeutschen Sprache in Platt- und Hochdeutsch zum Ausdruck. Einheimische wie Zugezogene, Prominente aus Politik, Kirche, Kultur oder Wirtschaft, lokale Aktivisten für das Plattdeutsche, Protagonisten der plattdeutschen Musik und des niederdeutschen Theaters bis hin zu Menschen, die Plattdeutsch beruflich als Polizist oder in der Altenpflege einsetzen – sie schildern alle höchst individuelle Erfahrungen und Erlebnisse mit dem Plattdeutschen. Ernsthafte Betrachtungen zu Gegenwart und Zukunft dieser Sprache wechseln mit amüsanten Erlebnissen und kurzweiligen Momenten. So ist, wie es im Klappentext heißt, ein „abwechslungsreicher Blumenstrauß" entstanden. QR-Codes bieten zudem die Möglichkeit, einige der Autoren zusätzlich durch Video-Interviews in ihrem jeweiligen Plattdeutsch kennenzulernen und plattdeutsche Lieder zu hören. Die Herausgeber haben sich als Sprachregion das historische Westfalen vorgenommen, in dem das Münsterländische, das Westmünsterländische, das Bentheimisch-Lingensche und eben das Tecklenburgisch-Osnabrückische als Dialekte zu finden sind. Die Sprachgrenze zwischen dem Westfälischen und dem Niedersächsischem Platt verläuft im Altkreis Bersenbrück etwa zwischen Bramsche und Bersenbrück. Auch die Vorsitzenden der beiden Heimatbünde des Landkreises Osnabrück, Franz Buitmann und Jürgen-Eberhard Niewedde, sind mit Beiträgen vertreten. Man kann dieses gewichtige Buch als aktuelle Zwischenbilanz zur Situation des Plattdeutschen sehen. Die Sprache ist zweifellos in Gefahr unterzugehen. Umso wichtiger sind Veröffentlichungen dieser Art, um ein breiteres Interesse am Plattdeutschen zu wecken. Hervorzuheben ist die liebevolle Bebilderung.

Rainer Drewes

IGS Fürstenau (Hrsg.):
50 Jahre IGS Fürstenau. Ein halbes Jahrhundert Vielfalt. 1971-2021
Festschrift der Integrierten Gesamtschule Fürstenau. Hrsg. IGS Fürstenau. 200 S., 10 Euro.

Im Bücherregal präsentiert dieses prächtig ausgestattete Buch auf seinem Rücken in leuchtend hellblauer Schrift auf vornehmem Dunkelblau den schlichten Titel „50 Jahre

IGS Fürstenau 1971-2021". Wer nun eine systematische Darstellung der 50-jährigen Geschichte dieser Schule erwartet, mag enttäuscht sein. Vielleicht sind 50 Jahre zu kurz, um schon eine Geschichte einer Schule zu schreiben. Stattdessen liefert das Buch eine „Chronik" mit einer Fülle mehr oder weniger bedeutsamer Daten (mit einem Schwerpunkt beim Kampf um die gymnasiale Oberstufe 1977). Auch findet man keine Darstellung von Konzept und Didaktik der Integrierten Gesamtschulen (IGS) im Allgemeinen und der Integrierten Gesamtschule Fürstenau (IGSF) im Besonderen, auch wenn eine Kapitelüberschrift das zu versprechen scheint. Das Besondere dieses Buches erschließt sich über den vollständigen Titel, wie er auf Umschlag und Titelseite erscheint, da heißt es zusätzlich: „Ein halbes Jahrhundert Vielfalt". Die Beschreibung der Vielfalt eines modernen Schullebens durchzieht dieses ganze Buch.

Das zeigt sich schon im Kapitel „Geschichte" in den Erinnerungen ehemaliger Akteure der Schule oder auch in der „Chronik". Im folgenden Kapitel „Über den Tellerrand geschaut" geht es um die unglaublich vielen internationalen Kontakte, die die Schule in den 50 Jahren ihres Bestehens aufgebaut und gepflegt hat. Weitere Kapitel – überschrieben mit „Ein Porträt der Vielfalt", „Projekte und mehr" und „Auf hohem Niveau" – erzählen in zahlreichen Beiträgen von Arbeitsgemeinschaften, Wettbewerbsteilnahmen und anderen Unternehmungen in und außerhalb des stundenplanmäßigen Unterrichts. Aus der Vielzahl und Buntheit der Projekte seien stellvertretend nur drei genannt: Das therapeutische Reiten wendet sich an Schülerinnen und Schüler mit körperlichen, geistigen oder psychischen Einschränkungen. Der aus dem Sportunterricht hervorgegangene Zirkus „Fantasia" fordert mehr als nur sportlich-artistische Leistungen, da spielen auch die Fächer Kunst, textiles Gestalten und Musik hinein; aber auch Ton- und Lichttechnik muss gekonnt sein und die Vorstellungen müssen organisiert werden. „Deutsch als Zweitsprache" (DaZ) macht aus dem Ausland zugewanderten Schülerinnen und Schülern ein Angebot zum Erlernen der deutschen Sprache.

Für wen ist nun dieses Buch geschrieben worden? In erster Linie richtet es sich wohl an die Insider der IGSF – Lernende und Lehrende, Eltern, Ehemalige, Menschen in Fürstenau, die sich hier der Vielfalt „ihrer" IGSF vergewissern können. Nun ist Vielfalt aber inzwischen ein Merkmal jeder zeitgemäßen Schule geworden; und so möchte man die Lektüre dieses Buches auch älteren Leserinnen und Lesern empfehlen, die dann heutiges Schulleben mit ihren eigenen Erinnerungen in Verbindung bringen und vielleicht vor Neid erblassen könnten.

Johannes Brand

Weitere Neuerscheinungen 2021/22

Zusammengestellt von Gerd-Ulrich Piesch

- 50 Jahre Gymnasium Bersenbrück. Jubiläumsjahrbuch 2018/2019. Redaktion und Layout: Anna Stallmeister, Bernd Zur-Lienen. Bersenbrück: Gymnasium Bersenbrück 2019. 280 S., 10 €.

- Archäologie in Niedersachsen. Band 24 (2021). Oldenburg: Isensee Verlag 2021. 200 S., 12,90 €.
  Darin: Judith Franzen, Mareike Jans, Anna Philine Schöpper: Vergraben und geborgen. Spannende Geschichten rund um den Münzschatzfund von Börstel (S.155-158).

- Archäologisches Korrespondenzblatt 52 (2022). Heft 1. Mainz: Verlag des Römisch-Germanischen Zentralmuseums.
  Darin: Uta Schröder, Ingo Petri, Katrin Zerbe: Computertomographische Messungen an den frühkaiserzeitlichen römischen Schilden aus Kalkriese (Lkr. Osnabrück). Neue Erkenntnisse zu Aufbau, Herstellung und Vorteilen römischer Sperrholzschilde (S.91-109).

- Archiv-Nachrichten Niedersachsen. Mitteilungen aus niedersächsischen Archiven Jg. 25 (2021).
  Darin: Anna Philine Schöpper: Mehr Kooperation wagen. Oder neue Herausforderungen gemeinsam angehen! Die Kooperation zwischen dem Niedersächsischen Landesarchiv und dem Landkreis Osnabrück (S.107-114).

- Arnke, Volker; Westphal, Siegrid (Hrsg.): Der schwierige Weg zum Westfälischen Frieden. Wendepunkte, Friedensversuche und die Rolle der „Dritten Partei" (bibliothek altes Reich. Band 35). Berlin, Boston: De Gruyter Oldenbourg 2021. 306 S., 69,95 € (auch als Online-Ausgabe erschienen).

- Berichte zur Denkmalpflege in Niedersachsen Jg. 41 (2021). Heft 2.
  Darin: Christiane Curti, Rocco Curti, Ulrich Knufinke: Kirchenbau der Nachkriegsjahrzehnte in Niedersachsen (auch über „Kirchen in der Stadt und im Landkreis Osnabrück") (S.16-25); Volker Gläntzer, Elisabeth Sieve: Bauernhöfe-gefährdet, verloren, gerettet. Beispiele aus dem Artland (S.49-55).

- Bertelsmann, Birgit: Kinder-Kirchenführer St. Matthäus Melle: Melle: Pfarrei St. Matthäus 2022. 25 S.

- Beyer, Christoph: Streifzüge am Stadtrand. Fünf Osnabrücker Freiräume zum Entdecken. Norderstedt: BoD-Books on Demand 2021. 60 S., 5,99 €.

- Boberg, Daniel: Verlassene Orte in Niedersachsen. Lost Places – Die Faszination des Vergänglichen. Erfurt: Sutton Verlag 2021.160 S., 29,99 €.
  Aus dem Großkreis Osnabrück findet sich in diesem Buch der alte Mittelandkanalhafen bei der Leckermühle zwischen Ostercappeln und Bohmte abgebildet und beschrieben (S.38-49).

- Brückenradweg Osnabrück-Bremen. Von der Friedenstadt in die Wesermetropole (bikeline-Radtourenbuch kompakt). Rodingersdorf: Verlag Esterbauer 2022. 216 S., 9,90 €.

- Bubinger, Ulrike: Spuren, die bleiben… Eine Familie in den industriellen Entwicklungen und politischen Umbrüchen ihrer Zeit. Norderstedt: BoD-Books on Demand 2021. 282 S., 20,99 € (auch als E-Book erschienen).
  Diese Erinnerungen betreffen eine Familie in Osnabrück.

- Corona in Versen. Gedichte aus der Pandemie. Hrsg.: Stadt Bersenbrück, Samtgemeinde Bersenbrück. Bersenbrück: Bürgertreff Bersenbrück 2021. 47 S.

- Dat Gessemske Blättken. Hrsg.: Heimatverein Gesmold e.V. (Redaktion: Bernd Meyer, Marlies Kellenbrink). Preis je Heft: 2,50 €. Nr. 169 (Dezember 2018), Nr.170 (März 2019), Nr. 171 (Juni 2019), Nr.172 (September 2019), Nr. 173 (Dezember 2019), Nr.174 (März 2020), Nr. 175 (Juni 2020), Nr.176 (September 2020), Nr. 177 (Dezember 2020), Nr.178 (März 2021), Nr. 179 (Juni 2021), Nr. 180 (September 2021), Nr. 181 (Dezember 2021), Nr. 182 (März 2022). Je 16 S.

- De Bistruper. Berichte, Geschichten und Gedichte aus der Gemeinde Bissendorf. Bissendorf: Heimat- und Wanderverein Bissendorf. Heft 42 (1.Halbjahr 2020, 43 S.), Heft 43 (2.Halbjahr 2020, 43 S.), Heft 44 (1.Halbjahr 2021, 43 S.), Heft 45 (2.Halbjahr 2021, 47 S.).

- Denke, Horst: 75 Jahre Sportfreude Schledehausen. Chronik. Teil 1: Von den Anfängen bis zum Ende der 1980er Jahre. Bissendorf: Selbstverlag des Verfassers 2022. 136 S.

- Denke, Horst: 140 Jahre Freude am Lied: Männergesangverein Schledehausen – Chronik. Schledehausen: MGV Schledehausen 1881 e. V. 2021. 121 S., 13 €.

- Denke, Horst: Der Kriegerverein Schledehausen 1872-1945. Chronik. Schledehausen: Selbstverlag des Verfassers 2021. 56 S.

- Denke, Horst: Schledehausen und die 1970er Jahre: Chronik. Schledehausen: Selbstverlag des Verfassers 2021. 100 S.

- De plattdütske Runne vohtellt sich wat… Plattdütske Vohtellse van April 2012 bis April 2020. Schrievers: Luise Barmeier, Walter Bußmann, Heinrich Grottendieck, Hermann Klesser, Gerda Rothkopf, Anneliese Siemers, Werner Weßler. Buer: Traktoren und historische Landmaschinen Grönegau-Buer e. V. 2020. 60 S., 12 €.

- Dölle, Josef (Bearb.): Papsturkunden in Niedersachsen und Bremen bis 1198 (Veröffentlichungen der Historischen Kommission für Niedersachsen und Bremen 306). Göttingen: Wallstein Verlag 2019. 348 S., 39,90 €.
  Dieses Buch enthält auch die Papsturkunden über Osnabrück.

- ENTDECKERglück. Das Reisemagazin für das Osnabrücker Land. Osnabrück: Tourismusgesellschaft Osnabrücker Land mbH 2022. 78 S., kostenlos.

- Festchronik 100 Jahre Sportverein Quitt Ankum e. V. 1919-2019. Ankum: Sportverein Quitt Ankum e. V. 2019. 374 S., 15 €.

- Fiedler, Beate-Christine; van den Heuvel, Christine (Hrsg.): Friedensordnung und machtpolitische Rivalitäten. Die schwedischen Besitzungen in Niedersachsen im europäischen Kontext zwischen 1648 und 1721 (Veröffentlichungen des Niedersächsischen Landesarchivs 3). Göttingen: Wallstein Verlag 2019. 375 S., 29,90 €.
  Darin: Thomas Brakmann: Die Korrespondenz-Überlieferung des Osnabrücker Bischofs Franz Wilhelm von Wartenberg (1648-1661) (S.284-297, 356).

- Fischer, Reinhard: Bürens Schätze. Von den Anfängen bis zur Gegenwart. Ahlen: Anno-Verlag 2021. 341 S., 19,95 €.
  Der Wersener Ortsteil Büren weist bekanntlich auch in seiner Geschichte zahlreiche Verbindungen zur benachbarten Stadt Osnabrück auf.

- Fischer, Thomas: Gladius. Roms Legionen in Germanien. Eine Geschichte von Caesar bis Chlodwig. München: C.H. Beck Verlag 2020. 344 S., 26 €.
  Ein Kapitel dieses Buches befasst sich auch mit der Varusschlacht und den Ausgrabungen in Kalkriese (S.60-68).

- Friedensroute. Auf den Spuren des Westfälischen Friedens (bikeline-Radtourenbuch kompakt). Rodingersdorf: Verlag Esterbauer 2022. 108 S., 8,90 €.
  Dieser Reiseführer beschreibt einen Radfernweg zwischen Osnabrück und Münster.

- Geopark Magazin. Ausgabe 2. Osnabrück: Natur- und Geopark TERRA.vita Nördlicher Teutoburger Wald, Wiehengebirge, Osnabrücker Land e. V. März 2022. 27 S., kostenlos.

- Glandorfer Litera-Tour. Wissenswertes aus dem Kultour-Gut!-Archiv (Glandorf Edition. Ausgabe 4). Autoren: Andreas Döpker, Dieter Heimsath, Henk Hemmesmann, Frank Niermann, Andreas Pues, Christof Spannhoff. Glandorf: Heimat- und Kulturverein Glandorf e. V. 2021. 192 S., 12 €.

- Görlich, Roselie: Gedichte, Kurzgeschichten, Zeichnungen, Cartoons. Melle: Eigenverlag der Verfasserin 2021. 132 S., 12 €.

- Gottlöber, Sebastian; Heimsath, Dieter; Niermann, Frank: Straßen von Glandorf. Geschichte und Geschichten der Straßennamen (Glandorf Edition. Ausgabe 2). Glandorf: Heimat- und Kulturverein Glandorf e. V. 2019. 147 S., 14 €.

- Grenzgängerroute Teuto-Ems (bikeline-Radtourenbuch kompakt). Rodingersdorf: Verlag Esterbauer 2020. 120 S., 8,90 €.

- Grieß, Karl-Werner: Meine Lebensgeschichte. Kindheitserinnerungen, Jugenderlebnisse, Lebenserfahrung. Osterholz: Selbstverlag des Verfassers 2020. 56 S.
  Der 1929 in Schledehausen geborene Verfasser hat bis 2019 dort gelebt.

- Große Kracht, Karl: 50 Jahre Hagen am Teutoburger Wald. Hrsg.: Gemeinde Hagen a.T.W. 112 S. Schutzgebühr 2,50 €.

- Der Grönegau. Meller Jahrbuch. Hrsg. von Fritz-Gerd Mittelstädt. Osnabrück: Druckerei und Verlag Steinbacher Druck GmbH. Jg. 39 (2021).256 S., 18,90 €; Jg. 40 (2022). 256 S., 19,90 €.

- Grube, Hartwig: Johannes Rahe: 77 Jahre und kein Bisschen leise. Ein Dank an seine Wegbegleiter. Melle 2021. 108 S., 18 €.
  Johannes Rahe ist ein verdienter Meller Wirtschaftsförderer.

- Hahn, Burckhard: Chronik 150 Jahre TV „Gut Heil" von 1870, Georgsmarienhütte. Georgsmarienhütte: TV „Gut Heil" von 1870 e. V. 2021. 224 S., 10 €.

- Hardinghaus, Christian: Die verlorene Generation. Gespräche mit den letzten Kindersoldaten des Zweiten Weltkriegs. München: Europa Verlag 2021. 344 S., 20 €.
  Ein Abschnitt dieses Buches betrifft auch das Osnabrücker Land (S.159-180).

- Hase-Ems-Tour. Zwei-Flüsse-Rundtour im Osnabrücker und Cloppenburger Land und im Emsland (bikeline- Radtourenbuch). 6. überarbeitete Auflage. Rodingersdorf: Verlag Esterbauer 2021. 100 S., 14,90 €.

- Heimat-Hefte für Dorf und Kirchspiel Ankum. Ankum: Heimat- und Verkehrsverein Ankum e. V. (Alfred-Eymann-Straße 4, 49577 Ankum). 12 €.
  Ausgabe 23 (2020). 104 S.; Ausgabe 24 (2021). 120 S.; Ausgabe 25 (2022): 240 S.

- Heller, Hein: Plattdütsk. Liasen, hörden, vostauhn, kühden. Upschrieben, utsocht, voliasen (CD 1 und 2) un utgieben van Günter Auding. Selbstverlag des Herausgebers. Ossenbrügge: Erste und zweite Auflage 2021. 111 S., 10 € (Text auch auf CD erhältlich).

- Högemann, Josef: Eisenbahnchronik Münsterland. Eisenbahngeschichte im nordwestlichen Westfalen. Freiburg: EK-Verlag GmbH 2021. 344 S., 49,90 €.
  Auch über die Bahnstrecken Osnabrück-Rheine-Landesgrenze (S.76-88), Osnabrück-Münster-Wanne-Eickel(S.89-111), Ibbenbüren-Gütersloh(S.292-307) und Rheine-Eversburg (S.308-318).

- Hofmann, Manfred: Das Vordringen des Drenthe-Eises in das Weserbergland und in die Westfälische Bucht. Eine Theorie unter besonderer Berücksichtigung landschaftlicher Vorgaben. Hrsg.: Geographische Kommission für Westfalen (Siedlung und Landschaft in Westfalen 43). Münster: Aschendorff Verlag 2021. 66 S., 9,95 €.

- Imbrock, Werner: 1000 Jahre Kirchengeschichte Oldendorf (Melle). Oldendorf (Melle): Ev.-luth. Marienkirchengemeinde 2020. 204 S., 17 €.

- Ipsen, Jörn: Grundherrschaft und Bauernbefreiung. Die rechtliche Lage der ländlichen Bevölkerung im Königreich Hannover. Göttingen: V & R unipress (Universitätsverlag Osnabrück) 2021. 139 S., 30 €.
  Dieses Buch betrifft zum großen Teil die Eigenbehörigkeit und das Heuerlingswesen im Fürstentum Osnabrück.

- 850 Jahre St. Matthäus Melle 1169-2019 – eine Gemeinde unterwegs durch die Zeit. Redaktion: Michael Wehrmeyer, Alexia Maria Lütkemeyer, Barbara Niekamp, Jürgen Krämer, Uwe Plaß. Melle: Katholische Kirchengemeinde St. Matthäus 2019. 90 S.

- Jung, Claudia; Schneider, Thomas F. (Hrsg.): Remarque Revisited. Beiträge zu Erich Maria Remarque und zur Kriegsliteratur (Krieg und Literatur Vol. XXVI (2020)). Göttingen: V & R unipress (Universitätsverlag Osnabrück) 2020. 204 S., 40 € (auch als Online-Ausgabe erschienen).

- Jungenkrüger, Sylvia: Klara Wegener. Lebenserinnerungen einer Schaustellerin. Wie aus dem Arbeiterkind die Schaustellerin Klara Wegener wurde. Berlin: epubli Verlag 2018. 153 S., 9,90 €.
  Diese Lebenserinnerungen betreffen zum erheblichen Teil auch das Dorf Ankum.

- Kalkbrenner, Michael: Mein Leben mit dem Fußball. Erinnerungen im Angesicht des Todes: Norderstedt: BoD-Books on Demand 2021. 426 S., 19,80 € (auch als Online-Ausgabe erschienen).
  Der Verfasser war 1984 bis 1988 auch Spieler beim VFL Osnabrück.

- Kathe, Andreas; Rolfes, Willi: Hunte. Eine Flussreise. Münster: fotoforum-Verlag 2022. 192 S., 29,90 €.

- Kloster Oesede 2019 im Rückspiegel. Georgsmarienhütte: Heimatverein Kloster Oesede e.V. 2020. 140 S., 8 €.

- Kloster Oesede 2020/21 im Rückspiegel. Georgsmarienhütte: Heimatverein Kloster Oesede e.V. 2022. 108 S., 8 €.

- Ein Kulturführer durch die Wüste. Osnabrück: Hrsg. Reinhard Richter (mit Unterstützung der Wüsteninitiative e. V.) o. J. (2021). 70 S., kostenlos.

- Kunze, Heinz Rudolf (mit Kobold, Oliver): Werdegang. Die Autobiographie. Ditzingen: Philipp Reclam jun. Verlag GmbH 2021. 288 S., 28 € (auch als E-Book erhältlich).
  Der bekannte Rocksänger Heinz Rudolf Kunze berichtet in diesen Lebenserinnerungen auch über seine Jugend in Osnabrück.

- Liere, Heinz: Was in Talge und Umgebung geschah. Erinnerungen an Kinderjahre im Krieg. Zweite Auflage. Jaderberg: Eigenverlag des Verfassers 2019. 58 S., 9 €.

- Lila-Weiß in brauner Zeit. Forschungen und Erkenntnisse zum VfL Osnabrück im Nationalsozialismus. Osnabrück: Museum des VfL von 1899 e. V. Osnabrück 2021. 19 S., 5 €.

- Lönning, Gisa: Vom Hanf zum Seil. Geschichte des Seilergewerbes in Glandorf im südlichen Osnabrücker Land (Glandorf Edition. Ausgabe 3). Glandorf: Heimat- und Kulturverein Glandorf e. V. 2020. 171 S., 15 €.

- Losa, Ilse: Beatriz und die Platane (portugiesisch: Beatriz e o Plátano). Lünen: Oxála Editora 2020. 47 S., 17 €.

Die jüdische Schriftstellerin Ilse Losa (1913-2006), die Verfasserin dieses zweisprachigen Kinderbuches, wurde in Buer geboren und floh 1934 vor dem Nationalsozialismus nach Portugal.

- Mach`s einfach BUNT! Gartenparadiese für Biene & Co. Belm: Gemeinde Belm 2021 (stellvertretend für die ILE-Region „Hufeisen" Verflechtungsraum Osnabrück). 23 S.
Diese Broschüre gibt hilfreiche Ratschläge zum Insektenschutz und ist kostenlos bei den Gemeinden Belm, Bissendorf, Georgsmarienhütte, Hagen a. T.W., Hasbergen und Wallenhorst erhältlich. Nicht zuletzt wegen der in den vergangenen Jahren entstandenen vielen Schottervorgärten erscheint sie dringend notwendig.

- MDCCCLXVII 150 Jahre neues Pastorat Glandorf – Zur Historie des Baus und seiner Planung. Redaktion: Dieter Heimsath, Karl Heinz Krützkamp, Henk Hemmesmann (Glandorf Edition. Ausgabe 1). Glandorf: Heimat- und Kulturverein Glandorf e. V. 2018. 76 S., 9 €.

- Mehdorn, Andreas M.: Prosopographie der Missionare im karolingischen Sachsen (ca. 750-850) (Monumenta Germaniae Historica. Hilfsmittel 32). Wiesbaden: Harrassowitz Verlag 2021. LXXX und 404 S., 80 €.
Diese grundlegende Doktorarbeit betrifft auch das Bistum Osnabrück und kommt zu der Vermutung, dass „die gesamte Geschichte der Osnabrücker Kirche bis kurz vor der Mitte des 9.Jahrhunderts im Verborgenen liegt".

- Meyer, Bernd: Melle gestern bis heute. 1500 Jahre Stadt-Geschichte. Melle: Heimatverein Gesmold e. V. 2021. 319 S.,19,90 €.

- Mittelstädt, Fritz-Gerd: Bau und Botschaft(en). Die St.-Petri-Kirche in Melle. Die evangelische Kirche als Bedeutungsträger mit ihrem Zeichensystem. Melle: Ev.-luth. St.-Petri-Kirchengemeinde 2019. 51 S., 5 €.

- Mittelstädt, Fritz-Gerd (Text), Strathmann, Thomas (Fotos): Der Grönegau. Entdeckungsreise in Luftbildern durch die Stadtteile von Melle. Hrsg.: Jürgen Krämer, Anna Margaretha Stascheit, Erdmute Wobker. Melle: Osnabrücker LandKultur e. V. 2019. 72 S., 19,80 €.

- Molema, Marijn; Schroor, Meindert (Hrsg.): Migrationsgeschichte in Nordwestdeutschland und den nördlichen Niederlanden. Quellen, Handreichungen und Beispiele zur grenzübergreifenden Forschung (Benelux-German Borderlands Histories. Band 1). Münster: Verlag readbox publishing GmbH-readbox unipress 2019. 548 S., 40,30 € (auch als Online-Ausgabe erschienen).
Darin: Thomas Brakmann: „Auch gehen Manche während des Sommers zur Arbeit nach Holland". Quellen zur Hollandgängerei im Standort Osnabrück des Niedersächsischen Landesarchivs (S.341-422).

- Der Mühlstein Jg. 37 (2020). Regionalausgabe für Niedersachsen und Bremen. Heft 69 (November). Hrsg.: Vereinigung zur Erhaltung von Wind- und Wassermühlen in Niedersachsen und Bremen e. V.
  Darin: Traditionen bewahren. „150 Jahre Westhoyeler Windmühle". Reinhard-Klink-Radierung zum Jubiläum erschienen (S.3, 4); Sebastian Everding: Das Wandern ist der Mühle Lust. Von der wohl umzugsfreudigsten Windmühle Deutschlands (über die Windmühle in Groß-Mimmelage) (S.21, 22).
  Jg.38 (2021). Heft 70 (Mai):
  Darin: Stephan Witke: Ein Jahr Mahlbetrieb auf der Gellenbecker Mühle (S.10-12).
  Heft 71 (November): Mühlen, fast vergessen? Bippen (Ohrtermersch-Haneberg) (S.3); Hubert Schlotmann: Ausbildung zum Freiwilligen Müller (in Mühlen des Osnabrücker Landes) (S.24-26); Joachim Dierks: Trafoturm wird zur „Stele der Biodiversität". Nebengebäude der Lechtinger Mühle erhält eine neue Zweckbestimmung (S.27-32); Kulturpreis 2021 (des Landschafsverbandes Osnabrücker Land e. V.) für den (Lechtinger) Mühlenverein (S.32-34).

- Nachrichten aus Niedersachsens Urgeschichte. Beiheft 24: Fundchronik Niedersachsen 2019. Darmstadt: Kommissionsverlag wbg Theiss 2021. 347 S.
  Beiheft 25: Fundchronik Niedersachsen 2020. Darmstadt: Kommissionsverlag wbg Theiss 2022. 353 S.
  Auch diese Fundchroniken enthalten wieder zahlreiche Ausgrabungsberichte und Fundmeldungen aus Stadt und Landkreis Osnabrück (Beiheft 24:S.219-246, Beiheft 25:S.230-245).

- Neufeld SJ, Karl H. (unter Mitarbeit von Brune, Martin): Hardensetten. Im Schatten Harkottens. Verschwundene Heide – verschwundene Höfe. Glandorf: Verlag Krützkamp Druck 2020. 233 S., 24,90 €.

- Niehr, Klaus: Das Osnabrücker Schloss (Großer Kunstführer. Band 294). Regensburg: Verlag Schnell & Steiner 2021. 48 S. 9,95 €.

- Niehr, Klaus; Tauss, Susanne: Wildnis und Paradies. Schlösser, Gärten, Sehnsuchtsorte der Sophie von der Pfalz. Regensburg: Verlag Schnell & Steiner 2021. 183 S., 40 €.
  Dieses Buch beschreibt auch die Schlösser in Iburg (S. 49-63) und Osnabrück (S.97-119).

- NLA Magazin. Nachrichten aus dem Niedersächsischen Landesarchiv 2021.
  Darin: Nina Koch, Anna Philine Schöpper: Ein Bild sagt mehr als 1000 Worte? Das Bildarchiv aus dem Medienzentrum Osnabrück wurde in die Abteilung Osnabrück übernommen (S.24-26); Christoph Gräf: Justus Mösers „Intelligenzblätter"-online. Die erste Osnabrücker Zeitung ist jetzt digital verfügbar (S.40 f.); Thomas Brakmann: Benutzung unter Corona-Bedingungen. Die Abteilung Osnabrück schildert ihre Sicht auf die Nutzung unter Pandemie-Bedingungen (S.42 f.); Anna Philine Schöpper: „Vergraben und geborgen. Münzfund Börstel". Münzen aus dem Osnabrücker Land werden aufgearbeitet und präsentiert (S.50-52); Thomas Brakmann: Smartphone oder Block? Der Notfallverbund Osnabrück übt die Dokumentation der Erstversorgung

von Kulturgütern in einem Notfall (S.53); Wechsel in der Leitung der Abteilung Osnabrück. Dr.Thomas Brakmann tritt die Nachfolge von Dr. Birgit Kehne an (S.58 f.). Jg.2022:

Darin: Anna Philine Schöpper, Thorsten Unger: Archivieren im Verbund. Landkreis sowie Universität und Hochschule Osnabrück blicken auf zehn Jahre der Kooperation mit dem Landesarchiv zurück (S.7-10); Thomas Brakmann: Johann Carl Bertram Stüve (1798-1872). VGH-Stiftung unterstützt die Erschließung der Korrespondenzakten in der Abteilung Osnabrück (S.41-43); derselbe: Ein Graffito für die Abteilung Osnabrück (S.60, 61).

- Oeverhaus, Thomas: Kolpingsfamilie Ankum. 150 Jahre 1867-2017. Vom Gesellenverein zur Kolpingsfamilie. Ankum: Kolpingsfamilie Ankum 2017. 230 S., 14,90 €.

- ONE ZERO ZERO – Rudolf Englert zum 100 Geburtstag. Osnabrück: Museumsquartier der Stadt Osnabrück 2021. 112 S., 15 €.
  Diese Veröffentlichung ist anlässlich einer Ausstellung über den Künstler Rudolf Englert (1921-1989) erschienen, der seit 1961 in Osnabrück ansässig war.

- Osnabrücker Friedensbuch. Redaktion: Silke Brickwedde, Susanne Schoon. Osnabrück: Stadt Osnabrück, Referat Kommunikation, Repräsentation und Internationales 2021. Zweite Auflage 2022. 113 S. und 1 Poster, 14,99 €.

- Osnabrücker geschichtliche Fundstücke. Osnabrück: Osnabrücker genealogischer Forschungskreis e. V. 35 S., 5 €. Ausgabe 8 (Juni 2021); Ausgabe 9 (Dezember 2021).

- Osnabrücker Mitteilungen. Bielefeld: Verlag für Regionalgeschichte. Band 125 (2020). 240 S.; Band 126 (2021). 340 S.

- Osnabrücker Naturwissenschaftliche Mitteilungen 44/45 (2019). 136 S.

- Rai, Edgar: Ascona. Roman. München: Piper Verlag 2021. 247 S., 22 €.
  Dieser Roman beschreibt den Lebensweg des Osnabrücker Romanciers Erich Maria Remarque in den 1930er-Jahren.

- Rickling, Matthias: Osnabrück. Gestern/Heute. Gudensberg-Gleichen: Wartberg Verlag 2021. 71 S.,16,90 €.

- Rottmann, Rainer: Silbererzbergbau im Stertenbrinker Holz und am Silberberg in Hagen a. T. W. Hagen a. T. W.: Heimatverein Hagen a. T. W. e. V. 2021. 112 S., 14,50 €.

- Schön hier. Osnabrücker Wanderland. Ausgabe 3. V.i.S.d.P.: Ralf Geisenhanslüke. Osnabrück: Neue Osnabrücker Zeitung GmbH & Co. KG 2021. 106 S., 6,90 €.

- Schürmann, Jan: Auf den Spuren des Ellerbecker Pastors und Missionars Johann Adam Schürmann in Indien. Dokumentation einer Lebensgeschichte. Bissendorf-Ellerbeck: Selbstverlag des Verfassers 2020. 121 S., 10 €.

- Schulte-Bisping, Maria: Rabenmädchen. Eine Kindheit in Ankum. Berlin: epubli Verlag 2017. 117 S., 10 €.

- Schulz, Willem: Das rote Klavier. Wie die Natur Klavier spielt. Melle: Kulturzentrum Wilde Rose e. V. 2021. 112 S., 25 €.

- Schulze, Heiko; Wefel, Kalla: VFL Osnabrück. Fußballfibel. Hrsg.: Frank Willmann (Bibliothek des Deutschen Fußballs). Berlin: CULTURCON Medien 2022. 181 S., 13,99 €.

- Stalfort, Jutta: Die Ritter der Kommende Lage. Eine Geschichte der Ritterlichkeit bis in die Gegenwart erzählt entlang von Grafiken des Künstlers Paul Wesslers. Begleitbroschüre zur Ausstellung: Die Ritter der Kommende Lage auf dem Außengelände der Kommende Lage vom 20.Mai – 1.Oktober 2022. Rieste: Aktives Riester Dorfleben e.V. 2022. 30 S., 3 €.

- Steinführer, Henning (Hrsg.): Für die Landesgeschichte. Beiträge aus Anlass der Übergabe der Festschrift für Thomas Vogtherr. Göttingen: Wallstein Verlag 2021. 93 S., 14 €. *Thomas Vogtherr war von 2001 bis 2020 Professor für Geschichte des Mittelalters an der Universität Osnabrück und berichtet in dieser Schrift auch über seinen beruflichen Lebensweg.*

- Steinführer, Henning; Steinwascher, Gerd (Hrsg.): Geschichte und Erinnerung in Niedersachsen und Bremen. 75 Erinnerungsorte (Veröffentlichungen der Historischen Kommission für Niedersachsen und Bremen 314). Göttingen: Wallstein Verlag 2021. 512 S., 39 €. *Darin unmittelbar über das Osnabrücker Land: Heidrun Derks: Die Varusschlacht (S.21-26); Gerd Steinwascher: Friedensstadt Osnabrück (S.185-190); Christine van den Heuvel: Justus Möser (S.235-240); Eva Berger: Felix Nussbaum (S.431-436).*

- Theater Osnabrück 2011-2021. Konzept & Gestaltung: Sina Bohle. Osnabrück: Städtische Bühnen Osnabrück eGmbH 2021. 176 S., 5 €.

- Und dann kam Corona. Über das Leben in schwierigen Zeiten. Eine Stadt schreibt ein Buch. Osnabrück: Stadt Osnabrück, Der Oberbürgermeister, Fachbereich Kultur, Stadtbibliothek 2021. 307 S., 15 €.

- Varus-Kurier. Informationen für Freunde und Förderer der Varus-Gesellschaft. Hrsg.: Varus-Gesellschaft zur Förderung der vor- und frühgeschichtlichen Ausgrabungen im Osnabrücker Land e. V. 36 S., 2,95 €. Heft 22 (Dezember 2020); Heft 23 (Dezember 2021).

- Vogelpohl, Joachim: Iburger Straßengeschichte. Wissenswertes und Unterhaltsames zu ausgesuchten Straßennamen in Bad Iburg (Iburger Hefte 19). Bad Iburg: Verein für Orts- und Heimatkunde Bad Iburg e. V. 2020. 82 S., 7 €.

- Waldhaus, Hubert: 111 Tage. Tagebuch meiner Pilgerreise von Osnabrück nach Santiago de Compostela. Osnabrück: Selbstverlag des Verfassers. Zweite Auflage 2021. 149 S., 12,50 €.

- Der Westfälische Frieden. Lateinisch/Deutsch. Herausgegeben, übersetzt und mit Erläuterungen und einem Nachwort versehen von Gerd Flemmig (Reclams Universal-Bibliothek Nr.14092). Ditzingen: Philipp Reclam jun. Verlag GmbH 2021. 399 S., 14,80 €.

- Westfälische Zeitschrift 170 (2020)

  Darin: Jörg Wunschhofer: Kaiserliche Erste Bitten für Domkapitel, Kollegiatkirchen und Damenstifte in den Bistümern Hildesheim, Köln, Lüttich, Münster, Osnabrück und Paderborn (1742-1792) (S.39-59); Hans Jürgen Rade: Die Herkunft, Familie und Karriere des Paderborner Fürstbischofs Rembert von Kerssenbrock (1484-1568) (S.177-209). Der obige Bischof wurde auf der Honeburg in Osnabrück-Haste geboren und lässt sich auch von 1525 bis 1536 als Pfarrer der Osnabrücker Marienkirche nachweisen.

- Wi in Schliärsen. Hrsg.: Heimat- und Verkehrsverein Schledehausen. Jg. 2020. Heft II; Jg. 2021. Heft I; Heft II. 28 S.; Jg. 2022: Heft I. 28 S.

- Wolfgang „Addi" Peters. Urgestein des Meller Handballsports. Melle 2020. 64 S.,10 €.

- Zukunft. Fragen. Antworten. 14. Osnabrücker Wissensforum 12. November 2021. Osnabrück: Die Präsidentin der Universität Osnabrück 2022. 83 S., kostenlos.

  Darin unmittelbar den Osnabrücker Raum betreffend: Christoph Rass: Auf den Spuren der Täter und Opfer. Welche Erkenntnisse liefert die Osnabrücker Gestapo-Datei? (S .36 f.).

„Geschichte der Heimatforschung"
als Schwerpunktthema des Heimatjahrbuches
Osnabrücker Land 2024

Seit 50 Jahren ist das Heimatjahrbuch Osnabrücker Land ein wichtiges Medium der lokalen und regionalen Heimatforschung. Das wird auch im 51. Band so sein. Aber nun soll auch die Heimatforschung selbst einmal in all ihren thematischen Bezügen in den Blick genommen werden.

Viele Themen sind dazu denkbar. Einige Beispiele: Geistliche oder Lehrer als frühe dörfliche Geschichtsschreiber, Aufbau örtlicher Museen als Ergebnis von Heimatforschung, Heimatvereine und ihre Erforschung von Raum und Geschichte. Wie haben sich seit dem 19. Jahrhundert Betrachtungsweisen, Forschungsansätze und Darstellungsformen verändert? Der Fantasie unserer Autorinnen und Autoren bei der Themenwahl sind keine Grenzen gesetzt.

Beiträge zu den anderen Rubriken sind wie immer willkommen. Eine kurze Absprache mit einem der Redaktionsmitglieder ist in jedem Fall erwünscht. Die Aufsätze sollen in der Regel nicht mehr als zehn Seiten umfassen. Aussagekräftiges Bildmaterial ist von den Autoren beizufügen. Bitte beachten Sie die redaktionellen Vorgaben. Einsendeschluss ist jeweils der 30. April.

Ihr Redaktionsteam

Autorinnen und Autoren dieses Buches

Elisabeth Benne
Am Pagenkamp 17
49214 Bad Rothenfelde

Heiko Bockstiegel
Memeler Str. 14,
49610 Quakenbrück

Sabine Böhme
Natur- und Geopark
TERRA.vita
Am Schölerberg 1
49082 Osnabrück

Johannes Brand
Antonius-Tappehorn-Straße 15
49170 Hagen a.T.W.

Martin Bruns
Auf der Eislage 4
49626 Berge

Franz Buitmann
Greifenhagener Straße 20
49593 Bersenbrück

Dr. Rainer Drewes
Am Quebbebach 24
49565 Bramsche

Jürgen Espenhorst
Villigster Straße 32
58239 Schwerte

Tobias Fischer,
Natur- und Geopark
TERRA.vita
Am Schölerberg 1
49082 Osnabrück

Judith Franzen
Stadt- und Kreisarchäologie
im Osnabrücker Land
Lotter Straße 2,
49078 Osnabrück

Axel Friederichs
Stadt- und Kreisarchäologie
im Osnabrücker Land
Lotter Straße 2
49078 Osnabrück

Georg Geers
Buchenallee 8
49577 Eggermühlen

Ferdinand Joseph Gösmann
Nidaugasse 37
CH-2502 Biel

Silke Grade, M.A.
Mörikestraße 4
49565 Bramsche

Horst Grebing
Schloerstraße 14
33790 Halle/Westf.

Helga Grzonka
Rosenstraße 4
49186 Bad Iburg

Hans-Neithardt Hansch
Eichenhain 24
49626 Berge

Dr. Simon Haupt
Möserstraße 19a
49565 Bramsche

Franz-Josef Hawighorst
Uhlandstraße 58a
49134 Wallenhorst

Dr. Ewald Hein-Janke
Oehlmannstraße 11
37574 Einbeck

Lara Helsberg M.A.
Quellenweg 17
20535 Hamburg

Hubert Kolkhorst
Zedernstr 45
68542 Heddesheim

Rainer Korte
Feuerstätte 15
49124 Georgsmarienhütte

Jürgen Krämer
Rodenbrockstraße 13
49328 Melle-Buer

Peter Kulgemeyer
Suttfeld 28
49124 Georgsmarienhütte

Rudolf Loheide
Grüne Aue 12,
49179 Ostercappeln

Dr. Daniel Lau
Schaumburger Landschaft
Kommunalarchäologie
Schlossplatz 5
31675 Bückeburg

Dr. Andreas Mölder
Nordwestdeutsche Forstliche
Versuchsanstalt (NW-FVA),
Prof.-Oelkers-Straße 6
34346 Hann. Münden

Klaus Mueller
Bergmannstraße 5
49134 Wallenhorst

Kapitularin Ute Müller
Langeooger Strasse 32
26871 Papenburg

Prof. Dr. Karl Heinz
Neufeld
Große Domsfreiheit 5
49074 Osnabrück

Jürgen Eberhard Niewedde
Tölkhaus
49179 Ostercappeln-Venne

Norbert Ortmanns
Magnolienstraße 15
49124 Georgsmarienhütte

Dr. Wilfried Pabst
Elfriede-Scholz-Straße 36
49078 Osnabrück

Dr. Gerd-Ulrich Piesch
Geschwister-Scholl-Straße 3
49131 Belm

Uwe Plaß
Helgolandstraße 14
49324 Melle

Kapitularin
Johanna Pointke
Börstel 3a
49626 Berge

Rainer Rottmann
Osnabrücker Straße 31
49170 Hagen a.T.W.

Lothar Schmalen
Bödefür 5
49186 Bad Iburg

Heinrich Schöning
Am Spielplatz 3
34613 Schwalmstadt

Dr. Jürgen Schwarz
Elfriede-Scholz-Straße 15
49078 Osnabrück

Jürgen Schwietert
Segelfortstraße 64
49584 Fürstenau

Sara Snowadsky
Stadt- und Kreisarchäologie
im Osnabrücker Land
Lotter Straße 2
49078 Osnabrück

Dr. Christof Spannhoff
Institut für vergl.
Städtegeschichte
Königsstraße 46
48143 Münster

Ansgar Vennemann
Tannenkamp 3
49134 Wallenhorst

Tim Wagemester
Schorfteichstraße 31
49584 Fürstenau

Band Wippsteert
wippsteertband@gmail.com

Margret Zumstrull
Averbecks Hof 7
49186 Bad Iburg

Kreisheimatbund Bersenbrück e. V.

Vorsitzender:	Franz Buitmann, Bersenbrück
Stellvertreter:	zurzeit vakant
Geschäftsführer:	Manfred Kalmlage, Bersenbrück
Schriftführerin:	Gisela Krieger, Schwagstorf
Kassenwartin:	Carla Markus, Bersenbrück

Weitere
Vorstandsmitglieder:

Hermann-Josef Bollmann, Alfhausen
Marcus Bruns, Alfhausen
Dr. Rainer Drewes, Bramsche
Jürgen Schwietert, Ibbenbüren
Tim Wagemester, Fürstenau
Stefan Walter, Rieste

Ehrenmitglieder:

Heinz Böning, Quakenbrück
Walter Brockmann, Bramsche
Franz Feldkamp, Ankum
Udo Hafferkamp, Berge
Werner Hollermann, Bippen
Herbert Schuckmann, Badbergen

Heimatbund Osnabrücker Land e. V.

Vorsitzender: Jürgen Eberhard Niewedde, Ostercappeln-Venne
Stellvertreter und
Geschäftsführer: Ulrich Wienke, Bissendorf-Grambergen

Vorstandsmitglieder:

Marlies Albers, Wallenhorst
Ulrike Bösemann, Melle
Michael Hein, Wallenhorst
Jürgen Krämer, Melle-Buer
Rolf Lange, Bad Essen
Frank Niermann, Glandorf
Hartmut Nümann, Dissen
Barbara Schmitter, Georgsmarienhütte

Ehrenmitglieder:

Martin Bäumer, Glandorf
Elisabeth Benne, Bad Rothenfelde
Werner Beermann, Georgsmarienhütte
Johannes Frankenberg, Hagen a.T.W.